国家出版基金项目
NATIONAL PUBLICATION FOUNDATION

海外著名汉学家评传丛书
葛桂录 主编

Academic Biographies
of Renowned
Sinologists

蔡乾 著

A CRITICAL 德庇时 评传 BIOGRAPHY

John Francis Davis

山东教育出版社
·济南·

图书在版编目（CIP）数据

德庇时评传 / 蔡乾著 . — 济南：山东教育出版社，
2023. 12

（海外著名汉学家评传丛书 / 葛桂录主编）

ISBN 978-7-5701-2735-1

Ⅰ.①德… Ⅱ.①蔡… Ⅲ.①德庇时—评传 Ⅳ.
①K835. 615. 81

中国国家版本馆 CIP 数据核字（2023）第 221143 号

DEBISHI PINGZHUAN
德庇时评传

蔡乾 著

总 策 划	祝 丽	
责 任 编 辑	钱 锋	
责 任 校 对	任军芳	
装 帧 设 计	书籍 / 设计 / 工坊 刘运来工作室	

主 管 单 位	山东出版传媒股份有限公司
出 版 人	杨大卫
出 版 发 行	山东教育出版社

地 址	济南市市中区二环南路 2066 号 4 区 1 号
邮 编	250003
电 话	(0531) 82092660
网 址	www.sjs.com.cn

印 刷	济南精致印务有限公司
开 本	710 毫米 x 1000 毫米 1/16
印 张	26.75
字 数	372 千
版 次	2023 年 12 月第 1 版
印 次	2023 年 12 月第 1 次印刷
定 价	129.00 元

如印装质量有问题，请与印刷厂联系调换，电话：0531-88783898

德庇时（John Francis Davis，1795—1890）

—

总　序

　　"汉学"（Sinology）[1]概念正式出现于19世纪。1814年，法国法兰西学院设立了被称为西方汉学起点的汉学讲座。我国学界关于汉学概念的认知有所差异，比如有关"汉学"的称谓就包括海外汉学、国际汉学、域外汉学、世界汉学、中国学、海外中国学、国际中国学、国际中国文化等，近年来更有"汉学"与"中国学"概念之争及有关"汉学主义"的概念讨论。[2]李学勤先生将"汉学"看作外国学者对中国历史文化和语言文学等方面的研究。阎纯德先生在为"列国汉学史书系"所写的序言中说，中国人对中国文化的研究应该称为国学，而外国学者研究中国文化的那种学问则应称为汉学，汉学既符合中国文化的学术规范，又符合国际上的历史认同与学术发展实际。[3]这样，我们在综合国内外学者主流观点的基础上，目前拟将"（海外）汉学"初步界定为国外对中国的人文学科（如语言、文学、历史、哲学、地理、宗教、艺术、考古、人类学等）的研究，也将其作为本套"海外著名汉学家评传丛书"选择

---

〔1〕指代"汉学"的Sinologie（即英文的Sinology）一词出现在18世纪末。
〔2〕顾明栋：《汉学主义：东方主义与后殖民主义的替代理论》，张强、段国重、冯涛等译，商务印书馆，2015年，第40-140页。
〔3〕阎纯德：《汉学历史与学术形态》，阎纯德主编，《汉学研究》（总第十集），学苑出版社，2007年。

传主对象的依据之一。当然，随着海外汉学研究不断深入拓展，它所囊括的范围也将包括政治、社会、经济、管理、法律、军事等国际中国学研究所涉及的社会科学范围，打通国际"汉学"和"中国学"研究的学术领域。正如国内海外汉学研究的领军人物张西平教授所说，我们要树立历史中国和当代中国统一性的正确史观。[1]

中国自公元 1219 年蒙古大军第一次西征引发与欧洲的"谋面"始，与西欧就有了越来越多的接触与交流。数百年来的中西文化交流史，同时也是海外汉学的发展史，在这一历史过程中，海外汉学家是研究与传播中国文化的特殊群体。他们在本国学术规范与文化传统下做着有关中国文化与文学的研究和翻译工作。从中外交流的角度挖掘一代代海外汉学家的存在价值并给予其科学的历史定位，既有益于中国文化走向世界，也有利于中国学术与世界接轨，因而该领域的研究工作亟待拓展与深化。

本丛书旨在通过撰著汉学家评传的方式，致力于海外汉学研究的深耕掘进，具体涉及汉学家的翻译、研究、教学、交游，重点是考察中国文化、文学在异域的接受轨迹与变异特征，进而从新世纪世界文化学术史的角度，在中华文化与世界主要国家文化的交流、碰撞和融合之中深入探索中华文化的现代意义，加深对中华传统文化价值的认识，借此推动学术界关于"中学西传"的研究更上新台阶，并促进海外汉学在学科自觉意义上达到一个新高度。

一、海外汉学与中华文化国际传播

海外汉学的发展历程是中华文化与异质文化交流互动的历史，

---

[1] 张西平：《历史中国和当代中国的统一性是开展中国研究的出发点》，《国际人才交流》2022 年第 10 期。

也是域外学人认识、研究、理解、接受中华文化的足迹，它昭示着中华文化的世界性意义。参与其中的汉学家是国外借以了解中华文化的主要媒介，中华文化正是在他们的不懈努力下逐渐走向了异域他乡，他们在中华文化走向世界的过程中做出了特殊的贡献。

季羡林先生早在为《汉学研究》杂志创刊号作序时就提醒世人不可忽视西方汉学家的重要价值："所幸在西方浑浑噩噩的芸芸众生中，还有一些人'世人皆醉，而我独醒'，人数虽少，意义却大，这一小部分人就是西方的汉学家……我现在敢于预言：到了21世纪，阴霾渐扫，光明再现，中国文化重放异彩的时候，西方的汉学家将是中坚人物，将是中流砥柱。"[1]季先生还指出："中国学术界对国外的汉学研究一向是重视的。但是，过去只限于论文的翻译，只限于对学术论文、学术水平的评价与借鉴。至于西方汉学家对中西文化交流所起的作用，他们对中国所怀的特殊感情等等则注意还不太够。"[2]

事实上，海外汉学家将中华文化作为自己的兴趣关注点与学术研究对象，精心从事中华文化典籍的翻译、阐释和研究，他们丰富的汉学研究成果在其本国学术界、文化界、思想界相继产生了不小的影响，并反过来对中国学术发展产生了一定的促进作用。汉学家独特的"非我"眼光是中国文化反照自身的一面极好的镜子。通常汉学家不仅对中华文化怀着极深的感情，而且具有深厚的汉学功底，是向域外大众正确解读与传播中华文化的最可依赖的力量之一。尤其是专业汉学家以对异域文化、文明的译研认知为本位，其

---

[1]季羡林：《重新认识西方汉学家的作用》，季羡林研究所编，《季羡林谈翻译》，当代中国出版社，2007年，第60页。

[2]季羡林：《重新认识西方汉学家的作用》，季羡林研究所编，《季羡林谈翻译》，当代中国出版社，2007年，第60页。

研究与译介中国文化与文学本着一种美好的交流愿景，最终也成就了中外文化与文学宏大的交流事业。他们的汉学活动提供了中国文化、文学在国外流播的基本资料，因而成为研讨中华文化外播与影响的首要考察对象。

自《约翰·曼德维尔游记》（ *The Travels of Sir John Mandeville*，1357）所代表的游记汉学时代起，海外汉学至今已有六个多世纪的历史。如果从传教士汉学、外交官汉学或学院专业汉学算起，也分别有四百多年、近三百年以及约两百年的历史。而中外文化、文学交流的顺利开展无法绕过汉学家这一特殊的群体，"惟有汉学家们才具备从深层次上与中国学术界打交道的资格"〔1〕。

19 世纪下半叶至 20 世纪初，随着第二次工业革命的兴起，西方国家对海外市场开拓的需求打破了以往传教士汉学时代以传教为目的而研讨中华文明的格局，经济上的实用目的由此成为重要驱动力，这一时期是海外汉学由"业余汉学"向"专业汉学"转变的过渡时期。海外汉学在这一时期取得了较大的突破，不论汉学家的人数抑或汉学著述的数量皆有很大增长。

尤其随着二战以后国际专业汉学时代的来临，各国学府自己培养的第一代专业汉学家成长起来，他们对中华文化的解读与接受趋于准确和理性，在中华文化较为真实地走向世界的过程中做出了巨大贡献。他们是献身学术与友谊的专业使者，是中国学术与世界接轨的桥梁。其中如英国著名汉学家大卫·霍克思（David Hawkes），他把自己最美好的时光献给了他所热爱的汉学事业。霍克思一生大部分时间都用于中国文化、文学的翻译、研究、阐释与传播。即

---

〔1〕方骏：《中国海外汉学研究现状之管见》，任继愈主编，《国际汉学》（第六辑），大象出版社，2000年，第14页。

使到晚年，他对中华文化的热爱与探究之情也丝毫未减。2008年，八十五岁高龄的他与牛津大学汉学教授杜德桥（Glen Dudbridge）、卜正民（Timothy Brook）专程从牛津搭乘火车赶到伦敦，为中国昆剧《牡丹亭》青春版的英国首次演出助阵。翌年春，霍克思抱病接待前来拜访的时任中国驻英大使傅莹女士。傅莹大使赠送的一套唐诗茶具立即引起霍克思的探究之心，几天后他给傅莹大使发去电子邮件，指出这套唐诗茶具中的"唐"指的是明代唐寅而非唐代，茶具所画乃唐寅的《事茗图》，还就茶具所印诗作中几个不甚清楚的汉字向傅莹大使讨教。霍克思这样的汉学家对中华文化的熟悉程度与探究精神让人敬佩，他们是理性解读与力图准确传播中国文学与文化的专业汉学家。确实如前引季羡林先生所说，这些汉学家对中国怀有特殊的感情。

霍克思与他的汉学前辈翟理斯（Herbert Allen Giles）、阿瑟·韦利（Arthur David Waley）可以共称为推动中国文学译介最为有力的"英国汉学三大家"，在某种程度上他们改变了西方对中国的成见与偏见。他们三人均发自内心地热爱中华文化，从而成为向英语国家乃至西方世界读者推介中国文学特别是中国古典文学的闯将。西方读者正是通过他们对中国优美诗歌及文学故事的移译，才知晓中国有优美的文学，中国人有道德承担感。如此有助于国际的平等交流，也提升了中国在西方的地位，同时他们也让西方读者看到了中国的重要性，使关于中国的离奇谣言不攻自破，让外国人明白原来中国人可以沟通并理解，并非像过去西方出于成见与偏见而想象的那样异样与怪诞。

由此可见，海外汉学家在中国文学与文化向域外传播的过程中扮演着重要的角色，他们与中华文化国际传播存在着天然的联系。诚如北京语言大学原校长刘利教授在题为《构建以汉学为重要支撑

06

的国际传播体系》的文章中指出："汉学自诞生之日起，便担负着中华文化国际传播的重要使命。汉学家们在波澜壮阔的中外交流史中留下了独特且深厚的历史印记，他们广博精深的研究成果推动了中外文化交流和文明交融互鉴，世界各国对中国形象的认知也因此更为清晰、立体、真实。"[1]确实，中外文明交流互鉴的结果有利于在世界上显现丰富而真实的中国形象，这不仅意味着中华文明"外化"的传播，也意味着异域文明对中华文明"内化"的接受，这有助于展示中华文明走向外部世界的行行足迹。

在新的时代背景下，推进中华文明国际传播，推动中华文化更好地走向世界，除了我们自身要掌握思想和文化主动，还要特别关注海外汉学家的著译成果，特别是海外汉学家的全球史视野、跨文化比较视阈以及批判性反思与自我间离的能力，有助于增强不同文化之间的共识，创建我们所渴求的文化对话，并发展出一套相互认同的智性标准。[2]因而，在此时代语境中，探讨海外汉学具有重大战略意义。

从中国角度看，海外汉学可以帮助我们了解中华优秀传统文化在国外的传播与影响情况，了解域外的中国形象构成及其背后的诸多因素，并吸收他们传播中华文化的有益经验。从世界角度看，海外汉学著译成果及汉学家的诸多汉学活动（教育教学、与中国学人的互动交流等），可以让世界了解中华文化的特性及其与域外文化交流互补的特征。

充分关注与深度研讨丰富多彩的海外汉学成果，有助于我们站在全球史视野与新世纪世界文化学术史的角度，在中华文明与异域

---

〔1〕刘利：《构建以汉学为重要支撑的国际传播体系》，《学习时报》，2023 年 7 月 21 日。
〔2〕葛桂录：《中华文明国际传播与话语建设》，《外国语言文学》，2023 年第 3 期。

文化的碰撞交流与融合发展之中，梳理与总结出中国文学与文化对外传播影响的多元境遇、历史规律、思路方法，为国家制定全球文化战略提供学术佐证，为深化文明交流互鉴提供路径策略，为中华文化国际传播与中国话语体系建设提供历史经验。

　　本丛书正是以海外汉学家为中心的综合研究的成果，我们将从十位汉学家的思想观念中理解和分析具体的汉学文本或问题，从产生汉学著作的动态社会历史和知识文化背景中理解汉学家思想观念的转折和变化，从而总体性把握与整体性评价汉学家在中华文明外播域外的进程中所做的诸种努力及其实际效果，以确证海外汉学的知识体系和思想脉络。在外国人对中国认知逐步深入的过程中，汉学研究的成果始终起着传播和梳理中国知识、打破旧有思想体系束缚、引领国民中国观念、学习和融合中华文化的重要作用。

二、撰著的方法路径与比较文学视角

　　海外汉学研究离不开汉学知识史的建构与汉学家身份的认知。正如张西平教授所说："在西方东方学的历史中，汉学作为一个独立学科存在的时间并不长，但学术的传统和人脉一直在延续。正像中国学者做研究必须熟悉本国学术史一样，做中国文化典籍在域外的传播研究首先也要熟悉域外各国的汉学史，因为绝大多数中国古代文化典籍的译介是由汉学家们完成的。不熟悉汉学家的师承、流派和学术背景，自然就很难做好中国文化的海外传播研究。"[1]

　　海外汉学自身的跨文化、跨语言、跨学科的特质要求我们打破

---

〔1〕葛桂录主编：《中国古典文学的英国之旅——英国三大汉学家年谱：翟理斯、韦利、霍克思》，大象出版社，2017年，总序第5页。

学科界限，使用综合性的研究方法；用严谨的史学方法搜集整理汉学原典材料，用学术史、思想史的眼光来解释这些材料，用历史哲学的方法来凸显这些材料的观念内涵；尽可能将丰富的汉学史料放在它形成和演变的整个历史进程中动态地考察，区分其主次源流，辨明其价值与真伪，将汉学史料的甄别贯穿于史料研究、整理工作的全过程之中；充分借鉴中国传统学术如版本目录学、校雠学、史料检索学以及西方新历史学派的方法论与研究理念，遵循前人所确立的学术规范。

目前已出版的海外汉学专题研究论著，不少是在翻译研究的学术框架下以译本为中心的个案研究，通过原本与译本的比较，援引翻译研究理论，重点是考察与比较汉学家翻译工作中的误读、误释的基本情况，揭示汉学典籍在域外的传播与变异特征。本丛书旨在文献史料、研究视野、学理方法、思想交流诸方面创新海外汉学研究的观念价值，拓展海外汉学领域的学术空间，特别是深度呈现中外文化交流语境里中华文化的命运，详尽考察中华文化从走出国门（翻译、教学与研究）到走进异域思想文化（碰撞、认知与吸纳）的路径，再到以融合中华文明因子的异域思想文化为参照系，激活中国本土文化的提升空间与持久动力的历程。具体也涉及特定历史文化语境中的汉学家如何直接拥抱所处时代的文化思想及学术大潮，构建自身的异域认知与他者形象。我们要借助丰富多彩的海外汉学成果，关注中外哲学文化思想层面的交互作用，在此意义上评估中华文明的延展性、适时性、繁殖力等影响力问题。

在方法路径上，首先，要在中外文化交流史的基础上弄清楚中华文化向域外传播的历史轨迹，从这个角度梳理出海外汉学形成的历史过程及汉学家依附的文化语境。其次，以历史文献学考证和分析的基本方法来掌握海外汉学文献的传播轨迹和方式，进而勾勒出构成海外汉学家知识来源的重要线索。最后，借用历史语境主义的研究范式探究海外汉学家不同发展阶段的汉学成就及观念诉求。

因而，文献史料的发掘与研究不仅是重要的基础研究工作，同时也意味着学术创新的孕育与发动，其学术价值不容低估。应该说，独立的文献准备是学术创见的基础，充分掌握并严肃运用文献，是每一位海外汉学研究人员必须具备的基本素养。而呈现数百年来中华文化在域外传播影响的复杂性与丰富性的途径之一，就是充分重视文献史料对海外汉学家研究和评传写作的意义。海外汉学史研究领域的发展、成熟与文献学相关，海外汉学研究史料的挖掘、整理和研究，仍有许许多多的工作要做。丛书在这方面付出了诸多努力，包括每位传主的年谱简编及相关文献史料的搜集整理，为厘清中华文化向域外传播的历史轨迹，梳理海外汉学发展的历史过程及汉学家依附的文化语境，起到了重要的支撑作用。

构建海外汉学史的框架脉络，需要翻阅各种各样的包括书刊、典籍、图片在内的原始材料，如此才能对海外汉学交流场有所感悟。这种感悟决定了从史料文献的搜集中，可以生发出关于异域文化交流观念的可能性及具体程度。海外汉学史研究从史料升华为史识的中间环节是"史感"。"史感"是在与汉学史料的触摸中产生的生命感。这种感觉应该以历史感为基础，同时含有现实感甚至还会有未来感。史料正是在研究者的多重感觉中获得了生命。

通过翔实的中外文原典文献资料的搜罗梳理及综合阐释，我们既可以清晰地看出海外汉学家、思想家对中国文化、文学典籍的译介策略与评述尺度，又能获知外国作家借助于所获取的汉学知识而书写的中国主题及其建构的中国形象，从而加深对中外文学、文化同异性的认知，重新审视中外文学交流的历史性价值和世界性意义，有助于提升中外文学交流史的研究层次，提出新的研究课题，

10

拓展新的研究领域，并奠定中外文学交流文献史料学的研究基础。

海外汉学家研究属于中外文学、文化交流的研究领域，从属于比较文学研究的学科范畴。我们要以海外汉学数百年的发展史为背景，从中外文化与文学交流的角度来重新观照、审视汉学家的汉学经历、成就及影响，因而必须借鉴历史分析等传统学术研究方法，并综合运用西方新史学理论，接受传播学理论、文本发生学理论、跨文化研究理论，以及文化传播中的误读与误释理论等理论成果，从文化交流角度准确定位海外汉学家的历史地位，清晰勾勒他们如何通过汉学活动以促进中外文明交流发展的脉络。这不仅有利于传主汉学面貌的清晰呈现，也裨益于中国文学与文化的域外传播，同时更有助于我们透视外国人眼中的中华文化。因此，海外汉学家研究作为中国比较文学学科的一个重要领域，必将能为中华文化的海外弘扬贡献力量，它昭示的是中华文化的世界性意义。

同样，海外汉学家在其著译与教育交流实践中，也非常关注比较文学视角的运用。比如，霍克思担任牛津汉学讲座教授几年后，从比较文学的视角正面回答了汉学学科这一安身立命的问题。在他看来，中国文学的价值在于其与西方的相异性，作为世界文化的一个组成部分，其独特性使其有了存在与被研究的必要。霍克思认为，对不同文学间主题、文体、语言表达与思想表达差异的寻找等都是中西文学比较中可展开的话题。他在多年的汉学研究中时刻不忘比较视域，其学术路径在传统语文学研究方法基础上增加了比较思想史视野下审视学术文献意义的步骤。对于霍克思而言，研究汉学既是为了了解中国，了解一个不同于西方的文学世界，也是为了中英互比、互识与互证。此中贯穿着比较，贯穿着两种文化的互识与交流。霍克思对中国典籍译研的文化阐释影响深远，比较文学意识可算是贯穿其汉学著译始终的重要研究理念。

比较文学视角有助于促成跨文化交流与文明互鉴的理想结果，也就是对话双方能够在交流中找寻本土思想文化创新发展的契机并实现互惠。因为，跨文化对话有一种镜子效应，把陌生文化当作一面镜子，在双方的对话中更好地认识自己，而且新意往往形成于两者的交锋对话之中。当然，安乐哲（Roger T. Ames）也提醒我们："文化比较需要一把'双面镜'，除了要站在西方文化的立场上依据西方的思想体系和结构翻译与诠释中国文化外，我们更应当以平等的态度和眼光，通过回归经典去实事求是地理解中国的传统，即从中国哲学和文化本身出发去理解它，并且从中认识到其所具有的独特性。"[1]

在此意义上，海外汉学家在中国典籍翻译阐释中所展示的跨文化对话意识具有特殊意义。他们固然可以复制出忠实于原作的译本，同时更可能出于自己的理论构想与文化诉求，通过主观性阐释与创造性误读，使译作具有独立于原作之外的精神气质与文化品格，同时进行着本民族文化传统的"自我重构"。他们借助于独具特色的译介中国行动，既构筑了新的中国形象，也试图通过东西方文明对话构筑起新的世界，从而实现跨文化对话的目标。

本丛书在撰著过程中立足于比较文学视角，依靠史料方面的深入探究，结合思想史研究的路径、文献学的考证和分析、跨文化形象学研究的视角与方法发掘，在具体汉学家的思想观念中理解和分析具体的汉学文本或问题，从产生汉学著作的动态社会历史和知识文化背景中把握汉学家思想观念的转折和变化，展示海外汉学学科体系奠基与进行中西文化融合的过程，从而把握海外汉学的知识体系和思想脉络。

---

[1][美]安乐哲:《"生生"的中国哲学：安乐哲学术思想选集》，人民出版社，2021年，第141页。

三、编撰理念与总体构想

海外汉学家数量颇为可观。本丛书选择海外著名汉学家十位，每位传主一卷，分别展开他们的综合研究工作，评述每位传主的汉学历程、特点及重要贡献。通过评传编撰，呈现每位传主汉学生涯的生成语境；通过分析阐释传主的翻译策略、文集编选、汉学论著、教育教学理念等，揭示传主汉学身份特征，论析传主汉学思想的载体与构成要素，站在中外文化交流史与海外汉学思想发展史的高度，客观评述传主的汉学成就。反之亦然，从传主的汉学成就观照其所处时代、所在区域的汉学思想演进脉络。撰述过程中关注时代性、征实性、综合性，最终凸显作为汉学思想家的传主形象。

本丛书编撰遵循历史还原、生动理解与内在分析的基本思路。所谓历史还原，即通过对文献史料的爬梳，重现传主汉学成就的历史文化语境。所谓生动理解，即通过消化史料，借助合适的解释框架，理解及重构传主鲜活的汉学发展脉络。所谓内在分析，即通过厘清传主汉学生涯的基本理路，分析传主饱含学养的汉学体验与著译成就。

本丛书各卷的撰述风格与笔法，希望能与今天的阅读习惯接轨，在丰厚翔实、鲜活生动的叙述之中，将传主立体地呈现在读者面前。丛书将以丰富的史料、准确稳妥且富有见地的跨文化传播观点、开放的文化品格、独特的行文风格，使不同层面的读者都能在书中找到各自需要的灵韵，使之在不知不觉的阅读中形成这样的共识：通过几代海外汉学家的不懈努力，中华文化走进异域他乡，引发了中外文学与文化的交融、异质文化的互补，这不仅是昨天的骄傲，更是今天的时尚与主题。

　　本丛书各卷采用寓评于传、评传结合的体例，充分考虑学术性（吸收学界最新成果）与可读性（充满活力的语言），有趣亦有益。各卷引言总论传主的汉学思想特征，各章梳理传主的生活时代与社会思想背景，呈示传主的生平事迹、著述考辨、学养构成，阐释传主的各种汉学成果，从传主的译介、研究、教育教学活动等方面全方位呈现其汉学成就，概括传主的汉学贡献，以确认其应有的汉学地位，最终凸显作为汉学思想家的传主形象，继而为全面深入探讨海外汉学史提供知识谱系与思考路径。同时，我们通过以海外著名汉学家为中心的比较文学跨文化、跨学科（跨界）研究，深入研究、阐释中华优秀传统文化蕴含的思想观念、人文精神、道德规范，力争在中外文明的双向交流中阐发中华文明的内在精髓与独特魅力，努力提高推动中华文明走进域外世界的社会意识，借此回应与推进国家文化发展与国际传播战略，实现中华优秀传统文化的创造性转化与创新性发展，彰显中外人文交流与文明互鉴的价值与意义。

葛桂录

2023 年 10 月 6 日定稿于福建师范大学外语楼

目录

引言　英国汉学的重要开创者

　　1813 年，一位刚从学院毕业的英国青年结束了数月的海上航行，从英国伦敦来到位于中国南方的商贸重镇——广州。凭着父辈的举荐和优秀的成绩，他顺利地被当时全球最重要的跨国贸易和殖民公司之一——英国东印度公司（British East India Company）位于广州的办事机构（也称"广州商馆"）录用，成为了一位记录商业交易账目和其它杂项信息的文员。彼时的这位英国青年恐怕不会想到，他将在中国陆续渡过长达三十余载的漫长时光；更不会想到他将亲身参与到 19 世纪中英交往的一系列重大历史事件当中，并成为其中一个举足轻重的角色；也不会想到他的人生将如此地跌宕起伏——两起两落，曾经高居香港总督、驻华公使，但最终却退隐书斋，在著述中国知识中渡过余生。这位英国青年就是约翰·弗朗西斯·戴维斯（John Francis Davis），日后以中文译名德庇时、爹核士、大卫斯、德俾士等为中国人所知。其中"德庇时"为学界的通称。[1]

　　德庇时 1795 年 7 月 16 日出生于英国伦敦，1813 年来到广州的时候刚满 18 岁。1814 年，他开始学习汉语。仅仅一年后，他由中文译为英文的第一部中国文学作品就已成书发行，并通过杂志引发了英国国内评论界的注意。又是一年后，他参加了阿美士德勋爵（William Pitt Amherst,1st

---

[1] Davis 这个姓，一般可以音译为戴维斯；但是因为汉语尤其是德庇时所处的粤语区中没有 [v] 音，而 [v] 与 [p] 是可以转化的，所以 Davis 就变成了"德庇时"。参见区锳：《味闲堂丛稿》，中山大学出版社，2016 年，第 75 页。

Earl Amherst）率领的访华使团，担任中文翻译。1822 年，德庇时因"在中国文学方面的杰出表现"通过选举顺利加入英国皇家学会。[1]此后，德庇时有关中国文学的翻译和中国文化的研究成果更是不断涌现。特别是于1829 年出版的《汉文诗解》（ *Poeseos Sinicae Commentarii. On the Poetry of the Chinese* ）称得上是英国汉学史上第一部全面系统地译介和研究中国古典诗歌的专著。同时，德庇时在英国东印度公司中的职位也稳步上升，最终成为广州商馆特选委员会主席。1833 年，英国国会终止东印度公司对华贸易专权后，德庇时脱离东印度公司成为英国驻华商务第三监督，并在一年后升为英国驻华商务总监。但由于同英国走私商人的冲突，德庇时上任百日后就辞职回国。

回国后，德庇时接连出版了《中国人：中华帝国及其居民概述》（ *The Chinese: A General Description of the Empire of China and Its Inhabitants* ）和《中国见闻录》（ *Sketches of China* ）两部大作，奠定了他在英国汉学界的学术地位。其中出版于 1836 年的《中国人：中华帝国及其居民概述》被认为是19 世纪初英国有关中国题材的权威著作，也使德庇时以中国专家的身份重新引起英国政府的注意。1844 年，德庇时被任命为第二任香港总督兼驻华公使。在香港期间，德庇时牵头成立了"皇家亚洲学会中国支会"（China Branch of the Royal Asiatic Society），并兼任第一任会长。但同他在英国驻华商务总监职务的任上相仿，德庇时由于种种原因又一次任期未满便辞职回国。晚年的德庇时不仅在书斋中继续进行中国文学和文化的相关研究，继续修订他的代表性著作《汉文诗解》和《中国人》；还于 1876 年在牛津大学创立了"德庇时汉语奖学金"（Davis Chinese Scholarship）用以帮助牛津大学设立汉学讲席，有力地襄助了英国汉学学科专业化的发展。

---

[1]"Home Intelligence. Honorary Distinctions", *The Asiatic Journal and Monthly Register for British and Foreign India*, Vol. 13, No. 77, 1822, p. 514.

1890 年 11 月 13 日，德庇时在位于英格兰西南地区的布里斯托尔（Bristol）城郊名为好莱坞塔（Hollywood Tower）的家中辞世，走完了他跌宕起伏的一生。德庇时一生中经历了颇具戏剧性的身份转换，但其中有一个特点是我们不容忽视的：无论他身处何种职位，汉学家的身份都是他一以贯之、安身立命的本色。

将德庇时称为"英国汉学的重要开创者"至少考虑到了以下几个因素：

其一，从 1813 年到达广州至 1848 年离开香港，他是留有相关著述的英国人中在华时间最长、对中国最了解的一位，他在中国亲身经历了阿美士德使团访华、第一次鸦片战争前的中英商贸摩擦和战后的香港开埠等重大历史事件，对中国政治、社会与宗教等方面有着长期和深入的观察与思考，论述更为"脚踏实地"。

其二，德庇时坚持把翻译中国通俗文学作为了解中国、理解中国文化的最有效方法，跳出了自耶稣会士以来重视儒家经典阐释的欧洲传统汉学研究套路，为英国汉学自身学术路径特色的建立做出了有益的探索，是在中国研究中国人日常生活和风俗习惯的先驱。

其三，德庇时在香港牵头成立的"皇家亚洲学会中国支会"和在牛津大学设立的"德庇时汉语奖学金"均有力地促进了英国汉学学科专业化的发展。他的代表作《中国人》相当全面、综合性地介绍了当时中国的各个方面，改变了此前英国人通过其它欧洲各国著作来认识中国的局面，是真正意义上的"英国"汉学的开创者。

第一章　殖民时代与家族历史

第一节　英国影响亚洲的开端

在18世纪与19世纪之交，英国影响下的现代世界已经初现端倪：在北美，英国获得了法国的殖民地——新法兰西（La Nouvelle-France），成为日后加拿大的基础；但由于法国和西班牙等国的武力干涉，英国被迫承认了北美十三州殖民地的独立。在欧洲，英法两国隔着海峡的长期斗争，因法国大革命而暂告结束；但随后就开始面临着拿破仑及其军队的威胁，新的战争又在孕育。在亚洲，英国攫取了法国在南亚次大陆地区的大部分权益，这构成了日后英属印度殖民地的主体；但却因清帝国对南明势力的最后清扫中失去了台湾郑氏政权这个合作良好的贸易伙伴，被迫开始尝试同长期奉行闭关政策的清政府接触，以延续利润丰厚的对华贸易。但总体来说，通过工业革命先行优势的积累和艰苦的国际博弈及征战，英国得以在18世纪末确立了全球扩张的优势。而本书的传主德庇时一生的际遇都同英国全球扩张的趋势有着密切的联系。

一、英国东印度公司在印度的殖民概况

1600 年 12 月 31 日，英国东印度公司成立[1]，英国女王伊丽莎白一世授予公司 15 年内从好望角以东到麦哲伦海峡以西所有国家贸易的专营权[2]，公司的主要业务是管理东印度群岛的交易，后来成为了英国在南亚和东亚推行殖民统治的工具。英国东印度公司的成立标志着英国向东方的扩张进入一个新阶段。如果从东印度公司于 1619 年在印度苏拉特（Surat）获得第一个立足之地开始算起，至第三次卡那提克战争（Third Carnatic War, 1756—1763）中英国势力彻底击败法国殖民军队为止来计算，英国花费了一个半世纪才获得了在印度次大陆的绝对优势。印度是英国人眼中"英国海外属地中最重要、最有价值、最引人注目"[3]的地方，英国在印度统治地位的提升被认为"是现代世界历史上最显著的政治发展之一"[4]。而相应的结果则是英国东印度公司在对印度及周边地区的不断蚕食、抢掠中逐步由一个商人集团蜕化成为英国在印度殖民统治的主体，通过"抽血"一样的压榨，"吸取经恒河沿岸的精华，而把它们挤在泰晤士河沿岸"[5]。据统计，在 1757 年至 1784 年间，东印度公司从印度掠夺到英国本土的财富每年平均超过 500,000 英镑。[6]对于印度人民来说，英国东印度公司带来的是财富的流失、土地的剥夺以及战争、苦役和饥荒；但对于英国国民而言，随着公司的扩张在国内外的业务规模发生了巨大变化，从公司在亚洲的军事和

---

[1] Sir George Christopher Molesworth Birdwood. et al., eds., *The Register of Letters, &c: Of the Governour and Company of Merchants of London Trading into the East Indies, 1600—1619*, London: B. Quaritch, 1893, p. 3.

[2] J. G. Bartholomew, *Imperial Gazetteer of India. New Edition, Published under the Authority of His Majesty's Secretary of State for India in Council*, Vol. 2, Oxford: Clarendon Press, 1908, p. 6.

[3] Norman McCord and Bill Purdue, *British History: 1815—1914*, Oxford: Oxford University Press, 2007, p. 322.

[4] Norman McCord and Bill Purdue, *British History: 1815—1914*, Oxford: Oxford University Press, 2007, p. 65.

[5] [印] 罗梅什·杜特:《英属印度经济史》（下册），陈洪进译，三联书店，1965 年，第 116 页。

[6] H. V. Bowen, *The Business of Empire: The East India Company and Imperial Britain, 1756—1833*, Cambridge: Cambridge University Press, 2006, p. 289.

006

商业扩张中获得收入的投资者和员工数量也大大增加了。另外，在英国国内为东印度公司提供产品的商人和船东从贸易的增长中也获得了可观的收益，连小店主、工匠、农民和造船工厂里的劳工也从中分润不少。随着这种英国和东印度公司经济联系的日益加深，伦敦和外省的成千上万个英国人的生计就同英国在亚洲的扩张过程紧密地连接在了一起。"无论是否出国，这些英国人在海外殖民地的实质性股份投入，确保他们对贸易和帝国扩张的具有鲜明的支持态度。"〔1〕换句话说，英国对亚洲的殖民扩张反馈给英国国内的经济利益令几乎每一个英国民众都获得了好处，从而导致了他们统一地去支持殖民和扩张的行为。

在如此统一的意愿的"鼓动"下，英国东印度公司在获得和不断巩固印度统治权的同时，积极地向四周扩张势力：1816 年，攻占了尼泊尔；在1824 年至 1886 年之间，通过三次侵略战争，获得了缅甸；1842 年，在阿富汗碰得头破血流，几近全军覆没；同年，背信弃义地兼并了信德（Sind）地区。正如马克思在 1853 年总结的那样："从 1849 年起，一个庞大的英印帝国开始出现。"〔2〕但在此时，中国人对身侧出现的这一强大威胁却知之甚少，直到 1893 年第一任英国大使薛福成在《强邻环伺谨陈愚计疏》中才意识到"英人初借公司之力，蚕食五印度，未几，而沃壤数万里，尽为所并。……此殆宇宙之奇变，古今之创局也！"〔3〕而在"强邻环伺"之局面形成后，再思"中体西用"的保国之计，对于彼时的中国而言则未免太过被动了。

---

〔1〕H. V. Bowen, *The Business of Empire: The East India Company and Imperial Britain, 1756—1833*, Cambridge: Cambridge University Press, 2006, p. 261.
〔2〕[德]马克思、恩格斯：《马克思恩格斯论殖民主义》，易廷镇译，人民出版社，1962 年，第 40 页。
〔3〕[清]薛福成：《强邻环伺谨陈愚计疏》，见《庸庵海外文编》（卷二），清光绪二十一年萧山陈氏刻本，第 15-16 页。

二、英国在中国边疆的试探

在 19 世纪 40 年代，英国在中国沿海的侵扰活动也进入了一个高峰时期。但中国的情况与印度有所不同，英国在印度次大陆上的对手并非一个统一的国家，而是各个民族、宗教、文化各异乃至相互冲突的土邦，英国在印度可以充分利用其"外交手段"进行分化、瓦解、挑拨离间，或者动用相对优势的武力不断蚕食。而中国是一个统一的国家，有着庞大的主体民族和稳定的社会体系。在这个大一统的国度中玩弄英国在处理欧洲大陆事务中修炼得炉火纯青的"离岸平衡"手段，怕是无从下手；直接动用武力来全面对抗更是需要慎重考虑的选项。因此，英国在进入中国的尝试中可谓屡屡碰壁：

在 17 世纪早期，英国东印度公司通过在印度沿海到日本的广大地区建立一系列商馆的方式，同运载中国货物的各国商船进行间接贸易。这种贸易方式是零散和不成规模的。

英国人第一次同中国的非官方接触发生在 1636 年（明崇祯九年）。在这一年的 4 月 16 日，科尔亭公司（Courteen Association）派约翰·威德尔（John Weddell）率由四艘船与两只大舢板组成的船队前往中国。一同前往的还有商务监理彼得·芒迪（Peter Mundy）[1] 与熟悉葡萄牙语的翻译汤玛斯·罗滨逊（Thomas Robinson）等人。在船队出发之前，"英王查理一世向威德尔下达一系列指示和敕令，其中包括威德尔有权实行军事管制与捕获敌船，还为威德尔船队致函葡萄牙驻果阿与澳门的总督"[2]，但没有下达威德尔直接同中国官方建立某种联系的命令。7 月 15 日，在广州外海的英

---

〔1〕按：《彼得·芒迪欧亚旅行记：1608—1667》（ *The Travels of Peter Mundy, In Europe and Asia, 1608—1667* ）一书的第三卷中记载了这次航行的始末。
〔2〕高鸿志：《英国与中国边疆危机：1637—1912》，黑龙江教育出版社，1998 年，第 6—7 页。

008

舰上，登船的四位中国官员明确拒绝了威德尔在澳门交易的要求。[1] 但威德尔却率领船队私自进入珠江逆流而上，虽经中国战船的警告，仍然没有掉头返航，继续接近广州城。随后，逼近广州城的英国船队试图用武力和贿赂等手段达成和中国直接交易的目的，由于葡萄牙通译和澳门葡萄牙人"官员"的捣鬼、英国人的蛮横和中国官员的保守和贪腐，双方打打谈谈，造成了一系列的误会和冲突，但最终双方还是妥协了。11 月 22 日，英国人和广州官员达成协议：威德尔向中国官员提交了一份保证书，对武装冲突事件表示歉意；英国人被允许上岸贸易，但在完成交易后须从速离开中国。威德尔在广州与澳门购买了糖、草药、生丝、瓷器、金元宝等中国产品，于 1637 年 12 月回国。[2] 这是英国和中国在历史上的第一次直接接触。以威德尔船长为代表的英国冒险者在回国后提交的报告中极力鼓吹发展中英贸易，并且公然建议夺取中国的海南岛作为英国领地，其殖民野心跃然纸上。[3] 这一次接触是一次海盗式的冒险远征和庞大帝国迟钝应对边患的"标准流程"的开始，虽在历史的进程中毫不起眼，但留下了一个负面的先例。

　　在 1644 年（明崇祯十七年），英国商人开始在厦门建立商业代办处，自此厦门成为英国商人获得中国商品的基地，时间达一个世纪之久。[4] 1676 年（清康熙十五年，南明永历三十年），英国东印度公司按照与台湾郑氏政权达成的协议把厦门由商业代办处提升为了商馆。清廷收复台湾以后，东印度公司顺势而变，在 1684 年（清康熙二十三年）重返厦

---

〔1〕刘鉴唐、张力：《中英关系系年要录（公元 13 世纪—1760 年）》（第一卷），四川社会科学院出版社，1987 年，第 115 页。

〔2〕刘鉴唐、张力：《中英关系系年要录（公元 13 世纪—1760 年）》（第一卷），四川社会科学院出版社，1987 年，第 115-119 页。

〔3〕〔美〕马士：《东印度公司对华贸易编年史》（第一、二卷），中国海关史研究中心组译，中山大学出版社，1991 年，第 28 页。

〔4〕William Harrison Ukers, *All about Tea*, Vol. 1, New York: Tea and Coffee Trade Journal Company, 1935, p. 38.

门。据统计，从 16 世纪初到 17 世纪末，英船又先后到广东、台湾、厦门、宁波、舟山、福州贸易共 36 次，但贸易额不大。[1]

直到 1757 年 12 月 20 日（乾隆二十二年十一月初十日），乾隆帝谕令番商"将来只许在广东收泊交易，不得再赴宁波"[2]，英国商人才不得不把商站转移到了广州。但随着英国商船来粤数量的逐年增长，英国人又开始蠢蠢欲动，想在广州附近夺取一处地方，来做英国处理同中国所交易的相关货物的仓储和物流中心，另外也试图寻得一个立足点来窥探中国内陆。在 1787 年（乾隆五十二年），英国政府特地任命了一位专门使节来协调"有关不列颠和该国（中国）贸易上产生的困难问题"[3]，这位使节就是来自英属印度的孟加拉军队的总军需官——卡思卡特中校（Lt.-Col. Charles Cathcart）。在英国政府给他的秘密训令中，他被要求同中国政府商议给予"不列颠王室一个商站"的任务，这个商站的选址就是英国人垂涎已久的澳门。[4] 但卡思卡特中校在航经邦加海峡时逝世，死于来华途中，澳门商站之事就不了了之了。这是英国政府试图使用外交手段攫取中国周边立足地的一次失败尝试，也是后来中英两国政府在交涉之时，英国人不断涌起的一个执念。

1771 年（乾隆三十六年），英国人开始阴谋插手不丹，以寻求打开西藏大门，从中国侧后进入内地的道路。一年后，东印度公司派兵干涉不丹同邻近土邦的冲突，琼斯上尉（Caption John Jones）攻占了不丹境内的三座城堡，这一行为造成了中国西藏地方政府的警觉。[5] 六世班禅于 1773 年

---

〔1〕陈大士、潘家德：《从要求通商到武力征服——试析鸦片战争前英国对华政策的调整》，《宜宾学院学报》2006 年第 2 期。

〔2〕王宏斌：《乾隆皇帝为何下令关闭江、浙、闽三海关》，《史学研究》2011 年 06 期。

〔3〕[美] 马士：《东印度公司对华贸易编年史》（第一、二卷），中国海关史研究中心组译，中山大学出版社，1991 年，第 472 页。

〔4〕[美] 马士：《东印度公司对华贸易编年史》（第一、二卷），中国海关史研究中心组译，中山大学出版社，1991 年，第 473 页。

〔5〕高鸿志：《英国与中国边疆危机：1637—1912》，黑龙江教育出版社，1998 年，第 25 页。

010

致信时任英属印度总督的沃伦·黑斯廷斯（Warren Hastings）[1]，声明不丹国王归西藏地方政府管辖，要求英国人停止侵扰不丹的敌对行动，否则会激起西藏的敌对态度。[2]这封信于 1774 年 3 月 29 日送到加尔各答，黑斯廷斯读后反应相当迅速，他立即下令停止和不丹的战争。4 月，东印度公司和不丹签署条约，英国放弃了侵占不丹的领土。黑斯廷斯的如此反应正是因为他认为六世班禅的来信是在"邀请他去建立友谊"，他在东印度公司理事会会议的备忘录中敦促尽快推动同西藏"建立联系"的行动。[3]于是，东印度公司随即组织了以乔治·博格尔（George Bogle）为首的"使团"，携带黑斯廷斯的回信、进献班禅的礼物和商品样品出发前往西藏。博格尔担负的使命除了同西藏建立商贸联系，寻找西藏人喜爱的英国商品，研究西藏的市场和资源，试图在拉萨建立代表英国人利益的"机构"并"寻找代理人"以外，还有繁重的情报收集任务：黑斯廷斯不但要求他调查清楚"英属印度边境与拉萨之间的道路情况、行进沿途氏族的情况，拉萨与相邻地区间的交往以及他们的政府、税收和习俗情况"，还特地叮嘱他收集购买藏羚羊、牦牛、胡桃树、大黄、人参等动植物以及金银等矿物样品，另外还要弄清楚西藏地方政府的组织和税收形式。[4]由此可见，黑斯廷斯派出乔治·博格尔一行人的目的并不是冠冕堂皇的"建立友谊"，而是为了向西藏倾销英国商品，并为侵略和殖民西藏做准备。

1774 年（乾隆三十九年）5 月中旬，乔治·博格尔和随队医生亚历山大·汉密尔顿（Alexander Hamilton）等人从加尔各答出发。7 月左右，他

---

〔1〕按：1772 年 4 月，沃伦·黑斯廷斯开始担任英属印度总督。1785 年卸任离开印度。

〔2〕Clements R. Markham, ed., *Narratives of the Mission of George Bogle to Tibet, and of the Journey of Thomas Manning to Lhasa*, London: Trübner and Co., 1876, p. 3.

〔3〕Clements R. Markham, ed., *Narratives of the Mission of George Bogle to Tibet, and of the Journey of Thomas Manning to Lhasa*, London: Trübner and Co., 1876, pp. 3—6.

〔4〕Clements R. Markham, ed., *Narratives of the Mission of George Bogle to Tibet, and of the Journey of Thomas Manning to Lhasa*, London: Trübner and Co., 1876, pp. 7—9.

们到达不丹的廷布，受到了不丹王公德布（Deb Rajah/Daeb Raja）的接见。但班禅的信使送信来告诉英国人，"由于他的地区臣属于中国皇帝，皇帝有命令不让他接见莫卧儿人、印度斯坦人、帕坦人或欧洲人，由于北京距他那儿有一年的路程，他也无法写信给皇帝请求同意，因此他希望我回加尔各答去"[1]，使他们吃了闭门羹。博格尔不愿半途而返，他们逗留在廷布，并派随行的印度教托钵僧（Gosain）带着德布王公和他的信件面见班禅，充当说客。班禅最终改变了主意，他在写信征得了驻拉萨的达赖喇嘛的同意后，准许博格尔带少数随众入藏。[2]

　　11月8日，博格尔在后藏日喀则南木林行宫第一次拜见班禅。之后，他在后藏地区停留了5个月，这期间多次同班禅及后藏高级僧侣与官员会面，积极参加各种宗教和政治活动，以取得他们的好感。博格尔向班禅大肆吹捧欧洲各国、英国在印度的统治，并且答应班禅在孟加拉地区恒河河岸修建一座佛教寺庙，同班禅建立了某种程度上的"友谊"。但他要求建立贸易关系的要求，却被班禅以廓尔喀王公与锡金处于战争状态和西藏地方政府需要征得北京皇帝的同意为借口委婉拒绝了。[3]

　　1775年4月，博格尔返回印度。他事后在提交给黑斯廷斯的报告中认为他个人同六世班禅建立的友谊将在东印度公司通过西藏进入中国起到相当的作用，因为西藏的转世喇嘛对清朝历代皇帝有很大影响，六世班禅的"性格和能力受皇帝的喜爱"，所以"他的意见在北京朝廷里面很有影响"。而且据博格尔所言，六世班禅曾经答应过他将要"多多夸赞英国"，并帮他搞到前往北京的许可。因此黑斯廷斯寄希望于东印度公司将来能派

---

〔1〕Clements R. Markham, ed., *Narratives of the Mission of George Bogle to Tibet, and of the Journey of Thomas Manning to Lhasa*, London: Trübner and Co., 1876, p. 45.

〔2〕Clements R. Markham, ed., *Narratives of the Mission of George Bogle to Tibet, and of the Journey of Thomas Manning to Lhasa*, London: Trübner and Co., 1876, p. 49.

〔3〕Clements R. Markham, ed., *Narratives of the Mission of George Bogle to Tibet, and of the Journey of Thomas Manning to Lhasa*, London: Trübner and Co., 1876, pp. 146-171.

出使团，经由西藏到达北京。[1]

之后，六世班禅与加尔各答继续书信往来，但班禅也在信中直言"中国皇帝牢牢控制着西藏的一切事务，西藏和任何外国发生联系或产生友谊都会让皇帝不悦"[2]。直到1780年六世班禅入京觐见乾隆皇帝，在向皇帝祝寿之际染上天花圆寂，黑斯廷斯的希望也没能实现。[3]

乾隆四十八年（1783年），班禅转世的消息传至加尔各答。黑斯廷斯立即以庆贺班禅转世灵童的坐床典礼为名，再次派出以塞缪尔·特纳（Samuel Turner）为首的"使团"前往扎什伦布寺"访问"，其成员包括塞缪尔·戴维斯（Samuel Davis）[4]与罗伯特·桑德尔斯（Robert Saunders）等人。他们沿着博格尔前进的旧路，经由不丹，于同年9月到达后藏的扎什伦布寺。特纳意图觐见七世班禅，被扎什伦布寺总管仲巴呼图克图以大皇帝不允许而阻止，但他许诺将鼓励印度商人至后藏贸易。1783年12月特纳离藏前夕，才得觐见此时仅有18个月大的七世班禅，未能同西藏地方政府签订任何约定。[5]而特纳并非空手而归，他收集了有关西藏金银矿的情报，并以此为依据要求黑斯廷斯加强英印政府与西藏首脑人物的联系并积极促进与其地的贸易联系。黑斯廷斯采纳了特纳的建议，并宣布凡愿往西藏贸易者可免交各种捐税。[6]

〔1〕Clements R. Markham, ed., *Narratives of the Mission of George Bogle to Tibet, and of the Journey of Thomas Manning to Lhasa*, London: Trübner and Co., 1876, p. 203.

〔2〕按：波格尔档案：1775年7月22日班禅喇嘛致函黑斯廷斯。转引自阿拉斯泰尔·兰姆，梁俊艳，邓锐龄：《英属印度与西藏》摘译（一），《西藏民族学院学报》（哲学社会科学版）2016年第1期。

〔3〕按：这期间英国东印度公司曾两次派前文提及的汉密尔顿医生前往西藏（1776年、1777年），但由于种种原因他都没能进入西藏。

〔4〕按：塞缪尔·戴维斯，传主德庇时之父，此行担任绘图员和测量员。

〔5〕Samuel Turner, *An Account of an Embassy to the Court of the Teshoo Lama, in Tibet; Containing a Narrative of a Journey Through Bootan, and Part of Tibet*, London: Printed by W. Bulmer and Co., 1800, pp. 335–346.

〔6〕高鸿志：《英国与中国边疆危机：1637—1912》，黑龙江教育出版社，1998年，第30页。

三、从马戛尔尼使团的"祝寿"问题看中英文化冲突

1792 年 9 月 26 日，英王乔治三世派出以其表亲马戛尔尼（George Macartney）勋爵为首的使团，打着希望增进"人类的幸福，两国的互利和中国政府对英国商业的应有的保护"的旗号出访中国[1]，这是中英两国第一次正式的外交接触。但在这次外交接触中，英国人"尝试打开中国的大门，争取更好的通商条件，希望能在中国设置使馆，租借港口或割让岛屿"[2]的企图一个也没有实现，以至于发出了"我们进入北京时好像是穷极无依的人，居留在北京的时候好像是囚犯，离开时好像是流浪者"[3]的喟叹。

关于这一历史事件的研究，一直是国内外学者关注的重点。因为它不仅仅是中英外交或中英关系史中的一个里程碑或转折点，更是英国在拓展全球化殖民体系过程中同中国"天下—朝贡体系"的一次直接的碰撞，也是两个不同文化观念的帝国一次正面交锋。让我们用现代人的目光从中英文化交流的角度重新梳理马戛尔尼使团访问中国的一个关键问题，以尽量客观地呈现历史的细节——马戛尔尼使团是以"祝寿"名义来中国吗？"祝寿"这一论述似乎是国内学界的公论；但也有少数学者认为这其实是一个误会，实际上是"由于清廷臣工歪曲、错误地翻译英方致两广总督的信件而造成的"[4]。笔者综合中英双方的资料认为，这个问题可以进一步细化。

在马戛尔尼使团奉英国国王之命出使的想要达成的外交目标中的确找不到为乾隆皇帝祝寿的任务项目。但据英方的记载，在马戛尔尼使团出访

〔1〕［英］乔治·斯当东：《英使谒见乾隆纪实》，叶笃义译，商务印书馆，1963 年，第 40 页。
〔2〕Patrick Tuck (selected), *Britain and the China Trade, 1635—1842*, Vol. 2, London & New York: Routledge, 2000, pp. 213-252.
〔3〕［英］爱尼斯·安德逊：《在大清帝国的航行：英国人眼中的乾隆盛世》，费振东译，电子工业出版社，2015 年，第 161 页。
〔4〕李学智：《马戛尔尼使团是以"祝寿"名义来中国吗？》，《团结报》2018 年 7 月 5 日。

014

之前英国内政大臣亨利·邓达斯（Henry Dundas）曾经要求马戛尔尼勋爵将此次使命应如何进行和此行的目的等写成书面报告，他认为"不要使北京朝廷感到意外，要先行通知特使行将到来；特别要发出声明，保证此行的目的不是强求改正过去所受的委屈，只是代表国王向皇帝的八十大寿祝贺（but to convey King's congratulations to the Emperor on the occasion of entering the eightieth year of his age），并附带谈一下两国以后贸易的互利问题"[1]。也就是说，英国政府确实考虑到了要给这一次没有中方邀请的外交访问寻找一个说得过去的"缘由"的问题，这个缘由即是英国国王要以对等的姿态"祝贺"乾隆皇帝的八十寿辰。在利用这个缘由获得中国政府的好感之后，再去谈贸易往来的问题。从这个角度来看，这种外交策略带有面向中国文化的迁就。

但在具体执行方面，英国政府同英国东印度公司并不是铁板一块，两者之间存在争夺同中国商业交往主导权的冲突。英国政府认为"派遣一位在广州的领事去通知特使的来临，比之经由公司代理人更为合适"，而且要赋予特使权力"在一定程度内可以管辖广州的商馆"。但东印度公司方面非常反对这两点，认为派出东印度公司的专业委员亨利·布朗（Henry Browne）更为妥当。争论的结果是东印度公司董事会的意见被马戛尔尼接受。[2]所以后人在研究这段历史时，不能忽视英国东印度公司方面的利益对马戛尔尼使团对华政策方向的影响因素。

英国东印度公司出于同中国多年交涉的"经验"，有意借乾隆五十四年（1789年）粤海关监督建议在广州的英国大班布鲁斯（Bruce）派人进京给乾隆帝祝寿，而布鲁斯因猜疑未能成行的旧事"狗尾续貂"。故而，

---

〔1〕Patrick Tuck (selected), *Britain and the China Trade, 1635—1842*, Vol. 2, London & New York: Routledge, 2000, p. 214.

〔2〕Patrick Tuck (selected), *Britain and the China Trade, 1635—1842*, Vol.2, London & New York: Routledge, 2000, pp. 215–216.

东印度公司董事会主席弗兰西斯·巴林（Francis Baring）在致署两广总督、广东巡抚郭世勋的信件中旧事重提：

> 最仁慈的英王陛下听说：贵国皇帝庆祝八十万寿的时候，本来准备着英国住广州的臣民推派代表前往北京奉申祝敬，但据说该代表等未能如期派出，陛下感到十分遗憾。为了对贵国皇帝树立友谊，为了改进北京和伦敦两个王朝的友好来往，为了增进贵我双方臣民之间的商业关系，英王陛下特派遣自己的中表和参议官、贤明干练的马戛尔尼勋爵作为全权特使代表英王本人谒见中国皇帝，深望通过他来奠定两者之间的永久和好……[1]

这种先提错过祝寿的遗憾，并暗示此次出访有弥补上次遗憾之意，后说增进友好和商业关系的表述正是为了消除中方对英方突然来访的猜疑而做的修饰和缓冲之语，目的为了在拉近缓和彼此关系之后，再提出对中方的要求。这样的表述在表面上并没有违背邓达斯训令的精神，但在具体行文中有意弱化了"代表国王向皇帝的八十大寿祝贺"的外交缘由和出访前提，而是突出了"树立友谊……增进贵我双方臣民之间的商业关系"的方面。借用相关研究者的话就是"其中并无祝寿之语，亦无祝寿之意"[2]。其中的变化是否渗透了东印度公司董事们的商业考虑，笔者限于资料不能完全断定。但两相比较而言，读者可以得出东印度公司董事会主席巴林的信件更加直率地声明了马戛尔尼使团这次出访目的的结论。

而历史的吊诡之处也正在于此，当巴林的信件以英文和拉丁文两种文

---

[1]［英］乔治·斯当东：《英使谒见乾隆纪实》，叶笃义译，商务印书馆，1963年，第38页。Sir George Staunton, *An Authentic Account of an Embassy from the King of Great Britain to the Emperor of China*, Philadelphia: Printed for Robert Campbell, by John Bioren, 1799, p. 23.

[2]李学智：《马戛尔尼使团是以"祝寿"名义来中国吗？》，《团结报》2018年7月5日。

016

字写成两份（应该是考虑到中国缺少英语通译，而对于已在清朝做官多年的天主教传教士来说拉丁文是肯定掌握的语言，写成两份是为了方便中方对照），被当时署理两广总督的郭世勋接到之后，郭世勋竟依照原稿找人翻译出了两份文字并不完全相同，但内容只有微小差异的译文。

郭世勋后来把原稿和两篇译文作为奏折的附件上呈乾隆皇帝御批。乾隆皇帝收到奏折后即令军机处翻译对照，从乾隆五十七年（1792年）十月二十日军机处奏片内容中可知，军机处找到的在京西洋人自称不懂英语，只翻译了西洋字（拉丁文）的原稿，结果是"臣等核对郭世勋等奏到译出原禀大概相同"[1]。于是，中方认定了被翻译后的中文版信件的"准确性"。那么乾隆和诸大臣看到的译文具体如何呢？笔者援引清廷档案中的记载如下：

> 嘆咭唎总头目官管理贸易事百灵谨禀请天朝大人钧安。敬禀者：我国王兼管三处地方，向有夷商来广贸易，素沐皇仁，今闻天朝大皇帝八旬万寿，未能遣使晋京叩祝，我国王心中惶恐不安。今我国王命亲信大臣，公选妥干贡使吗嘎尔呢前来，带有贵重贡物，进呈天朝大皇帝，以表其慕顺之心，唯愿大皇帝施恩远夷，准其永远通好，俾中国百姓与外国远夷同沾乐利、物产丰盈，我国王感激不尽，现在吗嘎尔呢即自本国起身，因贡物极大极好，恐由广东进京，水陆路途遥远，致有损坏，令其径赴天津，免得路远难带。为此禀求大人代奏大皇帝，恳祈由天津海口或附近地方进此贡物。想来必蒙大皇帝恩准，谨禀。西洋一千七百九十二年四月二十七日。（郭世勋奏折附"拉丁文译文"）

〔1〕故宫博物院文献馆：《英使马戛尔尼来聘案·十月二十日军机处奏片》，见《掌故丛编》，中华书局，1990年，第616页。

　　嘆咭唎国总头目官管理贸易事百灵谨呈天朝大人，恭请钩安。我本国国王，管有呀兰地嚤吨、佛兰西、嗳仑等三处地方，发船来广贸易。闻得天朝大皇帝八旬大万寿，本国未曾着人进京叩祝万寿，我国王心中十分不安。我国王说称：恳想求天朝大皇帝施恩通好。凡有我本国的人来广，与天朝的人贸易，均各相好，但望生理愈大，饷货丰盈。今本国王命本国官员公辅国大臣吗嘎尔呢，差往天津。倘邀天朝大皇帝赏见此人，我国王即十分欢喜，包管嘆咭唎国人与天朝国人永远相好。此人即日扬帆前往天津，带有进贡贵重物件，内有大件品物，恐路上难行，由水路到京，不致损坏，并冀早日到京。另有差船护送同行。总求大人先代我国王奏明天朝大皇帝施恩，准此船到天津，或就近地方湾泊。我惟有虔叩天地保佑天朝大人福寿绵长。嘆咭唎国一千七百九十二年四月二十七日。（郭世勋奏折附"英文译文"）

　　嘆咭唎国总头目官百灵谨禀天朝大人。前我国王处向有贸易之人回国闻知大皇帝八旬万寿，欲遣人进京恭祝，因道远未能赶上。今遣本国宰相名唤吗戛尔德勒呢恭赍礼物进京，因内有钟表及各项贵重物件，若由广东一路进京，恐路远致有损坏，现在拟由海道进京，在天津海口一带附近地方下船进京。求转奏大皇帝恩准赏收，俯鉴微忱，准令永远通好加恩保护，小国贸易人等感激不尽矣。（"军机处奏片附拉丁文译文"）[1]

　　如果仅用以上三篇"译文"的书面含义相互参照，英使来访的原因就可以归纳成：英王曾欲遣使进京为乾隆皇帝祝寿，但因故错过。英王这次派马戛尔尼来访有弥补之意，希望通过进贡礼物的方式，以求永远通好。

---

〔1〕故宫博物院文献馆：《英使马戛尔尼来聘案》，见《掌故丛编》，中华书局，1990年，第614-617页。

也就是说，这三个中译本把弗兰西斯·巴林信件中的英王听说在广州的英国人曾准备进京祝寿，同英王本人曾欲遣使进京祝寿混为一谈。有了这样的误解作为理解的前提，英王此次遣使来华的目的就变成并非为建立友好关系并洽谈贸易问题，而是主要为补送寿礼了。同时，这次访问也从英国人希望的"平等交往"，变成了中国人惯常理解的"外夷进贡"，这同样导致了有关进献"礼物"还是"上贡"问题的争议。

造成这个结果的原因来自中英双方——中方沉迷于旧有的朝贡思维之中，在翻译中歪曲了英方原义，使其符合外夷"仰慕天朝""倾心向化"的固有套路，这不单纯是一个翻译失误的问题，而是一个先在的文化语境的问题；而英方在于无中生有地寻找出访的借口，为了寻找一个说得过去的"缘由"，把一次本已放弃的、业已过期的广州地方官员揣摩圣意、针对在粤英国商人的祝寿邀请，提升到国家交往层面来谈，本来就容易造成误会。又因为英国政府和东印度公司的对华主导权争夺的影响，从东印度公司发出的外交照会对于出访原因更是含糊其辞，弱化了英国内政大臣亨利·邓达斯先借祝贺乾隆皇帝的八十寿辰，获得中国政府的好感之后，再去谈贸易往来的既定方针。反而突出了英国国王弥补上次错过祝寿一事的遗憾之意，这就不能不说是英国方面的失误了。这里表现出的失误是英方（尤其是东印度公司方面）急功近利的商业推动所铸成，反映了中英文化和思维方式方面的差异。

从文化意义上来看这次"瞎子和聋子"之间的对话，我们可以意识到文明之间交往时的"自我中心"所带来的严重问题。其实关于叩头的礼仪问题也是如此，叩头与否对于清帝国是归化四夷、维护朝贡制度的问题；对于英方则是有关国家地位、君主尊严的问题。即英人以"国体""尊严""平等"等观念挑战清朝"夷夏"观念的过程。[1]不管英方报告中是

---

[1] 吴义雄：《"国体"与"夷夏"：鸦片战争前中英观念冲突的历史考察》，《学术研究》2018年第6期。

否粉饰了使团成员被迫下跪叩头的行为，中英交往的隔膜业已形成。英国人由此认为清政府是"非常嫌恶外交往来或自由交流，尤其是与欧洲人的一个朝廷"[1]。

　　这种双方的不愉快将在 23 年后的阿美士德使团访华事件（1816 年）中再次导致误解的加深。在阿美士德使团访华的过程中，尽管使团带上了比上次马戛尔尼使团更加阵容强大的翻译人员，我们的传主德庇时作为中文译员就在其中，副团长更是由有"中国通"之名的乔治·托马斯·斯当东（George Thomas Staunton）担任，但是"叩头""贡品"等问题还是原封不动地再次上演，双方的问题丝毫没有解决。由此可见双方的矛盾并不仅仅是翻译造成单方面的"沟通不畅"问题，而是文化之间缺乏互相理解的问题。从起因上来说，这种文化的冲突是由英国全球商业和殖民扩张所施加，但也在一定程度上是当时优越感膨胀的"大不列颠"和"天朝上国"的一贯的"国家自信心"的冲突（当然还需考虑商业资本的驱动力），当双方都无法用话语沟通的方式去说服对方的时候，基于国家实力的"大炮的批判"就将要出现，去代替文化的沟通，从而导致了悲剧的发生。

第二节　德庇时的家族历史

一、祖父约翰和父亲塞缪尔的军人生涯

　　德庇时家族并非拥有古老头衔的贵族世家，也非传承数代的有产缙绅之家。其家族起于行伍之中，由士兵到军官、由军官到文职官员，历经三

---

[1]［美］马士：《东印度公司对华贸易编年史》（第一、二卷），中国海关史研究中心组译，中山大学出版社，1991 年，第 279 页。

020

代人之奋斗，到德庇时之时官至一地总督，受爵位从男爵，可谓达到辉煌之境。

　　德庇时的祖父约翰·戴维斯（John Davis）是一名军人，曾在 1759 年被英王乔治二世任命、威廉·皮特（William Pitt, 1st Earl of Chatham）附署为英属西印度群岛地区军事委员会的负责人，据时间推测可能指挥过七年战争（Seven Years' War）中英国同西班牙人在中美洲地区的部分战斗。约翰·戴维斯与来自南威尔士古老家族的妻子菲利普（Phillips）育有两子两女，大儿子约翰（John）可能于 1770 年在印度战死，二儿子塞缪尔·戴维斯即为德庇时之父。约翰·戴维斯死于西印度群岛地区任上后，其寡妻菲利普带着塞缪尔等儿女回到了英国。

　　在英国，塞缪尔·戴维斯受到了良好的古典学和数学教育。[1] 1763 年至 1770 年间，塞缪尔·戴维斯可能还在伦敦皇后街的麦克斯韦（Maxwell's）店中接受了初级艺术训练。[2] 1778 年，18 岁的塞缪尔被东印度公司董事劳伦斯·沙利文（Laurence Sullivan）提名为英国东印度公司马德拉斯地区军事学校的士官生。

　　最初来到印度的英国人基本上来自贫困的苏格兰和爱尔兰地区，一般是出身不好的青年男性。这些人大都是受雇于英国东印度公司的士兵，且绝大多数有曾经在英国正规军队服役的经历。同这些人相比，塞缪尔具有军队背景，但其父曾为地区指挥官，经济条件应该相对较好。他也因此可以进入军校学习，毕业成为军官，进入在印英国人中的精英阶层。据统计，在 19 世纪上半叶，全印度有多达三万名英国皇家军队，其中包含有一千多名军官在那里服役。总司令和大多数担任高级职务的人都是皇家军官。总

〔1〕Michael Aris, *Views of Medieval Bhutan: The Diary and Drawings of Samuel Davis, 1783*, London: Serindia Publications; Washington, D.C.: Smithsonian Institution Press, 1982, p. 30.

〔2〕Michael Aris, *Views of Medieval Bhutan: The Diary and Drawings of Samuel Davis, 1783*, London: Serindia Publications; Washington, D.C.: Smithsonian Institution Press, 1982, p. 33.

体来看，英国皇家军队的军官更多地来自地主和贵族家庭。在东印度公司的军队中，至少三分之一的士官生是已经为英国东印度公司服役过的男性的后代，而另一些则有可能是英国军队中中下级官员的亲属。[1]塞缪尔的情况自然属于后者。1780年初，塞缪尔乘坐"牛津伯爵"（*Earl of Oxford*）号抵达印度[2]，进入军校学习。在军校毕业后，塞缪尔·戴维斯加入了东印度公司的殖民地军队孟加拉工兵团（Bengal Engineers），成为了一名见习军官。

在印度，军官团的成员承担了很多英国本土公务员所承担的工作。比如说，印度医疗服务机构（The Indian Medical Service）是一个准军事机构，主要是为了军队的需要而招募的，但同时也照顾欧洲的平民。陆军工程师组成了民用公共工程部，负责公司的第一批灌溉工程以及民用和军用建筑。人们也很钦佩所谓的专业部队，尤其是高度专业化的工程部队。塞缪尔·戴维斯所在的部队——孟加拉工兵团就是这样的工程部队之一。[3]查尔斯·特雷维利安爵士（Charles Trevelyan）就认为"工程兵团的能力和品行的总体平均水平高于公务员队伍"[4]。但优秀的能力和品行并不意味着更高级别的薪酬待遇，英国东印度公司的军官团中也存在着令人苦恼的收入问题，他们同军队中的英国士兵一样要在服役22年后才能获得一笔还算优厚的养老金。因此他们被认为对金钱过分感兴趣，对他们的部队没有太多的依恋。[5]这样的收入问题也许就是德庇时的父亲塞缪尔·戴维斯转向文职的原因之一。

---

[1] P. J. Marshall, "British Society in India under the East India Company," *Modern Asian Studies*, Vol. 31, No. 1, 1997, pp. 95–98.

[2] Michael Aris, *Views of Medieval Bhutan: The Diary and Drawings of Samuel Davis, 1783*, London: Serindia Publications; Washington, D.C.: Smithsonian Institution Press, 1982, pp. 30–31.

[3] Clements Robert Markham, *Narratives of the Mission of George Bogle to Tibet*, London: Trübner and Company, 1876, p. lxxi.

[4] *Parliamentary Papers*, 1852–3, XXXII, p. 218.

[5] Walter Badenach, *Inquiry into the State of the Indian Army*, London: J. Murray, 1826, pp. 29–130.

　　1783 年年初，孟加拉陆军年轻的中尉塞缪尔·戴维斯被英属印度总督沃伦·黑斯廷斯任命加入塞缪尔·特纳的西藏使团，担任绘图员和测量员的工作。同行的还有外科医生罗伯特·桑德尔斯。塞缪尔·特纳使团基本上是沿着博格尔使团出使的旧路前往西藏的，他们在一个叫朗普尔（Rungpore）的地方收到不丹王公德布颁发的通行许可，得以进入不丹的领地。6 月 3 日，他们在不丹王都扎西苏顿（Tassisudon，今不丹首都廷布）得到了不丹王公德布的接见。在特纳同德布的交谈之中，塞缪尔·戴维斯通过展示他在威廉堡（Fort William）所作的一幅景物画向德布证明了他对绘画艺术的精通，以及英国人在艺术上的进步，获得了德布的欣赏。[1] 在扎西苏顿，特纳也曾为塞缪尔·戴维斯的绘画技能所折服，他满怀激动地形容了他记录扎西苏顿四周山峦环绕的壮美景色的作品：

　　　　事实上，在这些作品身上，主题并不是因为景色的宏伟和美丽而更引人注目，而是因为作者抓住并记录景色特征的判断力、还原度和品味。让这些人在凝视大自然最巨大、最整洁的形式中找到满足，在这些绘画里展现出的是多么无穷无尽的愉悦之情啊！[2]

　　另外，塞缪尔·戴维斯还记录了扎西苏顿附近"具有奇特的轻盈和美感"的万迪波尔桥（The Bridge of Wandipore），也引发了特纳的赞美。

　　在扎西苏顿期间，塞缪尔·特纳的使团通过不丹王公德布的渠道向西藏地方政府表达了入境的要求，但过程并不顺利。但在书信往来的等待中，特纳使团诸人获得了很多同德布王公交流的机会，特别是塞缪尔·戴维斯。

---

〔1〕Samuel Turner, *An Account of an Embassy to the Court of the Teshoo Lama, in Tibet; Containing a Narrative of a Journey Through Bootan, and Part of Tibet*, London: Printed by W. Bulmer and Co., 1800, p. 76.

〔2〕Samuel Turner, *An Account of an Embassy to the Court of the Teshoo Lama, in Tibet; Containing a Narrative of a Journey Through Bootan, and Part of Tibet*, London: Printed by W. Bulmer and Co., 1800, p. 101.

塞缪尔·戴维斯的极其准确的绘画记录了他们沿途经过的风景和建筑，这成为了他们同德布王公谈论使团冒险经历的有力说明，特纳等人因此受到了殷勤款待。更有趣的是，王公还主动地向塞缪尔·戴维斯展示了自己拥有的华丽宫殿和领地中的壮丽景色，希望他能用绘画的方式呈现它们。[1]

但正是因为塞缪尔·戴维斯杰出的绘画功力带来的精确记录所见事物的能力，西藏方面"怀疑"他入藏会带来相关机密的泄露，所以禁止他继续加入特纳使团入藏的行程。塞缪尔·戴维斯被迫留在不丹等候使团诸人的返回。[2]在滞留不丹期间，戴维斯用手中的画笔记录了不丹的一系列建筑物和景观，留下了大量的水彩和素描画作，这些画作的其中一部分在近两百年后才有机会被整理出版为《不丹的中世纪景色：塞缪尔·戴维斯在1783年的日记和绘画》（*Views of Medieval Bhutan: The Diary and Drawings of Samuel Davis, 1783*）一书出版。

图1-1
塞缪尔·戴维斯的不丹水彩画之一
—
来源：
耶鲁英国艺术中心

---

[1] Samuel Turner, *An Account of an Embassy to the Court of the Teshoo Lama, in Tibet; Containing a Narrative of a Journey Through Bootan, and Part of Tibet*, London: Printed by W. Bulmer and Co., 1800, p. 150.

[2] Samuel Turner, *An Account of an Embassy to the Court of the Teshoo Lama, in Tibet; Containing a Narrative of a Journey Through Bootan, and Part of Tibet*, London: Printed by W. Bulmer and Co., 1800, p. 168.

024

二、塞缪尔文职工作和学术成就

1783 年底，塞缪尔·戴维斯随特纳使团从不丹返回。大约在 1784 年，他离开了军队系统，从加尔各答来到印度比哈尔邦东部城市巴加尔普尔（Bhagalpur），成为了当地行政官（Collector）的助手和阿达拉特（Adalat）法院的登记官（Registrar）。他于 1787 年被提升为首席登记官，并于 1788 年被提升为法官，直到 1793 年成为印度西孟加拉邦中部城市布德万（Burdwan）的行政官之前，他一直担任该职位。[1]同东印度公司的士官生相比，英国东印度公司所雇佣的公务人员所获得的薪水则丰厚得多，有一段时间足足是他们的 3 倍。[2]由此可见，在英国东印度公司中服务的公务人员待遇丰厚，简直是香饽饽一样的存在。

在 18 世纪后期，特别是在孟加拉地区当公司的公务员就意味着有机会大赚一笔。此时的东印度公司董事们一直面临着为孟加拉地区任命额外编制人员的巨大压力，他们在孟加拉军队中安插了很多与国内政治人物关系密切的年轻人，导致该地公务员从 1750 年的 80 人左右膨胀到了 1783 年的 286 人。[3]这样类似的行为在印度各地比比皆是，导致了公司的工资预算大幅增加，甚至到了远超英国国内公务员工资总数的地步。这样的负担就连财大气粗的东印度公司也无力承担，于是在康沃利斯勋爵（Lord Cornwallis）的领导下，对这项福利进行了必要的改革，并形成了一个非常持久的模式。多余的职位被削减，人员数量控制在仅能满足税收和司法行政运转的基本需求。但这项改革并不彻底，为了平息大部分人的不满，

〔1〕Michael Aris, *Views of Medieval Bhutan: The Diary and Drawings of Samuel Davis, 1783*, London: Serinda Publications; Washington, D. C.: Smithsonian Institution Press, 1982, p. 31.

〔2〕P. J. Marshall, "British Society in India under the East India Company," *Modern Asian Studies*, Vol. 31, No. 1, 1997, p. 98.

〔3〕P. J. Marshall, *East Indian Fortunes: The British in Bengal in the Eighteenth Century*, Oxford: Clarendon Press, 1986, p. 15.

康沃利斯勋爵定下了支付"自由津贴"的制度，并称这是为了"让绅士们有机会从合理的工资储蓄中获得适度的财富"[1]。尽管如此，公务人员的待遇依旧令人羡慕，包括塞缪尔·戴维斯在内的很多公务员都通过财富积累迈入了士绅阶层所在的上流社会。对于塞缪尔·戴维斯来说，丰厚的薪水可以让他过上国内无法享受的士绅生活，并且有闲暇进行高雅情操的培养。

在巴加尔普尔时，塞缪尔·戴维斯同两位学者的交往过程对他学术兴趣的发展产生了重大影响。这些兴趣涉及天文学和艺术，与他的职业生涯完全无关。大概是在 1784 年 10 月，他第一次遇到了才华横溢的律师和东方主义者威廉·琼斯爵士（Sir William Jones），后者于一年前到达印度，并刚刚组织成立了孟加拉皇家亚洲学会（Asiatic Society of Bengal），塞缪尔·戴维斯随后成为该学会的成员。当时，威廉·琼斯因发热连着两个月卧床不起。他委托罗伯特·桑德斯帮助他收集当地植物的花朵标本带到他的床边，并通过林奈（Carolus Linnaeus）的动植物分类法方式对它们加以分类来打发时间。而罗伯特·桑德斯曾与塞缪尔·戴维斯一起去过不丹，通过罗伯特·桑德斯，塞缪尔·戴维斯结识了威廉·琼斯。基于对天文学的共同热爱，两人成为了密友。直到 1794 年威廉·琼斯去世为止，塞缪尔·戴维斯和他都保持了定期的通信往来。实际上，在琼斯保留下来的信件中，给戴维斯的信比给其他任何人的总和还多。虽然琼斯给塞缪尔·戴维斯的大多数信件都是讨论技术性的问题，但信件本身是本着亲密友谊的精神写就的，所以这些信件让人读起来感到有种愉快的情绪浸透其间。有学者认为："只有塞缪尔·戴维斯和威廉·琼斯两人的合作，能够在琼斯本人设想的作为孟加拉皇家亚洲学会宗旨的人文意义上系统研究的高度上进行。"[2]

在威廉·琼斯和孟加拉皇家亚洲学会的另一名成员鲁本·伯罗（Reuben

---

[1] "Letter to Directors", 15 Aug. 1787, *Oriental and India Office Collections*, E/4/46, p. 216.

[2] Michael Aris, *Views of Medieval Bhutan: The Diary and Drawings of Samuel Davis, 1783*, London: Serinda Publications; Washington, D. C.: Smithsonian Institution Press, 1982, p. 31.

Burrow）的协助和鼓励下，在威廉·琼斯雇佣的印度梵文学者的帮助下，塞缪尔·戴维斯成为了印度天文学领域公认的专家。作为研究的一部分，戴维斯还学习了梵语和北印度语。他们研究的主要对象是包含在印度教"帕特拉"（Hindu Patra，即年鉴）中的古印度的天文表，这些材料最初是法国天文学家勒让蒂尔（Le Gentil, Guillaume Joseph Hyacinthe Jean Baptiste）在科罗曼德海岸（Coromandel Coast）的泰米尔纳德（Tiruvallur）城中的婆罗门手中获得的，其中显示了可追溯到公元前 3 世纪的比较准确的印度天文学知识。塞缪尔·戴维斯还从贝纳雷斯（Benares）的乔纳森·邓肯（Jonathan Duncan）手中购得了一份印度《苏利耶历数全书》（Surya Siddhanta）的手稿，另外他还参考了梵语文献《马卡兰达》（Makaranda）、《甘尼萨》（Ganeśa）和《格拉哈娜·马拉》（Grahana Mala）中有关天文学的记载。

　　塞缪尔·戴维斯在巴加尔普尔期间写了两篇有关印度天文学的文章。第一篇的题目为《印度教徒的天文历算》（On the Astronomical Computations of the Hindus），写于 1789 年 2 月 15 日，并在 1790 年的《孟加拉皇家亚洲学会会刊》（Asiatic Researches, or, Transactions of the Society Instituted in Bengal）第二卷上发表。这篇文章是对时分、行星参数、行星真实经度、岁差和日月食的计算的说明（例如，对 1789 年 11 月 3 日在巴加尔普尔发生的月食的计算），其根据和方法来自于印度的《苏利耶历数全书》。这篇文章得到了威廉·琼斯的大力称赞，并在加尔各答孟加拉皇家亚洲学会的会议上全文朗读。从两人在 1791 年 3 月 21 日至 12 月 27 日之间的来往信件来看，威廉·琼斯认为塞缪尔·戴维斯建议对《苏利耶历数全书》进行全文翻译的工作成果将会成为超过法国天文学家勒让蒂尔和贝利（Bailly）的"胜利"。1792 年 2 月 12 日，威廉·琼斯爵士在加尔各答附近的花园中写信给塞缪尔·戴维斯，说自己在上周四阅读了塞缪尔·戴维斯提交亚洲学会的最新论文——《论印度六十年的循环》（On the Indian Cycle of Sixty Years）。这是塞缪尔·戴维斯有关印度天文学的第二篇论文，

写于 1791 年 12 月 1 日，并在 1792 年的《孟加拉皇家亚洲学会会刊》第
三卷上发表。这篇文章讨论的是印度人确定木星 12 年和 60 年周期的方法，
其依据仍然是以《苏利耶历数全书》中的记载为主。琼斯和塞缪尔·戴维
斯之间的通信持续到 1794 年 3 月 24 日，他们还讨论了在阿格拉（Agra）
得到的印度星盘，但是戴维斯并没有相关的文章正式发表。此间，戴维斯
的文章受到了英国国内学术界的重视。英国皇家学会会长约瑟夫·班克斯
爵士（Sir Joseph Banks）写信邀请塞缪尔·戴维斯申请成为皇家学会的成
员，并把亨利·卡文迪什（Henry Cavendish）对他发表的第一篇论文的评
论转给他。1792 年 6 月 28 日，塞缪尔·戴维斯被选为英国皇家学会会员，
卡文迪什、布莱登（Blagden）、马斯登（Marsden）和伦内尔（Rennell）
在他的候选人证书上签名。[1]

图1-2
古奥尔古城神庙遗迹的大门，塞缪尔·戴维斯作

来源：
《不丹的中世纪景色：塞缪尔·戴维斯在1783年的日记
和绘画》，The Serinda Publications

---

[1] "Fellow Details"，Royal Society.［Retrieved 2020.6.1］https://collections.royalsociety.org/ DServe.exe？
dsqIni=Dserve.ini&dsqApp=Archive&dsqCmd=Show.tcl&dsqDb=Persons&dsqPos=0&dsqSearch=%28%28text%2
9%3D%27Davis, %20Samuel%27%29.（Date of access 2020.8.20）

　　在巴加尔普尔时，塞缪尔·戴维斯还遇到了风景画家托马斯·丹尼尔（Thomas Daniell）和他的侄子威廉·丹尼尔（William Daniell），他们是有名望的艺术家。他们早在 17 年前就在皇后街相识，并保持了良好的关系。1786 年至 1793 年，托马斯和威廉两人进行了漫长的印度之旅，这期间他们两次同塞缪尔·戴维斯相聚。一次在 1788 年 10 月，这是他们第一次来到巴加尔普尔。另一次在 1790 年至 1791 年间，他们再次回到那里与塞缪尔·戴维斯一起度过了 12 个月。在第一次相聚时，塞缪尔·戴维斯向叔侄二人展示了他在不丹之行中创作的画。很有可能是塞缪尔·戴维斯的画作展示的不丹风景和他的口头描述激发了叔侄二人亲自去喜马拉雅山山麓地区采风的兴趣。他们最终实践了这个念头，二人最远曾到过嘉华（Carhwal）地区的斯利那加（Srinagar），他们觉得那里的风景和建筑同塞缪尔·戴维斯画的不丹水彩画有相似之处。在从西行回来和塞缪尔·戴维斯一起住的最后 12 个月里，叔侄二人把一百多幅旅行中绘就的草图和素描稿加工成油画，随后在加尔各答出售。塞缪尔·戴维斯有幸观摩了他们的创作，并从中获益良多。他们还时常一起在巴加尔普尔当地进行短途旅行。当叔侄二人离开时，塞缪尔·戴维斯陪着他们沿恒河一路来到加尔各答，他们途经古奥尔古城（Gaur），共同描绘了这一壮观的遗迹。[1]塞缪尔·戴维斯和丹尼尔叔侄二人的友谊后来也成为他回到伦敦的助力之一。

　　此外，在塞缪尔·戴维斯去世之后，他留下的一些文稿和信件由他的儿子德庇时整理并发表，笔者上文引用的塞缪尔·戴维斯和威廉·琼斯的部分信件就是源于此。[2]还有一篇论文也是出于同样的来源——《关

〔1〕Michael Aris, *Views of Medieval Bhutan: The Diary and Drawings of Samuel Davis, 1783*, London: Serinda Publications; Washington, D. C.: Smithsonian Institution Press, 1982, p. 33.

〔2〕"Letters of Sir William Jones to the Late Samuel Davis, Esq., F. R. S., &c. from 1785 to 1794, Chiefly Relating to the Literature and Science of India, and Elucidatory of the Early History of the Asiatic Society of Calcutta. Communicated by John Francis Davis, Esq., F.R.S., M.R.A. S., &c.", *Transactions of the Royal Asiatic Society of Great Britain and Ireland*, 1830, Vol. 3, No. 1, pp. 1–31.

于不丹宗教和社会制度的评论》(Remarks on the Religious and Social Institutions of the Bouteas, or Inhabitants of Boutan) ，发表在 1829 年《英国皇家亚洲学会会报》的第二卷上。[1]这篇文章是德庇时以其父在不丹旅行时记录的笔记手稿和绘画记录为基础加工整理而成的。从某种意义上来说，这篇文章可以看作父子二人在东方学研究领域的传承之作。

三、塞缪尔的其他经历

1793 年，塞缪尔·戴维斯被任命为布德万地区的行政官。印度事务部图书档案馆（India Office Library）中保留了他这一时期写给东印度公司税务部（the Board of Revenue）的几封信件，信中时常讨论的是"应该如何处理那些利用新法规而不为穿越他们领地的英军提供补给的印度地主"的事务性问题。[2]在忙于这些问题的同时，他娶了亨丽埃塔·布瓦洛（Henrietta Boileau），一个前法国贵族家庭的成员，她的家族在 18 世纪早期定居在英国，两人的联姻也算给家族沾染上了几分贵族气息。婚后，两人共育有四子七女，而德庇时正是家中的长子。

1795 年至 1800 年，塞缪尔·戴维斯转任贝拿勒斯（Benares）[3]的地方法官。在贝拿勒斯他经历了一次生死惊魂，事情还要从当地人维齐尔·阿里·汗（Vizier Ali Khan）的遭遇说起。维齐尔·阿里·汗本来是当地统治者阿萨夫·乌德·达乌拉（Asaf-ud-Daula）的养子，在养父死后他靠英国人的支持继承了土王之位。但仅仅过了 4 个月，英国人就因为他的"不忠诚"而

---

〔1〕John Francis Davis, "Remarks on the Religious and Social Institutions of the Bouteas, or Inhabitants of Boutan, from the Unpublished Journal of the Late Samuel Davis, Esq. F.R.S. &c.", *Transactions of the Royal Asiatic Society of Great Britain and Ireland*, 1829, Vol. 2, No. 1, pp. 491–517.

〔2〕Michael Aris, *Views of Medieval Bhutan: The Diary and Drawings of Samuel Davis, 1783*, London: Serinda Publications; Washington, D. C.: Smithsonian Institution Press, 1982, pp. 33–34.

〔3〕按：印度东北部城市瓦腊纳西（Varanasi）的旧称。

030

将其废黜，转而支持他的叔叔为王。同时，英国人在当地驻扎了大量军队，
实际上控制了这一地区。但英国人仍旧对被圈禁在贝拿勒斯的维齐尔·阿
里·汗不放心，遂决定将他从原来的领地驱逐出去，以减少他在当地的影响
力。这引发了维齐尔·阿里·汗的强烈不满，他私下组织人手筹备武装，希
望能与印度次大陆上其他反英势力联合，干出一番事业，恢复他的地位。

1799 年 1 月 14 日，维齐尔·阿里·汗发动了反对英国人的起义。他
首先在总督的政治代理人切里（Mr. Cherry）的晚宴上杀死了包括切里在
内的几位英国官员和侍从，后来又开始进攻塞缪尔·戴维斯的住宅。塞缪
尔·戴维斯当时在陪夫人散步，路上看到了维齐尔·阿里·汗带着全副武
装的一群人向英国人居住区前进。他意识到事情不对，派人给切里送信，
但是晚了一步。当面对维齐尔·阿里·汗的进攻时，他身边并没有警卫力
量。他所能依靠的只有一个微小的"地利"——他的住宅有一个带围墙的
露台屋顶，通往露台屋顶的楼梯的垂直高度相当可观，绕着中央的一条主
干蜿蜒而行。这是一种奇特的建筑，由四根木柱支撑着，四面敞开，非常
狭窄，一次只允许一个人上楼。塞缪尔·戴维斯让夫人带着两个孩子（其
中就包括德庇时）藏在上面。登上露台时，塞缪尔·戴维斯发现护墙的
低矮使他们都暴露在下方敌人的视线内，而后者正在举枪向他们射击，于
是他命令戴维斯太太和她的两个女仆及孩子们在露台中央附近坐下，而自
己则单膝跪在楼梯的活板门前，拿着一把六英尺多长，有二十多英寸长的
三角形刀刃、边缘锋利的印度式长矛守在唯一的入口处，等待着即将到来
的进攻。在漫长的试探和僵持中，塞缪尔·戴维斯刺中了一个进攻者，割
伤了另一个进攻者的手，阻止了他们的进攻。半个小时以后，他终于等来
了援军，最终保卫了自己和家人。[1]这一经历后来都被德庇时写进《维
齐尔·阿里·汗，或贝拿勒斯大屠杀，不列颠的一章印度史》（*Vizier Ali*

---

[1] John Francis. Davis, *Vizier Ali Khan, or, The Massacre of Benares: A Chapter in British Indian History*, London:
Spottiswoode & Co., 1871, pp. 22–43.

Khan, or, The Massacre of Benares, A Chapter in British Indian History）一书之中。
保卫了他们一家的武器——长矛的图案不但被德庇时作为这本书的封面，
还被放入了他的贵族纹章的羽饰部分之中（见下页图）。而长矛本身可能
作为家族宝物，保存在位于伦敦波特兰广场 7 号房产的阁楼之中。据塞缪
尔·戴维斯的助手，后来的孟买市长蒙斯图亚特·埃尔芬斯通（Mountstuart
Elphinstone）回忆，他在每年的起义周年纪念日去波特兰广场 7 号探望戴
维斯的遗孀时，还会对着长矛做一番崇拜仪式。[1] 而维齐尔·阿里·汗的
起义很快就在厄斯金将军（General Erskine）的镇压下失败，他后来被庇
护者出卖，屈辱地在威廉堡（Fort William）的铁笼子里度过了余生。

图1-3
塞缪尔·戴维斯的住宅被攻击。
—
来源：
《维齐尔·阿里·汗，或贝拿勒斯大屠杀，不列颠的一章印度史》，The Spottiswoode & Co.

---

〔1〕Michael Aris, *Views of Medieval Bhutan: The Diary and Drawings of Samuel Davis, 1783*, London: Serinda
Publications; Washington, D. C.: Smithsonian Institution Press, 1982, p. 34.

在印度，塞缪尔·戴维斯余下的职业生涯伴随着一连串的晋升。1800年
5月，他被任命为帕加纳斯（印度西孟加拉邦的前身）的第一治安官，也是
加尔各答的警察和司法总警司。1801年4月，他成为英国东印度公司税务委
员会的第三位成员。1804年5月，他就任最后一个职位——印度总会计师。
他担任这一职务不到两年，于1806年2月因身体原因辞职回国。

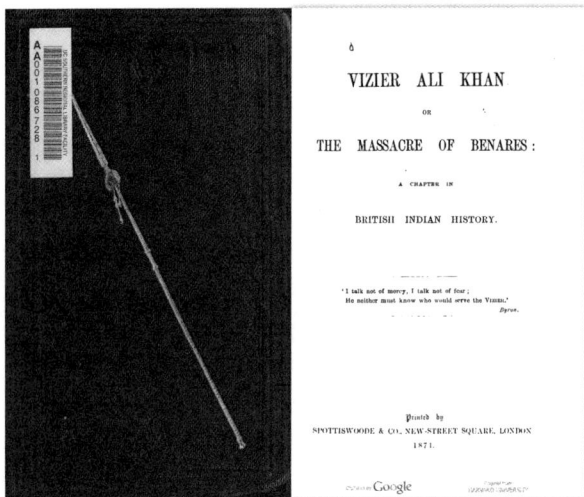

图1-4
《维齐尔·阿里·汗，
或贝拿勒斯大屠杀：
不列颠的一章印度史》
1871版封面的长矛图
案。
—
来源：
《维齐尔·阿里·汗，或
贝拿勒斯大屠杀：不列
颠的一章印度史》，The
Spottiswoode & Co.

图1-5
德庇时的贵族纹章：
左图为1845年从男爵
纹章，右图为1854年
从男爵和二等巴斯勋
章骑士之纹章，其上
部都可以看到明显的
交叉长矛图案。
—
来源：
香港大学图书馆

在回国途中，塞缪尔·戴维斯曾在圣赫勒拿岛[1]上停留，并绘就了以当地景色为主题的系列风景画。他在那里画的6幅水彩画后来被威廉·丹尼尔以飞尘腐蚀版的技法呈现在亚历山大·比特森（Alexander Beatson）1816年于伦敦出版的《圣赫勒拿岛》（*Tracts Relative to the Island of St. Helena*）一书之中。1806年7月，塞缪尔·戴维斯和他所有的家人都回到了伦敦。

1807年2月12日，他与老朋友威廉·丹尼尔共进晚餐，并在丹尼尔家中遇到了山水画家和喜好写日记的约瑟夫·法林顿（Joseph Farington），法林顿在当天的日记中写道：

> 他（塞缪尔·戴维斯）在印度生活了25年，直到去年7月才到达英国。他说，在过去的四五年里，他发现自己在公司体制压迫下的辛劳中苦苦挣扎，感到沉闷和乏力。在回国途中，他甚至在下船前就感受到了英国凉爽空气的恢复力量，并且从那时起就感觉到了它令人振奋的品质。他大约50岁，出生在西印度群岛。他非常热爱艺术，并把绘画作为他最喜欢的娱乐活动。[2]

1813年，威廉·丹尼尔还帮助他出版了《不丹的风景》（*Views in Bootan from the Drawings of Samuel Davis, Esq.*）一书，书中包括6幅水彩画。其实，英国公众早在1798年和1800年就已经通过描绘波科克（Pococke）的4幅版画和巴西尔（Basire）的9幅版画熟悉了他的画作，这些版画分别出现在托马斯·彭南特（Thomas Pennant）的《印度斯坦的风景》（*The View of Hindoostan*）和塞缪尔·特纳《觐见大昭寺喇嘛纪实》（*An Account*

---

[1] 按：圣赫勒拿岛（Saint Helena）是南大西洋中的一个火山岛，隶属于英国，离非洲西岸1950公里，离南美洲东岸3400公里，孤悬海中。拿破仑就是在这里流放直到去世（1815年10月—1821年5月）。

[2] Michael Aris, *Views of Medieval Bhutan: The Diary and Drawings of Samuel Davis, 1783*, London: Serinda Publications; Washington, D. C.: Smithsonian Institution Press, 1982, p. 36.

034

of an Embassy to the Court of the Teshoo Lama, in Tibet）两部书中。1819 年，他的 11 幅遗作还出现在了霍伯特·甘特（Hobart Gaunter）第七卷《东方年鉴》（*The Oriental Annual, or, Scenes in India*）之中。

1810 年 10 月，东印度公司董事会主席亨利·邓达斯（Henry Dundas）促成塞缪尔·戴维斯当选为公司董事，希望能换取他的投票支持；但令邓达斯反感的是，塞缪尔并不是对他惟命是从。塞缪尔分别于 1814 年和 1819 年再次当选东印度公司董事。1814 年，当英国国会续签《东印度公司宪章》时，国会下议院委员会委托塞缪尔·戴维斯以他们的名义起草了《第五次孟加拉财政收入报告》，据乔治·博格尔评价，这是一部"令人难忘"的报告，反映了塞缪尔·戴维斯对"印度内部行政管理事务的熟识"[1]。

1819 年 6 月 16 日，塞缪尔·戴维斯在克罗伊登附近的伯德赫斯特小屋（Birdhurst Lodge）去世，那里很可能是他的乡村度假住宅。他出身于英国军队家庭，通过东印度公司马德拉斯地区军事学校的士官生训练，毕业后加入了东印度公司的军官系统，后来转到印度地方行政系统工作，回国后更是登上东印度公司董事的高位，这样的人生经历深深地刻有英国东印度公司的烙印。同样，他的家族也同东印度公司密不可分：他的两个儿子苏利文（Sulivan Samuel）和莱斯托克（Lestock Samuel）经历了在东印度公司的短暂服务后，分别于 1820 年和 1821 年在印度去世。他的另一个儿子亨利·塞缪尔（Henry Samuel）参军，最终成为一名上校，曾指挥第 52 轻步兵团，于 1851 年去世，没有留下子嗣。塞缪尔·戴维斯的 7 个女儿中，6 个［亨丽埃塔（Henrietta）、安妮（Anne）、玛丽亚（Maria）、伊丽莎白（Elizabeth）、艾丽西亚（Alicia）和朱莉娅（Julia）］在 1821 年至 1839 年间分别嫁给了沃德（Ward）、坎贝尔（Campbell）、里维特·卡

---

[1] Michael Aris, *Views of Medieval Bhutan: The Diary and Drawings of Samuel Davis, 1783*, London: Serinda Publications; Washington, D. C.: Smithsonian Institution Press, 1982, p. 36.

尔纳克（Rivett Carnac）、威尔洛克（Willock）、洛克伍德（Lockwood）和莱尔（Lyall）家族，相夫教子却不闻于世。[1]而他的长子德庇时最终继承了他的衣钵，不但在东印度公司的文职体系中做到了东印度公司广州商馆特选委员会主席的位置，后来还成为了英国政府委任的第二任香港总督；在学术上，他发扬了父亲的东方学传统，醉心中国文学和文化的研究，不但入选英国皇家学会，还以第一任会长的身份参与创建了英国皇家亚洲学会中国支会，并因杰出的汉学成就被后人誉为"第一位（英国）汉学权威"（the first sinological pundit）[2]。

〔1〕Michael Aris, *Views of Medieval Bhutan: The Diary and Drawings of Samuel Davis, 1783*, London: Serinda Publications; Washington, D. C.: Smithsonian Institution Press, 1982, p. 38.

〔2〕John K. Fairbank, ed., *The Cambridge History of China*, Vol. 10: Late Ch'ing, 1800—1911, Part 1, Cambridge: Cambridge University Press, 1995, p. 602.

第二章　人生起伏：文员、港督和汉学家

第一节　从文员到驻华商务总监：汉学才能初绽光芒

1795 年 7 月 16 日，德庇时出生，他是父亲塞缪尔·戴维斯和母亲亨丽埃塔的长子。根据《牛津国家人物传记大辞典》(*Oxford Dictionary of National Biography*) 中的记载可知，德庇时出生于英国伦敦[1]，而非其父当时工作的印度布德万地区。如果该记录属实，从中可见德庇时父母对长子的重视，他们可能是不辞辛苦特意回到了英国伦敦生产。之后，德庇时跟随父母返回印度生活。跟随父亲的工作调动辗转布德万、贝拿勒斯、加尔各答等地。在其 4 岁左右，德庇时同父亲一起经历了印度土王维齐尔·阿里·汗的起义，当时他同妹妹被母亲保护在其贝拿勒斯住宅的露台屋顶上，靠父亲英勇的守卫侥幸逃过一劫。

德庇时的启蒙应该是由父母引导。其父塞缪尔是英国皇家学会会员，东方学研究的专家之一，可称得上学识渊博之人；而其母亲出身诺曼底贵族家庭，也应可以给年幼的德庇时带来良好的熏陶。1806 年，11 岁的德庇时跟随家人回到英国并在伦敦定居。在 1813 年以后，英国东印度公司要求

---

[1] Reynolds, K. D., "Davis, Sir John Francis, first baronet (1795–1890), colonial governor and Chinese scholar", *Oxford Dictionary of National Biography*, September 23, 2004, Oxford University Press. (https://www.oxforddnb.com/view/10.1093/ref:odnb/9780198614128.001.0001/ odnb—9780198614128—e—7287/version/0). (Date of access 28 Aug. 2020)

公务人员必须接受黑利伯瑞公学（Haileybury and Imperial Service College）
的教育，并由公司支付教育费用。但据记载，德庇时在 1811 年至 1813 年
间就曾经在东印度学院（East-India College, at Hertford）进行了系统的学
习。[1]

　　东印度学院成立于 1806 年，是英国东印度公司用于培养公务人员的
专门学院，是后来的黑利伯瑞公学的前身之一。学院主要招收东印度公司
职员亲属和中小贵族子弟，开设课程包括神学、数学与自然哲学、法学、
绘图、历史学、政治经济学、古典文学与一般文学（Classical and General
Literature）、法语和东方语言（阿拉伯语、波斯语、印地语、孟加拉语、
斯里兰卡语，但不包括汉语）等。德庇时的校友有查尔斯·马修·怀斯
（Charles Matthew Whish）（东印度公司职员，精通数学、天文学和马拉
雅拉姆语）、亨利·威廉·霍布豪斯（Henry William Hobhouse）（英国
辉格党政客、东印度公司职员）、理查德·卡尔·格林爵士（Sir Richard
Carr Glyn）（英国银行家和政治家）、托马斯·西奥菲勒斯·梅特卡夫爵
士（Thomas Theophilus Metcalfe）（东印度公司驻莫卧儿王朝代表）、理
查德·卡文迪许（Richard Cavendish）（英国贵族、国会议员）等人，其
学院的影响可见一斑。德庇时在东印度学院的成绩相对优秀，在 1811 年
5 月 30 日第一学期的考试中获得“历史科目优异奖”（Prize of Books of
History），并且在其他科目的考试中都获得了“良好”评价。[2]在经过了
3 年的学习以后，德庇时以优异的成绩顺利从东印度学院毕业。

　　1813 年，18 岁的德庇时抵达中国广州，他被任命为东印度公司广州

[1] "East-India College, at Hertford, May 30", *The Literary Panorama*, Vol. X, London: Printed by Cox, Son, and
Baylis for C. Taylor [etc.], 1811, pp. 137-138.
[2] "East-India College, at Hertford, May 30", *The Literary Panorama*, Vol. X, London: Printed by Cox, Son, and
Baylis for C. Taylor [etc.], 1811, pp. 137-138.

商馆（East India Company's Factory at Canton）的初级文员（writer）。[1]
同时获聘此职位的还有约翰·亚历山大·班纳曼（John Alexander
Bannerman）和马治平（Charles Albany Marjoribanks），两人后来一个成
为了东印度公司的董事，另一个成为了英国下议院议员。此时他们三人的
职业生涯都才刚刚起步，仅仅在商馆中从事相对枯燥的商业簿记工作。但
中英之间愈加增长的商业活动急需精通中文的翻译人才，在东印度公司广
州商馆这种需要显得尤其急迫——广州商馆不但作为一个商业机构，还在
一定程度上承担着中英交往的外交代办处的功能；而东印度学院并没有开
设汉语课程，当时在广州商馆服务并唯一称得上精通中文的只有马礼逊
（Robert Morrison）一人。

　　英国伦敦传教会会士马礼逊是首位来到中国的新教传教士，他克服重
重困难掌握了中文，被英国东印度公司广州商馆雇佣为中文翻译。商馆的
中文翻译任务相当繁重，有时甚至会造成外交纠纷，并给翻译带来清政府
的敌视甚至人身危险。[2]因此，马礼逊在 1814 年 3 月致信东印度公司，要
求公司考虑在广州商馆建立起一种培养中文翻译的"正规制度"，希望可
以选拔专人脱产以后，"充分专心"地学习中文，作为商馆翻译的后备力
量。他还建议给教授外国人中文的中国教师在商馆中提供食宿，以减少他
们被中国官员惩罚的危险。[3]这些建议被广州商馆接受，其直接的受益者
就是德庇时等人。德庇时在 1814 年开始跟随马礼逊学习中文，商馆不但免
除了他承担的其他工作，还给他增加了每人每年 100 英镑的补助，以鼓励

---

〔1〕有资料认为，这个职位其实是1806年创办的东印度公司书院训练16—18岁年青绅士做高层的实习行政岗。
从德庇时和马治平等人的日后发展来看，这个说法似乎有一定的依据。见黄兆辉：《积极不干预：港英政府
的中国通》，香港中文大学出版社，2018 年，第 54 页。
〔2〕［英］苏珊·里德·斯蒂夫勒：《英国东印度公司广州商馆的汉语学生》，刘美华、杨慧玲译，《国际汉学》
2016 年第 1 期。
〔3〕［美］马士：《东印度公司对华贸易编年史》（第三卷），中国海关史研究中心组译，中山大学出版社，
1991 年，第 208 页。

其学习。[1]德庇时的语言天分也正是在马礼逊的带领下逐步显现出来：当年10月份他就作为随行翻译跟随乔治·托马斯·斯当东前往广州，在解决中英之间的一次贸易争端中小试牛刀。到了12月份，他已经可以独立翻译来自广州香山县的政府公文了。而在1815年1月德庇时已经完成了他第一部中国文学作品的翻译——其翻译底本是明末清初文学家、戏曲家李渔的章回体白话短篇小说集《十二楼》中的《三与楼》。同年，该译文就以"*San-Yu-Low: Or The Three Dedicated Rooms. A Tale, Translated from the Chinese.*"为题名在英国东印度公司澳门印刷所发行了单行本。[2]这部译作风格忠实原文，为解释中国文化中特有的异质词汇（文化负载词）作了大量的注解，在篇章结构上也相对还原了翻译底本的结构布局，是德庇时早期中文学习成果的一次比较成功的展示。同时，这部译作也很快被介绍到了英国国内，英国东印度公司于1816年在伦敦创办的机关刊物《亚洲杂志》（*The Asiatic Journal and Monthly Register for British and Foreign India*）分别在1至3月3期连载德庇时的《三与楼》译作全文。据现有资料可知，德庇时的《三与楼》译文是最早以杂志为载体连载的中国古典小说英译作品。在引文介绍部分，《亚洲杂志》的编辑Miles认为德庇时的译作展示了其"才华和勤奋"及"对中国语言的熟悉"，《三与楼》的翻译具有"中国浪漫小说"的"鲜明特质"，"此类作品可以看作中国民族气质的图解"，因而极具价值。[3]可以说，此时的德庇时已经开始在中文翻译方面

---

[1] 按：董事会还承诺，如若学生语言能力足以胜任翻译的工作，除正常薪水之外，将有额外的奖金，如果是书记员，那么就会有300英镑。但这些汉语学生只有熟练掌握汉语，并定期把自己翻译汉语的作品寄到伦敦，才可以得到这份特别的补助。1817年，德庇时被认为有资格获得译员补助金。Court of Directors to Canton, 5 Apr. 1816, paragraph 3, 5, 8, 7, 8, 9. Ibid. 转引自［英］苏珊·里德·斯蒂夫勒：《英国东印度公司广州商馆的汉语学生》，刘美华、杨慧玲译，《国际汉学》2016年第1期。

[2]［美］马士：《东印度公司对华贸易编年史》（第三卷），中国海关史研究中心组译，中山大学出版社，1991年，第207-208页。

[3] Miles, "SAN-YU-LOW: OR, THE THREE DEDICATED ROOMS. A tale, translated from the Chinese, by J. F. Davies, Esq. of the Honourable Company's China Establishment", *The Asiatic Journal and Monthly Register for British and Foreign India*, Vol. 1, No. 1, 1816, p. 37.

崭露头角。也正是因为德庇时中文翻译才能的展现，使他得以参加了中英国家级别的外交活动——阿美士德勋爵使团访华。

1816 年 7 月 10 日晚，德庇时同乔治·托马斯·斯当东、马礼逊、黑斯廷斯·图恩（Hastings Toone）、托马斯·曼宁（Thomas Manning）等 72 人一起乘"发现号"单桅纵帆船从香港岛附近的一个锚地出发，同阿美士德勋爵率领的访华使团船队在广州附近洋面会合[1]，加入了阿美士德勋爵使团觐见嘉庆皇帝的行列之中。德庇时同马礼逊、曼宁、特朗等人在使团中被安排了中文秘书兼翻译（Chinese Secretaries and Interpreters）的职务，乔治·托马斯·斯当东为使团的第二特使。7 月 12 日，因风雨交加船只颠簸不定，特朗和德庇时转移到了"休伊特将军号"（Hewett）上，乔治·托马斯·斯当东和马礼逊被送到了"阿尔卡斯特号"（Alceste）上。[2] 接着，使团从中国南海北上行船至天津大沽口。在大沽德庇时迎来了他作为中文翻译的第一个任务。乔治·托马斯·斯当东的《小斯当东回忆录》（Notes of Proceedings and Occurrences During the British Embassy to Pekin in 1816, 1824）记载了德庇时这次任务的大体内容：

　　8 月 6 日早上，德庇时和库克准尉被派出到岸上查看，以确认清朝接待官员为使团接待和食宿所做的准备情况——他们在傍晚返回船队，报告大使说：他们在登陆的时候得到了一位带有蓝色顶戴的官员非常礼貌的接待，这位官员把为大使及随员们准备的船向他们展示，并告诉他们还有二十二艘船已经备好为使团运

---

[1] John Francis Davis, *Sketches of China; Partly During an Inland Journey of Four Months, Between Peking, Nanking, and Canton; With Notices and Observations Relative to the Present War*, Vol. 1, London: Charles Knight & Co., 1841, p. 6.

[2] George Thomas Staunton, *Notes of Proceedings and Occurrences During the British Embassy to Pekin in 1816*, London: Havant Press, 1824, p. 11.

送礼物和行李。[1]

而德庇时在他的《中国见闻录》一书中提供了这次交涉的更多细节：

在使团下海船之前，采取一些步骤来确认清朝接待官员为使
团前往北京之旅程所提供的内河接待船只的数量和质量似乎是较
为明智的，大使阁下因此委托我对此事进行必要问询。我由他卫队
的一位准尉军官陪同，通过一艘护卫舰上的小艇登岸。我们在早上
10 点钟离开大船，虽然潮水的方向对我们有利，但仍花费了 3 个
小时才接近海岸。比起在河口登陆，我更喜欢划船到应停的地方。
当我们接近的时候，我很高兴看到有很多船只在一座庙宇的下面不
远处停靠。当我们到达那里时，有几位清朝官员登上了一艘为首的
接待船，他们的主官戴有蓝色顶戴。一大群士兵排在岸上，形成
一个正方形的三面，船只构成其第四面。我们在登陆的时候受到了鸣
炮三声的礼遇。士兵们在那里，这对我们来说是件好事，因为如果
没有他们，我们就会被聚集起来围观我们这些陌生人的巨大人群所
淹没。其中一个家伙设法闯了进来；但是他立刻被逮捕了，在挨了
一顿痛打之后，又被粗鲁地赶了出去。

清朝官员非常客气，用茶、糖果和水果招待我们。在客套
了几句之后，我进入正题，询问他们是否已经准备好船只迎接大
使，并补充说大使阁下希望立即从海船转移到内河船只上，无需
在岸上住宿中转。对此他们给予了肯定的答复，并要求我们检查
为大使和随员们准备的三艘驳船。这些船的外观是令人满意的，

---

[1] George Thomas Staunton, *Notes of Proceedings and Occurrences During the British Embassy to Pekin in 1816*,
London: Havant Press, 1824, p. 26.

我们还被告知其余的船虽然没有那么大，但也一样整洁方便。一
共有 10 艘大驳船，还有 12 艘小船供运输侍者、行李和礼物使用。
当我提到大使希望他们提供一艘可容纳使团 19 人一同进餐的大船
时，他们说现在这里没有如此大的船只，但是当使团到达天津时
应该可以找到一艘；同时他们提议在此期间使团可以分成两部分
以适应现在的船只安排。

当我从船上向上看的时候，我注意到，在准备运送我们的
船只的旗帜上面写着"贡使"（Koong-she）。由于大使没有授权
我讨论这个问题，我当时就没有继续注意这件事，而是决定回到
护卫舰上后再告知他。接着我从清朝官员那里得知，原本准备在
天津迎接大使的（直隶）总督（那彦成）被替换为苏楞额（Soo
Tajin），以前的粤海关监督，现在的工部尚书。当我们要离开的
时候，他们邀请我去拜访钦差（Kinchae），但我拒绝了，并表示
希望尽早返回并向大使汇报我们所知的情况。当我们离开时，他
们把水果装到我们的船上，其中有很好吃的苹果、梨，还有一些
桃子，很大但不成熟、没有味道。返回时我们逆着潮水的方向，
花费了四五个小时才回到了护卫舰上。[1]

从这段记述中，我们可以对德庇时在第一次独立执行外交和翻译任
务时的表现有所观察。总的来说，德庇时同清朝官员的沟通没有出现太大
的差池，这体现出德庇时的汉语水平已足可胜任比较复杂的对话与细节沟
通了。另外，虽然他明确反对使用"贡"字和使团之后被要求的下跪礼

---

[1] John Francis Davis, *Sketches of China; Partly During an Inland Journey of Four Months, Between Peking, Nanking, and Canton; With Notices and Observations Relative to the Present War*, Vol. 1, London: Charles Knight & Co., 1841, pp. 39–43.

节[1]，但在当时他对驳船上悬挂"贡使"旗帜的观察和处理方式体现出了他的细心和谨慎。

8月9日，阿美士德勋爵使团众人由海船离开。10日，坐上了清朝接待官员提供的23艘船出发前往天津。使团在出发前向清政府提交了一份使团名单，其中德庇时排名第六，身份是中文秘书。他和使团公务秘书兼第三特使亨利·埃利斯（Henry Ellis）、查理斯·萨默赛特上尉（Charles Somerset）、艾博特（Abbot）一起在船队的第三艘驳船上押运。[2] 12日上午，使团乘船经白河到达天津。工部尚书苏楞额和长芦盐政广惠派人在码头向阿美士德勋爵顺利到达表示祝贺。下午，阿美士德派德庇时、黑斯廷斯·特朗和马礼逊拜访两位使节以示回礼。德庇时等人在此时被告知第二天上午钦差将同阿美士德举行会谈，会谈结束后将共同出席御赐宴会，同时也邀请大使的随员参加。[3] 13日，德庇时随使团众人来到天津衙署。据使团医生克拉克·阿裨尔（Clarke Abel）的记载，"阿美士德勋爵、乔治·托马斯·斯当东爵士、埃利斯先生以及马礼逊先生被领入内厅与清朝钦差及其他官员会谈，使团随员们则随意四处浏览。……过了将近两个小时，特使阁下才重新出现在宴会厅。……他一直在为下跪问题而据理力争。"[4] 这是阿美士德使团就觐见嘉庆皇帝的礼仪问题第一次同清朝官员发生争论，他们拒绝行跪拜礼。当天，特使和随员在宴会前向代表皇帝的"表案"行了九次鞠躬礼。在宴会后，使团众人观看了清朝官员安排的戏剧表演并接

---

[1] John Francis Davis, *Sketches of China; Partly During an Inland Journey of Four Months, Between Peking, Nanking, and Canton; With Notices and Observations Relative to the Present War*, Vol. 1, London: Charles Knight & Co., 1841, pp. 53-55.

[2] George Thomas Staunton, *Notes of Proceedings and Occurrences During the British Embassy to Pekin in 1816*, London: Havant Press, 1824, pp. 36-37.

[3] George Thomas Staunton, *Notes of Proceedings and Occurrences During the British Embassy to Pekin in 1816*, London: Havant Press, 1824, p. 42.

[4] [英] 克拉克·阿裨尔：《中国旅行记（1816—1817年）》，刘海岩译，上海古籍出版社，2012年，第79-80页。

044

受了礼物。德庇时在《中国见闻录》中的相关回忆是：

> 上演的戏剧是英雄故事诗或悲剧体的，不幸的是，演出时
> 总是伴随着锣声、鼓、钹，还有一切其他为了震耳欲聋的乐器。
> 中国戏剧的这个种类远不如其常见的和滑稽的类型让我感到愉
> 快，后者可能被认为与目前的庄严和重要场合不相称（而没有演
> 出）。[1]

从这段话可以看出，在德庇时观看这次中国戏剧表演之前，他可能已
经对中国戏剧有所了解，甚至也可能观看过类似的演出。而使团其他成员
就称得上完全的"外行看热闹"了。埃利斯对此次表演的评论是：

> 演员服装和舞台布景都非常华丽，喧闹的声音和忙乱的场景
> 让人眼花缭乱，即使是那些懂得汉语的人也弄不明白演出的是什
> 么故事。看上去不像是喜剧或者悲剧，而好像是一场情节剧。[2]

阿裨尔也评价说：

> 表演者的服装非常华丽，据说与满族征服以前中国人穿的服
> 装很相像。混乱和喧闹声是这些表演给我留下的唯一印象，因为
> 我对其中的故事一点也不懂。[3]

---

〔1〕John Francis Davis, *Sketches of China*; *Partly During an Inland Journey of Four Months, Between Peking, Nanking, and Canton*; *With Notices and Observations Relative to the Present War*, Vol. 1, London: Charles Knight & Co., 1841, pp. 69-70.
〔2〕[英]亨利·埃利斯：《阿美士德使团出使中国日志》，刘天路、刘甜甜译，商务印书馆，2013年，第71页。
〔3〕[英]克拉克·阿裨尔：《中国旅行记（1816—1817年）》，刘海岩译，上海古籍出版社，2012年，第81页。

此外，德庇时还在其他场合表示了对此次戏剧表演内容的不满。他认为清朝官员之所以安排这样的表演，是因为他们对外国人特有的蔑视，他们认为噪音和哑剧表演更适合来宾的能力，而更深层次的知识展演将不会被外国佬理解。[1]但我们应该看到，德庇时的上述表态其实夹杂着对跪拜叩头一事的反感情绪，并不代表他轻视中国戏剧本身的价值。恰恰相反的是，德庇时是当时英国汉学界较早开始研究中国戏剧并正视其价值的学者之一。

14日，阿美士德使团离开天津，沿河前往通州。这期间，在阿美士德拒绝行跪拜礼后，清朝大小官员多次前来交涉和劝说，但都没能改变使团的决定。19日，因为清朝方面给使团的供给品日益匮乏，阿美士德勋爵吩咐黑斯廷斯·特朗和德庇时带着在他船上值班的中国军官柯（Ko）船长去找天津道张五纬和天津副将寅宾，就这个问题向他们提出抗议，必要时也要向钦差提出申诉。[2]德庇时见到了张五纬，张大人向他解释说食品等物资的短缺是因为使团前往通州的时间比预计延迟了两日，并表示他将就此立即发出问询。但当德庇时再次见到张大人时，张大人悲叹着表示，关于此事他也无能为力，到了通州情况才会有所改观。德庇时认为造成这种状况的原因或许是清朝方面有意而为[3]，但使团公务秘书埃利斯认为其原因可能是清朝地方官员的"安排上的疏忽"，因为据马礼逊告知他说："大使都被看作是君主的客人，通往京城道路上的地方官员们都要提供所需要的供应，而供应是充足还是缺乏依赖于所经过的地区，除非事先做好安

---

[1] "Narrative of the Chinese Embassy to the Khan of the Tourgouth Tartars, in the Years 1712, 13, 14, and 15. Translated from the Chinese by Sir George Thomas Staunton, Bart. L. L. D. and F. R. S. Lond, 1821", *The Saturday Magazine*, Vol. 1, No. 10, 1824, p. 222.

[2] Sir George Thomas Staunton, *Notes of Proceedings and Occurrences During the British Embassy to Pekin in 1816*, London: Havant Press, 1824, p. 68.

[3] John Francis Davis, *Sketches of China; Partly During an Inland Journey of Four Months, Between Peking, Nanking, and Canton; With Notices and Observations Relative to the Present War*, Vol. 1, London: Charles Knight & Co., 1841, pp. 100-102.

046

排。"[1]

　　20 日，使团到达通州。22 日，钦差理藩院尚书和世泰、礼部尚书穆克登额、工部尚书苏楞额和长芦盐政广惠在通州同阿美士德等人会面，双方矛盾的主题仍是觐见皇帝要使用的礼仪问题，和世泰要求英国使团行三跪九叩之礼，而阿美士德坚持行单膝跪地鞠躬之礼。这期间（26 日、27 日），阿美士德两次派特朗和德庇时向钦差和世泰送去外交照会，说明他的态度不会改变。[2]但和世泰隐瞒了这一情况，欺骗嘉庆称使团正在学习行礼。嘉庆闻奏决定在 8 月 29 日接见阿美士德等人，使团在 29 日凌晨到达，人人疲惫不堪，再加上礼服和国书尚未到达，故阿美士德要求明日觐见。和世泰只好向皇帝回复正使副使皆患病。嘉庆大怒，以为英使傲慢，遂取消觐见，并驱逐使团离京。

　　至此，德庇时在这次使团中所承担的外交使命也基本结束，虽然他并不是阿美士德使团中的决策者，但是他以其出色的汉语能力很好地完成了每一次的外交任务。担任使团第二特使的乔治·托马斯·斯当东夸赞他，"德庇时先生虽然是公司的一名普通的年轻职员，但他的才华难以掩饰，他对汉语研究有极大的热忱，各方面的学识和素养都超过了同龄人"[3]。在回程中，德庇时随使团途径中国内陆多个城市，饱览了沿途的自然风光和人文风俗，使他对中国有了更深刻的了解，也锻炼了他的汉语口语能力。据乔治·托马斯·斯当东爵士的观察，一路行来"大家学会了很多实用的、竟然连店主都能听得懂的汉语口语"[4]。另外，他还同使团中其他成员保持

〔1〕[英] 亨利·埃利斯：《阿美士德使团出使中国日志》，刘天路、刘甜甜译，商务印书馆，2013 年，第
91—92 页。
〔2〕[英] 亨利·埃利斯：《阿美士德使团出使中国日志》，刘天路、刘甜甜译，商务印书馆，2013 年，第
113—117 页。
〔3〕Sir George Thomas Staunton, *Notes of Proceedings and Occurrences During the British Embassy to Pekin in 1816*,
London: Havant Press, 1824, p. 102.
〔4〕[英] 苏珊·里德·斯蒂夫勒：《英国东印度公司广州商馆的汉语学生》，刘美华、杨慧玲译，《国际汉学》
2016 年第 1 期。

了良好的关系，除了得到乔治·托马斯·斯当东爵士的赏识以外，他还同使团第三特使亨利·埃利斯先生发展出了良好的友谊，他们时常一同离开船队去沿途散步，此时德庇时就作为埃利斯先生的翻译，两人一同进行小小的探险。[1] 同使团大员的这些良好关系日后将成为德庇时从政的助力。

1817 年 1 月 1 日，元旦。阿美士德使团从北京出发经过 4 个多月的长途旅行终于来到了广州，接近了内陆旅行的终点。1 月 23 日，使团来到澳门。在澳门，东印度公司广州商馆成员（除乔治·托马斯·斯当东以外）脱离使团，德庇时也随之重返原工作岗位。

在回到商馆不久，德庇时在之前（1816 年）送往位于伦敦的东印度公司董事会的中国戏剧译作《老生儿》（Laou-Seng-Urh, or, "An Heir in His Old Age." A Chinese Drama.）经伦敦约翰·默里（John Murray）公司出版，其翻译底本是中国元代剧作家武汉臣的杂剧《散家财天赐老生儿》，这是已知第一部直接由中文译成英文的中国戏剧。德庇时在译本中保持了底本中的诗体与对话体，但去掉了原文中他认为不雅的文字及一些重复的叙述。德庇时以《中国戏剧及其舞台表演简介》（A Brief View of the Chinese Drama, and of Their Theatrical Exhibitions）为题为此英译本写了长达 43 页的序言。序言总结了自 1692 年至 1816 年散见于各书籍报刊的欧洲外交使者及旅游者对中国戏剧的描述和评论，驳斥了以法国汉学家韩国英（Pierre-Martial Cibot）为代表的耶稣会士对中国戏剧的错误看法，认为中国戏剧具有"行动的统一和完整性"；"自然的和不间断的事件过程"；"情感的自然流露"；"注重美德，但偶尔会陷入严重的不雅"；"与古希腊悲剧中的合唱队有强烈相似之处的抒情乐曲"；以及"类似希腊戏剧，特别是欧里庇得斯的剧序的序言"等特点，并呼吁英国学界要重视对中国

---

[1] Sir George Thomas Staunton, *Notes of Proceedings and Occurrences During the British Embassy to Pekin in 1816*, London: Havant Press, 1824, pp. 266, 270, 404, 478.

文学的译介。[1]伦敦《评论季刊》(*The Quarterly Review*)的 1817 年 1 月
号就刊登了德庇时译作《老生儿》的书评，评论者约翰·巴罗（Sir John
Barrow）[2]赞同德庇时关于耶稣会士的看法，认为耶稣会士为了传教的目的
过多地关注了中国的道德、宗教和哲学，而忽视了"文学在大多数民众中
的现代状态"，也就是"道德故事、娱乐故事、小说、戏剧和歌曲，以及
每天报纸上刊登的趣事"这些类似的纯文学（*belles lettres*）作品，然而"为
了能够使我们对中国人的民族性格形成一个真实的估计，需要对其民族文
学这一特殊分支进行更深入了解"。约翰·巴罗认为德庇时的相关译作正
在推进这方面的工作，他的译作《老生儿》及《中国戏剧及其舞台表演简
介》在更正欧洲人对中国戏剧的认识方面是有益的。[3]

　　同年 5 月，伦敦保守的高教会评论杂志《英国评论家》(*The British
Critic*)也关注到了德庇时的译本，发表了一篇关于该书的评论。评论者在
简单介绍了德庇时和译本情况之后，节选了《中国戏剧及其舞台表演简介》
一文中介绍戏院形制、舞台表演和《老生儿》故事梗概的部分，并完整展
现了该剧第一幕的译文。最后评论者认为"该剧与我们的感伤喜剧太相似
了，不太具有娱乐性，我们也没有充分了解中国人的风俗习惯以能很好地
欣赏当地的典故。然而，我们认为，这本书本身并不能给那些喜欢通过各

---

[1] John Francis Davis, *Laou-Seng-Urh, or, "An Heir in His Old Age." A Chinese Drama*, London: John Murray, 1817,
pp. iv-xlv.

[2] 按：约翰·巴罗（1764—1848），1764 年 6 月出生在英格兰西北的兰开夏郡，原本是一家私立学校的数学
老师，曾给老斯当东之子——乔治·托马斯·斯当东当数学家教，在斯当东的引荐下进入马戛尔尼使团，担
任内务总管。1794 年中国归来后，巴罗成了公认的中国问题专家，屡次担任英国政府中国事务顾问。1797 年，
马戛尔尼出任好望角总督，作为其私人秘书，巴罗陪他一起赴南非殖民地履职。1804 年回国后，他出版了《中
国纪行》(*Travels in China*)。同年，巴罗被委任为海军部秘书，并在这一部门任职 40 年之久。他为《评论季
刊》撰写了大量的稿件，被该刊创办者约翰·默里奉为该刊的"台柱子"。他还是皇家学会会员、罗利俱乐
部（皇家地理学会前身）会员。1821 年被授予爱丁堡大学法学博士学位，1835 年被授予从男爵爵位。参见
王燕：《德庇时英译〈红楼梦〉研究——从约翰·巴罗书评谈起》，《红楼梦学刊》2018 年第 5 期。

[3] Sir John Barrow, "Review of *Laou-Sing-Urh, or, 'An Heir in His Old Age.' A Chinese Drama*. Translated from the
Original Chinese. By J. F. Davis, Esq. of Canton. To which is prefixed a Brief View of the Chinese Drama, and of Their
Theatrical Exhibitions. Small 8 vo. pp. 164. London, 1817", *The Quarterly Review*, Vol. 16, No. 32, 1817, pp. 396-407.

种渠道追踪戏剧的人带来多少乐趣，但我们特别向他们推荐序言，作为对中国人戏剧表现的清晰而有趣的描述，这将充分弥补信息和娱乐的不足及戏剧本身的缺陷"[1]。从该篇书评的行文重点来看，评论者显然更注重德庇时在序言中对中国戏剧论述的部分，而对译作本身的内容缺乏兴趣。

　　一年后，1818年1月号的《亚洲杂志》也发表了德庇时《老生儿》译作的评论文章。评论者认为在亚洲的英国人不光"忙于扩大其帝国和积累财富"，还注重"引进文明社会的艺术和习惯"，"增加了对亚洲语言、历史和宗教的研究，并在四十年时间里出版了比葡萄牙和荷兰人在发现亚洲时期出版的更有用的关于亚洲的著作"，而德庇时的译作就是这些"更有用的关于亚洲的著作"之一，"德庇时先生的译本充分证明了在那些注定要统治或居住在亚洲的人的头脑中创造文学品味的好处，是利用时间和培养人才的光荣标本"[2]。毋庸讳言，作为英国东印度公司的机关刊物，《亚洲杂志》的评论自然标榜其在亚洲进行殖民统治的正当性。而德庇时的译作也自然被看作英国在亚洲的统治和民族性格方面优于葡萄牙和荷兰人的证明。但在这些带有政治色彩的评论之外，该文还有一些值得关注的论述。

　　首先，文章认为德庇时的反映中国人家庭生活的戏剧翻译选题，"将比一般的中国概述、中国道德和政治著作的翻译传达出更明确的中国思想"[3]。

　　第二，文章认为德庇时对《老生儿》这部喜剧的翻译是"准确的"，

---

[1] "Review of *Laou-Seng-Urh, or, 'An Heir in His Old Age.' A Chinese Drama.* 12 mo. 155 pp. 5s. 6d. Murray, 1817", *The British Critic*, Vol. 7, May, 1817, pp. 526–535.

[2] "Review of *Laou-Seng-Urh, or, 'An Heir in His Old Age.' A Chinese Drama.* Translated by J. F. Davis, Esq. 12 mo. pp.164. Price 5s. 6d. Murray, London, 1817", *The Asiatic Journal and Monthly Register for British and Foreign India*, Vol. 5, No. 25, 1818, p. 33.

[3] "Review of *Laou-Seng-Urh, or, 'An Heir in His Old Age.' A Chinese Drama.* Translated by J. F. Davis, Esq. 12 mo. pp.164. Price 5s. 6d. Murray, London, 1817", *The Asiatic Journal and Monthly Register for British and Foreign India*, Vol. 5, No. 25, 1818, p. 33.

并对其中诗歌的介绍感到满意。但是文章担心译文因为"缺乏有趣的事件和情节薄弱"的原因，而不能成为像前辈《赵氏孤儿》那样获得"被改造成英国和法国的流行戏剧作品"的荣誉。[1] 评论者在这里有意识地把《赵氏孤儿》和《老生儿》的译本进行比照，一方面是因为德庇时在序言中提到《老生儿》和法国耶稣会汉学家翻译的《赵氏孤儿》（法文版）同样来自中国戏剧集——《元人百种曲》，而《赵氏孤儿》作为最早一批被译介到欧洲的中国戏剧，曾被伏尔泰、英国戏剧家威廉·哈切特（William Hatchett）、英国戏剧家亚瑟·谋飞（Arthur Murphy）等多人改编，并在欧洲各国演出，产生了较大的影响；另一方面，从西方人的审美角度来看，《赵氏孤儿》的故事情节更符合他们传统的悲剧观念——具有英雄传奇和复仇的情节。两相比较，《老生儿》表现家庭矛盾和中国孝道观念的事件则稍逊一筹——并不是欧洲戏剧传统中吸引观众的情节，《英国评论家》之前的书评就证明了这一点。所以，评论者才有对《老生儿》译本流行预期的担心，但这种担心正是他们怀着英国学者的中国文学翻译成果超过法国学者影响力之期望的反映。

而从当时的具体情况来看，英国汉学对中国文学的译介还处于起步阶段，但正是在以德庇时等人为代表的英国学者不断的译介实践中，他们最终后来居上。1819 年，法国作家和翻译家安东尼·布律吉埃·德·索松姆（Antoine André Bruguière de Sorsum）就以德庇时的译本为依据，转译了《老生儿》和《三与楼》并合集为《老生儿，中国喜剧；附：三与楼，道德故事》（*Lao-Seng-Eul, Comedie Chinoise; Suivie De San-Iu-Leou, Ou Les Trois Etages Consacres, Conte Moral*）出版。布律吉埃在译本前言中简单介绍了德庇时的生平和他随阿美士德出访中国的经历，并赞赏了德庇时翻译的准确

---

[1] "Review of *Laou-Seng-Urh, or, 'An Heir in His Old Age.' A Chinese Drama.* Translated by J. F. Davis, Esq. 12 mo. pp.164. Price 5s. 6d. Murray, London, 1817", *The Asiatic Journal and Monthly Register for British and Foreign India*, Vol. 5, No. 25, 1818, p. 37.

性[1]。随后，法国汉学家雷慕莎（Jean-Pierre Abel-Rémusat）在巴黎德东
戴·迪普雷佩尔与菲斯东方书店出版的《亚洲论坛》（*Melanges Asiatiques*）
1826 年第二卷上用法文扼要简介了《合影楼》和《夺锦搂》的内容。次
年，雷慕莎编辑的三卷本《中国故事》（*Contes Chinois*）由巴黎蒙塔迪埃
出版社出版，其中收录了他根据德庇时译文转译的《三与楼》、《合影楼》
和《夺锦楼》。同年该书还以《中国故事》（*Chinesische Erzahlungen*）为名
在莱比锡和庞蒂奥的米歇尔森公司出版了德文本。这一连串对德庇时译文
的介绍和转译正说明了他的译文在提升英国汉学的中国文学译介水平方面
起到了不可忽视的作用。

　　第三，该评论文章认为德庇时的《中国戏剧及其舞台表演简介》一文
存在一定的缺陷，评论者发现该序言的"主要观点"来自"欧洲传教士和
旅行者汇编"，而"忽视了译者的个人观察和中国作家本人的观点"[2]。评
论者的看法有一定的道理，当时英国学者所接触到的有关中国戏剧的资料
的确大都来自欧洲传教士和旅行者的二手信息。但不能忽视的是，德庇时
并不是人云亦云，而是用前人的资料佐证自己的观点；另一方面，这种情
况正随着英国人同中国人日益密切地接触而有所变化。据上文所述，德庇
时在参加阿美士德使团之前应该已经接触了中国戏剧的相关知识或观看过
中国戏剧的表演。使团成员在中国旅行的时候，有多次观看中国戏剧的机
会——如 1816 年 8 月 13 日天津官员安排的迎宾演出、1817 年 1 月 16 日
大行商春官（Chun-qua）邀请大使参加宴会后安排的戏剧表演[3]，都有相关

[1] A. Bruguiere De Sorsum, *Lao-Seng-Eul, Comedie Chinoise*; *Suivie De San-Iu-Leou, Ou Les Trois Etages Consacres,
Conte Moral*; *Traduits du chinois en anglais, par J. F. Davis, de la factorerie de Canton*; *et de l'anglais en francais, par A.
Bruguiere De Sorsum*; *avec additions du Traducteur*, A Paris, Chez Rey et Gravier, 1819.
[2] "Review of *Lao-Seng-Urh, or, 'An Heir in His Old Age.' A Chinese Drama*. Translated by J. F. Davis, Esq. 12 mo.
pp. 164. Price 5s. 6d. Murray, London, 1817", *The Asiatic Journal and Monthly Register for British and Foreign India*,
Vol. 5, No. 25, 1818, p. 37.
[3] [英] 亨利·埃利斯：《阿美士德使团出使中国日志》，刘天路、刘甜甜译，商务印书馆，2013 年，第
286-287 页。

记录可查。假设德庇时在这次出使之后再去谈论中国戏剧，也许会有更加直观和深入的认识。

　　1818 年，英国伦敦出版的最权威的两份年鉴类期刊不约而同地收录了德庇时的《中国戏剧及其舞台表演简介》一文。其中，每年撰写出版用以记录和分析该年世界各地的重大事件、发展和趋势的历史悠久的参考书《年鉴》（ *The Annual Register, or a View of the History, Politics, and Literature* ）把该篇文章归入"各国风俗习惯"类，全文收录但未作评论。[1] 与之不同的是，《年鉴》的竞争者《新年鉴》（ *The New Annual Register, or General Repository of History, Politics, and Literature* ）把德庇时的文章归入了"纯文学和古代文学"（Belles Lettres, and Antiquities）类，不但全文收录了德庇时的《中国戏剧及其舞台表演简介》一文，还摘取了《老生儿》译文的第一幕作为范例说明中国戏剧的特征，另外还进行了简短的评论。

　　从英国国内诸杂志对《老生儿》译本和其序言《中国戏剧及其舞台表演简介》的热烈反应来看，德庇时对中国戏剧的翻译和评论在当时的英国学界无疑是具有开创性的成果，正如《新年度纪事》所言，"我们的同胞中有人已经渗透到隐藏在最困难的东方语言之下的神秘地带"，这个人指的就是德庇时。[2] 德庇时以汉学新秀的身份引起英国学界注意的同时，在东印度公司广州商馆的职业生涯也随之水涨船高。1818 年，德庇时被授予管理商馆办公室并编撰日志的任务，年薪升至 2083 元。[3]

　　1819 年 1 月，伦敦出版的《评论季刊》（ *The Quarterly Review* ）上发表

---

〔1〕"A Brief View of the Chinese Drama, and of Their Theatrical Exhibitions. Prefixed to a Translation of a Chinese Drama, entitled '*An Heir in His Old Age*'", *The Annual Register, or a View of the History, Politics, and Literature,* London: Printed for J. Dodsley, 1818, pp. 489-501.

〔2〕"*Laou-Seng-Urh, or, 'An Heir in His Old Age.'A Chinese Drama*", *The New Annual Register, or General Repository of History, Politics, and Literature,* London: Printed for G. Robinson, 1818, pp. 230-244.

〔3〕［美］马士：《东印度公司对华贸易编年史》（第三卷），中国海关史研究中心组译，中山大学出版社，1991 年，第 341 页。

了一篇评论阿美士德勋爵使团随团医生和博物学家克拉克·阿裨尔著作《中国旅行记（1816—1817年）》（1818）的文章，作者是曾担任马戛尔尼使团内务总管的约翰·巴罗。文章在谈到"中国男女同其他国家一样拥有他们的优雅"时，巴罗转引了德庇时翻译的《红楼梦》第三回中描写王熙凤和贾宝玉穿戴与外貌的几段文字，其中对于描写王熙凤的部分巴罗直接使用了德庇时的译文原文；而对于贾宝玉的描述，巴罗进行了转述加工。[1]据现有资料，德庇时的《红楼梦》译文原稿存于何处、篇幅内容如何、是否见刊发表和如何为巴罗所见等相关问题尚不明确。但可以确定的是，德庇时的《红楼梦》译文并未独立成书出版。结合德庇时的汉语老师马礼逊对《红楼梦》的片段翻译情况来看，德庇时的这段译文很有可能是他学习汉语时的一段翻译练习之作。德庇时在翻译时采用了"逐字对译"的翻译策略，但从实际效果来看德庇时可能过于追求"准确"，只逐字翻译出来了语句中词汇的表层含义，却因缺少对其文化语境的理解，而掩盖了其中一些汉语文化负载词所蕴含的深层含义。

　　例如《红楼梦》中描写王熙凤的穿着打扮时，出现的带数字的词语并非皆是实数，但德庇时却将"八宝"译作"eight precious stones"、"五彩"译作"five different colours"，变虚为实，这样的翻译就显得过于拘泥了。另外，对于贾宝玉的外貌描写中若干短语的翻译也是如此，如"鼻如悬胆"译作"his beautiful nose was full and round like the gull-bladder of a quadruped"（他漂亮的鼻子饱满圆润，就像四足动物的胆囊），译文显然失却了中文原有的美感，只是徒留其形。造成这种翻译效果的原因同此时的德庇时对以中国服饰文化为代表的中国古典文化的了解不深大有关

---

[1]"Narrative of a Journey in the Interior of China, and of a Voyage to and from That Country, in the Years 1816 and 1817; Containing an Account of the Most Interesting Transactions of Lord Amherst's Embassy to the Court of Pekin, and Observations on the Countries Which It Visited. By Clarke Abel, F. L. S.," *The Quarterly Review*, Vol. 21, No. 41, London: John Murray, 1819, pp. 67—91.

系——他在中国接触的大多是商贾、下层民众、政府官员，而对于贵族女性和贵族青年的日常穿着打扮基本无缘得见，所以在翻译过程之中自然只能凭空想象。从这个角度来看，20 余岁的德庇时在中国文学翻译方面虽然已经小有名气，但如以后世翻译家的标准衡量恐怕还处于"初窥门径"的匠人阶段。

根据现有资料推测，德庇时在 1820 年到 1824 年间应该有一次返回英国的休假旅程。作出这个推测的依据有如下几点：

一、马士的《东印度公司对华贸易编年史》中没有关于德庇时 1820 年到 1824 年间的活动记录及工资薪金记录。[1]

二、1819 年 6 月 16 日，德庇时的父亲去世。[2] 德庇时很有可能在接到消息后回国奔丧。据《亚洲杂志》记录，1820 年 6 月 20 日有一艘来自印度马德拉斯的船在朴次茅斯港靠岸，乘客名单中有一位标注为 Davis，但并非全名。故不能确定这是否为德庇时到达英国的确切日期。[3]

三、1822 年至 1823 年德庇时在英国有确切的活动记录：如在 1822 年 3 月 28 日他因"在中国文学方面的杰出表现"通过选举顺利加入英国皇家学会。[4] 同年 4 月 9 日，德庇时与曾在东印度公司孟加拉工兵团担任陆军中校的理查·韩费雷夫（Richard Humfrays）的第四个女儿埃米莉·韩费雷夫（Emily Humfrays）在伦敦圣玛丽诞生教堂（St. Mary-Le-Bone Church）结婚，证婚人是执事赫斯洛普牧师（Rev. Archdeacon Heslop,

〔1〕［美］马士：《东印度公司对华贸易编年史》（第三卷），中国海关史研究中心组译，中山大学出版社，1991 年，第 344-402 页；［美］马士：《东印度公司对华贸易编年史》（第四、五卷），中国海关史研究中心组译，中山大学出版社，1991 年，第 1-115 页。

〔2〕"Births, Marriages, and Deaths", *The Asiatic Journal and Monthly Register for British and Foreign India*, Vol. 8, No. 43, 1819, p. 101.

〔3〕"India Shipping Intelligence Arrivals", *The Asiatic Journal and Monthly Register for British and Foreign India*, Vol. 10, No. 60, 1820, p. 624.

〔4〕"Home Intelligence Honorary Distinctions", *The Asiatic Journal and Monthly Register for British and Foreign India*, Vol. 13, No. 77, 1822, p. 514.

DD.）。[1]1823 年 1 月 16 日，以乔治·托马斯·斯当东爵士为会长，以"鼓励文学、科学和艺术的研究，与印度和好望角以东的其他国家建立密切联系"为目标的亚洲学会伦敦分会成立（Asiatic Society of London）。德庇时作为创始成员出席了成立大会。[2]

四、德庇时于 1824 年回到广州，接替回国休假的马礼逊（休假日期为 1823 年 12 月 6 日至 1826 年 9 月 19 日）担任了商馆的中文翻译一职。[3]

图2-1
德庇时半身照
—
来源：
英国皇家学会网站

---

〔1〕"Births, Marriages, and Deaths", *The London Magazine*, Vol. 5, No. 29, 1822, p. 87；"Home Intelligence. Marrige", *The Asiatic Journal and Monthly Register for British and Foreign India*, Vol. 13, No. 77, 1822, p. 516.
〔2〕"Asiatic Society of London", *The Asiatic Journal and Monthly Register for British and Foreign India*, Vol. 15, No. 87, 1823, pp. 264−265.
〔3〕"1824 年至 1826 年在马礼逊回英国期间，德庇时代替马礼逊在商馆做译员。德庇时在英国听说马礼逊想离开广州，他意识到广州商馆将陷入困境，便主动提出要回到中国。"转引自［英］苏珊·里德·斯蒂夫勒：《英国东印度公司广州商馆的汉语学生》，刘美华、杨慧玲译，《国际汉学》2016 年第 1 期。另参见［美］马士：《东印度公司对华贸易编年史》（第四、五卷），中国海关史研究中心组译，中山大学出版社，1991 年，第 116 页。

056

总之，在这段时间里德庇时完成了一次重要的人生转折——他先是经历了失去父亲的痛苦，而后因个人能力得到了英国学术界的承认[1]，紧接着他还找到了人生伴侣。可以说，在这短短数年时间中，德庇时由一个青年学徒变成了一位小有名气的学者，并且完成了成家立业的人生跨越。

除上述诸事之外，在 1820 年到 1824 年这段时间里，同德庇时相关的还有三件事值得一提：

首先是使团访华带来的一丝余绪。阿美士德使团访华没有取得预期的外交成果，表面症结在于中英双方对于觐见礼仪的冲突。对于阿美士德来说，副使乔治·托马斯·斯当东爵士对于"叩头"意义的解读和鲜明反对这一礼节的态度是阿美士德决定使团关于此次礼仪冲突的最终处理方式的主要原因。[2]在使团返回英国以后，英国国内有部分人对乔治·托马斯·斯当东的这一行为提出了质疑和批评，认为他太拘泥于礼节问题而放弃了同清政府达成贸易协定的机会，妨害了英国在远东地区的商业利益。面对这些责难，乔治·托马斯·斯当东爵士不断撰文反驳。1820 年，相关消息传回东印度公司广州商馆。出于同事之谊，商馆众人立即写信表示支持乔治·托马斯·斯当东爵士。信中赞扬他"在尴尬难堪的情况下展示了果断又明智的判断力，既维护了英国的荣誉，也保护了商业利益"。该信件由16 位东印度公司广州商馆的职员签名联署，包括广州商馆特选委员会的三位成员咸臣（James Brabazson Urmston）、弗雷泽（William Fraser）和博赞克特（William Bosanquet），德庇时排名第七。[3]

这封信件给乔治·托马斯·斯当东爵士留下了很深的印象，他后来在

---

〔1〕按：英国皇家学会是英国最具名望的学术机构，其成员都在相关学科领域中取得过重大成就。27 岁的德庇时能够顺利成为其中一员足以说明其具有较高的学术地位和影响。

〔2〕游博清、黄一农：《天朝与远人——小斯当东与中英关系（1793—1840）》，《"中央研究院"近代史研究所集刊》（台湾）2010 年第 69 期。

〔3〕George Thomas Staunton, *Memoirs of the Chief Incidents of the Public Life of Sir George Thomas Staunton*, London: L. Booth, 1856, pp. 70-71.

自己的回忆录中对此信件做全文引用，并特别指出当时的联署人后来陆续在广州商馆特选委员会担任了主席一职。书中在回忆此事时还特别提到德庇时，说他不仅仅是最后一任委员会主席，还是后来的英国驻华全权代表及香港总督。[1]乔治·托马斯·斯当东爵士在回忆录中引用这封信件，并特别说明写信人的重要身份，本意应该是借此证明他在访华使团中的决策得到了众多绅士的支持。基于同样的目的，他还引用了亨利·埃利斯的《阿美士德使团出使中国日志》和德庇时的《中国见闻录》中的相关陈述来证明他决策的必要性。[2]而从另一面来看，乔治·托马斯·斯当东爵士也因这次事件加深了同德庇时等人的关系。

另外，该信件还给我们带来了记录 1820 年德庇时行踪的另一条线索：从信件的署名来看，署名中没有莫洛尼（James Molony）的名字，另据《东印度公司对华贸易编年史》记载："莫洛尼于（1820 年）9 月 4 日返任特选委员会职位，名列第三位。"而信件署名中排名第三的博赞克特在该年12 月间"因健康原因前往澳门，（次年）3 月不得不前往英伦"[3]。而博赞克特是于 1820 年 1 月 20 日接替图恩（Francis Hastings Toone）成为特选委员会第三委员的。[4]参照这些人事变动信息，我们可以推测 16 位东印度公司广州商馆职员寄给乔治·托马斯·斯当东爵士的信件应该写于 1820 年1 月 20 日至 1820 年 9 月 4 日之间。也就是说，德庇时在这一日期范围之内还在广州商馆任职；如果德庇时是在 1820 年间离开中国前往英国，那么他的出发时间也可以限定到 1820 年 1 月 20 日之后。如果按照当时从中国

[1] George Thomas Staunton, *Memoirs of the Chief Incidents of the Public Life of Sir George Thomas Staunton*, London: L. Booth, 1856, p. 70.

[2] George Thomas Staunton, *Memoirs of the Chief Incidents of the Public Life of Sir George Thomas Staunton*, London: L. Booth, 1856, pp. 65-69.

[3]［美］马士：《东印度公司对华贸易编年史》（第三卷），中国海关史研究中心组译，中山大学出版社，1991 年，第 366 页。

[4]［美］马士：《东印度公司对华贸易编年史》（第三卷），中国海关史研究中心组译，中山大学出版社，1991 年，第 344 页。

到英国的船期大概为 5 个月来计算，如果上文提到的 1820 年 6 月 20 日到达英国的 Davis 确为德庇时的话，那么德庇时大概就是在信件发出不久就从广州出发，踏上了回家的航船了。

　　第二是德庇时的译作《中国小说选》（ *Chinese Novels, Translated from the Originals; To Which Are Added Proverbs and Moral Maxims* ）的出版和相关评论。1822 年德庇时在伦敦约翰·默里出版社出版《中国小说选》，内容为从清代文学家李渔拟话本小说集《十二楼》中选译的《三与楼》《合影楼》和《夺锦楼》三篇，并附有 126 则表现中国人道德准则的谚语。德庇时还为本书写了题为《论中国语言和文学》（ Observation on the Language and Literature of China ）的一篇前言，他在这篇文章中指出英国人对中国和中国文学的认识是"微不足道"的，相关研究处于一种"不可置信的漠视"之中。他认为这样的"现状"不利于两国商业关系的发展。改变的方法来自对中国文学的译介，"了解中国最有效的方法之一是翻译中国的通俗文学，主要包括戏剧和小说"[1]。该书的出版发行很快引起了各界的注意，1822 年当年英国伦敦发行的《亚洲杂志》（Vol. XIII, No. 74 ）、《伦敦杂志》（Vol. V, No. XXIX ）、《布莱克伍德爱丁堡杂志》（ *Blackwood's Edinburgh Magazine*, Vol. XI, No. LXIV ）先后在新书广告中提到了该书。

　　1822 年 8 月，法国巴黎发行的《学术杂志》（ *Journal des Savants* ）上刊登了法国汉学家雷慕莎带有酸溜溜味道的书评文章。雷慕莎认为德庇时因中国文学翻译而在英国杂志中受到的欢迎和鼓励源于"英国人被夸大到了可笑的民族自豪感"，但他不得不承认因德庇时生活在中国当地，更能理解"这类小书的翻译需要通俗方言、谈话风格、谚语以及与当地

---

[1] John Francis Davis, *Chinese Novels, Translated from the Originals* ; *To Which Are Added Proverbs and Moral Maxims*, London: John Murray, 1822, pp. 1–10.

习俗和通俗观点联系”的长处，而进一步承认德庇时翻译选题的正确性，
“东方的小说和戏剧，尤其是中国的小说和戏剧，容易阐明这些习俗和观
点”。[1]

　　虽然雷慕莎在评论中对德庇时的翻译多有批评，但他的文章本身已经
证明了德庇时译作业已在法国知识界引发了关注。四年后，雷慕莎在他的
力作《亚洲论集——对东方国家宗教、科学、习俗、历史、地理的研究精
要》（ _Mélanges Asiatiques_ ）的第二卷中在谈到中国戏剧和中国小说时依然需
要引用德庇时的译作和相关观点作出分析。[2]此外，意大利汉学家蒙突奇
（ Antonio Montucci ）同样也关注到了德庇时的《中国小说选》，他在 1822
年 9 月写信给《亚洲杂志》编辑部，就德庇时在译作前言《论中国语言和
文学》中对英国浸礼会传教士马士曼（ Joshua Marshman ）有关中国文字
的“原始—复合”分类体系的批评提出了不同的意见，认为其虽不为中国
人所知，但却有一定的合理之处，并在一定程度上还可以帮助欧洲人学习
汉语[3]。尽管雷慕莎对德庇时的译作并非一味赞扬，蒙突奇对德庇时的研究
成果也非毫无疑义，但从他们及时的评论可以看出，德庇时对中国文学的
译介和研究此时的确引发了欧洲汉学界的关注。

　　第三，是德庇时在伦敦约翰·默里出版社出版译作《贤文书》（ _Hien
Wun Shoo. Chinese Moral Maxims, With a Free and Verbal Translation; Affording
Examples of the Grammatical Structure of the Language_ ）。这本书是他题献

---

〔1〕Jean Pierre Abel Rémusat, "Chinese Novels, translated from the originals, to which are added proverbs and
moral maxims, collected from their classical books and other sources; the whole prefaced by observations on the
language and literature of China, by J. F. Davis, F. R. S. London, 1822, in-8", _Journal des Savants_, AOUT, 1822, pp.
498-499.

〔2〕Jean Pierre Abel Rémusat, _Mélanges Asiatiques, ou Choix de morceaux critiques et de mémoires relatifs aux
religions,aux sciences, aux coutumes, a l'histoire et à la geographie des nations orientales_, Tome Second, Paris: Librairie
Orientale de Dondey-Dupré Pére et fils, 1826, pp. 320-345.

〔3〕Antonio Montucci, "To the Translator of _Chinese Novels_", _The Asiatic Journal and Monthly Register for British
and Foreign India_, Vol. 15, No. 86, 1823, pp. 115-118.

060

给乔治·托马斯·斯当东爵士的。书中收录了来自《明心宝鉴》《增广贤文》等中国书籍的 200 个中国谚语，是由《中国小说选》附录中的 126 个中国谚语增补而成。《贤文书》的封面上还引用了范立本《明心宝鉴》中的"好语似珠穿——"，以及宋代张绎所做诗歌《书座右》中的尾句"书此当座隅，朝夕视为警"。据此书前言中所言，编译此书的目的是"为学习这门语言的学生提供一些帮助"。德庇时认为"一个人的谈话是他思想的一面镜子，所以一个民族的格言可以被认为是一种媒介，可以相当准确地反映他们的举止和思维方式的存在状态"。所以学习中国人的谚语能更好地理解他们的举止和思维。另外，德庇时还认为这些谚语所表现的"抽象的真理或谬误对欧洲读者来说是无关紧要的，它们只是作为一个国家文学的样本来提供给读者体味"。书中的谚语编排很有特色，每句谚语的展示由四部分构成，中文格言以竖排方式印在页面中间，顶上是整句话的英文翻译，右边以英文逐字译出相对应的汉字，左边为每个汉字的罗马注音。1910 年 8 月，伦敦高恩斯和戈姆巴特公司和波士顿斯菲利普斯公司（Gowans & Gray；L. Phillips）节选《贤文书》（1823）版中的 201 条英文翻译集合出版，通篇省略了汉字，也省略了这些汉字的逐字翻译，只保留有六个相关的专门注释。1920 年 9 月该书再次印刷。此时距德庇时最初译介《贤文书》已近百年，此书的再版反映西方人对中国格言有较大兴趣，也说明了德庇时选译的中国道德格言具有较高的学术价值和实用性，为西方了解中国搭建了思想之桥。

德庇时于 1824 年回到广州，但他在英国国内的影响并未结束。在英国皇家亚洲学会（Royal Asiatic Society of Great Britain and Ireland）创会之际，德庇时成为该会会员，并在筹办会议中（1823 年 5 月 17 日）当众朗读了题为《中国大事记》（Memoir Concerning the Chinese）的文章，内容为对中国早期历史的论述。该文章之后被刊登在《英国皇家亚洲协会会报》

（*Transactions of the Royal Asiatic Society of Great Britain and Ireland*）[1]1827
年的第一卷第一期，并作为重点文章排在了诸多论文中的第一篇。此外，
该期杂志还同时刊登了德庇时另外四篇文章，其中一篇为关于汉字字符的
研究——《论汉字书写艺术》（Eugraphia Sinensis, or, The Art of Writing
the Chinese Character with Correctness）；另外三篇是对中国政府公文
"京报（邸报）"（Extracts from Peking Gazettes）和"粤海关监督（户
部）对行商的敕令"（Two Edicts from the Hoppo of Canton to the Hong
Merchants）的翻译。在同一期杂志上同时刊登一个作者的五篇文章，这样
的"待遇"在英国皇家亚洲学会的历史上几乎是空前绝后的。这也使德庇
时成为了名噪一时的"中国问题专家"。

　　1824年，德庇时还在东印度公司澳门印刷所出版了一本名为《中国词
汇》（*A Vocabulary, Containing Chinese Words and Phrases*）的小册子。该书是
德庇时来华11年根据日常工作和生活需要总结而成的一本汉语日常会话和
商务词汇的速成手册，对于以英语为母语的来华人士具有很强的实用性，
可以看作德庇时此前汉语学习成果的一次总结。之后，德庇时再接再厉，
继续进行汉学方面的研究。

　　1828年11月，德庇时再次休假前往英国。1829年，他翻译的《好逑
传》（*The Fortunate Union, A Romance, Translated from the Chinese Original, with
Notes and Illustrations. To Which Is Added, A Chinese Tragedy.*）和《汉宫秋》
（*Han Koong Tsew, or The Sorrows of Han: A Chinese Tragedy. Translated from the
Original, with Notes.*）均获得"东方翻译基金"的资助在伦敦出版。有趣的
是，首先出版的是《好逑传》和《汉宫秋》二卷合印本，后来才有了《汉

---

[1] 1827年，学会首次发行了四开本的出版物，名为《英国皇家亚洲学会会报》（*Transactions of the Royal
Asiatic Society of Great Britain and Ireland*）；但《会报》受主题形式限制，加上四开本和不定期出版等各种原
因，委员会提出用季度性、八开本、不受太大限制的《英国皇家亚洲学会会刊》（*Journal of the Royal Asiatic
Society of Great Britain and Ireland*）形式代替它，并在1834年出版了第一卷。参见［英］弗雷德里克·伊登·帕
格特：《皇家亚洲学会百年简史（1823—1923）》，李伟华译，《国际汉学》2020年第1期。

宫秋》单行本的出现。而且他认为《好逑传》是"传奇故事"（Romance），
而《汉宫秋》为"悲剧"（Tragedy），体现了他从西方文学体裁角度定义
并划分中国文学的尝试。另外，德庇时还分别在两书的序言中表述了他对
中国小说和悲剧的欣赏，这也源于他通过推动中国小说和戏剧等俗文学的
译介而了解中国的翻译目的。1830 年，德庇时在《英国皇家亚洲学会会
报》的第二期上又发表了四篇文章，分别为一篇《邸报选译》（Extracts
from Peking Gazettes）是"京报"消息的翻译；《缅甸和中华帝国边界
的地理考察》（Geographical Notice of the Frontiers of the Burmese and
Chinese Empires, with the Copy of a Chinese Map），这篇文章是应对当时
英国东印度公司在缅甸殖民造成的边境冲突而做历史地理研究；《论西鞑
靼》（Notices of Western Tartary）是对中国西域的研究；最后一篇长文则
影响最大，题为《汉文诗解》（Poeseos Sinicae Commentarii. On the Poetry
of the Chinese）。该篇长文（位于第 393—461 页）先是在 1829 年 5 月 2
日的英国皇家亚洲学会会议上被宣读，后来又结集成册，同年在伦敦出版
单行本，其后数次重印。《汉文诗解》是英国汉学史上第一部尝试着全面
系统地译介和研究中国古典诗歌的专著，堪称西方中国诗学研究的奠基之
作。德庇时在《汉文诗解》中对中国诗歌的格律和艺术特征等论述影响了
诸如卫三畏（Samuel Wells Williams）、麦都思（Walter Henry Medhurst）
等诸多学者，成为他们讨论中国诗歌的基准。《汉文诗解》在英语世界影
响颇大，进一步巩固了德庇时在汉学研究界的地位。

　　1830 年前后，东印度公司广州商馆的主席盼师、委员会成员覃义理
同粤海关就商船离港执照等问题发生争执，致使东印度公司伦敦董事会认
为他们"蓄意反对中国当局而危及他们的有利贸易"，因而对他们进行罢
免，并命令在英国休假的马治平和德庇时立刻返回中国担任东印度公司广
州商馆特选委员会主席和第二委员，这是德庇时首次进入广州商馆特选

委员会。[1] 1832 年 1 月 17 日，马治平因为健康原因返回英国，德庇时成为广州商馆特选委员会主席，也称"大班"（President of the Committee at Canton），开始主持公司在华贸易。之后，部楼顿（William Henry Chichely Plowden）曾在 1832 年 8 月 24 日至 1834 年 1 月 7 日担任过特选委员会主席，在部楼顿回英之后，德庇时继续担任主席。[2]

1833 年，英国国会通过一项法案，终止东印度公司对华贸易专权，撤销原有的特别委员会，新设驻华商务总监，并改为向政府负责，德庇时因此成为东印度公司在华的末任特选委员会主席。同年 12 月 10 日，英国枢密院颁布国王的命令，任命律劳卑男爵（William John Lord Napier）为英国管理对华贸易的总监督，部楼顿为第二监督，德庇时为第三监督。1834 年 6 月 17 日，由于部楼顿在任命到达前已离开中国，德庇时升为第二监督，另任罗治臣（Sir George Best Robinson）为第三监督。这一系列人事关系调整背后其实代表了中英关系的一个根本性变化，英国政府取代了东印度公司与中国打交道，官方关系替代了非官方关系。

正如徐中约在《中国近代史》所指出的那样，"这一变化对业已危如累卵的广州体系构成了一个重大打击。鸦片走私贸易在沿海的扩展，事实上已招致了单口贸易和垄断性广州贸易体系的终结。公行和东印度公司不再控制已扩展了的商务活动"[3]。这里"已扩展了的商务活动"的主体指的是英国东印度公司之外的散商或私商，他们的"商务活动"更为"大胆和不守规矩"：他们从事鸦片走私和各种可以谋取利益的违法活动。"律劳卑

〔1〕[美] 马士：《东印度公司对华贸易编年史》（第四、五卷），中国海关史研究中心组译，中山大学出版社，1991 年，第 250—254 页。

〔2〕[美] 马士：《东印度公司对华贸易编年史》（第四、五卷），中国海关史研究中心组译，中山大学出版社，1991 年，第 335—378 页。

〔3〕Immanuel C. Y. Hsu, *The Rise of Modern China*, New York, Oxford: Oxford University Press, 2000, p. 174.

事件"[1]发生后不久,莽撞的律劳卑黯然去世。德庇时遂接任驻华商务总监一职。根据多年在华经验,德庇时认为中英两国应该保持现状,免生争端。他不支持用强硬政策迫使清廷进行自由贸易,这种相对"温和"的态度令那些主张开拓中国内地市场的英商非常不满。

私商们立即对德庇时进行了讥讽和抨击,称"一个从前的贸易垄断'学校'培养出来的人……绝对不能胜任做自由商人的代表和总管"[2]。对于此事,英国历史学家思达科特这样评论:"殖民地早期杰出的统治者,在远东多年的生活经历积累了大量商业和管理经验,并且熟练地掌握汉语……却被当时在殖民地的欧洲商人所厌恶。"[3]但德庇时和"自由商人"之间的冲突不至于此,以渣甸(William Jardine)和马地臣(James William Matheson)为首的85名"主战派"英商联名向英王威廉四世(William Ⅳ)发联署信,认为德庇时的书生气严重影响英国在中国市场拓展贸易,要求罢免德庇时,改派一位军人担任商务总监,还要求为律劳卑所遭受的屈辱进行武力报复。受到种种压力,德庇时上任仅百余日,便在1835年1月21日宣布辞职,返回英格兰,由罗治臣爵士接任商务总监

---

〔1〕按:1833年废除东印度公司垄断权的法案,也规定要委任英国驻广州商务监督。英国外交大臣巴麦尊勋爵提名苏格兰贵族、海军军官和养羊业主威廉·约翰·律劳卑担任此职。律劳卑是一个存心善良的人,但不熟悉中国国情,他被派往澳门时带着前后自相矛盾的训令,即反映了他的上司不愿意在战争(它会破坏现存贸易)和消极服从(它会加强清王朝的垄断制度和单一港口贸易政策)之间作出选择。一方面律劳卑被告知,他不得损害英国与中国的现存关系;但巴麦尊接着又简直像是事后诸葛亮地补充说:"阁下到广州后应立即以公函通知总督。"
数十年来,广州贸易章程一直禁止中国官员和外国人直接交往。现在巴麦尊随便宣布一项中国肯定会反对的新倡议,但又没有打算用武力支持这个要求。律劳卑尚未悟出此中奥妙,他于1834年7月25日到广州以后就发出了这样一封公函。该公函立即遭到拒绝,两广总督卢坤命令他立刻返回澳门。律劳卑拒不返澳,于是卢坤中断了贸易。在律劳卑逗留广州期间,总督命令封闭商馆,断绝供应。接着律劳卑违背巴麦尊的命令,指挥两艘军舰一直打入珠江,同时派军舰去印度接兵。与此同时,卢坤封锁了珠江,集合68只战船,并经道光帝救准用武力对付。律劳卑虽因患疟身体虚弱,但仍顶住封港令和封锁达17日之久。当他最后失去本国商人的支持便改弦易辙,黯然回到澳门,10月11日即病死于此地。参见:[美]费正清、刘广京编:《剑桥中国晚清史》(上卷),郭沂纹译,中国社会科学出版社,2007年,第113页。
〔2〕Immanuel C. Y. Hsu, *The Rise of Modern China*, New York, Oxford: Oxford University Press, 2000, p. 176.
〔3〕G. B. Endacott, *A Biographical Sketch-book of Early Hong Kong*, Hong Kong: Hong Kong University Press, 2005, p. 23.

一职。之后，英国私商的行事更为肆无忌惮，大量向中国倾销鸦片，并不断在沿海寻衅滋事，导致中英矛盾进一步激化。在道光皇帝命林则徐为钦差大臣前往广东禁烟，林则徐驱逐英人出境并禁止一切贸易之后，英国内阁以商务受阻及大英子民生命受到威胁为理由实行报复，中英第一次鸦片战争爆发。

第二节　从汉学家到港督："书生治港"的碰壁

从 1835 年辞职归国到中英第一次鸦片战争结束，德庇时在英国潜心著述，以其对中国问题研究的深入和全面逐步成为当时首屈一指的汉学专家，并赢得了巨大的名望。

1836 年，德庇时的两卷本大作《中国人：中华帝国及其居民概述》同时在英国伦敦查尔斯·奈特（Charles Knight）出版社和美国纽约哈珀兄弟（Harper & Brothers）出版公司发行。仅仅在一年后，法国巴黎宝林出版社（Librarie de Paulin）就出版了法国汉学家巴赞（Antoine-Pierre-Louis Bazin）操刀翻译的法译本；一年后比利时布鲁塞尔的比利时书店公司（Société belge de librairie）又重印了该法语本。之后，《中国人：中华帝国及其居民概述》一书在西方成为了畅销不衰的作品：1840 年，英国伦敦查尔斯·奈特出版社重印了经过扩充和修订的新一卷本；而后又在新一卷本的基础上于 1844 年发行了三卷本，并在 1845 年把德庇时的《中国见闻录》（*Sketches of China*）作为该书的补充本出版；1846 年又再次重印三卷本，后来又恢复为两卷本（1936 年）出版。1851 年，伦敦寇克斯（C. COX）出版社又翻印了该书的三卷本。1857 年，伦敦约翰·默里（John Murray）重印了该书的两卷本，改名为《中国》（*China: A General Description of the Empire of China and Its Inhabitants*）。1858 年、1871 年，美国纽约哈珀兄弟

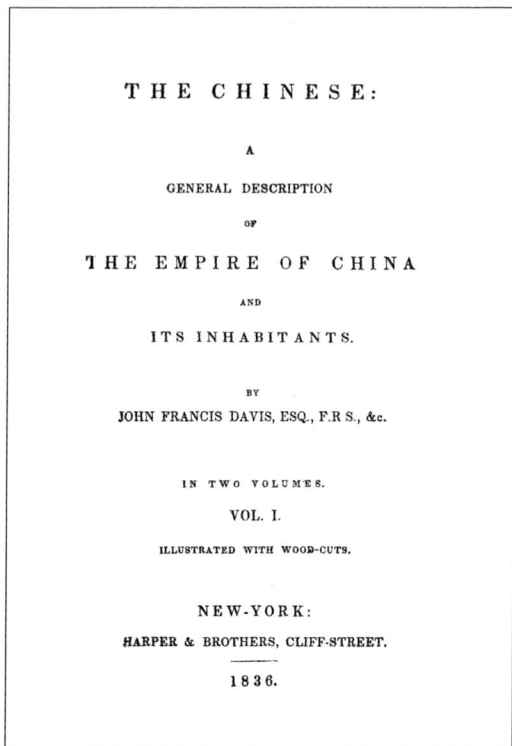

THE CHINESE:

A

GENERAL DESCRIPTION

OF

THE EMPIRE OF CHINA

AND

ITS INHABITANTS.

BY

JOHN FRANCIS DAVIS, ESQ., F.R.S., &c.

IN TWO VOLUMES.

VOL. I.

ILLUSTRATED WITH WOOD-CUTS.

NEW-YORK:

HARPER & BROTHERS, CLIFF-STREET.

1836.

图2-2
德庇时《中国人：中华帝国及
其居民概述》标题页
—
来源：
*《中国人：中华帝国及其居民概
述》，Charles Knight, 1841*

出版公司也重印了该书的两卷本。甚至在当今（Hard Press, 2019）该书还
在不断重印。

　　《中国人：中华帝国及其居民概述》是德庇时的代表性作品，德庇时
在前言中认为法国耶稣会士杜赫德（Jean Baptiste du Halde）等前人对中国
的记载是有关中国资料的分类整理，而后人关于中国的著述一直没有超过
乔治·托马斯·斯当东爵士和巴罗等人的游记。所以一直没有一部全面和
概要的有关中国的著作出现。德庇时希望由他来为普通读者提供一部更为
全面、详细、准确的中国概览。1836年7月，伦敦出版的《评论季刊》（*The
Quarterly Review*）刊登了有关该书长达30余页（489—521）的书评。该书
评就认为：

　　我们有理由认为德庇时呈现给公众的有关中国论述包含了对
这个奇异的民族，对于他们的政府、法律和制度充分而正确的看
法——简而言之，是对他们社会整个框架的看法。[1]

　　该书首版由上下两册构成，共二十一章，八百多页。上册共十章，前
三章回顾了中国和欧洲各国的交往过程。第四至九章分别介绍了中国的地
理、历史、政府和法律、品德和行为、礼貌和习俗、行为和习惯。第十章
介绍了北京城。下册同为十章，第十一章介绍了南京和广州城。第十二章
到十四章介绍了中国的儒释道三教。第十五和十六章谈论的是中国的语言
和文学。其后几章还介绍了中国的艺术与发明、科学技术、自然历史和出
产、农业和商业等内容。此书涉及到了中西交通史、中国主要城市概况、
中国的风俗习惯等中国研究的方方面面，可以看作是一部关于中国的百科
全书。

　　1839 年，德庇时同前英国东印度公司同事（W. Howitt, Mr. Bruce,
Calcutta Courier, Sir Stamford Raffles）等人联名在《中国丛报》第八卷
上发表文章《滥用鸦片：在中国常驻之人对于此事的观点》（Abuse of
Opium: Opinions on the Subject Given by One Long Resident in China）。东
印度公司此文代表了英国国内反对鸦片走私贸易一方的立场。

　　1841 年，德庇时再接再厉，在英国伦敦查尔斯·奈特出版社出版
了两卷本的《中国见闻录》（又译《中国笔记》《中国掠影》）（Sketches
of China; Partly During an Inland Journey of Four Months, Between Peking,
Nanking, and Canton; With Notices and Observations Relative to the Present

---

[1] "Review of *The Chinese: A General Description of the Empire of China and Its Inhabitants.* By J. F. Davis, Esq. F. R.
S., late his Majesty's Chief Superintendent in China, London, 2 vols, post 8 vo., 1836", *The Quarterly Review*, Vol.
56, April & July, 1836, p. 491.

068

War.）。此书出版之时正处于中英第一次鸦片战争期间，德庇时在该书前言中写道：

> 鉴于当前中英关系的危机在公众心目中激起了越来越浓厚的兴趣，以下作品应时而生。无论我们对该国政府采取的武装措施的最终结果是什么——是一种新的、更亲密的交往，还是一种排他性的、持久的敌意，本书对中华帝国内部、物质和道德特征的描述在任何一种情况下都可能是有用的：从最基础的方面来说，可以作为对该主题更为拓展的知识介绍和使公众更为通晓相关知识；在最差情况下也可提供一种不太可能很快再次出现的改善两国关系的机会。[1]

从前言中我们可以看到，德庇时对当时两国之间发生的战争对中英关系的影响持较为悲观的态度，但他还是希望"和平地结束我们现存的困难"，怀有改善两国关系的愿望。

《中国见闻录》一书主要记录了德庇时作为阿美士德使团中文秘书兼翻译一职跟随使团在中国游历的经历，书中详细记载了他从香港出发经由海路前往北京寻求晋见嘉庆帝的过程，"叩头"风波的历史细节及归途沿大运河南下的所见所闻，还提到了广州、舟山、澳门及其周边地区的政治军事情形，以及中国与各国的关系和当时紧张的国际局势。在德庇时看来，阿美士德使团的中国之行开启了中英关系的新阶段，导致了"即将到来的

---

[1] John Francis Davis, *Sketches of China; Partly During an Inland Journey of Four Months, Between Peking, Nanking, and Canton; With Notices and Observations Relative to the Present War*, Vol. 1, London: Charles Knight, 1841, Advertisement.

敌对状态"和"无法预料的结果"。[1] 书中还特别论述了清政府在嘉庆、道光两朝与英国因鸦片走私和禁烟而引发的"毫不妥协的武装冲突"，他认为正是林则徐的虎门销烟引发了战争，把战争的责任推到了中国方面。[2]但德庇时本人对鸦片走私贸易的态度是较为微妙的，他指出鸦片走私主要集中在中国沿海，是广州以东沿海的唯一贸易项目，并将其归咎于"中国人对鸦片不可抑制的热情"，展现出对鸦片走私的默许态度；但他还指出如果来自布鲁内尔的工程科学被允许在黄河和大运河上运作，"可能会带来另一种好处，这种好处将超过补偿我们用鸦片和枪支造成的所有罪恶"，也就是说，德庇时认为其实同中国进行某种工程技术方面的合作而不是走私鸦片可能会给英国带来更多的益处。[3] 德庇时对于"鸦片贸易的棘手问题"的解决方式是"诱导中国人使贸易合法化"。[4] 因鸦片战争的缘故，《中国见闻录》一书在英国产生了较大的影响。1841 年 6 月出版的《评论月刊》(*The Monthly Review*) 把德庇时称为"因论述中国问题而著名且享有盛誉的作家"，并称：

> 书中包含了许多一般读者并不知道的中国信息，但除此之外，关于中国作为一个国家、其人民的性格或其政府的制度，这

---

[1] John Francis Davis, *Sketches of China*；*Partly During an Inland Journey of Four Months, Between Peking, Nanking, and Canton；With Notices and Observations Relative to the Present War*, Vol. 2, London: Charles Knight, 1841, pp. 19, 135-138.

[2] John Francis Davis, *Sketches of China*；*Partly During an Inland Journey of Four Months, Between Peking, Nanking, and Canton；With Notices and Observations Relative to the Present War*, Vol. 2, London: Charles Knight, 1841, p. 263.

[3] John Francis Davis, *Sketches of China*；*Partly During an Inland Journey of Four Months, Between Peking, Nanking, and Canton；With Notices and Observations Relative to the Present War*, Vol. 2, London: Charles Knight, 1841, p. 270.

[4] John Francis Davis, *Sketches of China*；*Partly During an Inland Journey of Four Months, Between Peking, Nanking, and Canton；With Notices and Observations Relative to the Present War*, Vol. 2, London: Charles Knight, 1841, p. 316.

些人们经常重复或描述的东西，书中也展现出了前人少有的通过富有表现力的例子进行的如此恰当和准确的描述或说明。最重要的是，他将判断、经验和扩大的观念带到旧的事物上，作为信息将为我们未来的行为推导出新的有用的建议。[1]

而《中国见闻录》也展现了德庇时敏锐的观察力，英国学者彼得·基特森（Peter J. Kitson）指出："德庇时在书中提到的鸦片贸易及其影响，尤其是对中国军队的影响，在大使馆的所有报道中都是最明确的。"[2]

1844 年，德庇时还出版了《维齐尔·阿里·汗，或贝拿勒斯大屠杀，不列颠的一章印度史》（*Vizier Ali Khan, or, The Massacre of Benares: A Chapter in British Indian History*）一书，来纪念和追述其父亲塞缪尔·戴维斯在印度的英勇事迹（书的具体内容参见本书第一章第三节）。《亚洲杂志》1844 年 3 月号与《加尔各答评论》（*The Calcutta Review*）1844 年 5 月至 8 月卷都曾经撰文介绍过德庇时的这部作品，认为其补充了英国印度殖民史中的一个重要历史事件中的诸多细节。

德庇时"中国通"的身份定位在《中国人：中华帝国及其居民概述》和《中国见闻录》两部书出版之后得到了进一步夯实，评论界公认德庇时"不但在中国语言和文学方面努力钻研，还了解有关中国人相当多的实际情况"[3]，也就是说，德庇时从商务总监任上辞职回乡著书立说，非但没有令他消失在公众的视野之中，反而因为他的著作展现出来的对中国的详实研究，征服了口味挑剔的英国读者，迎合了他们在中英冲突期间迫切地了

---

〔1〕"Review of *Sketches of China*. By J. F. Davis, Esq., F. R. S., 2 vols. London: Knight, 1841", *The Monthly Review*, Vol. 2, No. 2, 1841, pp. 207-217.

〔2〕Peter J. Kitson and Robert Markley, ed., *Writing China: Essays on the Amherst Embassy (1816) and Sino-British Cultural Relations*, Cambridge: D. S. Brewer, 2016, p. 69.

〔3〕"Review of *Sketches of China*. By J. F. Davis, Esq., F. R. S., 2 vols., London: Knight, 1841", *The Monthly Review*, Vol. 2, No. 2, 1841, p. 208.

解中国的需要，也进一步使德庇时从一个主要从事中国语言和文学的研究者转型成为了当时英国国内首屈一指的研究中国社会历史及政治方面的全能型专家。

1842 年 8 月 29 日，《南京条约》签订，第一次鸦片战争结束。英方也依据《南京条约》中的相关条款把战争中强占的香港岛变为了名义上的"合法占领"，但中方一直不承认英方拥有香港的主权。香港岛原本是一个落后破败的小渔村，千年来偏安东南一隅，历朝历代疏于管制，人民靠海为生。另外，香港还是中国最先接触鸦片的地区，同时也是鸦片战争的前沿阵地，战后疾病多发。但出身行伍之间的第一任港督璞鼎查（Henry Pottinger）不善于行政管理，他一方面采用宵禁和拷打等高压手段对付中国人民的反抗，另一方面对于改善香港的生活居住和卫生条件无所作为，再加上《南京条约》规定的"五口通商"造成了香港贸易方面的衰落，所以在璞鼎查任职期间香港被英国人认为是一个"贫瘠、不卫生、毫无价值的小岛"，当时甚至出现了《香港，你让我送死》的流行小调。[1] 为了改变这种状况，乔治·托马斯·斯当东向阿伯丁勋爵推荐德庇时，并为此写了推荐信，为他争取到了准男爵的爵位许可。[2] 英国政府考虑到德庇时对中国事务的熟稔，任命他为第二任香港总督兼驻华公使，接替在 1844 年 5 月 7 日卸任的总督璞鼎查。

1844 年 4 月 1 日，德庇时再次来到中国，但这一次他的主要身份不再是商人或学者，而是即将上任的英国殖民官员。他不但要管理一个新占领的殖民地，还是商务监督和驻华公使。作为商务监督，他每年必须花费一定的时间巡访各个新通商口岸，承担推动贸易发展的重任。作为驻华公使，他要代表英国和其他列强协调利益、进行外交活动。另外，德庇时还

---

〔1〕张连兴：《香港二十八总督》，朝华出版社，2007 年，第 14 页。
〔2〕［英］斯当东：《小斯当东回忆录》，屈文译，上海人民出版社，2015 年，第 87—89 页。

担负着协理战后中英关系，监督相关条约条款的履行等事务。但此时的德庇时面对着诸多难以解决的问题：璞鼎查留下了一堆烂摊子，当时的香港疾病流行、法制松弛、秩序混乱、管理不善、财政方面还入不敷出，管理的困难不言而喻。1844年，库政司罗伯特·蒙哥马利·马丁（Robert Montgomery Martin）在香港生活数周后，断定此地绝非久留之地，决意离去。他在给英国殖民地部的报告中写道：

> 维多利亚城令人窒息，它沿着海岸线绵延将近 4 英里，却只有大约 60 座欧洲人的宅邸和一些华人的茅舍和市集……多石、崎岖、陡峭的悬崖以及布满岩石的深谷使得维多利亚城完全不可能形成共同防护、清洁舒适的拥挤城镇。……香港没有任何值得一提的贸易……主要的商号是那些从事鸦片贸易的商号……他们坦白承认那是香港唯一的贸易。[1]

面对这些难题之时，德庇时之前在东印度公司积累的工作经验和他丰富的中国知识是否能够帮助他渡过难关呢？让我们逐条分析德庇时的作为：

第一，贸易和外交方面的举措。

在 1844 年 5 月抵达香港时，德庇时就向驻中国所有的英国领事发出通知，声称保护英国的贸易权是其主要职责之一。他认为最好的办法是"向当地政府证明，英国商务的扩大与对当局（清朝）感情的适当尊重并行不悖"。这是一种同清政府合作和怀柔的态度。德庇时到香港后不久，就由璞鼎查引见了专门处理对外交涉的两广总督耆英。德庇时在会面时和以后的信函来往中一再强调，必须坚持《南京条约》作为与英国商业关系的基础。对于商业违法行为，他致力于将条约视为明确的贸易模式。他极力反

---

[1] [英]韦尔什：《香港史》，王皖强、黄亚红译，中央编译出版社，2007 年，第 158 页。

图2-3
德庇时与耆英会面图
一

来源：

香港艺术馆

对耆英恢复清朝的旧贸易垄断（广州十三行的行商体系）的建议，还进一步向耆英提出了"鸦片合法化这个重要而微妙的问题，反复强调这样的举措既明智又巧妙，将消除目前的不愉快争论……为中华帝国提供可观的收入，还可以遏制这种眼下根本不上税的商品的消费"。这其实是德庇时在《中国见闻录》中就已经提出的解决方案。因为看到对鸦片进口征税的有利"前景"，耆英赞同寻求一条解决途径，他也在早先曾私下提议用缴纳一笔款项来代替对鸦片课税，但因璞鼎查的反对未能实现。如今在面对德庇时希望"合法化"鸦片贸易这个敏感问题时，耆英不敢"擅起衅端"，害怕把这个问题上交引起皇帝注意，进而承担责任，不得不拒绝德庇时的提议。

　　但两人还是达成了一项非正式的协议，在1844年8月19日耆英给德庇时的信中我们可以看到这项非正式协议的大致内容："无论何时中国人违反了鸦片禁令，他们将接受中国法律的惩罚，英国不用过问。然而英国的商人贩卖进口鸦片，英国官方应依据他们的法律处理他们，中国也无须过问。"[1]后来在通信中我们也可以看到双方展现了对打击鸦片走私的合作

---

[1] 睢萌萌编译：《中英鸦片贸易英文资料选译》，新华出版社，2013年，第21页。

态度。但客观分析德庇时鸦片合法化的努力和对鸦片走私商人的限制（如声明不再保护鸦片走私商人的权益，借助耆英之手打击鸦片走私商人设立在南澳和库星门两个地方鸦片走私商人的据点），并不是为了所谓"中国的利益"而考虑，更没有丝毫打击毒品贸易的意愿。多年在东印度公司广州商馆工作的经历使他更为熟悉在统一的架构中管理商业活动，使其按照计划和统一的规范运行，这同疯狂攫取私人利益的英国鸦片走私散商的做法有根本上的冲突。德庇时的目的是通过制定协议管理一片混乱的鸦片贸易，以征收税金增加香港殖民政府的收入。

自 1845 年初，德庇时开始着手处理《南京条约》签署后的一系列涉及战后中英外交的重大问题，他的对手就是耆英。耆英是一个传统意义上的中国士大夫，他在处理对外关系时首先想到的是从传统的儒家思想中寻找驭夷之法，在外交礼仪上耆英放下天朝大吏的架势，着力同英国人建立"私人友谊"，企图用这种方法来同化和软化殖民侵略者，他虽然得到了璞鼎查和德庇时对他品格的"赞赏"，但在实际的外交事务中，他的"英国老朋友"并没有因此对他多加宽限。

1846 年 1 月，德庇时提出提前交还英军占领的鼓浪屿，耆英认为，"奴才以夷情叵测，今无故将鼓浪屿先还，焉知不为异日缓交舟山地步，惟有坚守条约，庶可杜其反侧之萌。当复以先还鼓浪屿固属美意，但与成约不符，且鼓浪屿既可以先交，则舟山亦可迟还，反伤和好雅谊，不如俟乙巳年银数全行交足，将鼓浪屿、舟山一并退还，更为直截了当。"[1] 经过同德庇时磋商，并得到德庇时的具文保证之后，耆英才同意接交鼓浪屿。但之后德庇时在归还英军占领的舟山时却节外生枝，硬要将清政府允准英人进入广州城作为归还舟山的前提条件。当时清政府已完全兑现了《南京条约》所强加的不平等要求，按照道理来说，英国也

---

[1] 中国第一历史档案馆编：《鸦片战争档案史料》（七），天津古籍出版社，1992 年，第 553 页。

必须按条约规定归还所占据的舟山，这本来是毫无争议的问题，但德庇
时多次照会耆英要求进入广州城，耆英屈从其压力，宣布允许英人入城，
并禁止民众"仍前阻挠"，以作为换回舟山的代价。[1]这一举动遭到了战
时受到英军骚扰的广州民众的强烈反对，数千民众奋起捣毁了知府衙门，
这才迫使耆英等狼狈收回成命。

    耆英在事后为了掩盖真相，对朝廷奏称广州绅民的抗议举动是由他们
预先安排的，以间接向英方施加压力。[2]当时的英国外交大臣阿伯丁在看
到德庇时关于舟山问题的报告之后，并不支持他的做法，而是要求按条约
规定办事，他认为对于英国来说，"严守条约和处事公平的名誉要比任何
区区策略上的便利有价值得多"，他还建议德庇时与耆英达成一项协议，
将英人进入广州城推迟两年实施，以免矛盾激化到耆英无法控制的程度。[3]
耆英也于1845年2至10月间多次同德庇时通信，以广州民众的反对为由
请求德庇时暂缓入城。1846年4月，德庇时和耆英达成了一项协定：英国
人将推迟入城，中国则允诺不将舟山群岛割让给其他任何国家作为交换。

    广州民众受英国人退让的鼓舞，向外出的英国人投掷石块和侮辱的事
件屡有发生。1846年10月，一艘英国船的两名水手在广州被民众攻击。
德庇时像往常一样，没有向广东当局要求赔偿，而是命令领事对船长处以
罚款，但这件事引发了麻烦。在给英国外交大臣巴麦尊勋爵（Henry John
Temple Palmerston）的一份急件中，他漫不经心地暗示此案不重要，但在
回复中收到了以下令人震惊的指示："英国政府不会容忍中国暴民在英国
人掌权时肆无忌惮地虐待他们，如果中国当局不行使自己的权力，并防止

---

〔1〕［日］佐佐木正哉编：《鸦片战争后的中英抗争》（资料篇稿），（东京）近代中国研究委员会，1964年，
第269-270页。
〔2〕李少军：《再论耆英外交》，《史学月刊》2010年第12期。
〔3〕［美］马士：《中华帝国对外关系史》（第一卷），张汇文等译，上海书店出版社，2000年，第428-429页。

这种暴行，英国政府将有义务把这件事掌握在自己手中。"[1]迫于伦敦的压力，德庇时丧失了以往的耐心和判断力。他决定出其不意地采取行动，意图用一支武装部队突然袭击并占领广州城，然后以胜利者的姿态发号施令。

1847 年 4 月 1 日，德庇时命令驻港英军司令德忌笠少将（Sir George Charles D'Aguilar）带兵袭击广州。德忌笠率 900 名士兵乘三艘武装汽船和一艘方帆双桅船攻陷了虎门炮台，塞住了 827 门火炮的炮口并占领了广州的商馆区。4 月 6 日，耆英连忙与他谈妥一项协定：清廷答应让英国人在两年之后入城，并惩处那些冒犯英国人的华人，以及给予英国商人和传教士建造货栈和教堂的权利。[2]这是德庇时一次军事上的冒险，这次冒险日后被英商指责，他们认为"这种行为只会导致广州贸易的突然停滞，使在广州的外国人的生命和财产变得比以前更加不安全，并使欧洲对国家政策和国际法的看法在中国人眼中变得可笑。在他们看来，约翰·戴维斯爵士作为一名外交家的失败似乎比亨利·璞鼎查爵士更严重"[3]。但巴麦尊勋爵似乎赞成德庇时的做法，所以这件事暂时搁置。但因格雷爵士（Sir G. Grey）反对巴麦尊勋爵的政策，德庇时的后续行动也失去了国内的支持，这一转变也导致了德庇时辞去了驻华公使的职务（1847 年 11 月 18 日）。[4]关于德庇时的失势，格雷爵士的反对只是表象，更深层次的原因应该是德庇时"在中国的个人经历使他成为更实用主义的中国研究方法的先驱，但它们也引发了在后南京条约时代微妙的外交气氛中难以磨灭的偏见。他关于'亚洲人'的自负和固执的想法反映了当时英国的殖民话语，但也因他

〔1〕E. J. Eitel, *Europe in China: The History of Hong Kong from the Beginning to the Year 1882*, Hong Kong: Kelly and Walsh Ltd., 1895, pp. 215-216.

〔2〕Immanuel C. Y. Hsu, *The Rise of Modern China*, New York, Oxford: Oxford University Press, 2000, p. 201.

〔3〕E. J. Eitel, *Europe in China: The History of Hong Kong from the Beginning to the Year 1882*, Hong Kong: Kelly and Walsh Ltd., 1895, p. 217.

〔4〕E. J. Eitel, *Europe in China: The History of Hong Kong from the Beginning to the Year 1882*, Hong Kong: Kelly and Walsh Ltd., 1895, p. 217.

与中国官员的接触而受到影响。最重要的是这种态度如何转化为他在中国
奉行的政策，德庇时似乎被引导到两个方向：对语言和汉学的开放态度和
对以耆英为代表的中国官员的严厉态度。"[1]而这样的矛盾心态正是德庇时
外交失败的原因所在。

第二，对香港殖民地公务员系统、立法司法和治安体系的塑造。

德庇时在香港总督的任职期内大力推行公务员制度和香港殖民地最
高法院的改革。事实上，在德庇时抵达香港之前，由于不足法定人数，所
谓的立法局和行政局从未举行过正常的会议，大部分事务都由前任港督一
言而决，这种不正常的现象曾经引发在港英国商人的严重不满。英国侨民
希望依照惯例在立法局中发挥积极作用。1844 年 5 月 7 日，在德庇时到
达香港时带来了辅政司卜鲁斯（F. William Adolphus Bruce）、库政司马丁
（M. Montgomery Martin）、经历司罗伯特·邓达斯·凯（Robert Dundas
Cay）、私人秘书孖沙（William Thomas Mercer）、审计长谢利（Adolphus
Edward Shelley）、工程文员和土木工程师约翰·波普（John Pope）。他还
任命威廉·坚（William Caine）作为首席治安官和香港殖民地最高法院的
总法警，并成立香港殖民地警队以维护治安。另外，德庇时还任命了香港
殖民地最高法院的大法官、检察官，并购买了登特公司的交易大楼作为香
港殖民地最高法院的法院大楼。最高法院于 1814 年 10 月 2 日举行了第一
次刑事审判，其工作通过一系列立法逐渐完善。他还设立了殖民地注册总
署署长兼地税征收员办公室和海事法官办公室。在 1845 年 12 月 1 日，他
颁布了一项法令，规定总督、辅政司和治安官为行政委员会成员，副总督、
首席法官和总检察长与总督一起组成殖民地立法委员会。

德庇时的立法工作始于管理中国人口的棘手问题，他并不喜欢第一任

---

〔1〕Will Peyton, "John Francis Davis as Governor and Diplomaton the China Coast (1844–1848)", *The International History Review*, Vol. 39, No. 5, 2017, p. 921.

078

香港总督璞鼎查借鉴中国的治理经验在华人中推行的保甲制和"以华制华"的策略，他希望通过注册或称人口登记的方式清除从邻近地区不断涌入的"犯罪分子"。1844 年 8 月 21 日，德庇时制定了《人口登记法例》，对全岛进行殖民地成立以来第一次人口普查和户口登记，希望建立一个不分国籍的香港所有居民登记册。但该法案没有征求欧洲和中国商业团体的意见，而且人头税不仅要向中国人征收，还要向所有居民征收。毫无例外，所有的英国居民和中国人每年都要在注册总署署长面前出现一次，回答有关出生、出身、年龄、收入等问题，如果回答不令人满意，就有可能被驱逐出境。英国商人和中国人的唯一区别是前者的登记费应该是每年 5 美元，后者是 1 美元。这导致了在港欧洲居民对这项法例的强烈反对。同时，殖民地政府还公布了一份措辞模糊的条例中文译本，这增加了中国人的误解，因为条例中文译本给在港中国人的印象是人头税是按月征收，而不是按年征收。这导致大批中国人搬离香港，随后各界停工罢市。在欧洲居民和中国人的双重反对下，德庇时的法令被迫修改，放弃了对中国居民征收人头税的想法，并免除了所有民事、军事和海军雇员，有学问的专业人员，商人，店主，户主，王室财产的租户和年收入在 500 英镑以内的人的注册要求。[1]条例还规定了对全体人口进行定期普查。1845 年 1 月 1 日，该条例生效并实施。

第三，以大幅增加税收解决香港的财政问题。

德庇时离开伦敦赴任之前，英国外交大臣阿伯丁曾告诉他香港这块新殖民地对此时的英国政府而言其实是一桩赔钱生意，需要政府每年花去大量的金钱去维持英国在香港的统治。虽然香港无法马上做到自给自足，还必须由英国政府拨出资金，去维持香港驻军的费用，但香港公务员的薪金

---

[1] E. J. Eitel, *Europein China: The History of Hong Kong from the Beginning to the Year 1882*, Hong Kong: Kelly and Walsh Ltd., 1895, p. 226.

和各项公共建筑及其他方面的开支，则必须要香港自身承担。[1]阿伯丁向来
不喜欢这个殖民地，当时伦敦财政紧张，因此他非常乐意考虑抑制对香港
的投入。在这种情况下，托利党人马上想到可以趁机指责辉格党人把香港
这个累赘强加给英国政府，主张通过谈判取得适当补偿后把香港还给中国。
因此，伦敦要求德庇时，香港若要继续成为英国的殖民地，最好证明自己
的价值。[2]德庇时认为香港是普通意义上的殖民地，不仅应该承担自己的文
官政府的全部负担，而且应该尽快支付大英帝国的军费。[3]因此，虽然商人
仍期望以自由贸易原则来促进香港的发展，但德庇时只想到大幅征揽税收，
以解决失去本土输血的香港殖民地的开支，促进殖民地政府各部门运转。

　　1844 年 11 月 20 日，德庇时推出了他签署的第一个税收条例（1844 年
第 21 号），对盐的零售发放许可证，并对所有拍卖的商品征收 2 便士的
税。为了方便征税，他还规定了当地的重量和计量标准（1844 年第 22 号）。
1844 年 11 月，立法局还制定条例，决定向鸦片商人开征牌照税。该条例规
定，在香港水陆各处"只准整箱贩卖烟土"，但持有牌照者可零售整箱以下
鸦片，牌照由总督核发。申请人一经批准并缴费若干，即享有上述特权，无
照经营者处以 500 元以下罚款。12 月，辅政司发布通告进一步规定，鸦片销
售业务，可出一人承揽，愿者应向辅政司署报价，包税权以出最高价得。

　　但德庇时决定把香港的鸦片经营权分包出去的做法再度引发了争执，
库政司罗伯特·蒙哥马利·马丁明确反对他的政策，甚至递交了辞呈。英
国政府这一次支持了德庇时的做法，但是这个尝试激起了鸦片进口商的极
大愤怒。在实行包税制的前两年，香港岁入增加了 6 500 多英镑，占当时
总收入的 13.1%。1846 年，英国殖民地部大臣格雷爵士也致信对德庇时的

---

〔1〕张连兴：《香港二十八总督》，朝华出版社，2007 年，第 16 页。
〔2〕［英］韦尔什：《香港史》，王皖强、黄亚红译，中央编译出版社，2007 年，第 187 页。
〔3〕David Faure, ed., *A Documentary History of Hong Kong: Society*, Hong Kong: University of Hong Kong Press, 1997, pp. 28−29.

080

鸦片包税制表示肯定。但鸦片包税制造成了香港鸦片零售价格高于邻近地区，鸦片承包商为维护特权，以查禁私人鸦片为名，雇佣侦探和武装船只搜查民居民船，干扰了当地贸易，使正处于不景气状态的香港经济蒙上了更大的阴影。1847 年 7 月，德庇时把包税制改为了牌照制，仍旧从罪恶的鸦片贸易中获取了大量利益。

德庇时之后还对结婚证办理、埋葬和墓碑费用甚至妓女的收入征税，还增加了烟草和发酵酒类的零售税（1845 年 7 月 7 日）。但商人们成功地抵制了德庇时对进口葡萄酒和烈性酒征税的企图，殖民地立法局全体议员也始终不同意对酒类征税。最终征收的税种有拍卖税、婚姻税、丧葬税、车马税、台球税、烟草税和棉布税等。这些税收，尤其是最后一项税，使殖民地居民忍无可忍。他们为此向殖民地部大臣威廉·格拉斯敦递呈函件控告德庇时，但由于格拉斯敦的包庇这次控诉最后不了了之。在德庇时的"百般努力"之下，香港被刮地三尺，殖民地的收入从 1844 年的 9 584 英镑上升到了 1845 年的 22 242 英镑。[1] 但这样的横征暴敛必然会带来严重的负面作用。

第四，改善香港居住环境问题的举措。

英军占领香港之时，岛上居民多数居住在南部的赤柱半岛。殖民地建立后，选定北部的维多利亚港沿岸（今铜锣湾至上环）作为城市建设的中心，命名为维多利亚城，并且利用鸦片战争后得到的"赔款"和香港当地的财政收入进行市政建设，同时出卖土地给英商建设楼宇、仓库和码头。其他建筑便任其衍生，并没有刻意为城市建设制定规划。

在德庇时任职期间，为了维护其殖民统治并向英国侨民展示香港的发展，他委托皇家工兵绘制地图，修建道路、排水沟、港口设施和公共建

---

〔1〕E. J. Eitel, *Europein China: The History of Hong Kong from the Beginning to the Year 1882*, Hong Kong: Kelly and Walsh Ltd., 1895, p. 237.

筑，大兴土木。1844 年到 1846 年，环岛 39 公里的道路建成。1844 年香港
街道第一次安装电灯。1845 年建成三个轮渡码头。1847 年完成了 2 440 码
的下水道。港岛中区全部是西式楼宇，很多是由英军的工程师和测量师按
照建筑手册设计建造的，属于欧洲传统古典模式。其中有代表性的建筑物
如 1846 年建成的三军司令官邸是乔治亚式（Georgian）风格。这一时期建
成的还有香港会会所（1846）、美利楼兵房（1846）和政府办事处、警署、
裁判处，以及欧美商人建造的写字楼、住宅、仓库等等。1845 年 1 月，伯
纳德·柯林森上尉（第一张精确的香港地图的绘制者）在给远在英国的父
母写的信中提到了这一时期的建设："如果离开香港一个月，等你回来时，
原先还只是一块岩石的地方会冒出一间豪华装饰的印度式客厅；原来水深
20 英尺的地方会有一条马路。"阿瑟·科宁厄姆上校在同一个时期写道："城
镇本身又大又乱……每天都在以令人吃惊的方式扩展，很难说清楚它的界
限。我初来时这里还不过是一片竹棚小屋，现在已经成为一座大城镇……
这些建筑会吸引哪怕是最漫不经心的观察者。"[1]

　　可以说德庇时竭力推动了香港的公共建设，但这些努力并不能使所有
人满意。科宁厄姆上校继续写道："说到香港的气候，一年当中有 9 个月
是又热又闷的……没有大型建筑物、图书馆、台球室或其他消遣场所，对
于没有固定工作的人来说，住在这里极其乏味单调。"[2]而且当时的香港不
但缺少娱乐消遣场所，就连正规的旅馆也只有一处且价格昂贵。再加上香
港的日常生活开销居高不下，这使德庇时在当政期间收获了更多的抱怨。
殖民地的侨民大都认为德庇时"为人冷漠，难以接近，个子矮小，碌碌无
为，完全没有璞鼎查那种自信而威严的气派"[3]。

　　德庇时为了迎合英国商人，还在任内修建了位于黄泥涌的香港跑马

〔1〕[英]韦尔什:《香港史》，王皖强、黄亚红译，中央编译出版社，2007 年，第 198 页。
〔2〕[英]韦尔什:《香港史》，王皖强、黄亚红译，中央编译出版社，2007 年，第 199 页。
〔3〕[英]韦尔什:《香港史》，王皖强、黄亚红译，中央编译出版社，2007 年，第 199 页。

场。但他却没有想到，就是在跑马场上，英国商人让他大大地出了一次丑：在1845年的一个周末，德庇时为了笼络英国商人，表示自己将亲临跑马场为比赛的优胜者颁奖。他本以为此事必然反响强烈，但当他兴冲冲地来到比赛场地，迎接他的却是个十分冷清的场面。原来商人们得知这次比赛是德庇时前来颁奖时，采取了联合抵制行动，不让一匹赛马出现在跑马场上，导致了让德庇时十分难堪的结果。[1]

第五，对香港教育和文化事业的投入。

德庇时还是第一位对促进教育充满兴趣的香港总督。为了维持殖民统治，在中国人中培养认同英国文化的"人才"，德庇时大力支持了马礼逊学院、伦敦传道会的英中学院和圣保罗学院这三所中英双语学校的建设。另外，在德庇时的关心下还建立了一些规模较小的学校，其中不单单有英文学校，还有一部分中文学校得到了资助。1845年，华民政务司向德庇时建议给予八间中文学校以每月10元的津贴，他十分重视，立刻将建议转呈英国政府。德庇时后来（1847年8月）就此事成立了专门的教育委员会，负责管理资助事宜和监管接受资金的学校，在一定程度上客观促进了香港公共教育的发展。

任港督期间，德庇时也不忘支持汉学研究的发展。1847年1月15日，德庇时和侨民史丹顿、梅赛、布莱顿等人聚集在一起，一致表决"成立一个学会，以调查研究中国之艺术、科学、文学和天然产物"[2]。为促进西方对中国及其他亚洲各国的认识，学会成立时被命名为"皇家亚洲学会中国支会"。由于德庇时在汉学事务上享负盛名，又对筹备成立分会一事给予热心支持，被推举为创会会长。当时的创会会员还包括了孖沙、威妥玛（Thomas Francis Wade）等人。同时，德庇时也成为皇家亚洲学会中国支

---

〔1〕张连兴：《香港二十八总督》，朝华出版社，2007年，第31-32页。

〔2〕"Asiatic Society of China", *Chinese Repository*, Vol. 16, 1848, p. 93.

会和皇家亚洲学会之间的重要桥梁，在他的努力下，中国亚洲学会于同年
加入皇家亚洲学会。在他的就职演讲中，他强调应该像重视文学一样重视
自然历史、植物学和地质学，同时建议学会应帮助当地建立植物园。皇家
亚洲学会中国支会还在 1847 年至 1859 年出版了六期会报。但在德庇时离
职后，学会陷入了财务上的危机和各种麻烦，会报于 1859 年停办。皇家
亚洲学会虽然存在时间不长，但它"汇集了著名的英国汉学家，使英国的
汉学研究不断壮大，不断走向英国本土"[1]，为英国研究东方提供了重要
的资源。

　　但德庇时的重税政策招来了英商抵制，他们再次联署向英国政府投
诉，这是迫使德庇时辞职的一大因素。而德庇时和香港殖民地最高法院
首席按察司（香港最高法院首席大法官）（the First Chief Justice of Hong
Kong）晓吾（John Walter Hulme）的冲突是他下台的直接导火索。晓吾和
德庇时前往香港时经孟买转船，但因为船上空间不足，德庇时指示晓吾和
他的家人分别前往香港。这不仅使晓吾多花费了 250 英镑，而且还成为他
们不和的开端。后来在为最高法院制定规章的时候，晓吾给自己规定了长
达 5 个月的假期，这引发了德庇时的不满。这一问题甚至被提交立法会审
理，导致二人的公开决裂。因对英国商人查尔斯·斯宾塞·康普顿（Charles
Spencer Compton）一案的处理意见不一，德庇时还曾写信给巴麦尊勋爵
诉苦称"不可避免地需要一些新的法令来防止这种对国际案件的恶意干
预"[2]。1847 年 11 月，由德庇时主持的执行委员会进行了一次调查，审视
了一项针对晓吾提出的经常性酗酒指控。最后裁定有关指控成立。由于当
时在港的英籍人士、香港法律界以及华籍商人，均对这名首席按察司表示
支持，故在当时的政治情势下，晓吾稍占上风。之后，晓吾遭德庇时停职

〔1〕李伟华：《英国东方学：从"侵略力量"到"文化共享"——皇家亚洲学会分会考论》，《东方丛刊》
2019 年第 2 期。
〔2〕George W. Keeton, *The Development of Extraterritoriality in China*, New York: H. Fertig, 1969, pp. 220–223, 230.

返回英国，并向伦敦投诉。但意想不到的是，当时的英国国务大臣格雷爵士拒绝支持德庇时的决定，并将晓吾复职。

德庇时在 1848 年 3 月 18 日递交辞呈，3 月 21 日卸任，结束了与当地英国商人和官场的紧张关系。他于 3 月 30 日乘坐半岛和东方蒸汽航运公司（Peninsular and Oriental Steam Navigation Company）的轮船"北京"号（Pekin）离开了香港。[1] 在他离开前没有举办欢送酒会，也没有发表离职演说，独自黯然回英，可谓惨淡。历史学家诺顿·凯什（Norton-Kyshe）描述了他当时的处境："早在德庇时回国前两年就被贴上诽谤者的标签，他的辞职得到许可。工作中对部下的镇压也令下属感到痛苦，在他离开香港时，没有一个朋友。"[2] 对于这个暗淡的政客，思达科特也有类似表述——"他具备成功人士所有的品格，但在管理香港期间的行为和政策引起当地居民强烈的反抗，任职不到 4 年便辞职回英，被认为是殖民史中最不受欢迎的一位港督"[3]。

客观地讲，作为一名代表英国利益的殖民地官员，德庇时在任期间的作为如对比第一任港督璞鼎查而言也称得上"尽力"，但作为一名外交使节，德庇时在欺上瞒下的满清官吏和英国国内暗潮涌动的党派斗争中周旋，虽然有些小聪明，但仍不免顾此失彼，操切从事。作为第二任港督，他虽然出于维护殖民统治的动机竭力在当时颇为贫瘠的渔港进行各项建设，但无法迅速改变香港各方面的落后面貌，无法让见多识广的、挑剔的英国侨民满意；除了刮地三尺之外，德庇时也没有点金之手去平衡港英政府增收和英国商人疯狂攫取私人利益的需求。身为殖民官员和侵略者中的一员，他的所作所为自然会损害中国人民的利益和感情，无法得到当地民众的理

〔1〕James William Norton-Kyshe, *The History of the Laws and Courts of Hongkong*, Vol. 1, London: T. Fisher Unwin, 1898, p. 186.

〔2〕G. B. Endacott, *A Biographical Sketch-book of Early Hong Kong*, Hong Kong: Hong Kong University Press, 2005, p. 23.

〔3〕G. B. Endacott, *A Biographical Sketch-book of Early Hong Kong*, Hong Kong: Hong Kong University Press, 2005, p. 25.

解和支持。作为一个学者，他在书斋中累积出的名气也无法让只认得"卢布和金币"的远东冒险者们对他产生些许好感，在官场争斗中带来些许支持。时势把德庇时推上了香港总督、商务总监和驻华公使位置，但这些职位需要的手腕和经验，尤其是作为一地总督所需要的处理事务的能力无疑超出了德庇时此时相关水平的上限，这才是造成他暗淡隐退的主要原因。

德庇时由最初的东印度公司初级文员，到广州商馆特选委员会主席；从驻华商务总监，到最后成为英国驻华公使和香港总督，见证了中英两国的商贸交流、战争冲突和殖民统治的历史。这一独特的、复杂的经历使德庇时获得了以多重身份理解中国文化、熟悉中国社会的契机，同时也使他可以跳出书斋，获得更为实在的中国印象。尽管他又一次经历了政治上的挫败，但这些经历终将沉淀，转化为日后的研究中更为深层的促进性因素。

第三节　回归书斋：研究范围的拓展

回到英国的德庇时并没有因为政治上的失意而沉寂。他与妻子埃米莉团聚，隐居在英格兰西南地区最大城市格洛斯特郡的布里斯托尔城郊的亨伯里（Henbury），并在名为好莱坞塔的书斋中重新执笔，潜心从事中国历史文化及其他方面的研究。

1850 年，德庇时以奥蒂斯（Outis，即希腊语的"无人"，可能是传主对当时自己赋闲状态的自我解嘲）为笔名出版《诗与批评》（*Poetry and Criticism*）一书，这本书是德庇时自己出资的"私人印刷"，由伦敦布拉德伯里和埃文斯（Bradbury and Evans）出版社承印。该书装帧精美，书中点缀着精致的木刻插图，这些图大部分都是古典主义风格的。在封面还印着阿尔斯特的手臂，可能在暗示作者准男爵的身份。在该书的标题页上还使用了贺拉斯的"人要么发疯要么写诗"（Aut insanit homo aut versus facit）与《希腊文选》中的"难道这样的作家没有头脑吗"（Ουκ άρα την κεφαλήν είχε , τοιαύτα γράφων）两句引言。如果结合奥蒂斯（Outis）的笔名，不难看出德庇时在辞职之后借著述排遣郁闷，以及期望再次依靠著书立说积累名望的情状。

　　书的内容由两部分构成：第一部分是德庇时创作或翻译的诗歌，这些诗歌具有相当广阔的视野，不仅包括对西方文化中古希腊、古罗马、北欧等体裁的吟咏，还兼有对埃及、中国主题的涉猎；第二部分是他对 33 部希腊悲剧片段的评论。可能是因为发行量较小，《诗与批评》并没有引起评论界的太多注意。当时仅仅有《绅士杂志》（*The Gentleman's Magazine*）在其"本月笔记、信件和文学作品"的固定栏目中有一段百余字的介绍，但整体评价不高，认为"这本书的两个部分都表现出一种充满了来自我们公立学校的知识所带来的思想"，其实在含蓄地批评这本书没有新意，只是学生水平的习作。[1]但《绅士杂志》的批评者可能对这本书的浏览太过匆忙，忽视了该书中所包含的中国文化信息。《诗与批评》的第一部分包含了三篇有关中国的诗歌作品，还附有两幅来自中国的插图，其中一幅图展现了一尊带有兽耳的宣德炉或笔洗状的中国器物，而另一幅图则展示了一枚来自耆英私印的阳文印面文字，其文为篆书字体，内容是"性情酣到酒杯知"，其来源应该是德庇时在港督任上同耆英交往时收到的私人礼物。据德庇时的注解来看，书中的三篇诗歌译自孔子编选的《诗经》。按照诗歌内容进行比照推测，德庇时翻译的对象应是《小雅·谷风》《召南·鹊巢》和《小雅·甫田》。但德庇时的"翻译"并非严格的对译，而是抽取诗歌中的一段加以自由发挥，这造成了译文和原文意义出入较大的"创造性翻译"现象。[2]

---

〔1〕"Notes, Correspondence, and Literature of the Month", *The Gentleman's Magazine*, New Series, Vol. 34, Oct., 1850, London: John Bowyer Nichols and Son, 1850, p. 404.

〔2〕Outis, *Poetry and Criticism*, London: Bradbury and Evans, Printers, Whitefriars, 1850, pp. 46-49.

如《召南·鹊巢》，原文如下：

维鹊有巢，维鸠居之。之子于归，百两御之。

维鹊有巢，维鸠方之。之子于归，百两将之。

维鹊有巢，维鸠盈之。之子于归，百两成之。

德庇时译文如下：

The Stolen Bride

The nest yon winged artist builds,

The robber bird shall tear away；

So yields her hopes th'affianced maid,

Some wealthy lord's reluctant prey.

The fluttering bird prepares a home,

In which the spoiler soon shall dwell；

Forth goes the weeping bride, constraint,

A hundred cars the triumph swell.

Mourn for the tiny architect,

A stronger bird hath ta'en its nest；

Mourn for the hapless, stolen bride,

How vain the pomp to soothe her breast!

088

如《小雅·甫田》，原文如下：

倬彼甫田，岁取十千。我取其陈，食我农人。自古有年。今
适南亩，或耘或耔。黍稷薿薿，攸介攸止，烝我髦士。

以我齐明，与我牺羊，以社以方。我田既臧，农夫之庆。琴
瑟击鼓，以御田祖。以祈甘雨，以介我稷黍，以穀我士女。

曾孙来止，以其妇子。馌彼南亩，田畯至喜。攘其左右，尝
其旨否。禾易长亩，终善且有。曾孙不怒，农夫克敏。

曾孙之稼，如茨如梁。曾孙之庾，如坻如京。乃求千斯仓，
乃求万斯箱。黍稷稻粱，农夫之庆。报以介福，万寿无疆。

德庇时译文如下：

Fertile Fields

Though man's superfluous labour ceased to till

The fertile glebe, ne'er would its bounties end;

Though rusting lay th'abandon'd ploughshare, still

O'er the fair land would waving bend.

Less happy soils may pine in years of dearth;

Late though we sow, we early reap the field;

A thousand roods of richly teeming earth

In weighty crops ten thousand measures yield.

Why haunt me, then, the sylvan's mossy shrine?

Why ask what fortune shall our toils attend?

See the sweet spring with surer presage shine,

And balmy airs, and lengthening days, descend!

这三首诗歌中的两首《小雅·谷风》《召南·鹊巢》曾经在德庇时的《汉文诗解》一书中出现过，但有关《小雅·甫田》的翻译还是第一次出版。这在西方世界《诗经》的翻译史中也属首次，比英国汉学家理雅各（James Legge）的《诗经》中同首诗歌的翻译早 20 余年。

1852 年，德庇时在伦敦朗文出版社（Longman, Brown, Green, and Longmans）出版《中国：交战时期及和平以来》（*China: During the War and Since the Peace*）一书，这本书主要记录了中英第一次鸦片战争前后发生的一些历史事件，通过此书的出版德庇时进一步拓展了他对中国社会历史和现状的研究，并影响了英国人对于中英关系的某些观点。这本书由两卷构成，第一卷的标题是"中英战争史"，第二卷的题目是"议和后的中国"。在该书的前言中德庇时解释了这两卷内容的来源：

> 这项工作的两部分虽然在时间点上是连续的，并且到目前为止是相连的，但在其他方面却大不相同。第一卷实际上是一部中国历史，它建立在不供我们参考的本土文献之上（在战争期间俘获或以其他方式收集的大量中国官方文件）；第二卷是来自作者四年执政期间的外交成果和个人经验。

同早期生涯中表现出的和平面目不同，德庇时还在前言里明确地表达了对英国在华军事冒险行动的支持和香港发展前景的展望：

> 中国人正从香港横跨太平洋——澳大利亚——穿越短短的巴拿马地峡，很难计算即将到来的这一变化在国家和商业交往渠道中的

革命性影响。但可以预见，在中国南海之滨中—个拥有 2.5 万中国人的英国殖民地（香港），注定要在未来的戏剧中扮演一个角色。

另外，他还鼓吹同为盎格鲁－撒克逊人的美国在日本采取军事手段以获取利益：

> 最后一卷关于印支民族的最后两章，在目前看来可能很有趣。当美国派往日本的五艘战舰的情报到达伦敦时，有关日本的章节已经在印刷中了。无论这一举措的结果如何，仅仅通过谈判是不可能取得任何重要成果的，因为美国在 1846 年已经在杰多湾部署了一支相当强大的部队，包括比德尔准将率领的一艘有 90 门大炮的军舰。现有的海军专用武器可能足以执行强有力的措施；但它的数量与我们在 1842 年南京城墙之前拥有的 70 艘战舰和运输船，以及 1.2 万名战斗人员差得远。然而如果这些武力不够，它可能会导致该事件朝类似或其他方向走得更远。[1]

书中大量翻译了中国方面有关鸦片战争的公私文件，还引用了当时传诵一时的《林则徐与家人书》《王廷兰致曾望颜书》。又引用了琦善、奕山欺骗皇帝的奏折，琦善的供词，以及其他有关文件。德庇时在第一卷中对奕山的昏聩顽固，极为鄙视。而于琦善、伊里布等投降派，则称其有"远见"。对于坚持战斗的人物，则情感复杂，敬、畏、恨皆有之。此书的第一卷还附录了《林则徐对于西方各国的著述》一节，介绍了林则徐在广州翻译西书的情况，是当时为数不多可以注意到清朝士大夫开始"开眼看

---

[1] John Francis Davis, *China: During the War and Since the Peace*, Vol. 1, London: Longman, Brown, Green, and Longmans, 1852, Preface.

世界”的国外学者。

　　同《诗与批评》在评论界遭受的冷遇不同,《中国：交战时期及和平以来》中表现出的对亚洲国家的强硬态度引发了《文学公报》(The Literary Gazette and Journal of the Belles Lettres, Arts, Sciences, &c.)、《旁观者》(The Spectator)、《威斯敏斯特评论》(The Westminster Review)、《爱丁堡评论》(The Edinburgh Review) 等诸多报刊的关注。《文学公报》是较早刊发《中国：交战时期及和平以来》评论文章的报纸。在 1852 年 5 月 15 日(第 1843 期) 中该报以超出一版的篇幅详细地探讨了德庇时的新书,该文章认为在 “地球被蒸气轮船和铁路环绕的时代……中国和印支诸国再也不可能像如今一样闭关锁国了,必须在一般的世界历史中扮演一些角色。正是从这一未来的政治层面,甚至超越了过去的历史眼光来看,德庇时《中国》的出版是最恰逢其会和最重要的”,文章还认为书中的上卷并没有给出太多新的信息,反而是下卷 “充满了趣味和价值”。[1] 而《旁观者》1852 年 7 月 31 日的评论认为德庇时的书是 “有趣味的”,评论者认同德庇时在书中对中国的重视,认为在亚洲国家中 “中国在各个方面都是最重要的,引起我们注意的那个国家”。[2]《威斯敏斯特评论》也在 1852 年 7 月号上的文章中认为德庇时有关中国的新作是对不久前发生的中英战争史的 “有趣补充”[3]。《爱丁堡评论》1853 年 7 月号上的文章认为德庇时的书对 “在当前时刻,确保我们认真关注中国的现状和前景以及中国与西方文明的关系” 有重要的参考作用。[4] 总之,德庇时凭借《中国：交战时期及和平以

[1] "Review of *China: During the War and Since the Peace*. By Sir John Francis Davis, Bart, F. R. S.", *The Literary Gazette and Journal of the Belles Lettres, Arts, Sciences, &c.*, No. 1843, May, London: Reeve and Co., 1852, p. 413.

[2] "Review of *China: During the War and Since the Peace*", *The Spectator*, Vol. 25, July, London: Published by Joseph Clayton, 1852, p. 731.

[3] "Contemporary Literature of England", *The Westminster Review*, Vol. 58, New York: Published by Leonard Scott & Co., 1852, p. 140.

[4] "*China: During the War and Since the Peace*. By Sir John Francis Davis, Bart, 2 vols, 8 vo, 1862", *The Edinburgh Review*, Vol. 98, No. 199, London: Longman, Brown, Green, and Longmans, 1853, p. 98.

092

来》一书的出版，站在了英国国内在第二次鸦片战争之前热烈讨论中英关系的舆论风口，在赋闲回国的四年后再次得到英国主流评论界的关注，同时也为他赢得了进一步的社会地位。

1852 年，德庇时被授予格洛斯特郡副中尉（Deputy-Lieutenant of Gloucestershire）的荣誉称号。1854 年 6 月 14 日，唐宁街发出通告颁布了英国女王的命令，册封德庇时为二等巴斯勋章骑士（Knight Commander of the Order of the Bath, KCB）。巴斯勋章在英国勋章系统属于第三档的骑士指挥官勋章，对于做过港督的德庇时来说也是一项难得的荣誉。此后，德庇时的《中国人》一书在英国和美国不断再版，热度不减。

1865 年，德庇时在伦敦约翰·默里出版社出版了《中国杂记：随笔和评论集》（*Chinese Miscellanies: A Collection of Essays and Notes*）一书，该

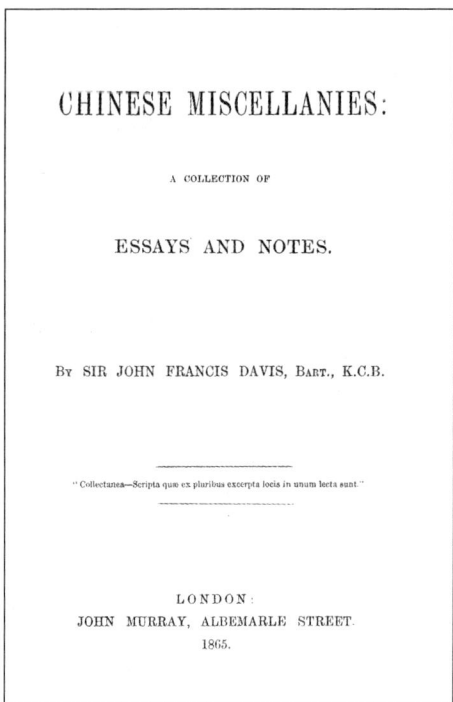

图2-4
德庇时《中国杂记》标题页
—
来源：
《中国杂记》，John Murray, 1865

书其实是德庇时的一部汉学研究论文集。书中收录了九篇文章，大部分在《爱丁堡评论》、《评论季刊》、《哲学学会学报》（ Proceedings of the Philosophical Society ）、《伦敦皇家地理学会学报》（ The Journal of the Royal Geographic Society of London ）、《皇家园艺学会杂志》（ Journal of the Royal Horticultural Society ）上发表过，其中第一篇"计算仪器，中国人和俄国人共有的鞑靼特征"、第三篇"中国文学在英国的兴起和发展"是新作。《雅典娜神庙》（ The Athenaeum ）杂志认为该书对这些文章的重印对"汉学研究者和普通大众是有意义的"，"尤其是对于学习中文的学生"具有参考价值，其中第三篇"中国文学在英国的兴起和发展"、第四篇"汉语的偏旁部首"和第五篇"中国的戏剧、小说和罗曼司"共同形成了对中国语言的介绍序列，同时也鼓励他们对中文的学习信心。[1] 总的来说，这些文章都是非常有见地的专业汉学论文，至今仍有研读的价值。

1866 年，陪伴了德庇时四十余载的发妻埃米莉·韩费雷夫过世。一年后，72 岁的德庇时再婚。妻子是露西·埃伦·洛克（ Lucy Ellen Rocke ），其父在埃克斯茅（ Exmouth ）担任牧师。两人在 1871 年还育有一名儿子——弗朗西斯·贝利厄·戴维斯（ Francis Baileau Davis ），并在德庇时死后世袭为从男爵。

晚年的德庇时还对自己的得意之作《汉文诗解》（ 1870 ）和家族历史著作《维齐尔·阿里·汗，或贝拿勒斯大屠杀，不列颠的一章印度史》（ 1871 ）加以再版。同《中国人》一样这些作品的再版说明了德庇时对自己众多作品中的上述三部有着不一样的感情。经过时间的淘洗之后，《汉文诗解》和《中国人》也被后人认为是德庇时在汉学方面的代表性作品。

1876 年，牛津大学设立汉学讲席，准备聘请前香港英华书院校长、伦

---

[1] "Chinese Miscellanies: A Collection of Essays and Notes. By Sir John Francis Davis, Bart", The Athenaeum, 1994, January, London: Printed by James Holmes, Took's Court, Chancery Lane, 1866, p. 51.

敦传道会传教士、儒莲奖（Prix Stanislas Julien）第一位获得者理雅各为第一任汉学教授。但学校在资金方面有 3000 英镑的缺口，急需向社会募集。德庇时听闻此事，热心地出钱资助了这项计划，并运用自己的人脉关系号召香港政府前任高级成员孖沙、前在华顾问等人士共同捐助。德庇时还同牛津大学副校长亨利·乔治·李德尔（Dr. Henry George Liddell）通信商议，在牛津大学创立了以其命名的"德庇时汉语奖学金"，用以奖励那些在中国语言和文学方面成绩突出的学生，每年 50 英镑，至少持续至 1892年。[1] 同年的 6 月 21 日，牛津大学授予 81 岁的德庇时民法学博士（Doctor of Civil Law of Oxford, D. C. L.）的荣誉学位。牛津大学也曾在 1818 年授予乔治·托马斯·斯当东该荣誉学位，德庇时是时隔 58 年以后的第二位获得该学位的汉学家。

　　1890 年 11 月 13 日，德庇时在布里斯托尔城郊好莱坞塔家中的书斋里辞世，享年 95 岁。11 月 18 日安葬于康普顿格林菲尔德教堂（Compton Greenfield Church）的墓地。当时的报刊杂志纷纷刊文表示悼念，给予了他很高的评价。伦敦出版的《周六政治、文学、科学和艺术评论报》（*The Saturday Review of Politics, Literature, Science and Art*）在 1890 年 11 月 15 日最早刊登了德庇时的讣告，称他为"中国问题的权威"[2]。伦敦《学院周刊》（*The Academy, A Weekly Review of Literature, Science, and Art*）在同年 11 月 22日刊登了由 J. S. C. 执笔的讣告，认为德庇时的离世"不仅让我们失去了一位老资格的中国学者，也切断了我们同上个世纪的印度的最后联系"，还称赞"德庇时一直活跃在通过训诫和榜样推动中国人的语言、生活和风俗的研究中"，并认为"德庇时汉语奖学金"将会使他令后人铭记。[3] 次

〔1〕岳峰：《架设东西方的桥梁：英国汉学家理雅各研究》，福建人民出版社，2004 年，第 322 页。
〔2〕"Obituary", *The Saturday Review of Politics, Literature, Science and Art*, Vol. 70. No. 1829, London: Published at the Office, Southampton Street, Strand, 1890, p. 546.
〔3〕"Obituary: Sir John Francis Davis, Bart", *The Academy, A Weekly Review of Literature, Science, and Art*, Vol. 38, No. 968, London: Publishing Office; 27, Chancery Lane, 1890, p. 476.

年,《特鲁布纳记录报》(*Trübner's American, European, and Oriental Literary Record*)也撰文称赞道:"没有人如德庇时一样,能在旧中国这个主题上写得更令人愉快或具有同等权威。"〔1〕《1890 年年鉴》(*The Annual Register: A Review of Public Events at Home and Abroad for the Year 1890*)中也有相似评价:"德庇时爵士除了与中国的外交关系外,还是一些关于该国文学、习俗和历史的最早和最有趣的作品的作者。从阿美士德勋爵的使命到 1860 年的《北京条约》,没有人在我们不得不处理的旧中国问题上像他一样有同等权威的著作。"〔2〕

逝世后,德庇时的影响力依旧不减。除了他的《汉文诗解》和《中国人》被不断翻印以外,他的译作也经常被改编或入选其他的中国文选。1899 年,依据其英译的《好逑传》改编成的《水冰心:根据中国传奇故事〈好逑传〉改编》由伦敦基根保罗(Kegan Paul, Trench, Trübner & Co.)出版社出版。1900 年威尔逊(A. M. Epiphanius Wilson)主编的《中国文学选 集》(*Chinese Literature: Comprising the Analects of Confucius, the Shi-King, the Sayings of Mencius, the Sorrows of Han, and the Travels of Fa-Hien with Critical and Biographical Sketches*)一书还中收录了德庇时英译《汉宫秋》全文。

为更加清楚明晰,现将德庇时的相关汉学著作以列表呈现如下:

表 2-1 德庇时主要汉学著作年表

时间	作品	中文译名
1815	*San-Yu-Low: Or The Three Dedicated Rooms.*	《三与楼》
1817	*Laou-Seng-Urh, or, "An Heir in His Old Age."*	《老生儿》

〔1〕 "Obituary", *Trübner's American, European, and Oriental Literary Record*, Vol. 2, No. 251, London: Clarendon Press, 1891, pp. 85−86.
〔2〕 "Obituary", *The Annual Register: A Review of Public Events at Home and Abroad for the Year 1890*, London: Longmans, Green & Co., 1891, p. 189.

096

时间	作品	中文译名
1822	Chinese Novels, Translated from the Originals; To Which Are Added Proverbs and Moral Maxims, Collected from Their Calssical Books and Other Source. The Whole Prefaced by Observations on the Language and Literature of China.	《中国小说选》
1823	Hien Wun Shoo. Chinese Moral Maxims, With a Free and Verbal Translation; Affording Examples of the Grammatical Structure of the Language.	《贤文书》
1824	A Vocabulary, Containing Chinese Words and Phrases Peculiar to Canton and Macao, and to the Trade of Those Places; Together with the Titles and Address of All the Officers of Government, Hong Merchants.	《中国词汇》
1829	The Fortunate Union, A Romance, Translated from the Chinese Original, with Notes and Illustrations. To Which Is Added, A Chinese Tragedy.	《好逑传》
1829	Hān Koong Tsew, or The Sorrows of Hān: A Chinese Tragedy.	《汉宫秋》
1829	Poeseos Sinensis Commentarii. On the Poetry of the Chinese.	《汉文诗解》
1836	The Chinese: A General Description of the Empire of China and Its Inhabitants. 2 Vols.	《中国人：中华帝国及其居民概述》
1841	Sketches of China; Partly During an Inland Journey of Four Months, Between Peking, Nanking, and Canton; With Notices and Observations Relative to the Present War. 2 Vols.	《中国见闻录》
1852	China, During the War and Since the Peace. 2 Vols.	《中国：交战时期及和平以来》
1865	Chinese Miscellanies: A Collection of Essays and Notes.	《中国杂记：随笔和评论集》

　　据上表可知，德庇时早年对中国通俗文学和格言韵文颇有兴趣，多次翻译中国古典小说、戏剧，还著有研究中国诗歌的《汉文诗解》和翻译中国格言警句的《贤文书》。后期德庇时对中国学的研究成果主要是编撰供西方认识中国的介绍性书籍。这一变化正显示了回归书斋后的德庇时汉学研究范围的拓展。

第三章　德庇时的英汉字典编撰和汉字研究

　　在德庇时开始学习汉语时，以耶稣会士为代表的传教士们已经在汉语的起源、形态特征、语音、语法、汉字造字法、汉字字典等方面有了开创性的研究。在同时期的欧洲大陆，以法国为中心的新一代欧洲汉学也把汉语研究列为重点，哈盖尔（Joseph Hager）、蒙突奇（Antonio Montucci）、小德经（De Guignes Jr.）、柯恒儒（Julius Klaproth）和雷慕莎等学者在汉字部首、字典编撰、造字法等方面也有了新的推进。[1]德庇时所在的英国东印度公司广州商馆的前辈们也在汉语方面有着深入的研究，乔治·托马斯·斯当东爵士对汉语语音的发声规律进行了统计、对部首和字义也进行了相关研究[2]，德庇时的老师马礼逊更是编撰了世界第一部英汉–汉英对照字典——《华英字典》（ *A Dictionary of the Chinese Language* ）。对于德庇时而言，他一方面享有同时代人所少有的豪华汉语师资力量（除了马礼逊外，英国东印度公司广州商馆还聘请了容三德等中国本土的中文教师），有着可以同中国人进行日常交流的良好语言环境；另一方面，前人在汉语方面的工作（尤其是马礼逊、雷慕莎等人）过为优秀，也在一定程度上限制了他在汉语研究方面的可能方向。但德庇时另辟蹊径，把自己的注意力放在

---

〔1〕［丹麦］龙伯格：《欧洲汉学的建立：1801—1815》，王莹译，《国际汉学》2015年第1期。
〔2〕蔡乾：《思想史语境中的17、18世纪英国汉学研究》，福建师范大学比较文学与世界文学博士论文，2017年，第223–236页。

了汉字书写艺术、汉字部首分类和商业字典的编撰上来，走出了自己特有的研究路子，在中国文字研究和字典编撰方面有着不容忽视的贡献。

第一节　《中国词汇》的字典编撰特色

1824 年，德庇时出版《中国词汇》(*A Vocabulary, Containing Chinese Words and Phrases Peculiar to Canton and Macao*)，该书可看作德庇时早年汉语学习的一次成果展示。此书出版前，马礼逊刚刚出版了著名的《华英字典》。相对鸿篇巨制的《华英字典》，德庇时《中国词汇》在篇幅上显得较为单薄，但是考虑到作者的编写目的——正如标题页所述"作为以英语为母语的人士在中国进行通信和会话的辅助"也就可理解了。"以英语为母语的人士"显然主要指前往中国进行商贸等活动但没有熟练掌握汉语的英语国家的商人、水手乃至外交人员等。所以这本书可以看作一本汉语日常会话词汇（尤其是商务词汇）的速成手册，具有很强的实用性。据笔者统计，全书共包含 904 个词条，除一些与日常生活相关词汇外，其余各词条无一不与在华商贸有着密切的联系，甚至可以说是当时前往中国的英语国家人士同中国人进行直接交流所必须掌握的词汇。这些词汇真实反映了19 世纪初期中英交流的基本面貌，德庇时在对相关词汇的解释之中展示了英国人对作为"他者"的中国文化、社会、政治等方面的独特理解。

在《中国词汇》一书的前言中，德庇时指出：

全书中文汉字采用官话的发音，与广州、澳门这些地区的发音可能不一致。同时为了统一字形，汇编者采用正字法进行编写。马礼逊的《华英字典》在编写过程中相当一部分内容也是采

100

用此法。[1]

　　具体来说，本书按照英文字母排序法编排，全书共 77 页，包含 904 个词条。每个词条的构成方式如下：第一项是英文单词，第二项是此英文单词的对应汉语词汇（按照清政府官方推行的标准繁体中文书写方式排印，即"正字法"），第三项是用罗马拼音标注汉语词汇的发音。个别词条会在第三项之后增加与该词条意义相关的子词条。如以 A 开头的第一个词条为："Account, 账目 chang-mùh, Account Book, 数簿 soo-poo." 其中英文单词"Account"对应的就是汉语词汇"账目"，其发音标注为"chang-mùh"[2]，而后面的"Account Book"为其子词条。

　　根据标题页的信息，可以将该书所收录的词汇分为以下三个方面：对中英商业贸易活动的反映、对中国政府官员的头衔和称呼的介绍、对广州十三行的介绍。《中国词汇》全书 904 个词条，甚至可以说是 19 世纪初前往中国的英语国家人士同中国人进行直接接触和对话所应掌握的"关键词"。下文就通过对其词汇的分类汇总，来展示《中国词汇》中"关键词"所蕴含的上述中英交流的关键信息。

　　（一）《中国词汇》收录词语对中英商业贸易活动的反映

　　自西人东来，中国东南沿海一带一直是他们活动的热点地区。中华帝国一直面临着"禁海／通商"的艰难选择，对外贸易政策几经反复，通商口岸也开闭不定。但广州及毗邻的澳门在鸦片战争之前一直充当着中国对外交往的窗口。英国自都铎王朝开始，逐步意识到海外贸易是社会财富增

---

［1］John Francis Davis, *A Vocabulary, Containing Chinese Words and Phrases Peculiar to Canton and Macao*, Macao: Printed at the Honorable Company's Press, by P. P. Thoms, 1824, p. 1.
［2］按：德庇时的《中国词汇》一书对汉语词汇的罗马拼音标识同马礼逊《华英字典》中的标识具有很高的相似性，如此处的"数目"就可以参照马礼逊《华英字典》第 3 部分中第 11 页"Account"词条中的"数目 soo-mùh"和"账簿 chang-poo"的拼音标注。参见 R. Morrison, *A Dictionary of the Chinese Language*, Part III, Macao: Printed at the Honorable East India Company's Press, By P. P. Thoms, 1822, p. 11.

值的源泉，其国家政策开始奉行"重商主义"，通过王室和政府入股的方式支持海外贸易公司的建立，积极投身到对外贸易之中。1685 年，清廷在收复台湾以后改变了以往的对外政策，在广州等地（广州、松江、宁波、厦门）设立了四个海关，并数次降低了相应的关税。[1]英国东印度公司船只也较先前更频繁地到中国沿海各处贸易，开创了直接使用白银和中国商人交易茶叶的模式。1699 年，乾隆皇帝允许英国人在广州设立堆栈。[2]1715 年，英国东印度公司正式在广州设立商馆后，中英贸易开始保持了稳定增长的势头。1757 年，乾隆皇帝下令关闭江、浙、闽三个海关，只留广州一个通商口岸。在竞争对手葡萄牙占据澳门的前提下，广州的地位就显得更加突出了。由此看来，德庇时《中国词汇》中记录的相关词汇虽然是广州及澳门这些地方的贸易，但也反映了当时中英商贸活动的大体境况：

1. 贸易的主要商品：茶叶、南京布、丝织品、鸦片

茶叶最初传入英国大概在 17 世纪初期，那时茶叶价格昂贵，1 磅茶叶价格在 6 至 10 磅之间，是王公贵族才能享受的饮品。1720 年英国禁止从印度进口纺织品，为了赚取利润，英国商人将目标转向茶叶，因为茶叶只有中国生产，不会与国内其他商品形成竞争。在《中国词汇》"茶"这一条目中先介绍了"tea"的中文对应词汇和罗马拼音标注的读音，"tea, 茶 cha；茶叶 cha-yě."[3]之后的子词条包括茶的种类和专有名称：武夷茶或大茶（Bohea Tea）、绿茶（Green Tea）、押冬茶（Winter Tea）、功夫茶（Congo Tea）、白毫茶（Pekoe Tea）、小种或小焙（Souchong）、包种茶（Pouchong）、熙春茶或称正茶（Hyson）、雨前茶（Young Hyson）、皮茶（Hyson Skin）、珠茶（Gunpowder Tea）、屯溪（Twankay）、松罗

---

〔1〕刘鉴唐、张力：《中英关系系年要录（公元 13 世纪—1760 年）》（第一卷），四川社会科学院出版社，1987 年，第 236-247 页。

〔2〕张成权、詹向红：《1500—1840 儒学在欧洲》，安徽大学出版社，2010 年，第 279 页。

〔3〕John Francis Davis, *A Vocabulary, Containing Chinese Words and Phrases Peculiar to Canton and Macao*, Macao: Printed at the Honorable Company's Press, by P. P. Thoms, 1824, p. 69.

（Singlo）。另外，还有与"茶"相关的"茶师"（Tea-inspector）、"茶客"
（Tea-merchant）等词汇。以上如此多有关茶叶的词汇客观反映了词典编辑
时期中英贸易中茶叶所具有的重要地位。

从这些词汇来看，当时英国人进口的中国茶叶几乎包括了中国主要产
茶区的全部品种，如两广地区的功夫茶、白毫茶，福建的武夷茶、小种茶、
包种茶，江浙地区的雨前茶、珠茶，安徽黄山的屯溪和松罗。由此可见，
单单从商品进口的角度来讲，英国商人对中国茶叶的了解是相当深入和细
致的，这也反映出英国的中国茶叶消费已经达到了一个相当高的水平。

说到茶叶，不得不提到世界上第一首英文茶诗《饮茶皇后》。这首
诗是 1664 年英国国王查理二世为王后过生日时一个名叫艾德蒙·沃勒尔
（Edmund Waller）的诗人献上的一首取悦王后的诗歌。王后就是葡萄牙公
主卡瑟琳，陪嫁物品中包括当时极为珍贵的中国茶叶，由此也将饮茶雅习
带到英国上流社会。之后由于茶叶进口量增加，茶税降低，使得茶叶价格
降低，寻常百姓也可以喝到茶，于是渐渐地成为英国人日常生活中不可缺
少的一种饮品。从以下两组数据也可以看出茶叶在英国进口中国商品中的
重要地位：1720 年 11 月 3 日，英国"埃塞克斯号"从广州起航，载有货
物：茶叶 2 281 箱 110 桶及 202 包、瓷器 112 箱及 500 捆、白铜 260 担、丝
织品 33 箱。[1] 1832 年英国 90 只轮船返程货物：茶叶 269 864 担、南京布
121 500 匹、棉花 427 488 担、生丝 6 651 担、丝织品 54 683 担。[2] 英国人
离不开中国茶叶，市场上也不能短缺茶叶，英国国会甚至向东印度公司下
令"公司必须起码储备一年的供应量"。从一口通商初期到后期，英国东
印度公司从中国进口茶叶量增长了 100 多倍，其中最受欢迎的是武夷山岩
茶。有学者将东西方贸易分为香料世纪、胡椒世纪，而 18 世纪是中国茶叶

[1]［美］马士：《东印度公司对华贸易编年史》（第一、二卷），中国海关史研究中心组译，中山大学出版
社，1991 年，第 158 页。
[2]范小静：《十三行故事》，花城出版社，2012 年，第 59 页。

的世纪。

中国自古以来被称作"丝绸之国"，从陆上丝绸之路到海上丝绸之路，西方人对中国丝绸和其他产自中国的纺织品需求不断，单单在德庇时的词典中就有 35 个有关中国纺织品的词汇，极尽详细地列举了中国丝织品的各种面料：羽纱（Camlets）、纱（Gauze）、绉纱（Crape）、丝带（Ribbon）、倭缎（Satin）、螺丝（Screw）、天蚕丝（China Grass）、大彩缎（Damask）等。

又如："Silk, Raw, 湖丝 hoo-sze. Manufactured Silk, 缎子 twan-tsze; 帛 pǐh."[1] "Nankeen Cloth, 紫花布 tsze-hwa-poo; 赤布 chǐh-poo."[2]

在"Silk"词条下，德庇时将原生的丝称为"湖丝"，生丝加工成的布匹称为"缎子"或"帛"。而中国纺织品出口最多的却是南京的一种土布（南京布，Nankeen Cloth）。长江三角洲的棉花品质较高，不但纤维结实，更有一种欧洲染坊无法仿制的天然黄色，并且价钱比丝绸便宜很多，被西方国家认为是最好的布料。为了提高本国商品的市场占有率，西方也将一些本国创制的面料带到中国市场，德庇时在词典中介绍了洋白毡（Blankets）、小呢（Broad Cloth）、小绒（Flannel）、西洋布（Long-Cloth）等，但是这些毛织品在气候较温热的广州并没有很好的行情，大多亏损。

其他从中国进口比较多的货物就是瓷器和中药了。瓷器是商船返航最好的压船物品，既不会受潮又可以确保船只平稳地在大海中航行。中药外传自秦汉就已经出现，到了宋朝中药沿着海上丝绸之路传往东亚、东南亚等国，提高了沿途各国人民的健康水平。18 世纪中期广州一口通商的设立

---

〔1〕John Francis Davis, *A Vocabulary, Containing Chinese Words and Phrases Peculiar to Canton and Macao*, Macao: Printed at the Honorable Company's Press, by P. P. Thoms, 1824, p. 64.

〔2〕John Francis Davis, *A Vocabulary, Containing Chinese Words and Phrases Peculiar to Canton and Macao*, Macao: Printed at the Honorable Company's Press, by P. P. Thoms, 1824, p. 48.

104

也更加便利了西方商船将中药运输到全世界。《中国词汇》中记录了诸多中药名称：沉香、阿魏、安息香、牛黄、樟脑、桂皮、土茯苓、佛手、丁香、绿矾、儿茶、血竭、乳香、高良姜、五倍子、藤黄、人参、紫梗（虫胶）、甘草、蜜陀僧、豆蔻花、丹参、麝香、没药、马钱子、雌黄、木香、大黄、大茴、姜黄、黄皮、槟榔等。

　　而西方商人出口中国的货物主要是鸦片、棉花和香料。鸦片（Opium）又叫洋烟，18 世纪中期曾被中国当作药品进口，用来治疗疟疾，每年交易量在一两百箱。在意识到鸦片的危害以后，清雍正帝虽明令禁烟，但地方官员并没有严格执行。1780 年，英国东印度公司将鸦片贸易垄断在自己手中，每年出口中国的鸦片增加到四千多箱。1800 年，清嘉庆帝曾下旨禁查从外洋输入鸦片和在国内种植罂粟，这导致了西方鸦片走私商人的出现，装有鸦片的船只先把鸦片卸载在伶仃洋，再带着合法的货物去黄埔接受检查。在鸦片走私贸易中为了方便以现钱交易，英国人先在伶仃洋获得大笔白银，之后用中国的白银购买茶叶、丝织品等。在《中华帝国对外关系史》中马士将 1818 年至 1833 年英国鸦片贸易情况做出列表，可以看出从 1818 年至 1833 年英国出口中国的鸦片数量增长了十多倍，由 1 648 500 美元增至 12 185 100 美元，但是茶叶进口数量却没有增加多少，只是由 1818 年的 5 483 600 美元增加到 1833 年 7 775 510 美元。1826 年鸦片和茶叶进出口贸易持平，1829 年后鸦片输出超过茶叶。[1] 鸦片贸易是英国减少白银储备外流的一种手段，用来扭转茶叶带来的贸易逆差，但却给中国埋下巨大的隐患，遗毒甚远。

　　2. 贸易形式：以货易货

　　"BARTER，以货易货 e-ho- yǐh-ho."[2]

————————————————————

〔1〕［美］马士：《中国帝国对外关系史》（第一卷），张汇文等译，上海书店出版社，2000 年，第 102-103 页。
〔2〕John Francis Davis, *A Vocabulary, Containing Chinese Words and Phrases Peculiar to Canton and Macao*, Macao: Printed at the Honorable Company's Press, by P. P. Thoms, 1824, p. 8.

　　中国产银较少，政府严禁纹银流向外国，因此"一手交钱一手交货"的贸易手段并不能在广州商贸中行得通。中国政府规定的贸易形式是书中所说的"一手交货，一手交货"，即"以货易货"，而交易不对等的时候就用洋钱结算。虽然最初英国人并不接受这种贸易形式，但是为了能够和中国做生意必须遵守这样的规矩。而实际贸易中英国出口中国的货物远远比不上进口中国的货物（只考虑公行内的贸易，不包括鸦片走私），前来广州进行贸易的商船上装载的除了要与中国进行交易的货物外几乎都是整箱的白银。马士在《东印度公司对华贸易编年史》中也有记载："在那个时期，我们现在叙述的每艘船，从英伦运出的资金都是白银。"[1]19 世纪上半期西方各国大量银元流向中国，广州出现"银钱堆满十三行"的情景。

　　3. 以海运为主的交通运输方式

　　19 世纪初，英国随着工业革命逐渐强大起来，不断在全球拓展殖民地，依次打败西班牙、荷兰、法国等西方强国，建立海上霸权，成为"日不落帝国"，而中英直接交流也是通过海上贸易而来。商品运输手段有两种，水路运输称为"水脚"（Fare, or carriage by water），陆路运输称为"盘费"（Fare, or carriage by land）。[2]一方面海陆运输可以保障在运输过程中最大限度地减少货物损害程度，另一方面陆路运输途中要经过较多国家也会增加不必要的成本和麻烦，因此，相比而言，海陆运输更加方便。

　　"Cargo, 船货；船载的货"[3]这一词汇明显体现出早期中英贸易的交通手段主要靠水运。在《中国词汇》中有关海运交通运输的词汇约 38 个。在"艇"（boat）词条下，介绍了西瓜扁艇（Chop Boat）、快艇（Fast

〔1〕［美］马士：《东印度公司对华贸易编年史》（第一卷），中国海关史研究中心组译，中山大学出版社，1991 年，第 67 页。

〔2〕John Francis Davis, *A Vocabulary, Containing Chinese Words and Phrases Peculiar to Canton and Macao*, Macao: Printed at the Honorable Company's Press, by P. P. Thoms, 1824, p. 26.

〔3〕John Francis Davis, *A Vocabulary, Containing Chinese Words and Phrases Peculiar to Canton and Macao*, Macao: Printed at the Honorable Company's Press, by P. P. Thoms, 1824, p. 13.

106

Boat）、三板（Small Boat）、渡船（Passage Boat）。[1]"船"（ship）词条下介绍了货船（Merchant Ship）、兵船或战船（Ship of War）。[2]其他散见书中的还有巡船（Cruiser）、港脚船（India, ships from, or country ships）、帆船、破船、失舟（Shipwreck）等，以及一些港口和水域名称，鸡颈洋面（Cabrita Point）、伶仃洋（Ling-Ting）、扬子江（Yang-Tsze-Keang）。

　　由于轮船在海洋行驶过程中受风的影响极大，因此时刻关注海洋气象变换是保障出海顺畅的要事。据统计《中国词汇》收录了如下海洋气象天气信息：风止息了，海静（Calm）[3]；大风，狂风（Gale of Wind）[4]；飓风，大风（Hurricane）[5]；北风（North Wind）[6]；南风（South Wind）[7]。广州地处亚热带季风季候，受海陆热力性质差异和风带随季节的变化而移动的影响，海域气候较为特殊，一年有两种季风，夏季西南风，冬季东北风，这种稳定的风向变化对风帆时代进行远洋贸易的商人非常重要，他们称之为"信风"或"贸易风"（trade wind）。每种信风持续半年。西方商船牢牢把握广州的气候，他们基本在公历1、2月从本国出发，海上航行5个月，6、7月借助东南风来到广州，在广州贸易5、6个月左右，第二年1、2月顺着东北风返航回国，在本国销售和整顿半年时间，第二年1、2月份又开

[1] John Francis Davis, *A Vocabulary, Containing Chinese Words and Phrases Peculiar to Canton and Macao*, Macao: Printed at the Honorable Company's Press, by P. P. Thoms, 1824, p. 9.

[2] John Francis Davis, *A Vocabulary, Containing Chinese Words and Phrases Peculiar to Canton and Macao*, Macao: Printed at the Honorable Company's Press, by P. P. Thoms, 1824, p. 63.

[3] John Francis Davis, *A Vocabulary, Containing Chinese Words and Phrases Peculiar to Canton and Macao*, Macao: Printed at the Honorable Company's Press, by P. P. Thoms, 1824, p. 12.

[4] John Francis Davis, *A Vocabulary, Containing Chinese Words and Phrases Peculiar to Canton and Macao*, Macao: Printed at the Honorable Company's Press, by P. P. Thoms, 1824, p. 28.

[5] John Francis Davis, *A Vocabulary, Containing Chinese Words and Phrases Peculiar to Canton and Macao*, Macao: Printed at the Honorable Company's Press, by P. P. Thoms, 1824, p. 36.

[6] John Francis Davis, *A Vocabulary, Containing Chinese Words and Phrases Peculiar to Canton and Macao*, Macao: Printed at the Honorable Company's Press, by P. P. Thoms, 1824, p. 49.

[7] John Francis Davis, *A Vocabulary, Containing Chinese Words and Phrases Peculiar to Canton and Macao*, Macao: Printed at the Honorable Company's Press, by P. P. Thoms, 1824, p. 65.

始新的一轮贸易。一场贸易周期长达两年。

（二）对中国政府官员头衔及称呼的介绍[1]

广州官府机构基本分为四级：级别最高的是两广总督，品级为从一品，"从"就是"副"的意思。那时候皇帝将全国分为几个大片区，一个大片区有两三个省，由一个总督负责。广西和广东是一大块，叫做两广总督（Viceroy of Two Provinves）[2]，又叫总督、制台大人。第二层是省级官员，广东抚台大人（Governor of Canton Province）[3]，相当于现在的省长，是正二品官员。第三层是市级领导官员，广州府（Kwong-Chow-Foo）[4]，相当于市长，从四品。第四层就是基层领导，如知县、县令，为正七品。这些官职名称在《中国词汇》中有着比较完整的收录，以备外国人同中国官场打交道的不时之需。另外值得注意的是：偌大的中国，只在广州设立对外通商口岸，其特殊地位不言而喻，其行政机构的设立最大的不同要数"粤海关"了。

1. 粤海关

清康熙帝在中国东南海岸设立了四个海关：江南云台山、浙江宁波、福建漳州、广东广州。准许同外商进行贸易。其实前三个只是陪衬，不久就陆续取消。前来贸易的外国商船绝大多数停靠在广州。因此江、浙的海关官员由巡抚兼任，闽海关由将军兼任，只有广东专人专职，设粤海关并设监督，地位与总督并列。

---

〔1〕按：封面上说"together with the titles and address of all the officers of government, hong merchants"，"address"有"地址"的含义，1824 年前后商人和官员交谈的方式无非登门拜访或者通过书信，而当时中国没有像今天如此完善的地址，外国人在信中一般写"某某大人亲启"，而一个地方只有这么一位官员，信件自然也会准确无误地送到对方手中，因此将"address"译为"称呼"，而非"地址"。

〔2〕John Francis Davis, *A Vocabulary, Containing Chinese Words and Phrases Peculiar to Canton and Macao*, Macao: Printed at the Honorable Company's Press, by P. P. Thoms, 1824, p. 29.

〔3〕John Francis Davis, *A Vocabulary, Containing Chinese Words and Phrases Peculiar to Canton and Macao*, Macao: Printed at the Honorable Company's Press, by P. P. Thoms, 1824, p. 29.

〔4〕John Francis Davis, *A Vocabulary, Containing Chinese Words and Phrases Peculiar to Canton and Macao*, Macao: Printed at the Honorable Company's Press, by P. P. Thoms, 1824, p. 40.

　　1755 至 1757 年的"洪仁辉事件"[1]发生后，乾隆帝下旨关闭苏、浙、闽三个海关，只留广州一个通商口岸。[2]广州在国防上有先天的优势条件：江、浙、闽三地的港口形式简单，外国商船可以长驱直入抵达这三个口岸。而广州则不同，从珠江口岸到达广州口岸要先到澳门，经伶仃洋到虎门，过狮子洋到黄埔，几经辗转之后才能到广州。而虎门是夹在宽阔的伶仃洋与狭长的狮子洋之间的重要军事防卫基地，虎门两边设有炮台可以封锁整个江面。德庇时在《中国词汇》中的相关介绍"西边是横档炮台，东边是沙角炮台"[3]也显示了虎门优越的军事位置。而广东省除了南面珠江三角洲地带是错综复杂的冲积平原外，东面、西面和北面有连绵不断的层层山峦作为天然屏障可以阻隔外敌入侵。即使广州有优越的地理条件，乾隆皇帝并没有放松对广州的管辖，专设粤海关。《中国词汇》中"粤海关"词条如下：

　　Hoppo of Canton, 粤海关大人 Yuĕ-hae-kwan Ta-jin; 关部 Kwan-poo; 关宪 Kwan-hëen; 监督大人 Këen-tŭh Ta-jin. Address on a letter to 粤海关部大人安禀 Yuĕ-hae-kwan-poo Ta-jin Gan-pin. Hoppo's chief clerk, 经丞 King-ching. Office which gives permits to the Chop-boats, 单房 Tan-fang.[4]

　　其中"Hoppo"是"户部"的音译，粤海关全称是"钦命督理广东沿海等处贸易税务户部分司"，海关关长称为监督，写给粤海关大人的信件

---

〔1〕按：洪仁辉（James Flint），英国东印度公司的中文翻译，因不满足广州的贸易，想要进一步开拓中国市场，于 1755 年带领"霍尔德内斯伯爵号"北上来到浙江舟山。第二年再度来到浙江。此时清政府为了将英国贸易限制在广州大幅提高了浙江省的关税。但第三年洪仁辉又来到宁波，清政府遂没收了他半船的货物。为了彻底打消英国商船进入中国内陆市场的想法，1757 年乾隆下旨关闭江、浙、闽三个口岸，只留广州一口通商。
〔2〕参见段玉芳：《1757 年"一口通商令"形成原因的研究综述》，《前沿》2013 年第 20 期；朱雍：《洪仁辉事件与乾隆的限关政策》，《故宫博物院院刊》1988 年第 4 期；孙光圻：《论洪仁辉案》，《海交史研究》1988 年第 1 期。
〔3〕John Francis Davis, *A Vocabulary, Containing Chinese Words and Phrases Peculiar to Canton and Macao*, Macao: Printed at the Honorable Company's Press, by P. P. Thoms, 1824, p. 9.
〔4〕John Francis Davis, *A Vocabulary, Containing Chinese Words and Phrases Peculiar to Canton and Macao*, Macao: Printed at the Honorable Company's Press, by P. P. Thoms, 1824, p. 36.

抬头应署"粤海关户部大人安禀"。英文翻译直接揭示粤海关隶属中央户部的身份,户部是为皇帝征税收敛钱财的部门,而广州对外贸易的税收在全国占有巨大的份额。而"钦命"二字不是谁都可以使用的头号,就像是钦差大臣(Imperial Commissioner)是以皇帝的旗号访查的官员一样。海关监督是皇帝在广州对外贸易的直接代表,这个职位由皇帝亲自指定心腹之臣担任,一般为满人。粤海关是最具广东乃至全国特色的官府衙门,虽然挂着"粤"字,但并不是广东省的衙门,海关衙门前面的广场两边飘扬着"钦命粤海关"的旗帜,无时无刻不在显示着粤海关与皇帝神秘而又特殊的关系。而广州每年上百万两的海关税收收入中,百分之三留给广东省,百分之三留给海关,剩下百分之九十六的收入全部用来充盈中央政府国库和皇家私库。

粤海关不但是替皇帝征收税收的部门,同时因为与洋商进行贸易还附有外交和外贸职责。每当贸易季节来临之时,总是粤海关最忙碌的时候。外国商船到达广州开舱前先要经粤海关丈量出船的尺寸,计算出船的吨位并根据货物的多少如数收取海关税和货税。待商船在十三行将本国出口的货物卖出将中国货物买入之后,粤海关又要一一查清该船是否将全部税收都交齐后,发一张印有粤海关监督的"红牌"(Grand Chop; Clearance for Ships),方可离去。

1833年12月10日,英国枢密院颁布英王命令,任命律劳卑为东印度公司总监督,德庇时为第二监督。12月31日英王签署"用一切方法敦睦中国人的友谊"的手谕,其实质就是要求与中国平等贸易。巴麦尊子爵对律劳卑说"阁下到广州后应立即以公函通知总督"[1]。德庇时在《中国词汇》中特别标注,送至粤海关大人的信件封面应署"粤海关部大人安禀",而巴麦尊子爵在1833年却要求使用"公函"的形式,这样的要求反映了英

---

〔1〕〔美〕马士:《中国帝国对外关系史》(第一卷),张汇文等译,上海书店出版社,2000年,第137-139页。

110

国公务员体系和中国官僚体系的文化冲突。而商贸出身的德庇时身段却更为柔软灵活。

中国封建社会有严格的等级制度，公文形式也根据官阶大小而变化：皇帝的批文是"谕批"（Imperial Reply）[1]，皇帝的命令为"上谕"（Imperial Edict）[2]，"奏"是有一定官阶的官员对皇帝使用的公文，而"禀"用在下层或无官阶的人对上层官阶的公文。"函"，信函，信件，没有级别之分。英王的敕令使律劳卑由驻华商务总监摇身变为英王的代表，由和中国人做生意的英国商人变成与中国政府拥有平等地位的主权国的官员，因此律劳卑认为可以以英王使者的身份与粤海关总督直接通信、见面，无需通过行商转达。而行商得知律劳卑送至总督大人的信件用"公函"，一定要求其改为"禀"才肯帮忙送信，但是律劳卑坚决不改，也不要行商送信，坚持要通过某一中国官员之手递交给总督大人，因为律劳卑认为这是中英两国的外交事务，不是商业贸易。如果用"禀"就造成了中英两国地位上的不对等。而广州政府早在设立对外通商口岸时就下令要求一切外国人不准进入城区，只能在商馆内贸易，这就使得律劳卑的"公函"送不出去。他在城门等待了3个多小时，虽然当时有一些小官员经过，但是看到信封上的"公函"二字都拒绝了。其实律劳卑一到广州，总督就已经知道消息了，还派行商去打探情况。由于律劳卑坚决不改封面，在澳门还没拿到总督的红牌就去了广州，总督对行商下达命令，饬传谕律劳卑遵循，而广州知府被免职。之后律劳卑因感染疟疾，又过度劳累而去世，但继任者德庇时对"律劳卑事件"采取了沉默应对的处理方式。

---

[1] John Francis Davis, *A Vocabulary, Containing Chinese Words and Phrases Peculiar to Canton and Macao*, Macao: Printed at the Honorable Company's Press, by P. P. Thoms, 1824, p. 37.

[2] John Francis Davis, *A Vocabulary, Containing Chinese Words and Phrases Peculiar to Canton and Macao*, Macao: Printed at the Honorable Company's Press, by P. P. Thoms, 1824, p. 23.

2. 南海县、番禺县、香山县

广州对外贸易事物繁多，粤海关监督大人没有那么多精力将每件事情都亲力亲为，地方上的事务一般交给当地官员处理，负责的就是知县大人，等同现在"县长"的地位。知县最主要的职责是司法和财政，"他是地方的警务长官，处理一般的警务案件，又是民事案件的初审法庭长官"，"在地丁漕粮的征收上，县是省和帝国行政的代理机关"。[1] 说到地方官不得不提广州著名的三个县的县令：香山县、南海县和番禺县。

Heang-shan Hëen, Magistrate of the district in which Macao is situated, 香山县 Heang-shan Hëen. Style, or title is 太爷 Tae-yay.[2]

Nam-Hoy-Yen, or Nan-hae-hëen. Magistrate of the district in which the factories are situated, 南海县 Nan-hae-hëen. His style is 太爷 Tae-yay.[3]

Pwan-Yu-Hëen, Magistrate of the district in which Whampoa is situated, 番禺县 Pwan-Yu-Hëen. His title is 太爷 Tae-yay.[4]

Tso-Tang, Deputy of the Heang-shan Hëen at Macao, 左堂 Tso-Tang, or 香山县丞 Heang-shan Hëen-ching. Title is 太爷 Tae-yay.[5]

以现在的北京路为界，广州东半部分属于番禺县，黄埔港也在其管辖范围内；西半部分包括十三行属于南海县；而外商洋船驶入广州的最先停靠地澳门则在香山的辖区之内。外国商船与中国进行贸易要经过如下步骤：经过几个月的长途跋涉，最先到达澳门，在澳门拿到香山县令

〔1〕［美］马士:《中华帝国对外关系史》(第一卷)，张汇文等译，上海书店出版社，2000年，第19—20页。

〔2〕John Francis Davis, *A Vocabulary, Containing Chinese Words and Phrases Peculiar to Canton and Macao*, Macao: Printed at the Honorable Company's Press, by P. P. Thoms, 1824, p. 31.

〔3〕John Francis Davis, *A Vocabulary, Containing Chinese Words and Phrases Peculiar to Canton and Macao*, Macao: Printed at the Honorable Company's Press, by P. P. Thoms, 1824, p. 48.

〔4〕John Francis Davis, *A Vocabulary, Containing Chinese Words and Phrases Peculiar to Canton and Macao*, Macao: Printed at the Honorable Company's Press, by P. P. Thoms, 1824, p. 56.

〔5〕John Francis Davis, *A Vocabulary, Containing Chinese Words and Phrases Peculiar to Canton and Macao*, Macao: Printed at the Honorable Company's Press, by P. P. Thoms, 1824, p. 71.

112

允许进入广州境内的挂号牌。之后到达虎门，粤海关监督大人在这里通过丈量船的尺寸和清点货物数量收取关税，费用缴清之后来到黄埔。此时，船上的水手们留在黄埔等候，正式的商人带几个随从到十三行附近的商馆里居住和处理贸易事务。西方商船在黄埔，而与中国做生意则在十三行，进出口货物要用小舢板在黄埔和十三行之间进行搬运。贸易季结束之后，粤海关核查该船是否已将所有税费缴清，之后发一张印有粤海关监督印章的红牌，才准许离开。

广东官府对洋人事务分工明确，1814 年 12 月 18 日一份广州官府文件讲得清清楚楚："各国夷商来粤贸易，通归粤海关衙门经营。其有交涉事务，在澳门者则归澳门同知、香山县及县丞经营，在黄埔者归番禺县及茭塘司巡检经营，如有必要就从县一级层层上报。"[1]俗话说"县官不如现管"，别看七品县令官职虽小，但却是管理洋务的第一把手，管辖事务繁多。这也难怪德庇时依照中国平民的传统称谓将香山、南海、番禺的三个县令称为"太爷"了！

中国政府将广州对外贸易事物交给粤海关处理，西方商人与中国的贸易由东印度公司负责，总管是"大班"（President of the Committee at Canton），每个国家在贸易国都有自己本国的东印度公司，办事地点在商馆，又叫夷馆。因为一次贸易周期较长，海陆交通不能及时有效地传回消息，因此当时各国政府给本国东印度公司很多特权，允许拥有司法、铸造货币的权利，有相当规模的海军和陆军及宣布战争和代表本国政府议和的权利等，东印度公司相当于此国在海外的第二个政府。对于粤海关的设置，皇帝先是出于政治上稳固海防的考虑，其次才是对外贸易中通过征收关税充盈私库。而东印度公司是西方各国在工业革命之后被东方巨大的市场吸引，为了追逐资本的利益，甘愿冒险千里迢迢来到东方后设立的专门机构。

〔1〕刘芳辑：《葡萄牙东坡塔档案馆藏清代澳门中文档案汇编》，澳门基金会出版社，1999 年，第 725 页。

马士在《中华帝国对外关系史》中说"从我们英国人狭隘的眼界来看，一个中国官吏好像只是为了他自己的生计，以及他的同僚、上司和属僚们的生计而存在的"。[1]纵观中国政府官吏体系的设置可以发现属于行政职务的较少，属于税吏性质的居多，而每年政府税收收入用作公共服务的很少，绝大部分都落入官吏手中，官吏用这些钱先满足自己的生活，再上下打点。马士认为东方和西方在财政制度上的不同之处在于公库制度：英国一切国家机关收入都上缴国库（Exchequer）；在中国虽然有国库，但是理论与实际是脱节的，理论上所有税收都属于皇帝，实际上把某一税收收入零星地指定为某种帝国支出，并且还要专案拨给指定用途。[2]

（三）对十三行的介绍：承充行商、保商制度

明朝开放海禁初期，并没有设置专门与外商进行贸易的商行。1685 年，清朝康熙皇帝在广州设立粤海关，并明确区分广州的国内贸易和对外贸易。国内贸易税收征收对象是本省内陆交易一切落地货物，由税课司征收；对外贸易的行税征收对象是外洋贩来货物及出海贸易货物，由粤海关征收。为此，开设相应的两类商行，前者称金丝行，后者称洋货行即十三行。自此以后，洋货十三行成为经营对外贸易的专业商行。名义上虽说"十三"，其实并无定数，有时超过十三家，达到四五十家行商，有时又仅有四家。

1755 年 5 月 5 日，两广总督策楞和粤海关监督李永标联合发出告示，其中第二条就是"凡无官方许可证之铺户，不得与欧洲人买卖或交换货物，各种货物必须由行商发售"。第五条又说"今后除保商及有关人等准进入商管外，其余闲杂人等，一律不准入内"[3]。告示公布之后除行商以外，广州的商铺都愤愤不平，而洋商对这一公告也颇为不满，粤海关只留几个行

〔1〕〔美〕马士：《中华帝国对外关系史》（第一卷），张汇文等译，上海书店出版社，2000 年，第 29 页。

〔2〕〔美〕马士：《中华帝国对外关系史》（第一卷），张汇文等译，上海书店出版社，2000 年，第 30 页。

〔3〕〔美〕马士：《东印度公司对华贸易编年史》，（第四、五卷），中国海关史研究中心组译，中山大学出版社，1991 年，第 454 页。

商与外商贸易，担心这些行商联合起来随意定价欧洲人的商品，恣意抬高本国商品价钱，这样会使外商贸易受到打压处于劣势地位。中外商人一起向粤海关申诉，但他们的反对意见在等级森严的封建专制主义之下没有激起任何浪花。而行商就这样在官府的许可下大摇大摆地与外商做起生意了。

　　当然也不是任何一个商铺都能得到行商许可的。在十三行的时代有一个流行词汇叫做"承充行商"。粤海关监督提出两个承充行商的条件：殷实和诚信。殷实就是要有雄厚的资金，每到贸易季外国商船接踵而至，满载的货物价值几百万上千万，若没有足够的资本周转就无法承担中外贸易。诚信就是承充行商不但需要官府同意，并且需要行商行会的所有老板点头，若商铺信誉不好，或其他行商不愿作保也无法成功承充行商。反过来，若想要官府和行商点头，没有点雄厚的家业如何能打点好上下。并且承充行商的决定权不在广州官府，最终还是要皇帝亲自批准，毕竟这可是关系税收和海防的大事！

　　德庇时在《中国词汇》中介绍的十三行[1]，列表如下：

表 3-1　"十三行"相关信息表

	称呼	官称	行名	行址	家庭地址
Puiqua, or Howqua	伍浩官	伍敦元	怡和行	回迴桥	河南
Mowqua	卢茂官	卢棣荣	广利行	十三行	十二铺
Puankhaequa	（潘）焰官	潘绍光	同孚行		河南
Chunqua	刘章官	刘东	东生行	十三行	下九铺

〔1〕John Francis Davis, *A Vocabulary, Containing Chinese Words and Phrases Peculiar to Canton and Macao*, Macao: Printed at the Honorable Company's Press, by P. P. Thoms, 1824, pp. 31–35.

	称呼	官称	行名	行址	家庭地址
Conseequa	昆水官	潘长耀	丽泉行		
Exchin, or Pacqua	栢官	黎光远	西成行	迴澜桥	
Manhop	九官、万合	关成发	福隆行	迴澜桥	
Poonequa	麦蟠官	麦觐廷	同泰行		
Goqua	熬官	庆泰	东裕行	登龙巷	第十铺
Kinqua	经官	梁经国	天宝行	迴澜桥	
Fatqua	发官	李协发	万源行	十三行	十八铺

图 3-1
广利行卢观恒（左）、同文行伍秉鉴（右）

上面两张油画，左边是身着三品官服掌管广利行的卢观恒（卢茂官），右边是掌管同文行的伍秉鉴（伍浩官）。观者也许会纳闷，他们到底是高高在上的政府官员还是与洋人经商的商人呢？卢茂官和伍浩官明明都是行

116

商老板，为什么都身穿官服呢？而且卢茂官还身着三品官服。中国封建社
会一直奉行"重农抑商"的思想。有些朝代规定即使商人极其富裕也不可
以穿丝绸衣物，唐朝甚至不允许商人做官。直到明清时期，商人地位略有
好转，开始出现红顶商人。中国清代官员帽子顶部都有一颗很显眼的珠子，
不同颜色代表不同的官阶，一品、二品的都是红色，"红顶"即高官。德
庇时在《中国词汇》中解释为"帽子上的扣子（顶子），起装饰和区别作
用"。因为帽顶的颜色用来区分中国官员官阶的大小，他在这一词条下介
绍了"九品"（Nine Ranks）所对应的不同顶子的特征：

　　　　　一品，红宝石，亮红

　　　　　二品，珊瑚，普通珊瑚或暗红

　　　　　三品，花珊瑚

　　　　　四品，亮蓝

　　　　　五品，暗蓝

　　　　　六品，亮白，或水晶

　　　　　七品，暗白

　　　　　八品，金

　　　　　九品，银[1]

　　德庇时说："这些纽扣（顶子）与官员等级几乎没有任何关系，通常是
由非官员人士用钱买来的，除非佩戴者的帽顶被正式剥夺，否则不授予比
免肉刑更好的特权。"[2]中国古代政府官员帽子的颜色确实如德庇时上面的列

---

〔1〕John Francis Davis, *A Vocabulary, Containing Chinese Words and Phrases Peculiar to Canton and Macao*, Macao: Printed at the Honorable Company's Press, by P. P. Thoms, 1824, pp. 10−11.

〔2〕John Francis Davis, *A Vocabulary, Containing Chinese Words and Phrases Peculiar to Canton and Macao*, Macao: Printed at the Honorable Company's Press, by P. P. Thoms, 1824, p. 10.

举，但是"这些纽扣与官员等级几乎没有任何关系"则主要是针对十三行的行商而言。这句陈述从侧面告诉我们十三行商人的官服是用金钱买来的，也间接传达出在明清时期为什么会有做官的商人的真相。捐纳买官是很多商业巨贾提高自身社会地位的一种方式。但是他们视为无上荣耀的官服在真正的官员眼里一文不值，也不会因为你身着官服对你另眼相看，根本无法改变商人低下的社会地位。更何况行商的顶头上司都是皇帝钦定的粤海关官员，手里都有皇帝的尚方宝剑。而对这些行商而言，一顶官帽，一袭官服，并没有给他们带来多大的利益，反而为了获得和保住这个头衔要付出更多的银钱。"不授予比免肉刑更好的特权"，而实际上到了衙门，官帽一摘，该受刑的照样挨打。但是碰上可以捐官的机会，商人们大都愿意花成千上万的银两去谋个一官半职，也是行商为了寻求庇护，自我保护的无奈之举。

　　想要承充行商难，而做行商也并没有想象中那么舒坦。中国官员自带上那顶官帽后就"高人一等"，朝廷命官是何等的尊贵，怎么会和蛮夷的商人打交道，更不屑于和外商交涉，于是最初的中英交流以"外商——行商——官员"这种富有中国特色的形式进行。行商成为中英交往的中间人，扮演两种角色，面对洋商是一个和外国人做生意的中国商人，并将外国人的要求转达给粤海关；面对广州政府则是粤海关的传声筒，有外交的意义。广州贸易季可以持续半年，对外贸易鱼龙混杂，来自全球各地的商人操着不同的语言，买卖不同的货物，在这半年间外国人在中国的一切活动由谁负责，洋商偷税漏税开船溜走怎么办？政府认为既然洋人和行商做生意，出了问题找担保的行商问责。这就是乾隆皇帝在 1745 年制定的"保商制度"，具体指由行商向政府"保"外国人，类似中国古代基层行政组织保甲制。于是，洋船开到黄埔的第一件事就是在十三行中找到一个保商，保商从这艘商船到黄埔的那天起就要日日夜夜脑中绷着一根弦，盯着这艘船上的所有事务，不能出一丝差错，直到商船离去。

　　德庇时的《中国词汇》为读者呈现了 19 世纪初期中英交流状况。在

118

中国封建政治制度的约束下，享有一口通商特权的广州在中国对外贸易中扮演着重要角色。皇帝、粤海关、行商、洋商彼此紧密地联系。一艘艘满载货物和白银的外国商船陆续来到中国海岸进行贸易，为了稳固海防皇帝在广州设粤海关，一方面为了政权稳定，另一方面成为充盈私库的直接渠道。行商在与洋商贸易中承担外贸和外交职责，既作为洋船的担保又通过市场垄断千方百计赚取更高的利润，一方面兢兢业业地为粤海关和皇帝服务，一方面又想要尽快"金盆洗手"。粤海关监督大人依靠行商给皇帝和粤海关增加税收，又不断压榨这些穿官袍的商人。商馆里的英国大班想要以平等的身份与粤海关进行外交和贸易，但是他们的请求都被清政府驳回。英国人更是想出了用鸦片贸易来平衡同中国贸易逆差的邪招。皇帝、粤海关、行商、洋商相互制约平衡，四者的关系又在矛盾中不断发展变化。随着英国对外贸易的扩张，海上霸权的逐渐建立，终有一天这种相互制约中的动态平衡要被冲破。《中国词汇》中用关键词勾勒出的时代剪影，也在一定程度了展现了这一状况，成为了 19 世纪初期中英交流的真实写照。

第二节　德庇时的汉字书写艺术研究

1825 年 6 月 18 日，德庇时的《论汉字书写艺术》（Eugraphia Sinensis; or, The Art of Writing the Chinese Character with Correctness: Contained in Ninety-Two Rules and Examples. To Which Are Prefixed, Some Observations on the Chinese Writing）一文在英国皇家亚洲学会宣读，该文章后来在《英国皇家亚洲协会会报》（1827 年）第一卷第二期发表，并附有大量汉字图像。德庇时的这篇文章是当时欧洲汉学界为数不多专门讨论汉字书写的论文，具有一定的开创性意义。这篇论文由三部分组成：第一，德庇时对汉字书写的介绍和规律总结；第二，对中国当时流行的《间架结构九十二法》字帖中相关内容的翻译；第三，文后影印的《间架结构九十二法》上的例字。

德庇时在文章的开头就比较了字母书写和汉字书写的各自长处，他认为字母书写的长处在于简单，而汉字书写的长处在于其多样性和形象性带来的美感（variety and graphic beauty）。[1]德庇时接下来讨论了两种常见的汉字字体[2]——"宋版"（Sung pan）和"楷书"（Keae shoo），并在文后附有相关的图像。

如下图右边所示，"宋版"大概就是指宋体字。德庇时认为"宋版"是中国印刷书籍通常采用的字体，特点是"僵硬而不优雅，只要求正规"；而"楷书"即楷体字是"很多重要的文章写作时使用的字体，有时也用于印刷"，其特点是"同时具有正规性和美观性"，"是汉字中最优雅、最有用、最常被研习的字体。也或多或少是每个受过教育的中国人练习书法的目标"。因此，德庇时选择以楷体字为对象来研究汉字的书写规则[3]。

---

〔1〕John Francis Davis, "Eugraphia Sinensis; or, The Art of Writing the Chinese Character with Correctness: Contained in Ninety-Two Rules and Examples. To Which are Prefixed, Some Observations on the Chinese Writing", *Transactions of the Royal Asiatic Society of Great Britain and Ireland*, Vol. 1, No. 2, 1827, p. 304.

〔2〕其实德庇时还注意到了汉字的其他字体，如"篆书"（Seal character），但他认为这些字体"很少使用，不值得我们欧洲人过多关注"。在德庇时的《中国人》中，他更为详细地谈论了各种字体，"中国的文字，尽管它也是起源于对事物的描绘，但它现在可绝不是单纯的图画集合体。他们至少有六种不同的书写或印刷形式，就像我们有黑体字、罗马字、斜体字、书面字和手写字一样。中国的行书很容易被误认为一种字母字符；它与大多数系统不同，因为它是以垂直的格式书写的，就像满洲鞑靼语。"John Francis Davis, *The Chinese: A General Description of the Empire of China and Its Inhabitants*, Vol. 2, London: Charles Knight, 22, Ludgate Street, 1836, pp. 140–141.

〔3〕John Francis Davis, "Eugraphia Sinensis; or, The Art of Writing the Chinese Character with Correctness: Contained in Ninety-Two Rules and Examples. To Which are Prefixed, Some Observations on the Chinese Writing", *Transactions of the Royal Asiatic Society of Great Britain and Ireland*, Vol. 1, No. 2, 1827, pp. 304–305.

120

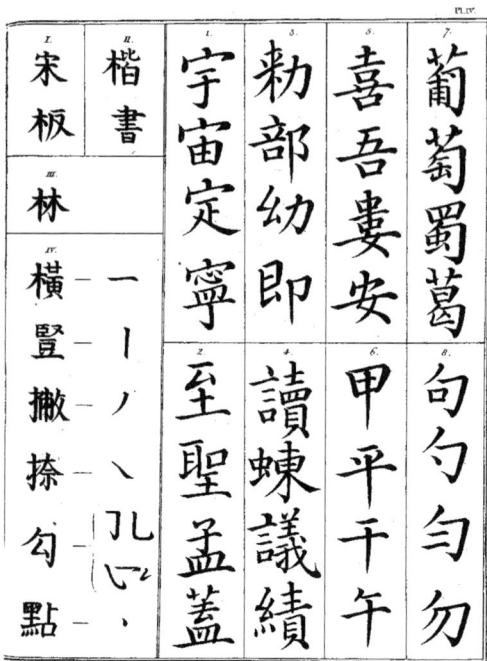

图3-2
《论汉字书写艺术》附图一[1]

来源：
《英国皇家亚洲协会会报》，1827

德庇时认为汉字有三个主要的书写规则：

　　首先，无论是印刷还是书写，每一个字都应该占据页面中大约相同的空间，或者几乎与其他字的大小相同，无论这是仅由一个或两个笔画组成的字，还是一个由大量笔画组成的字，这是一个固定的规则。

　　其次，由上可知，笔画少的地方，书写时一定要加粗并且按比例放大；同时在笔画很多的地方，它们必须按比例缩小，并且彼此靠拢。

---

[1] 按：原图编号IV，左边I至IV号为字体、笔画等示例；右边1至8号分别为某一书写规则下的四字示例。

第三，书写的方向宜从上而下，从左手方向开始书写；因此，在写"林"字时，正确的书写方式是先写左侧部分的水平笔划，然后写垂直部分穿过它的那一笔，然后是左斜线，最后是右斜线；这一部分完成后，再以同样的方式完成该字的右半部分。[1]

除了这些主要的规则以外，德庇时还在正文后详细说明了汉字的六种笔画和正确书写汉字的九十二条规则，其中后者应该来自对清代流传甚广的黄自元、邵瑛所著《间架结构九十二法》字帖中相关内容的翻译：

所有的汉字都是由下面六种笔画或线条组成的，即：

横·············水平的

竖·········垂直的

撇·········向左斜

捺·········向右斜

勾·············勾或弯曲

点···········一个标点或者圆点

正确书写汉字的九十二条规则（括号部分对应《间架结构九十二法》原文）：

1. 上面的部分应当覆盖下面的部分。（天覆者凡画皆冒于其下）

2. 下方的横线作为上方的基础要加长一些。（地载者有画皆托于其上）

3. 在书写这些笔画时，左手方应该抬高，右手方应该压低。（让左者左昂右低）

---

[1] John Francis Davis, "Eugraphia Sinensis; or, The Art of Writing the Chinese Character with Correctness: Contained in Ninety-Two Rules and Examples. To Which are Prefixed, Some Observations on the Chinese Writing", *Transactions of the Royal Asiatic Society of Great Britain and Ireland*, Vol. 1, No. 2, 1827, p. 306.

122

4. 在书写这些笔画时，左手方应该小一点，右手方应该饱满且延长。（让右者右伸左缩）

5. 在书写这些笔画时，就像一根扁担那样，处于中间的横应该长一些。（横担者中画宜长）

6. 让垂直的笔画完美地直直地从中间拉下来。（直卓者中竖宜正）

7. 汉字 214 个部首中的第 20 个（横折钩），不应该太过偏转或者短小。（勾拿法，其身不宜曲短）

8. 第 20 个部首不要写得太直或太长。（勾趯法，其势不可直长）

9. 这组字中间的横线要短，斜的要长。（画短撇长，横短撇长）

10. 这组字的横线要长，斜线要短。（画长撇短，横长撇短）

11. 这组字横线要短，竖线要长，斜线最长。（画短直长）

12. 第 75 个部首的水平线，位于这些字的下部，必须是长的，垂直的是短的，而两个斜的要收缩成点。（画长直短，撇捺宜缩）

13. 这组字横笔要长，直笔要短。（横长直短）

14. 这组字横笔要短，直笔要长。（横短直长）

……

81. 这些上部的钩划应该向内转。（宝盖之勾，如鸟之视胸乃妙）

82. 这些字在书写时需要技巧和耐心。（排纂之画，如工之镂物乃佳）

83. 第 26 个部首组成的字的写法示例。（从卩之字，准此）

84. 第 163 个部首位于汉字右边的写法示例。（从邑之字，准此）

85. 第 170 个部首位于汉字左边的写法示例。（从阜之字，准此）

86. 到 92. 各种部首复合构成的汉字写法示例，等。[1]

　　从德庇时的译文来看，其对文言写就的《间架结构九十二法》的理解基本正确，这可能离不开商馆中国雇员的"本土协助"(native aid)[2]。从完整性和易懂性方面来看，德庇时对汉字字体的简介与德庇时自己总结的三个主要的汉字书写规则，再加上对《间架结构九十二法》的翻译和图示，可以帮助西方人通过规则和图示理解书写汉字的诀窍，西方有意学习汉字书写的读者已经可以通过阅读德庇时的这篇文章达到对中国书法（楷书）的入门级理解。另外，德庇时受马礼逊的影响，还采用了《康熙字典》中的汉字214部首来表述相应的笔画[3]，表明了他对汉字部首的相关知识有所了解。

---

〔1〕John Francis Davis, "Eugraphia Sinensis; or, The Art of Writing the Chinese Character with Correctness: Contained in Ninety-Two Rules and Examples. To Which are Prefixed, Some Observations on the Chinese Writing", *Transactions of the Royal Asiatic Society of Great Britain and Ireland*, Vol. 1, No. 2, 1827, pp. 308–312.

〔2〕John Francis Davis, "Eugraphia Sinensis; or, The Art of Writing the Chinese Character with Correctness: Contained in Ninety-Two Rules and Examples. To Which are Prefixed, Some Observations on the Chinese Writing", *Transactions of the Royal Asiatic Society of Great Britain and Ireland*, Vol. 1, No. 2, 1827, p. 307.

〔3〕按:《康熙字典》中的汉字部首采用 214 部。来源是明代梅膺祚编的《字汇》，而《字汇》依据楷体，将东汉许慎所作《说文解字》的部首简化为 214 部。德庇时在《中国人》中认为:"汉字的部首字根或原始字符（或类似的，可被称为字母表的东西）只有 214 个，如果稍加分析，其数量还可以减到更少。……上文提到的部首，就像我们的字母表一样，用于排列大型汉语词典中的词语，该词典是一百多年前由康熙皇帝下令编纂的；其编排方式如此的巧妙和清晰，对于一个熟练的人来说，查阅一个词几乎没有什么困难，就像我们查阅《约翰逊词典》一样。马礼逊博士的《华英字典》的主要部分也是按照同样的原则安排的。" John Francis Davis, *The Chinese: A General Description of the Empire of China and Its Inhabitants*, Vol. 2, London: Charles Knight, 22, Ludgate Street.,1836, pp. 141–142.

124

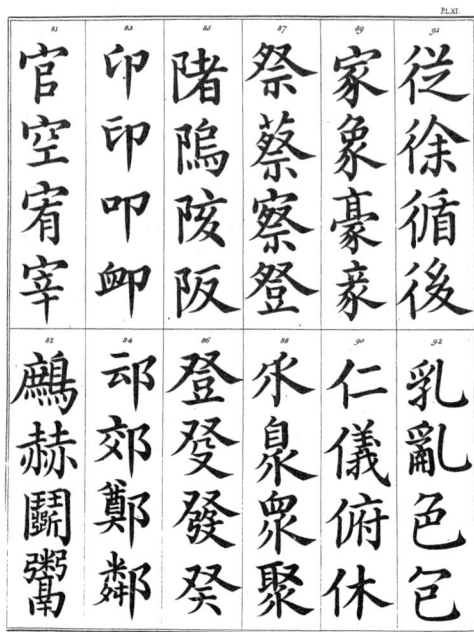

图3-3
《论汉字书写艺术》附图二[1]

来源:
《英国皇家亚洲协会会报》, 1827

　　德庇时在文中把汉字书写的艺术视为"我们的国民应该具备的汉语实用知识",他根据自己在广州商馆做译员时处理中英商业交涉事件的经验提出呼吁,要求英国政府应该尽早注意通过学习汉语同中国保持沟通的必要性,因为"考虑到我们的印度边界向北和向东的延伸时……有朝一日,我们将不可避免地与中华帝国处于比单纯的商业关系更为重要的关系之中"。而事实上这方面的知识是被英国政府所忽略的,中国广州政府也"可能会在未来一段时间修改并大幅增加对帮助欧洲人学习汉语的中国人的惩罚",在如此艰难的学习环境之中,以马礼逊和德庇时为代表的英国东印度公司汉学家仍抓住一切可能的机会努力学习汉语,并尽可能达到能

―――――――――――――――――――――――――――

[1]按:原图编号XI,为第81至92条书写规则的示例。

够"脱离当地人的帮助，独立掌握的程度"[1]。正如德庇时在文章结尾处所言，这种期盼在德庇时写作这篇文章时仍是一种远未实现的愿望。

第三节　德庇时的汉字部首分类研究

1843 年，德庇时在英国伦敦发行的《语言学会会刊》(*Proceedings of the Philological Society*) 第一卷第五期上发表了《论汉字部首的分类》(On the Classification of the Chinese Roots) 一文，这篇文章后来经过修改和扩充以《论汉字部首及其三重用途》(The Roots of the Language, with Their Threefold Uses) 为题，被德庇时收入他的《中国杂记：随笔和评论集》(*Chinese Miscellanies: A Collection of Essays and Notes,* 1865) 一书之中。

《论汉字部首的分类》写于《中国人：中华帝国及其居民概述》一书之后，是对书中所涉及汉语知识 (《康熙字典》把汉字以 214 个部首编排) 的进一步引申。[2] 德庇时认为，"当考虑到这些部首 (roots) 在汉语中对每个汉字的构成和含义的影响时，我们不能低估它们的重要性"[3]。也就是说，德庇时认为部首具有字母文字中词根 (roots) 一样的作用，在构成字 / 单词 (words) 的同时也影响着它们的意义。德庇时的这一观念应该是受了当时已故的法国汉学家雷慕莎《论东亚民族自然科学的状况》(Discours

---

〔1〕John Francis Davis, "Eugraphia Sinensis; or, The Art of Writing the Chinese Character with Correctness: Contained in Ninety-Two Rules and Examples. To Which are Prefixed, Some Observations on the Chinese Writing", *Transactions of the Royal Asiatic Society of Great Britain and Ireland,* Vol. 1, No. 2, 1827, pp. 306–307.

〔2〕John Francis Davis, *The Chinese: A General Description of the Empire of China and Its Inhabitants,* Vol. 2, London: Charles Knight, 22, Ludgate Street, 1836, pp. 141–142.

〔3〕John Francis Davis, "On the Classification of the Chinese Roots", *Proceedings of the Philological Society,* Vol. 1, No. 5, 1843, p. 58.

126

sur l'état des sciences naturelles chez les peuples de l'Asie orientale）一文的
启发。德庇时在文中复述了雷慕莎的观点：

> 这些部首除了在词典编辑中的作用之外，还单独代表或表
达了在人类认知初期有机会交流的主要对象或思想；它们在数量
上涵盖了自然界中的属和类的首要部分，从而为哲学分类系统提
供了要素和方法。一种幸运的本能引导语言的制定者通过巧妙
地组合他们已经拥有的那些基本符号来表现新的对象或想法，而
不是形成全新和随意的字符。例如，我们发现了马、犬（犭）、
金（钅）等部首，再加上一些其他重要的符号，以表示某一特
殊的属性或特征，用来指称这些主要属类下的不同物种，如马
字旁——驴、马字旁——骡、犬字旁——狼、犬字旁——狐狸、
金字旁——铁、金字旁——银；基本元素或通用词，如马、犬、
金，在词典中排列在由它们组成的复合字的前面。[1]

也就是说，德庇时和雷慕莎都认为汉字的构成是二元的，一个复杂的
汉字必然由两部分组成；一部分是代表类、目或属的部首，另一部分是代
表物种或品种的"其他重要的符号"。德庇时认为正是这种二元的"独特
结构使中国的语言成为人类思想史和一般文献学史的一部分"[2]。

雷慕莎按照这一逻辑，联想到了林奈命名法（Linnæan nomenclature）[3]

---

〔1〕John Francis Davis, "On the Classification of the Chinese Roots", *Proceedings of the Philological Society*, Vol. 1,
No. 5, 1843, p. 59.

〔2〕John Francis Davis, "On the Classification of the Chinese Roots", *Proceedings of the Philological Society*, Vol. 1,
No. 5, 1843, pp. 59–60.

〔3〕按：1768 年，瑞典著名的植物学家林奈（Linnaeus，1707—1778）在《自然系统》这本书中正式提出科
学的生物命名法——双名法。按照双名法，每个物种的科学名称（即学名）由两部分组成，第一部分是属名，
第二部分是种加词，种加词后面还应有命名者的姓名，有时命名者的姓名可以省略。

的原理，并以此把中国的汉字部首分为 3 大类下的 30 个小类，其中动物 14 个、植物 11 个、矿物 5 个。[1] 德庇时认为雷慕莎的分类对 "一般语言学和语言的特殊问题研究具有相当大的趣味性和实用性"，但还不够完善。德庇时以此为基础，把汉字部首分为 12 大类，每个大类包含若干部首，总数还是 214 个：

人类及其社会关系······14

哺乳类动物·················8

其他动物·····················7

植物·····························13

矿物······························5

动物的一部分或其他······28

自然界中的其他物体······25

艺术中的物体·············41

动作（动词）·············37

品质（形容词）············30

未定义························1

总计 214[2]

德庇时在把上述分类收录《中国杂记：随笔和评论集》中时进一步精确了其中几个项目的表述，如把 "动物的一部分或其他" 改为 "动物的一

---

〔1〕Jean Pierre Abel Rémusat, "Observations sur l'état des sciences naturelles chez les peuples de l'Asie orientale", *Mémoires de l'Institut de France*, Vol. 10, No. 1, 1833, pp. 131–138.

〔2〕John Francis Davis, "On the Classification of the Chinese Roots", *Proceedings of the Philological Society*, Vol. 1, No. 5, 1843, p. 59.

128

部分"，把"艺术中的物体"改为"早期艺术中的物体"[1]，具体如下图：

	Classes.		Classes.
Human kind and its relations	14	Objects in early art . .	41
Mammalia	8	Numbers . . .	5
Other animals . . .	7	Actions (verbs) . . .	37
Vegetables	13	Qualities (adjectives) . .	30
Minerals	5	Undefined . . .	1
Parts of animals . . .	28		———
Other objects in nature .	25		214

图 3-4
《论汉字部首及其三重用途》文中列表
—

来源：
《中国杂记：随笔和评论集》，John Murray，1865

　　德庇时并不是单单为了分类而分类。雷慕莎认为这种分类方式展现的"秩序和方法"，正是研究进展和知识进步的首要保证。但"中国人并没有从他们优越的语言结构中获得任何科学上的优势；他们的自然学家也没有在词典编纂者为他们描绘的路线中取得他们应该取得的进展"[2]。德庇时应该是受此启发，把部首分类扩展到了统计语言学的领域。德庇时的方式是"测试从单纯的部首分类扩展到计算每个单独的部首组成的字在整个汉语中所占的比例"。但德庇时并不清楚汉语一共有多少个字，于是选择了他认为包含了"该语言真正有用和实用的部分"的马礼逊所著《华英字典》作为计数的样本，而《华英字典》大概包含了 11 600 个字。为此，德庇时列出了一张竖直跨度为 3 页的大表，并把每个部首排列在它自己所属的特定类别（12 大类）下。德庇时把表格分为左右两部分，左侧是汉字部首（属名）的译

[1] John Francis Davis, *Chinese Miscellanies: A Collection of Essays and Notes*, London: John Murray, Albemarle Street, 1865, p. 78.
[2] John Francis Davis, *The Chinese: A General Description of the Empire of China and Its Inhabitants*, Vol. 2, London: Charles Knight, 22, Ludgate Street, 1836, pp. 143-144.

名，右侧是包含每个部首的"复合字"（种加词）的总数量。为方便参考，德庇时还在左侧根据每个部首在《华英字典》中的排列顺序而进行编号，通过序号可以方便地在《华英字典》的部首表中找到相应的字。以其中的第一类"人类及其社会关系"为例，德庇经统计得出下表[1]：

Human kind and its relations.	
No.	Compounds.
9. Man	478
10. (Another form)	24
33. Scholar, sage	10
38. Woman	243
39. Son	31
44. Corpse	39
48. Workman	7
49. Self	12
83. Family, kindred	3
88. Father	3
131. Minister, servant	4
132. Self	5
158. Body, person	158
194. Ghost, spirit	25

图 3-5
《论汉字部首的分类》文中列表：
人类及其社会关系

－

来源：
《语言学会会刊》（*Proceedings of the Philological Society*），1843

参考《华英字典》中的部首表（RADICALS）[2]可翻译如下：

人类及其社会关系

序号.部首……相应"复合字"的数量

9. 人………………… 478

10. 儿………………… 24

33. 士………………… 10

---

〔1〕John Francis Davis, "On the Classification of the Chinese Roots", *Proceedings of the Philological Society*, Vol. 1, No. 5, 1843, p. 60.

〔2〕Robert Morrison, *A Dictionary of the Chinese Language*, Part I, Vol. 1, Macao: Printed at the Honorable East India Company's Press, by P. P. Thoms, 1815, pp. 1-9.

38. 女 ···················· 243

39. 子 ···················· 31

44. 尸 ···················· 39

48. 工 ···················· 7

49. 己 ···················· 12

83. 氏 ···················· 3

88. 父 ···················· 3

131. 臣 ···················· 4

132. 自 ···················· 5

158. 身 ···················· 158

194. 鬼 ···················· 25

也就是说，据德庇时的统计，《华英字典》中"人"字部下包含 478 个字[1]，"儿"字部下包含24个字[2]……但这样的统计只是第一步。重要的是对其中的数据进行分析，这正是多年从事商业薄记工作的德庇时应有的"职业敏感"。德庇时通过分析发现，"不同部首在汉语的总体构成中的权重不成比例"，在《华英字典》收录的总数为 11 600 个的汉字之中，有不少于 8 200 个的汉字都由以下 33 个部首参与构成[3]，约为 70.7%。

部首······"复合字"的数量　　　部首······"复合字"的数量

人 ················· 478　　　　　竹 ················· 200

---

[1] Robert Morrison, *A Dictionary of the Chinese Language*, Part I, Vol. 1, Macao: Printed at the Honorable East India Company's Press, by P. P. Thoms, 1815, pp. 59−174.

[2] Robert Morrison, *A Dictionary of the Chinese Language*, Part I, Vol. 1, Macao: Printed at the Honorable East India Company's Press, by P. P. Thoms, 1815, pp. 175−184.

[3] John Francis Davis, "On the Classification of the Chinese Roots", *Proceedings of the Philological Society*, Vol. 1, No. 5, 1843, p. 62.

女	243	艹	470
身	158	玉	127
口	437	金	207
心	467	土	222
手	492	山	142
疒	192	日	154
目	186	水	548
肉	222	火	200
足	155	阜	101
犬	136	刀	115
马	127	丝	269
虫	225	衣	184
鱼	106	麦	127
佳	160	日	373
木	493	辵（辶）	145

　　在列举了 33 个部首之后，德庇时进行了进一步的筛选，他发现其中的
"一小部分"——7 个部首，居然参与了不少于 3 385 个汉字的构建[1]，约
为 29.2%。（具体如下）

部首……"复合字"的数量

人……………478

口……………437

---

[1] John Francis Davis, "On the Classification of the Chinese Roots", *Proceedings of the Philological Society*, Vol. 1, No. 5, 1843, p. 63.

132

经过数量的统计之后，德庇时开始探讨这一统计现象形成的原因。他认为"这 214 个部首或原始词中的大部分由实体名词、自然或早期艺术中的主要对象的名称组成。"由此，德庇时联想到了英国思想家亚当·斯密（Adam Smith）在《道德情操论》（*The Theory of Moral Sentiments*）附文《有关语言缘起的思考》（Considerations Concerning the First Formation of Languages）中"用特定名称指称特定事物，即名物化可能是语言缘起的第一步"的观点。[1] 德庇时复述了亚当·斯密有关语言缘起的推论：

> 两个原始人对最熟悉的对象会创造特定的名字，如洞穴、树木、河流。当他们遇到与这些完全相似的其他物体时，他们会给出相同的名称而不是发明新的名称；因此，这些原本是个人专有名称的词，每一个都将成为群体或阶级的共用名称。[2]

---

[1] Adam Smith, *The Theory of Moral Sentiments*, London: Henry G. Bohn, York Street, Covent Garden, 1853, pp. 507—508. 亚当·斯密《有关语言缘起的思考》一文的思想初见于 1751 年 1 月 6 日亚氏就职格拉斯哥大学逻辑修辞学会会长时的演讲稿《论思想的缘起》（De Origine Idearum）。亚氏的《有关语言缘起的思考》一文先后发表 5 次，初次发表于 1761 年由 T. Beckett 和 P. A. Dehondt 合编的《语文学杂录》（*Philological Miscellany*, 1761）第 440 至 479 页，全称为 *Considerations Concerning the First Formation of Languages and the Different Genius of Original and Compounded Languages*. 之后曾以 *Of the Origin and Progress of Language* 单独发表，属于上文的缩写。最终该文被附录于《道德情操论（第三版）》（*The Theory of Moral Sentiments*, 1767），使其得以广泛流传。德庇时见到的应是载于《道德情操论》的附文。参见贾洪伟：《亚当·斯密有关语言缘起的学说》，《天津外国语大学学报》2014 年第 2 期。

[2] John Francis Davis, "On the Classification of the Chinese Roots", *Proceedings of the Philological Society*, Vol. 1, No. 5, 1843, p. 63.

　　德庇时进一步推论道："正是这种将个体名称应用于大量类似对象的做法，似乎促进了我们称之为属（genera）的那些综合类目的早期形成"，即"个体专名"成为"通名"，构成事物的最初类分，即种属。而在汉语中，德庇时所谓的"属名"就是指部首。

　　德庇时认为正是"随着知识的进步，由于细化和区分的必要性，促成了汉字的构造，这些字是中国人通过简单部首的巧妙组合而构成的，并在字典中排列在部首之下，即属（genera）下的种（species）"。德庇时还认为，在汉语中同样的原则还被从"可感知的物体"扩展到了"抽象的想法"之中[1]，即汉语中由实词到虚词，都可以由同类的汉字（即"种加词"），抽象出共同的部首（即"属名"）。换句话来说，德庇时认为汉字中大部分的部首都是由中国先民原始的共同认知而来，具体是把某个公认的、具有代表性的"通名"运用到称呼大量类似对象之上，这个名称日后就成为了部首——"属名"，大量类似对象的具体名称就成为了同一部首下的不同汉字——"种加词"。

　　德庇时的《论汉字部首的分类》一文体现了西方人对于汉字"排序"、"分类"、"抽象"和"比较"的认识过程，把认识的结果从具体到抽象，并归于部首这一汉字常见的形式之中。但德庇时对汉字部首的研究并未就此结束。在1865年，《论汉字部首的分类》一文经过扩充和修改重新以《论汉字部首及其三重用途》为名收入《中国杂记：随笔和评论集》时，德庇时再续前文对汉字部首进行了更深入的研究：

　　德庇时在《论汉字部首的分类》一文的基础上，加入了对汉字部首的特点和用途的思考，并把它们同外国人学习汉语的困惑和误解结合起来，主要探讨了汉字"部首构字法"的特点和内在规律。

---

〔1〕John Francis Davis, *Chinese Miscellanies: A Collection of Essays and Notes*, London: John Murray, Albemarle Street, 1865, pp. 63-64.

　　德庇时认为汉字的"部首构字法"是一种"理性的、通常是哲学的基本符号的组合"，而非"粗糙的、缺乏艺术性的方案"，但不了解汉语的外国人常常认为汉语属于后者，从而因此"错误地提高了掌握汉语所需的劳动量和记忆能力，同时也忽视了汉语表意系统相对简单易得的极端巧妙性"。德庇时还认为汉字字典中的部首检字系统具有"相对简单和获取方便的优点"。除此之外，汉字部首还有三种用途：

　　　　第一，在部首处于简单的和非组合的状态下，提供了用于词典编排和用于参考的检字表的位置。第二，当部首处于组合状态时，表示合成字的派生和含义。第三，是前文已经解释过的，部首构成了林奈二分命名法的属名。[1]

　　接着，德庇时在下文详细地解释了这三种用途的含义：

　　第一，汉字部首检字表不是字母表（alphabet），因为它们不是语音符号，而是表意符号，但是字典中汉字部首检字表的设立同西方词典中的字母表功能一致。德庇时认为西方字母表的排列顺序是"完全任意的"（purely arbitrary），而汉字部首检字表的排列顺序则是"严格按照每个组成部首的笔画数的多少排列"。这样的排列是汉语字典快捷检索的基础，"虽然汉字部首是我们的语音元素数量的八倍多，但其按笔画数排列的方式减轻了这一缺点，因此，当这些表意元素在其字典中被引用，并通过上述简单方法可以同样方便和快捷地检索。""由于中国人通过笔画的数量将排列从部首本身扩展到其下的复合字……在检索时，你会发现部首下面的

---

〔1〕John Francis Davis, *Chinese Miscellanies: A Collection of Essays and Notes*, London: John Murray, Albemarle Street, 1865, pp. 83-84.

复合字就在按照笔画排列的那个位置，而与部首的笔画无关。"[1]

第二，"汉语的文字可以通过眼睛立刻传达其外观，每一个字符都是所指事物的一种可见的表现形式……从而比不那么直接的字母语音媒介对大脑产生了更生动、更持久的影响"[2]。也就是说，对于从未见过某个单词的人来说，字母拼写法无法说明这个单词的意思。而汉语部首让人一看到就立刻有助于对其意义的理解和记忆。德庇时进而以此说明通过汉语"部首构字法"可以让汉语学习并不像外国人"想象或猜测的那么难"。[3]

第三，"部首不仅可以作为所有复合字中的特定要素，而且可以作为同一部首的特定分类下的通用词头"（the generic heads）。德庇时认为，"支配复合字形成的这种关联通常是显而易见的，它们偶尔会让人学习到心理学或人类思维的运作模式"[4]。德庇时进一步借助举例说明了中国人造字的思维方式，"如部首'心'比大多数其他部首组成的字更多。对我们来说，心是情感或情绪的所在地，但对中国人来说也是智力的所在地"，所以有了"忢"和"忍"等字的组合。又如，"一位有哲学头脑的中国化学家可能比他的同胞更早地把所有碱性物质都放在'土'——意为'大地'的部首下，把有金属特性的物质放在'钅'的部首下"[5]。

德庇时在最后总结认为，正是汉字部首的这些特征使"部首构字法"具有独特的认知优势，使"汉字不仅在中国的 3 亿人口中，而且在日本、安南、朝鲜和越南等国成为一种普遍使用的文字，事实上使用汉字的人口

［1］John Francis Davis, *Chinese Miscellanies: A Collection of Essays and Notes*, London: John Murray, Albemarle Street, 1865, pp. 85-84.

［2］John Francis Davis, *Chinese Miscellanies: A Collection of Essays and Notes*, London: John Murray, Albemarle Street, 1865, pp. 85-86.

［3］John Francis Davis, *Chinese Miscellanies: A Collection of Essays and Notes*, London: John Murray, Albemarle Street, 1865, p. 87.

［4］John Francis Davis, *Chinese Miscellanies: A Collection of Essays and Notes*, London: John Murray, Albemarle Street, 1865, p. 87.

［5］John Francis Davis, *Chinese Miscellanies: A Collection of Essays and Notes*, London: John Murray, Albemarle Street, 1865, pp. 88-89.

几乎占人类的一半"[1]。以此，德庇时也在暗示通过学习汉字部首认识汉字内在构成规律的重要性。

除了汉字书写艺术和部首分类等方面的两篇论文以外，德庇时在汉语方面的研究还包括《中国人：中华帝国及其居民概述》第15章等相关论述，主要包括以下几个值得注意的方面：

第一，对汉字特质的认识。

德庇时认为汉字是一种"表意的符号"，是"更加人工化和巧妙的系统"，另外"中国的文字和埃及的象形文字之间没有任何联系或相似之处"。[2]汉字"部首构字法"是一种"高度人工化和哲学化的结构，使它有资格成为人类思想史的一部分，受到智者的关注"。另外，德庇时也通过所谓的"部首构字法"说明了汉字不是任意建立起来的字符组合，并非简陋的和毫无逻辑的系统。[3]

第二，对汉语语音的认识。

汉字书写全国统一，但是各地区发音不一致。德庇时认为官话（mandarin dialect）"是最适合初学者学习的方言，因为它的使用最为广泛"。德庇时还提到"汉语不同音节的总数不超过400个，但这些音节的声调变化对母语者来说是非常明显的，从而使这一数量增加了3倍或4倍"。但为了"避免在对话时因同音字产生误解，通过把两个字连在一起来表达特定的对象，从而使一个词用两个音节的方法加以区别"。也就是说，德庇时意识到随着汉语的发展，多音节词取代单音节词成为了汉语表

---

〔1〕John Francis Davis, *Chinese Miscellanies: A Collection of Essays and Notes*, London: John Murray, Albemarle Street, 1865, p. 90.

〔2〕John Francis Davis, *The Chinese: A General Description of the Empire of China and its Inhabitants*, Vol. II, London: Charles Knight & Co., 22, Ludgate Street, 1836, p. 140.

〔3〕John Francis Davis, *The Chinese: A General Description of the Empire of China and its Inhabitants*, Vol. II, London: Charles Knight & Co., 22, Ludgate Street, 1836, p. 144.

意的基本单位，这一点在口语表达中更为明晰。[1]

第三，对汉语发展变化的认识。

德庇时认为汉语是随着历史的发展不断变化的。"这种语言，不管根据其结构计算出来的持久性如何，如果认为它随着时间的推移没有发生一定程度的变化，那将是错误的。"汉语的变化表现在"有些字或词已经过时了，有些则逐渐被采用；而最重要的是，整个语言要比古代丰富得多"。德庇时认为语言的丰富也给汉语带来了一定的表达问题——"这是随着时间和思想符号意指的倍增所带来的缺陷，尤其是当那些小品词（particles of speech）的数量出现了巨大增长的时候"[2]。这就进一步涉及到了对汉语语法的讨论。

第四，对汉语语法的认识。

德庇时认为，"汉语中没有任何的词形屈折变化(flexion)，因此小品词变得更加不可或缺；事实上，中国作家把它们称为'助语'（tsoo-yu），即'语言的助手'"。[3] 德庇时此处指的是汉语中没有欧洲字母语言中的词形屈折变化，即词为了表达不同的语法意义或承担不同的语法功能而发生的词形变化，而汉语中的一些助词（即德庇时所谓的"小品词"、"助语"）承担了欧洲语言中词形屈折变化的功能。如结构助词"的"、"地"、"得"对词性的指示，动态助词"着"、"了"、"过"对时态的指示等等。也正因为德庇时没有在汉语中观察到屈折变化，所以他坦言说"汉语的语法是极其有限的"。[4]

基于多年学习和实践的经验，德庇时接着大致描述了汉语的几条相对

〔1〕John Francis Davis, *The Chinese: A General Description of the Empire of China and its Inhabitants*, Vol. II, London: Charles Knight & Co., 22, Ludgate Street, 1836, pp. 145－146.

〔2〕John Francis Davis, *The Chinese: A General Description of the Empire of China and its Inhabitants*, Vol. II, London: Charles Knight & Co., 22, Ludgate Street, 1836, p. 147.

〔3〕John Francis Davis, *The Chinese: A General Description of the Empire of China and its Inhabitants*, Vol. II, London: Charles Knight & Co., 22, Ludgate Street, 1836, p. 147.

〔4〕John Francis Davis, *The Chinese: A General Description of the Empire of China and its Inhabitants*, Vol. II, London: Charles Knight & Co., 22, Ludgate Street, 1836, p. 148.

138

明显的语法规律：

　　在没有任何词形屈折变化的情况下，一个句子中词与词之间的关系只能通过它们的位置来表示。例如，动词必须总是在其宾语之前，在其代词之后。复数是由名词的词缀"们"表示的，如"人们"，"他们"；或者通过名词的重复，如"人人"。当一个特定的数字作为前缀时，这两种方法都是不必要的，如"三人"。属格或所有格一般用词缀"的"表示，接在名词后面就像英语中的"'s"，如"天的恩"指"上天的眷顾"。形容词的比较级用词缀表示，如"好"，"更好"，"挺好"。……动词的时态是由助词或感叹词来表示，如"他来了"，"他要来"。名词和代词的情况由介词决定，如"与你"（给你），有时位置也会后置，如"底下"。还有一种数字附加词，为了表达的明确性，他们把这些附加词连接到名词上，如"一本书"，"三管笔"，等等。在汉语中，词语的搭配被认为比在其他语言中更为重要，因为在其他语言中，不同词语之间的关系以词形屈折变化所表现的数、性、格和人称的绝对区别作为标志，而中国人自己把汉语中的词分为三大类：第一，"活词"，动词——表示动作或激情；第二，"死词"，名词和形容词——事物的名称和性质；第三，"语助词"，辅助表达的小品词。[1]

　　除了以"关键词"的形式编辑商务字典和译介总结汉字书法规则以外，德庇时以多年的汉语学习和翻译经验得出的相关结论在一定程度上匡正了自 18 世纪以来欧洲学界在字母语言先进性的预设之下，对汉语落后和

〔1〕John Francis Davis, *The Chinese: A General Description of the Empire of China and its Inhabitants*, Vol. Ⅱ, London: Charles Knight & Co., 22, Ludgate Street, 1836, pp. 147-149.

不完善的倾向性认知，带来了中西语言交流进程中新的思想碰撞。[1]但德庇时认识和研究汉语的方式仍然脱离不开字母语言带来的思维惯性的影响，如以词根和林奈双名法的形式理解汉语部首，用"部首构词法"以偏概全替代了汉字造字法的传统"六书"，对汉字单字为词和汉语复合词的形态和意义认知不够清晰，采用西方字母语言的语法结构分析汉语语法等等。这些影响在语言研究方面展现了西方语言语法规则在日后的现代汉语语法研究中的强势状态的同时，也显示了西方知识体系对汉语自身特质的误读和遮蔽，当下仍值得我们进一步去厘清和反思。

---

[1] 蔡乾：《思想史语境中的 17、18 世纪英国汉学研究》，福建师范大学比较文学与世界文学博士论文，2017年，第 205–237 页。

第四章　德庇时的中国小说翻译与研究

　　德庇时远渡重洋来到中国，从英国东印度公司广东商馆初级文员的岗位起步，后来成就了一番功业。但他事业腾飞的真正契机就是获得跟随马礼逊以及商馆聘用的中文教师学习汉语的机会，期间他还协助了马礼逊《英华字典》的出版校对工作。德庇时天资聪颖、勤奋刻苦，汉语水平在翻译练习和日常实践中不断提高。在学习语言的过程中，德庇时还大量阅读中国古典文学作品，并选取部分篇目练习翻译，其中对中国小说《三与楼》的翻译和出版拉开了德庇时译介中国文学的序幕。通过一系列译作的出版，德庇时逐步获得了学界的认可，并得到了英国皇家学会的青睐，还因此得到了东印度公司领导层以及英国政府对其能力的赏识。

　　德庇时翻译中国文学作品的体裁类型多样，不仅包括西方常见的诗歌、小说和戏剧，甚至还涉及了广东当地的谚语格言、民间歌谣。他是英国早期汉学家中较早把目光投向儒家典籍之外的"纯文学"（*belles lettres*）作品的翻译者，尤其注重小说、戏剧等这些真实反映中国人日常生活和风俗的体裁。[1] 德庇时将中国小说分为道德传奇（moral tales）、小说（novels）和传奇（romance）等类型，并提醒读者注意"才子书"（works of genius）

---

[1] 按：19 世纪初期，来华经商的外国人的活动被限制在广州一带，生活在各自的商馆里，除了交易的行商外，不能接触到普通中国人，无法深入中国人的日常生活。为了更好地了解中国人和中国社会的各方面，中国文学作品尤其是反映中国人生活的小说和戏剧成为重要的资源。受环境限制，他们所能获得的典籍数量有限，只能从现有资源的只言片语中以管中窥豹的方式观察中国人的社会生活。

这一中国特有的小说文本类型。他笔下诸多翻译作品大都称得上填补了英国汉学及欧洲汉学界中国文学翻译的空白。通过大量的翻译实践，德庇时对中国文学和文化产生了更为深刻的认识。同时他的翻译活动也为推进中国文学在海外的传播起到了不可忽视的作用。

第一节　《三与楼》的译文风格

德庇时的成篇章的正式翻译活动始于对中国小说的翻译。1815 年，德庇时将明末清初文学家、戏剧家李渔的章回体白话短篇小说集《十二楼》中的《三与楼》译成英文（*San-Yu-Low: Or The Three Dedicated Rooms*），由印刷工汤姆斯（Peter Perring Thoms）在东印度公司澳门印刷所发行，这是已知英国人翻译出版的首部中国小说。1816 年，德庇时的《三与楼》译文还在伦敦《亚洲杂志》上分三期连载，引起了英国学界的注意，并获得了较为正面的评论。以此为基础，德庇时初窥中国文学译介的门径。

如今所见德庇时的《三与楼》译本是同马礼逊翻译的数篇中国公文（出自耆英之手）和两首中国诗歌合订在一起的。马礼逊的译文以《译自中文》（*Translations from the Original Chinese, with Notes*）为题位于书前，在题名页还有引自《礼记》的"入竟（境）而问禁入国而问俗"一句题记，为汉字构成，印刷顺序从右至左。而德庇时的《三与楼》译本题名页同样印有从右至左的"三与楼"三个汉字。这一合订本的编排方式可能源自一次试印。当时东印度公司澳门印刷所的建立，以及大量汉字字模制造的主要目的是为了印刷马礼逊的《华英字典》。据国内学者研究，此合订本出版于《华英字典》开印之前的"空档"期[1]，很可能是为了检验字模和验

〔1〕谭树林:《英国东印度公司与澳门》，广东人民出版社，2010 年，第 186 页。

142

证印刷技术的可靠性。从合订本内容的选择来看，也有向公司高层展示广州商馆中文教学成果的可能性。在这样的背景下，当时仍为汉语学生的德庇时的译文能被选中付梓是难能可贵的；也从另一方面可以看出，德庇时在同期汉语学生之中是颇为优秀的。

1815 年的《三与楼》译本是德庇时学徒时期的一次勇敢的尝试。如果从翻译策略和风格等因素来分析该译文，可以比较清楚地感受到德庇时作为新手翻译者的些许生涩，但也可从中一窥他日后译文风格的某些特征、译文底本选择的倾向等个人特质。

第一，德庇时的译文完全复现了李渔小说《三与楼》的结构特征。《三与楼》原文共有 3 回，回目为七言对偶句，第一回以一首七言绝句和一首七言律诗引首开场，第三回篇末以一首五言绝句作为收场诗。德庇时译文也分为 3 个 "Section"（段）。每个 "Section" 都对应着有一个 "Argument"（内容提要）来翻译回目内容，译文是散文形式。开场诗 "诗云" 以 "The Ode Says" 翻译，"又云" 译为 "Again"。收场诗 "其诗云" 译为 "The lines were to this effect"（诗是这样写的）。另外，小说结束时还有一段 "评"，德庇时以 "Moral"（教益）为小标题也逐句译出。

第二，德庇时也努力还原了小说中的中国诗歌、古语和俗语等有韵律的语句面貌。《三与楼》中有开场诗两首、收场诗一首，德庇时完整地将其一一译出。以其中七言律诗为例，原文为：

> 百年难免属他人，卖旧何如自卖新。松竹梅花都入券，琴书鸡犬尚随身。
>
> 壁间诗句休言值，槛外云衣不算缗。他日或来闲眺望，好呼旧主作嘉宾。[1]

---

[1]（清）李渔著：《十二楼》，杜濬评，杜维沫校点，人民文学出版社，1999 年，第 37 页。下文所引《三与楼》原文皆依此本，不再重复标注。

德庇时译文：

Within the period of a hundred years, it must have belonged to some other person;

And it is surely better to sell it while new, than when become old.

The pine trees, the bamboos, and the Mei flowers must enter the account;

But my kin and my books, my dogs and my chickens, shall accompany me.

The scraps of old verses stuck against the walls; —for these he may fix his price.

For the wet weather clothes, hanging without, it is not worth while to bargain.

Hereafter, when I may perhaps come, during my leisure, to pay a visit;

The former master will be called the honored guest.[1]

　　总体来看，德庇时的译诗比较朴实、准确，其中可以商榷的是对于"壁间诗句休言值，槛外云衣不算缗"一句的处理。此句原意是"墙壁上的诗句和栏杆外的云气（这些带不走的风雅）都不算钱"，而德庇时的译文认为诗句会被"定价"，"云衣"被解释为了"蓑衣"。另外德庇时还为此句中的"The scraps"和"weather clothes"以页下加脚注的形式分别加以解释："It is usual in Private Houses to have labels suspended against

---

〔1〕John Francis Davis, *San-Yu-Lou: Or the Three Dedicated Rooms, A Tale, Translated from Chinese*, Canton: East India Company's Press, 1815, pp. 2–3.

the walls, on which are inscribed moral sentences, or verses from the ancient books. These are generally very obscure in their import"（在私人住宅中，通常会在墙上悬挂匾额，上面刻有道德教诲或古籍诗句。它们的意义通常非常模糊）；"The Chinese in rainy weather, use a sort of cloke, made of the leaves of some vegetable, from which the rain run off as if from a thatched roof, and completely shelters what is under. It is to these garments that the text alludes"（中国人在下雨的天气里用一种斗篷，由一种植物的叶子制成，雨水像从茅草屋顶上滴落一样，顺着流下来，完全遮盖住了下面的东西。这篇文章所指的正是这些服装）。这两个注释是中国文化负载词内涵的细致解释，较好地扫清了英国读者的阅读障碍。

《三与楼》中还引用了《国风·召南·鹊巢》中的"维鹊有巢，维鸠居之"来形容虞素臣所建之居被唐玉川父子觊觎的情形，德庇时同样译出——"The nest one bird constructs with anxious toil, Ere long another seizes as her spoil."（一只鸟焦急地劳作筑巢，不久另一只鸟就抢走了作为她的战利品。）其中的"焦急地劳作"、"不久"、"战利品"是德庇时在翻译中的添加，这样的添加应该是为了诗歌押韵形式而做的改动，译诗以"toil"（劳作）和"spoil"（战利品）押韵，构成了诗歌的形式。

值得说明的是，德庇时此种朴实、准确的译诗风格和对诗文中中国文化负载词加以注解的处理方法很有可能是受其老师马礼逊的影响。在《三与楼》译文之前，马礼逊《译自中文》中的书末，有一首马礼逊的译诗"The Country Cottage"，原诗是唐代许浑所作的《村舍二首》中的第一首：

自翦青莎织雨衣，南峰烟火是柴扉。莱妻早报蒸藜熟，童子遥迎种豆归。 鱼下碧潭当镜跃，鸟还青嶂拂屏飞。花时未免人来往，欲买严光旧钓矶。

　　马礼逊的译诗同样是带有异化色彩的直译，如其第一句为"HE, himself, cut the So, and wove the garment for rain; The smoke on the Southern hill discovers the door of his cot"，其中就音译青莎的"莎"为"So"，并注解为"Leaf of which the Chinese make a kind of cloak, worn by husbandmen, watermen, and others."（中国人用其叶做了一种斗篷，农民、渔夫和其他人都戴着。）如果把这一注释同上文中德庇时对"云衣"所作注解加以比较，可以很容易地从形式和内容两方面发现二者的相似性[1]。这种相似性不但揭示了德庇时与马礼逊的学缘关系，还说明了这种相似的翻译策略应该是这些初步接触中国文化的早期英国汉学家为求翻译的准确性所采用的一种共通处理方式。

　　第三，德庇时在译文中使用了 32 个注释来充分展示《三与楼》中包含的中国文化信息。文中的 32 个注释采用的是脚注的形式，短则一行，长则跨页。从其内容上来看大致可以分为六类：

　　（一）对翻译中文意处理的技术性解释。德庇时努力在译文中追求对中国小说原有风貌和文意的传达，从而造成了一些不符合英国读者阅读习惯的表达，所以他在注释中尽量对此加以说明，以补救异化翻译带来的可读性的降低。

　　如译文第一个注释，德庇时把开场诗之前的"诗云"二字以"The Ode Says"翻译，其后注释"Translation of the lines at the commencement of the story"（对故事开头诗行的翻译）。中国章回体小说中的开场诗是西方传统小说中没有的形式，德庇时的标注有提醒读者这一中国独特文学现象的作用。

　　另外，德庇时文雅化了小说中他感到粗俗的俚语表达。如译文 16 页，

---

[1] 按：但二人也有不同之处。在翻译文化负载词时，马礼逊一般习用音译加注释的方式，德庇时则多用意译加注释的形式。

德庇时把原文的"嫌出屁来"一句意译为"shewed a dislike and contempt towards it"（对其表示厌恶和蔑视）。但可能是为了尽量向读者传达小说的原意，德庇时在注释中不但用"Chǔ-pe"为其注音，还用拉丁语"*protrudere podicem*"（肛门之突起）戏谑了一把。

（二）对中国人特有的表达方式的解释，有时还与西方类似的表达相比较。

如译文 11 页，德庇时直译了"他有这个见解列在胸中"一句为"Having these ideas in his breast"（胸中有这些想法），此翻译是比较准确的。但他在其后注解中的表述"The Chinese suppose the belly to be the seat of ideas"（中国人认为肚子是思想产生的地方）却混淆了胸部与腹部的区别。其实"见解列在胸中"的"胸中"在中国传统文化里指的应是"心中"，注解实应把"belly"换成"heart"为宜。意义类似的还有译文 23 页，德庇时把"时时刻刻把虞素臣放在心头"译为"they made Yu-soo-chin the chief subject of their thoughts"（他们把虞素臣作为他们思考的首要问题）。而在注释中德庇时不但列出了原义"把虞素臣放在心头"的注音，还对应翻译为"They took Yu-soo-chin and placed him on the top of their hearts"。由此可见，德庇时应该知晓中式表达中"心"与"思想"的关系，但他还不熟悉"心"与"胸"在类似语境中是互通的、可以互换的关系。

又如译文 12 页，德庇时直译"好兴土木之工"为"he went on with the work of earth and wood"，这样的翻译涉及中国有关工程建筑的特殊表达，可能会让西方读者摸不到头脑。于是德庇时在注释之中补充到："The Chinese Houses are built, in a great measure, of mud. Hence a Bricklayer is called, *Ne shwǔy tseang*, 'earth and water workman'"（中国的房屋在很大程度上是用泥土建造的。因此，瓦工被称为 *Ne shwǔy tseang*，"泥水匠"）。

（三）对小说中涉及的中国特殊风土人情的说明。

如译文 15 页第二个注释，德庇时在把原文中的"庵堂寺院"译为"a Nunnery, or a Jos-house"。其中"Nunnery"的女修道院之意可以对应"庵堂"所指的尼姑庵，而"Jos-house"常拼写为"Joss-house"，专指中国进行偶像崇拜的寺庙，其中的"Joss"就是指佛像或神像。这个词其实是 18 世纪左右随着中西交流出现的洋泾浜英语，来源于葡萄牙语中的"deos"（神）的变体，据猜测应该是葡萄牙人对日语中描述中国偶像的词语的转读。[1] 其并非常见的正式词汇，而且同原文表达存在差异（Jos-house 是否只有男性僧人居住）。所以德庇时做出了如下注释，进行补充说明："The names in the original, are Gan-tang, and Sze-yuen, the former meaning the residences for Female bonzes and the latter, for the Male priests of the religion of Fó; which are called by Europeans, Jos-house."（其原名庵堂、寺院，前者意为尼姑的居所，后者意为佛教男祭司的居所；欧洲人称之为 Jos-house。）

又如译文 17 页，德庇时译"但愿他留此一线，以作恢复之基"为"He only wishes to keep this small shred, that it may be the means of recovering the Property hereafter."（他只想保留这一小部分，以便日后收回财产）。在注释中，德庇时认为小说中虞素臣的这一做法同当时中国的一条法律有关，即"if a man, in selling his property, retains but a small portion of it, he is entitled to receive back the whole if hereafter his improved circumstances will allow of his redeeming it."（如果一个人在出售财产时保留了其中一小部分，假如以后他的情况有所改善，他便有权赎回全部财产。）而这一信息明显是西方读者所不知道的，这里即是补充说明。

---

[1] "Joss 1", John Simpson, E. S. C. Weiner, eds., *Oxford English Dictionary*, Second Edition, Oxford: Oxford University Press, 2009.

148

再如译文 45 页，德庇时在注释中谈到了中国人对于死亡委婉的表达。小说原文为"仙逝"，德庇时译为"departed this life"（辞世），放在中文语境中还不够委婉。但他在其后的注释中进行了大段说明："The Chinese, like the Ancient Romans, have a superstitious aversion to mentioning a Person's death in direct terras. The expression here used, is *Sëen she*,'to pass over to immortality, or becoming immortal.'"（与古罗马人一样，中国人迷信地不喜欢直接提到一个人的死亡。这里使用的表达是"仙逝"，"长生不老，或者成仙"。）

另如译文 50 页第二个注释，小说原文为"（对了主人轻轻地禀道）当初讲话的人现在门首"，译文为"The Person, of whom you have just now been talking*, is at the door."（你刚才谈到的那个人就在门口。）[1] 德庇时注释到："This Servant must have waited at the conference. It is customary among the Chinese to have a number of attendants present on all occasions of ceremony."（这位仆人一定在会谈时在旁等候。中国人习惯在所有仪式上都有一些侍从。）此处的注释符号"*"标记在了"你刚才谈到的那个人"之后，令人不解。因为"你刚才谈到的那个人"在小说中乃是虞素臣打抱不平的侠士朋友，而非虞府上的仆人。笔者猜测这一标记的位置应该是排版造成的失误，从德庇时要解释的现象来看，要么应该标记在前来禀告的仆人之后，要么标记在"人在门口"之后。如果讲的是仆人在旁禀告主人事情，德庇时的这一解释自然说得通；但如果要说明"人在门口"这个现象，德庇时的解释就显得较为牵强了——因为"侠士朋友"虽然在通传之前等在主人家的门厅也是当时中国特有的风俗，但这并不说明"侠士朋友"

---

[1] 按：此处译文值得考量，"当初讲话的人"指的是小说中为虞素臣打抱不平的朋友，他在三与楼底埋下银两，告诉虞素臣"我夜间睡在楼下，看见有个白老鼠走来走去，忽然钻入地中，一定是财星出现"，想要借此帮助他。后来才引出知县同虞素臣之子探寻银两来源，家人告知说"白老鼠"之言的人恰巧就在门口的情节。"当初讲话的人"与虞素臣之子"刚才谈到的那个人"确实同为一人，但与原文有所不同，不知此处是否是德庇时有意为之。

就是仆人的身份。

（四）对中国历史人物的称呼及其他专有名词的说明。

如译文 4 至 5 页中，德庇时用拉丁字母注音的方式对"唐尧"、"虞舜"两个中国历史人物的名字进行了音译，转写为"Tang-yew"和"Yu-shin"，又在第 5 页页脚注释："These are the names of two famous Emperors, the eighth and ninth from Fo-hi, the founder of the Monarchy. The former of these two, after having reigned upwards of seventy years, resigned the throne to the latter or, at least made him an associate in the Empire with himself. The latter again left the Empire out of his own family."（这是两位著名帝王的名字，是中国君主政体的创始人伏羲之后的第八位和第九位王。这两人中的前者在统治了 70 多年后，将王位禅让给了后者，或者，至少让他与自己一起统治国家。而后者再次禅让，让自己家族之外的人统治国家。）在小说原文之中，两位主要人物唐玉川和虞素臣正是自称唐尧和虞舜的后人，还有虞素臣卖楼"也学他的祖宗，竟做推位让国之事"的情节，所以德庇时在注释中讲清楚唐尧和虞舜禅让的历史典故对于理解小说内容是相当必要的。

这种对中国历史人物的称呼先音译后注释补充的处理方式同样出现在译文 49 页对"龙图"（Lung-too）的翻译之中，德庇时做出了以下注解："A famous Magistrate of ancient times. *Lung-too-ta-heǒ-sze*, was the name of his situation; his real name being *Paou-win-ching*. He is now deified, and has temples to his memory."（古代著名的法官。"龙图大学士"是他的官称，他的真名是包文正。他现在被神化了，有纪念他的庙宇。）结合上下文语境，此处的"龙图"指龙图阁直学士包拯是确定无疑的，德庇时称其名为"*Paou-win-ching*"（音译：包文正），同包拯之字希仁差异颇大，是清代石玉昆在小说《三侠五义》中为包拯所起之字。[1]但此为小节，注释只消说

---

[1]（清）石玉昆：《三侠五义》，华夏出版社，2007 年，第 15 页。

150

明"龙图"是中国古代著名的法官就可达到疏通文意的目的。

又如译文第 8 页，德庇时把"白丁秀才"译为"Titular *Sew-tsae*"（名义上的秀才）。"秀才"一词是中国科举制度中的专有名词，西方没有类似的表达。德庇时对这一词语的解释依然采取了同处理中国历史人物称呼一致的直接音译加注释补充的方式。在注释中，德庇时称秀才为"The lowest literary title"（最低的文学头衔），他接着还为读者较为详细地介绍了科举制度的其他相关等级："The next above it, is Kiu-jin; and the next above that, Tsin-sze. The three first of the Tsin-sze, at each examination, which is always conducted by the Emperor himself, are called Chang-yuen, Tan-hwa, and Pang-yen."（秀才之上是举人，举人之上为进士。进士的考试通常由皇帝亲自实行，其前三名为状元、探花、榜眼。）德庇时此处的介绍大体正确，但细节之处仍有漏洞。如举人经过会试成为贡士，贡士经过殿试称为进士。而殿试三甲的顺序为第一名状元、第二榜眼、第三探花，而非德庇时所排"状元、探花、榜眼"。

另外，译文中对中国年号、行政区划的翻译也采取了直接音译加注释补充的方式。如译文第 6 页对原文"明朝嘉靖年间，四川成都府成都县"的翻译为"During the reign of Kea-tsing of the Dynasty of Ming in the Province of Sze-chuen, the Foo of Ching-too, and the Hëen of Ching-too"。德庇时为此句做了两个注释，第一个解释"嘉靖"为"The eleventh Emperor of this Dynasty. He ascended the throne about the year 1521."（明朝第 11 位皇帝，于 1521 年登基）；第二个解释"府"和"县"——"The Foo, is a division of the Province, or Seng; and the Hëen of the Foo"（府是省的机构所在，县是府的机构所在）。注释作用同为补充信息，不再赘述。

但在译文中，类似"桑树"（Mulberry trees）、"中人"（Brokers）此类中英皆知的专有名词，德庇时采用的是文中直接翻译、注释中略加解说的方式处理。如译文 22 页注解："'The middle men', would be a more literal translation of the original 'Yuen chung' but it means precisely the same as Brokers in English."（"中间人"，直译原文称为"人中"，但它的含义与英语中的 Brokers 完全相同。）

（五）中西度量衡的互释。

译文涉及到中西度量衡互释的地方有两处：第一处为译文第 7 页（另有 26、28 页注同为 7 页注之重复），德庇时把"不肯破费分文"译作"would not spend a Candareen or a Cash"（不花一分或一厘）。其中"Candareen"一词来自马来语，是一种计量单位，指的是中国计算重量或者货币价值的"分"，一分等于十厘（Cash），是百分之一两（Tael）。[1]德庇时在注释中称"Candareen"和"Cash"就是欧洲人对中国"分"与"厘"的叫法，并补充："The former is one hundredth part of the Leang, or ounce of silver; and the latter, one tenth of the former, or one thousandth part of the Leang."（前者"分"是百分之一"两"，或者等于一盎司银，后者"厘"是"分"的十分之一，为千分之一两）。第二处位于译文 50 页，译文直译"千里之外"为"the distance of above a thousand Le"，其中"里"为音译。德庇时在注释中却没有直接解释中国的"里"同西方的"英里"或"公里"的换算关系，而是称"In the Maps of China, drawn by the Jesuits, 250 Le are allowed to a degree"（在耶稣会士绘制的中国地图上，250 里为一刻度）。从唯二的两处度量衡的翻译中可以看出，德庇时因为从事商业活动的原因对于货币或重量单位的换算较为熟悉，而对于地理方面的知识生疏，仍然停留在明代耶稣会士绘制的中国地图对中国地理知识的描绘之上。

第四，德庇时的译文句式有模仿和套用小说中汉语表达的痕迹。

四字短语或成语是汉语特有的表达方式，德庇时在译文中一般采取直

---

〔1〕"candareen", John Simpson, E. S. C. Weiner, eds., *Oxford English Dictionary*, Second Edition, Oxford: Oxford University Press, 2009.

152

译的方式来进行信息的转化；但为求完整达意，他时常把四字短语从中割裂，译为两个短句或词来还原汉语的表达。

如译文 18 页，德庇时把原文中的"避俗离嚣、绝人屏迹"直译为"he retreated from the crowd, retired from noise, divided himself from men, and shut out example"，译出之后在表达上比较啰嗦，于是他在注释中解释："This may appear like tautology, but is a literal translation, of the original. A great deal of such repetition prevails in Chinese writing."（这可能看起来像是同义反复，但它是原文的直译。大量这样的重复在中文写作中盛行。）此处的德庇时注意到了中国古典文学中常有的互文修辞，但他并不懂得互文的理解是前后意义彼此互见，不能割裂开来理解；同时囿于完整传达文意的执念，进而造成他的"直译"读来累赘别扭。

除此之外，操萍和钱灵杰指出，对于李渔的《三与楼》里随处可见"把"字句这种汉语独有的句式，德庇时"一般都以直译方式译出原文的结构，然后再附脚注说明直译的原因，脚注中包含原'把'字句的音译格式"。[1] 如译文 13 页，德庇时把原文中的"银子用不尽者，只因借贷之家与工匠之辈，见他起得高大，情愿把货物赊他"译为"The reason of his money not being completely wasted is, because the usurers and the workmen, seeing he is building it very high, wishing to take and lend to him on credit"。此处使用了"take and lend"模仿了汉语"把"字句介词"把"介引宾语后还必须有动词性谓语的语言现象。

综合以上分析可知，德庇时的中国古典小说首译带有较为明显的受原语（译出语）语篇风格影响的特点，无论在遣词造句还是篇章结构上，都体现出尽量忠实于汉语原著的翻译策略，带有较为明显的异化色彩。德庇时还运

---

〔1〕操萍、钱灵杰：《德庇时〈三与楼〉重译的伦理阐释》，《南昌航空大学学报》（社会科学版）2013 年第 3 期。

用了注释和译音对照的方式处理文中的大量文化负载词，尽量向读者传达了
他所理解的带有异域色彩的中国文化。另外，德庇时的翻译选择也带有明显
的道德教育色彩，这种倾向不但体现在他选择李渔《三与楼》这篇宣扬"心
存善念贵人助，恃强凌弱天不饶"道德观念的小说作为他中国古典小说首
译的对象之中，还在于文本处理之中对于有关"善恶到头终有报"之类中
国古语的完整解释，也有译文最后把小说原文结束时的"评"翻译为 Moral
（教益）的具体处理。以上这些译文特征是德庇时初入门径时呈现出的独特
个人风格，这些风格中的一部分也在他日后的翻译实践中不断延续。

第二节　《中国小说选》的进一步翻译实践

　　1822 年，德庇时从李渔小说《十二楼》中选译《三与楼》、《合影楼》
和《夺锦楼》三篇结集为《中国小说选》（*Chinese Novels, Translated from
the Originals*）在伦敦约翰·默里出版社出版。这是德庇时在翻译中国戏剧
《老生儿》之后，再次把目光转回李渔的小说，同时也是第二次同伦敦约
翰·默里出版社合作出版中国文学译作。德庇时在《中国小说选》的正文
之前附有一篇名为《论中国语言和文学》（Observations on the Language
and Literature of China）的文章，谈到了他在这几年间翻译中国小说和戏
剧的感悟以及翻译中国小说的动机：

　　　　了解中国最有效的方法之一是翻译中国的通俗文学（popular
　　literature），主要包括戏剧和小说。至于前者，本书作者的观点
　　与乔治·托马斯·斯当东爵士的看法不谋而合："总体而言，中
　　国人的戏剧作品不如其小说作品构思精细，不值得译者去费力翻
　　译……"

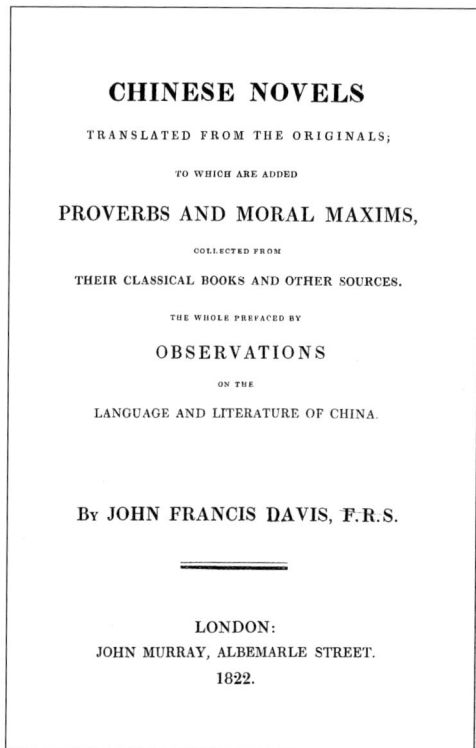

154

CHINESE NOVELS

TRANSLATED FROM THE ORIGINALS;

TO WHICH ARE ADDED

PROVERBS AND MORAL MAXIMS,

COLLECTED FROM

THEIR CLASSICAL BOOKS AND OTHER SOURCES.

THE WHOLE PREFACED BY

OBSERVATIONS

ON THE

LANGUAGE AND LITERATURE OF CHINA.

BY JOHN FRANCIS DAVIS, F.R.S.

LONDON:
JOHN MURRAY, ALBEMARLE STREET.
1822.

图4-1
德庇时《中国小说选》标题页

来源：
《中国小说选》，John Murray，1822

　　正是基于同样的对小说的偏好，我翻译了现在这本书中的故事。……尽管对欧洲读者而言，一位男主人公与两位女子结为夫妻这样的情节可能会显得怪异、粗野，但是正如《每季评论》所言："翻译外国小说的过程中，应追求信息的传达，而非情感的互动。"这些作为趣味事物的故事情节本身，便是译文的主要价值所在……

　　译者一直以来都有这样的想法，即在他的首次努力中（按：指1816年的《三与楼》译本），太固守于汉语的表达习惯。其实，稍微自然一点的表达不仅能使英语读者更加喜欢，也能更好地传递原文的精髓。因此，他对以前的译作进行了彻底的修订。作为一种态度和观点的图示，它同前面的两种（按：指《中国小说选》中的《合影楼》和《夺锦楼》译文，书中排在修订后的《三与楼》译文之前）是完全平等的，甚至是更优越的。[1]

从上文来看，德庇时把翻译中国通俗文学（尤其是小说）作为了解中国的最有效方法，这即是德庇时的翻译目的。为了达到这样的目的，他选择传达趣味信息的异国故事作为翻译对象，尤其重视再现故事情节本身。此外，德庇时调整了翻译策略，从第一部小说译作中忠实于原作及再现中文表达到《中国小说选》中迎合英国社会文化风气和读者期待，并采用了更为"英语化"的翻译策略。具体来说，德庇时在《中国小说选》的翻译实践中采用了如下具体手法：

一、删节改动

同 1816 年的《三与楼》译本追求完整反映中国小说文体信息全貌的做法不同，德庇时在《中国小说选》中更为自主地对中国小说的原文从内容到格式都进行了相应的改动。

首先，德庇时把《合影楼》《夺锦楼》《三与楼》的章回题目统一简化为 Section Ⅰ、Section Ⅱ、Section Ⅲ的形式，改变了在 1816 年的《三与楼》译本中全部译出的做法。

〔1〕John Francis Davis, *Chinese Novels, Translated from the Originals*, London: John Murray, Albemarle Street, 1822, pp. 9–12.

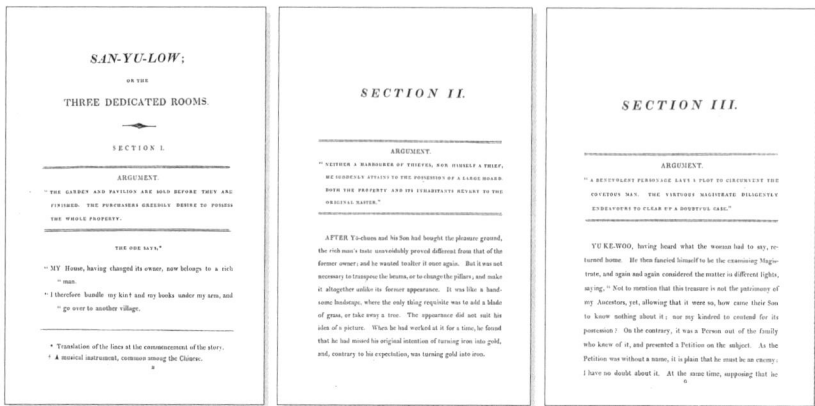

图4-2

德庇时《三与楼》译本内容页

—

来源：

《三与楼》，*East India Company's Press, 1815*

以上三张图片来自德庇时英译《三与楼》三个回目的首页。可以明显感受到德庇时初次尝试翻译中国文学作品时的小心谨慎，章节的安排、回目的设置、标题等都与原文保持一致。"Argument"是对原文回目的翻译，中国古典文学中的回目通常是用简练的语言将下文的主要情节进行提示，但是对于不熟悉中国文学的西方读者而言，将"回目"译作"Argument"有很大可能会让西方读者认为这是译者为了方便读者了解下文在翻译中自行加入的故事梗概。

下面三张图片展现了德庇时1822年出版《中国小说选》中《三与楼》的三个回目的首页内容。德庇时保留用于划分章节的"Section"，删掉回目，即"Argument"。或许德庇时已经意识到由于文化差异，"Argument"的设置和表述可能会给西方读者带来困惑；也有可能是因为德庇时不像初次英译中国小说时那么拘泥原文了，而是有了自己的创造性发挥，逐步具有了译者的独立风格。

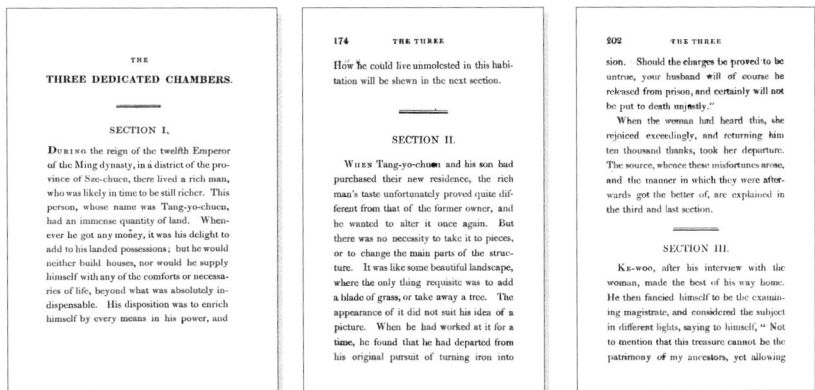

图 4-3

德庇时《中国小说选》内容页

—

来源：

《中国小说选》，John Murray，1822

　　其次，在不损害情节的前提下德庇时把三部小说原文中的诗词尽量删去。尤其是在《合影楼》和《夺锦楼》的译文中，极具中国传统古典小说特色的开场诗（或称开篇诗词、开卷诗）和收场诗（或称定场诗、煞尾）都没有保留，仅有《三与楼》译本保留了部分诗词。如《诗经·鹊巢》中的"维鹊有巢，维鸠居之"（The nest one bird constructs with anxious toil, Ere long another seizes as her spoil.）以及收场诗"割地予人去，连人带产来。存仁终有益，图利必生灾。"（By want compell'd, he sold his house and land, Both house and land the purchasers return; Thus profit ends the course by virtue plan'd, While envious plotters their misfortunes mourn.）这样的处理就使译文从尽量保持中国古典小说中韵文诗句的文体风格，转向了西方小说的散文体风格。

　　其三，德庇时还删减了《合影楼》《夺锦楼》《三与楼》中他认为是"乏味介绍"的入话故事和《合影楼》与《夺锦楼》结尾处的作者评

158

论——即他之前翻译为 Moral（教益）的"评"的部分。

最后，德庇时还对小说部分内容进行了省略。比如《合影楼》中管公对管夫人解释拒不答应外甥见表妹的论述，屠珍生与管玉娟、路锦云三人拜堂成亲时对新人的描写，以及结尾处众人酒宴上对于"道学"的论述，以及原文最后两段"两院并为一宅"和假托故事出处的相关叙述。德庇时还在注释中专门为他对原文结尾内容省略的原因进行了解释："在原文末尾结论只包含进一步的对话，重复读者已经知道的内容，所以在译文中有所删减。"[1]

经过上述删节，德庇时使译文呈现出的形式更为接近西方的小说。这一点可以在三篇小说的英译题目名中都使用了"tale"一词得到佐证。德庇时用"tale"不仅表达了他对所翻译的三篇中国短篇章回体白话小说文体的认识以及译本的文体定位，还有可能在提醒读者关注这三篇小说传奇性的异国色彩。同时，内容部分的删节和省略其实都同小说叙事的基本情节关系不大，反而主要是对原文作者李渔展现其写作意图和道德教益作用部分的处理值得注意。德庇时删去这些内容使译文更为凝练于"故事情节本身"的同时，还有自己对于译文中小说情节的功用定位，即其翻译目标的考虑蕴含其中——德庇时在日后的《中国人：中华帝国及其居民概述》一书中再次重申了他翻译中国文学的原因和译文的价值：

　　……这些作品具有特殊的价值，因为它们提供了关于礼仪、风俗、情感的信息。……这种情况下，我们必须从本土作品中获得关于这个国家的知识，而正是这些作品描绘了他们社会生活的细微之处，尤其是可以让我们熟悉这个国家最隐秘的地方。[2]

---

〔1〕John Francis Davis, *Chinese Novels, Translated from the Originals*, London: John Murray, Albemarle Street, 1822, p. 106.

〔2〕John Francis Davis, *The Chinese: A General Description of the Empire of China and its Inhabitants*, Vol. Ⅱ, London: Charles Knight & Co., 22, Ludgate Street, 1836, pp. 196–197.

二、题记补充，以西释中

在《中国小说选》中，德庇时分别翻译《合影楼》《夺锦楼》《三与楼》为"*THE SHADOW IN THE WATER: A TALE.*"（直译：水中倒影）"*THE TWIN SISTERS: A TALE*"（直译：孪生姐妹）"*THE THREE DEDICATED CHAMBERS: A TALE.*"（直译：三个静修室），并且在每一个标题页之中都做了题记。

其中，《合影楼》的题记为：

"Fissus erat paries domui communis utrique:

　Hoc vitium—primi sensistis amantes,

　Et voci fecistia iter, tutaeque per illud

　Murmure blanditiae minimo transire solebant."

Ovid. Metam.

题记中的"*Ovid. Metam.*"是指古罗马诗人奥维德的作品《变形记》（P. Ovidius Naso, *Metamorphoses*），德庇时所引四句诗来自《变形记》中讲述的皮剌摩斯和提斯柏（*Pyramus et Thisbe*）的故事，对应原文有轻微改动：

Fissus erat tenui rima, quam duxerat olim,

cum fieret paries domui communis utrique.

Id vitium nulli per saecula longa notatum

(quid non sentit amor?) primi vidistis amantes,

et vocis fecistis iter; tutaeque per illud

160

murmure blanditiae minimo transire solebant.[1]

其大意为：

> 两家住宅隔着一道墙，在当初修建的时候墙上便留下一条裂
> 缝。多少年来都没有人发现这条裂缝，但是有什么东西是爱情的
> 眼睛所看不见的呢？这道裂缝就被你们这两位情人第一次发现，
> 从这里互通款曲。[2]

在《变形记》中，皮剌摩斯和提斯柏同《合影楼》中的屠珍生与管玉
娟一样比邻而居，但爱情被父母禁止，只能通过墙缝／水中倒影互诉衷肠。
在德庇时看来，中西两则爱情故事情节类似，故以题记的形式提醒读者两
相比较，以便使西方读者在阅读中国故事之前，首先以其熟悉的西方经典
文本中类似的情节内容引入故事情境，从而构建读者的阅读期待。从题记
中不难看出德庇时的上述意图和良苦用心。

《夺锦楼》的题记相对简洁：

> "—Bonus atque fidus
> 　Judex.—"
>
> 　　　　　　　　　　　　　　　　　　　　　　　　　　*Hor.*

此句诗来自古罗马诗人贺拉斯的诗集《颂歌集》（*Q.* Horatius Flaccus
(Horace), *Carmina*）中的《致洛里乌》，大意为"……善良忠诚的法官"。

---

[1] Ovid, *Metamorphoses*. Hugo Magnus. Gotha, Germany: Friedr. Andr. Perthes, 1892. http://data.perseus.org/
citations/urn:cts:latinLit:phi0959.phi006.perseus-eng1:4.55-4.166（Date of access: 2022.5.7）

[2][古罗马]奥维德：《变形记》，杨周翰译，人民文学出版社，2008年，第68页。

原句为 "sed quotiens bonus atque fidus iudex honestum praetulit utili"[1]（你这位法官善良忠诚、以公正为依归）。[2] 德庇时的此处题记仍与小说的故事内容有关：在李渔的《夺锦楼》中，渔行老板钱小江与妻子边氏有两个极为标致的女儿，夫妻二人各自把女儿许配，四家人家连同夫妻二人互不相让，最终闹到了本府刑尊（即按察使，掌管全省司法）那里。刑尊见许配的四个人相貌都是奇形怪状，不堪入眼，再加上两姐妹不同意，于是宣布四人的订亲无效。之后，刑尊还亲自把关为两女另寻了才貌双全的佳偶。对照故事内容可知，德庇时题记中"善良忠诚的法官"所指的就是《夺锦楼》中的按察使大人，此处题记为读者点出了小说中推动故事发展的关键人物及其德行。

同《合影楼》与《夺锦楼》的题记引用古罗马经典文本不同，德庇时在《三与楼》的题记中所引为英文诗歌：

Let observation, with extensive view,

Survey mankind from China to Peru;

Remark each anxious toil, each eager strife...

Vanity of Human Wishes.

题记所引为英国文豪塞缪尔·约翰逊（Samuel Johnson）的名诗《人类欲望的虚幻》（*The Vanity of Human Wishes*, 1749）的前三行，可译为"让'观察家'们，以宽广的视域／把人类审视，从中国到秘鲁；注意每一次辛苦的劳作、每一次激烈的争斗"。从形式上来看，此处题记还有一点和前两篇不同——单独列出所引作品的篇名而非作者之名，由此我们可以推

---

〔1〕Horace, *Odes and Epodes*. Paul Shorey and Gordon J. Laing. Chicago: Benj. H. Sanborn & Co., 1919. http://data.perseus.org/citations/urn:cts:latinLit:phi0893.phi001.perseus-lat1:4.9（Date of access:2022.5.7）

〔2〕[古罗马] 贺拉斯：《贺拉斯诗全集》（上），李永毅译，中国青年出版社，2017年，第309页。

162

测德庇时的用意：在《三与楼》中，唐玉川及其儿子因贪念煞费苦心谋取虞素臣辛苦建成的房宅，虽然一时得手，但最终落得人才两空。这样的情节正好对应了诗题"人类欲望的虚幻"，以及诗句中"辛苦的劳作"与"激烈的争斗"的相关词语，同有提点小说故事情节内容的作用。但德庇时的用意应该不尽于此，他在题记中引述约翰逊博士《人类欲望的虚幻》中"让'观察家'们，以宽广的视域／把人类审视，从中国到秘鲁"的名句，同时也应该包含着德庇时希望读者开阔视野、关注遥远中国所发生的传奇故事的意旨，但可能在题记中德庇时更想强调的是人性的共同性。

以上三处题记其实还显露出了德庇时在西方古典学方面的积累，《合影楼》与《夺锦楼》的题记引用了古罗马经典文本，而《人类欲望的虚幻》其实也是约翰逊对古罗马诗人尤文纳尔《讽刺诗》(Juvenal, Satire)第十章的仿作，从中不难看出德庇时对这些经典作品的熟悉，但这样的偏好同时也是 19 世纪初期英国文人或者被称为"君子"的绅士的共同特征。而德庇时与他人不同的是，他通过有意识地选择、截取甚至改造西方经典中的相关诗句作为翻译中国传奇故事的题记，完成了一次大胆的以西释中的尝试，不但以题记解题的功能提示读者故事的情节内容，还在此基础上展现了他对于所翻译中国故事的基本评价，从而引导了译文读者的阅读期待。

三、比附转化，以西释中

在《中国小说选》中，德庇时继续了他在 1815 年的《三与楼》译本中使用脚注补充说明西方读者不熟悉的中国文化信息的方法。其中，《合影楼》译文中有 7 处相关注释，《夺锦楼》有 1 处，而《三与楼》有 9 处。在这些脚注之中，德庇时以西方文化为参照，利用西方文学中的名句或西方文化中的相似现象来比附、阐释中国文化信息，在厚重翻译中完成了由中到西的接受性转化。

例如《合影楼》中有一句用作评论故事的中国俗语："说不出的，才是真苦。挠不到的，才是真痛。"[1]德庇时在文中先直译为："It is very truly said，that 'there is no grief like the grief that does not speak；there is no pain like that which seeks no relief.'"而后在页下注中引用了英国读者熟悉的莎士比亚戏剧《麦克白》中的著名台词："The grief that does not speak whispers the o'er-fraught heart，and bids it break."（悲伤若不说出嘴，就会向负荷过重的心窃窃私语，令其破碎。）[2]如此的处理方式增强了西方读者对译文的接受程度。

又如在《三与楼》中，德庇时把楼名"三与楼"译为"Three Dedicated Chambers"，其中的"Dedicated"一词带有"献身、奉献"之意。在原文中，"三与楼"意为"与人为徒""与古为徒""与天为徒"，其来源为"既把一座楼台分了三样用处，又合来总题一匾，名曰'三与楼'。"[3]在译文中，德庇时分别译为"Dedicated to Men"（献于人）、"Dedicated to the Ancients"（献给古人）、"Dedicated to Heaven"（奉献于上帝），字里行间就有了基督教的意味。从而把虞素臣源于中国道家传统的隐逸之气转化为了西方读者可以共情的基督教宗教情感，进而还可为后文道德教益主题的引入做出铺垫。

在《中国小说选》的翻译实践中，德庇时通过调整翻译策略大大增强了译文在西方读者中的可读性，他顺应翻译的起始规范，采用归化的方式传递原文信息，在具体的运用中通过删节改动、题记补充、比附转化等措施使译文更为符合西方文学的形态、叙事特色和逻辑，完成了他以西释中、以西译中的实践。另外，德庇时的《中国小说选》也保留了真正可

---

[1]（清）李渔著：《十二楼》，杜濬评，杜维沫校点，人民文学出版社，1999年，第12页。

[2] John Francis Davis, *Chinese Novels, Translated from the Originals*, London: John Murray, Albemarle Street, 1822, p. 83.

[3]（清）李渔著：《十二楼》，杜濬评，杜维沫校点，人民文学出版社，1999年，第42页。

164

以反映中国文化传统的语言现象，在直译保证译文流畅可读的前提下，使用注释对这些现象进行解释、补充说明，帮助西方读者理解原文的精妙之处。同时，这些注释加上德庇时在附录"中国谚语"（Chinese Proverbs）中选用的126则表现中国人道德准则的谚语，进一步向英国读者介绍了中国的道德规范，完成了德庇时传播中国风俗信息的翻译任务。也正因于此，德庇时的《中国小说集》在英国乃至整个欧洲都产生了很大影响：

　　1819年，法国汉学家安东尼·布律吉埃·德·索松姆把德庇时的《三与楼》译本转译为法文，并与《老生儿》一起出版，题为《老生儿：中国喜剧；三与楼：道德故事》（*Lao-seng-eul, Comedic Chinoise, Suiviede San-iu-leau, oules Trois Etages Consacrees, Conte Moral*，1819），由巴黎瑞伊与格拉维亚出版社发行。此后，法国汉学家雷慕莎在《亚洲论坛》（*Melanges Asiatiques*）发表文章，简要介绍《合影楼》、《夺锦楼》的主要内容。1827年，雷慕莎将《合影楼》、《夺锦楼》和《三与楼》以《中国故事》（*Contes Chinois*）为题刊行。尔后，雷慕莎《中国小说》的德文版在莱比锡出版。另外值得一提的是，从现有资料来看，德庇时可以说是李渔小说西译第一人，正是他的译文使得李渔小说在欧洲得到了广泛传播。

第三节　重译《好逑传》的动因与译本特点

　　1829年，在"东方翻译基金"（The Oriental Translation Fund）的资助下，德庇时重译《好逑传》[1]并以"*The Fortunate Union, A Romance,*

---

〔1〕按：《好逑传》成书于明清之际，是才子佳人小说的代表作，又称《侠义风月传》、《第二才子书》、《第二才子好逑传》。题名教中人编次，共十八回。主要写男主人公铁中玉与女主人公水冰心不畏强权，敢于向邪恶势力反抗，最终两人幸福结合的故事。最早将这部才子佳人小说译介到西方的是英国汉学家托马斯·帕西主教（Thomas Hugh Percy, Bishop of Dromore），而这部小说也被认为是最早译入西方的中国古典小说。

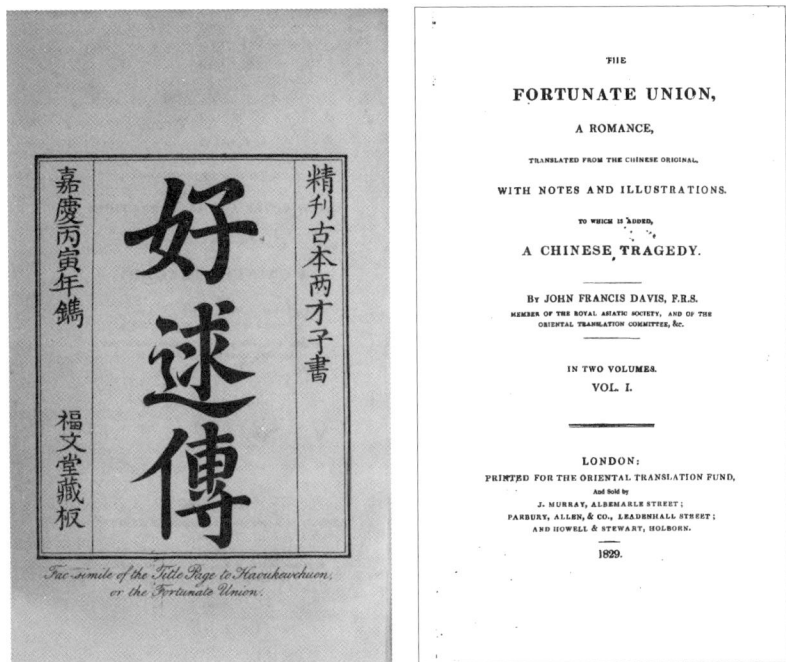

图 4-4

德庇时《好逑传》译本中英文标题页

—

来源：

《好逑传》，John Murray, 1829

Translated from the Chinese Original, with Notes and Illustrations. To Which Is Added, A Chinese Tragedy."（直译：《幸福的婚姻……》）为题出版，译文分为两卷，并由伦敦多家出版社联合出版。书中除了《好逑传》的译文以外，还附有序言、戏剧《汉宫秋》（*The Sorrows of Han: A Chinese Tragedy*）的评论介绍和译文，以及东方翻译基金会第二次全体大会的报告及委员会与章程说明，其中包含有东方翻译基金的翻译出版计划、已经通过基金出版的作品列表，以及尚在印刷的作品和准备出版的作品列表等，这些材料是研究当时英国东方学翻译和出版方面的珍贵材料。

166

　　早在 70 多年前，托马斯·珀西就已将《好逑传》全译为英文并公开出版，那么德庇时为何又重拾旧文，再次操刀呢？德庇时在《好逑传》的序言（Preface）中透露了相关动因。

　　首先，是题材选择和翻译目的方面的原因。

　　德庇时在封面中清晰地表明了《好逑传》的题材是"传奇故事"（Romance）。19 世纪上半叶欧洲的文学主流是浪漫主义，德庇时在选择翻译对象时自然会考虑这样的潮流趋势给读者带来的影响，无论是之前的《中国小说选》还是《好逑传》都可以归为带有异国情调的浪漫传奇，尤其是其中描写爱情故事题材的小说占了绝大多数，有意地迎合了西方读者的阅读期待。

　　德庇时认为《好逑传》虽然是用来"闲暇时光的消遣"，但他对小说拥有"良好的道德价值印象深刻"。[1] 他在序言中特别提到：

　　　　书中有趣而喧闹的场景、对话的含义、对各个角色的严格把握，以及贯穿始终的道德精神，使我们不会对中国人的品味产生不好的印象。故事从主人公慷慨奉献的行为开始，而因主人公的作为对他心怀感激的人成为他战胜敌人的最终机会。放荡的、恶意的、卑鄙的人物，当他们用尽了所有的聪明才智时，就会得到他们应得的回报；而正直、粗豪和勇气使它们的拥有者不仅安然无恙，而且能光荣地度过每一次考验。

　　　　书中的男女主人公都是以儒家道德哲学的原则正确地刻画出来的。儒家是一个高调宣称崇尚美德、自立和自尊的学派，在某种程度上同古代的斯多葛派相似。孔子的弟子们习以为常的许多

[1] John Francis Davis, *The Fortunate Union, A Romance, Translated from the Chinese Original, with Notes and Illustrations*, Vol. 1, London: Printed for the Oriental Translation Fund, and Sold by J. Murray, etc., 1829, p. vii.

戒律，在智慧和实践上是无法超越的。[1]

值得注意的是，19 世纪的英国小说中的"社会认识与道德评判功能达到了空前的高度"[2]，这样的现象正是当时的正统文人对流行于西方社会民间"不道德的"低俗作品的一种纠正，延续了西方古典时代以来用理智控制欲望的思想传统。另外，自 17 世纪初以来出自耶稣会士之手的大批汉学著作也在不断向西方读者传达着来自中国的孔子是一个伟大的哲学家，他的道德思想是中国文化的基石，也深刻地影响着中国人的日常行为的一系列相关观念。这自然也影响了德庇时对中国古典小说的阅读和译本选择。而《好逑传》中铁中玉和水冰心的爱情传奇故事宣扬的正是"理"高于"情"、"理"制约"情"的"守经从权"之说[3]，同时也批判了封建社会的腐败和罪恶。在德庇时眼中《好逑传》之所以被认为是反映中国习俗最真实的小说是因为男主人公铁中玉有且仅有一位妻子。[4]铁中玉和水冰心这种以理性和道德规范情感的表现符合当时清教伦理影响下的英国社会所提倡的道德观念，换句话说，对《好逑传》道德教化主题和道德价值的体认正是德庇时重译此书的重要动机之一。

从另一角度来看，德庇时翻译《好逑传》也应遵循翻译《三与楼》、《中国小说选》类似的目的——"翻译中国通俗文学（尤其是小说）作为了解中国的最有效方法"[5]。也正因这一点，德庇时在序言中谈到珀西译本

---

〔1〕John Francis Davis, *The Fortunate Union, A Romance, Translated from the Chinese Original, with Notes and Illustrations*, Vol. 1, London: Printed for the Oriental Translation Fund, and Sold by J. Murray, etc., 1829, pp. x–xi.

〔2〕蒋承勇等著：《英国小说发展史》，浙江大学出版社，2006 年，第 8 页。

〔3〕石昌渝主编：《中国古代小说总目·白话卷》，山西教育出版社，2004 年，第 103 页。

〔4〕John Francis Davis, *The Fortunate Union, A Romance, Translated from the Chinese Original, with Notes and Illustrations*, Vol. 1, London: Printed for the Oriental Translation Fund, and Sold by J. Murray, etc., 1829, p. xv. 德庇时在《好逑传》的前言中阐述了引起西方较多兴趣的"一夫多妻"和"纳妾"习俗，这也是他第一次详细具体地向西方介绍中国这一现象，与《中国人：中华帝国及其居民》中的观点一致。

〔5〕John Francis Davis, *Chinese Novels, Translated from the Originals*, London: John Murray, Albemarle Street, 1822, p. 9.

168

时虽多有批评，但仍然承认该译本具有不可忽视的价值：

> 可以肯定的是，在珀西译本出现的时候，它无疑是我们当
> 时所拥有的关于中国礼仪和社会的最佳图景。……在《好逑传》
> 中，我们可以读到地球上最奇特的人（他们隔绝于世界其他地
> 方），他们被当地人亲手描绘，且其内容几乎包括了人类生活
> 的方方面面。《好逑传》可以被认为是对中国风俗更为忠实的展
> 示。[1]

通过以上这些表述可知，德庇时对中国小说《好逑传》的翻译同样关
注小说对中国文化、社会生活和风俗的展示，而这正是他翻译中国小说一
以贯之的目的。

其次，是源于德庇时对珀西译本"缺陷"的不满。

德庇时认为珀西译本由英语和葡萄牙语手稿整理而成，这种对前人翻
译工作的二次加工"仅仅比我们罗曼司（指《好逑传》）的摘要扩写要好
一点，珀西译本《愉快的故事》没有保留文中的诗歌，就连原文中的评
论部分也保留的不多，还有过多的误译、大量的添改和省略"。[2]德庇时
在下文中不但举例说明了珀西译本的省略和误译对小说原意传达造成的
破坏，还特别指出珀西"对手稿的某些部分感到困惑，并在注释中对一
些译文前后不一之处表示惊讶，而这些不一致之处在参照原稿时并不存
在"。[3]

---

[1] John Francis Davis, *The Fortunate Union, A Romance, Translated from the Chinese Original, with Notes and Illustrations*, Vol. 1, London: Printed for the Oriental Translation Fund, and Sold by J. Murray, etc., 1829, pp. x–xiv.

[2] John Francis Davis, *The Fortunate Union, A Romance, Translated from the Chinese Original, with Notes and Illustrations*, Vol. 1, London: Printed for the Oriental Translation Fund, and Sold by J. Murray, etc., 1829, p. viii.

[3] John Francis Davis, *The Fortunate Union, A Romance, Translated from the Chinese Original, with Notes and Illustrations*, Vol. 1, London: Printed for the Oriental Translation Fund, and Sold by J. Murray, etc., 1829, p. x.

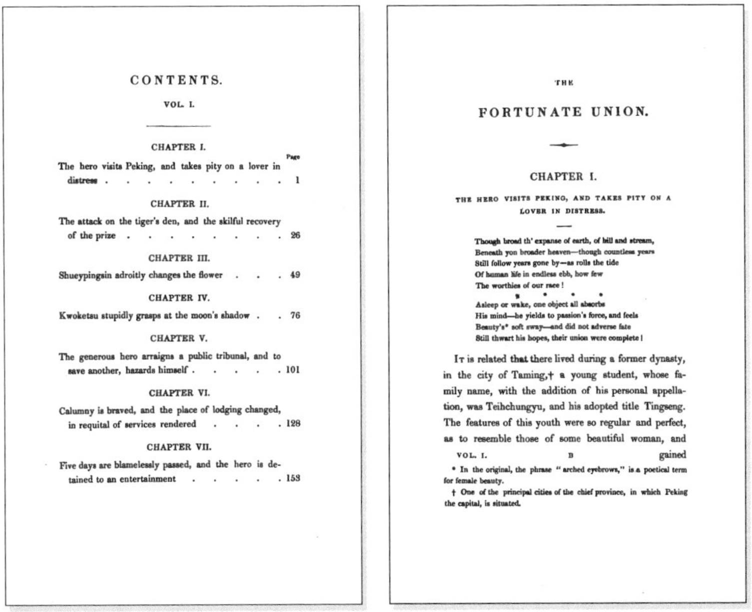

CONTENTS.

VOL. I.

THE

FORTUNATE UNION.

CHAPTER I.

THE HERO VISITS PEKING, AND TAKES PITY ON A LOVER IN DISTRESS.

Though broad th' expanse of earth, of hill and stream,
Beneath yon broader heaven—though countless years
Still follow years gone by—as rolls the tide
Of human life in endless ebb, how few
The worthies of our race!
* * * *
Asleep or wake, one object all absorbs
His mind—he yields to passion's force, and feels
Beauty's* soft sway—and did not adverse fate
Still thwart his hopes, their union were complete!

It is related that there lived during a former dynasty, in the city of Taming,† a young student, whose family name, with the addition of his personal appellation, was Teihchungyu, and his adopted title Tingseng. The features of this youth were so regular and perfect, as to resemble those of some beautiful woman, and

VOL. I. B gained

* In the original, the phrase "arched eyebrows," is a poetical term for female beauty.

† One of the principal cities of the chief province, in which Peking the capital, is situated.

图 4–5

德庇时《好逑传》译本目录页和内容页

–

来源：

《好逑传》，John Murray，1829

如比较珀西译本和德庇时译本的结构，可以发现二者之间存在显著的差异。珀西译本为四卷，四十章，每卷十章。这种编排其实是按照译者的主观理解重新安排了原著的章回单元（《好逑传》共十八回），如原著最后三回的情节被拆分成了七章，有故意为了每一卷章节数一致而凑数之嫌。这样的做法割裂了原著的章回结构，还在一定程度上扰乱了原著故事的讲述节奏和情节脉络。但德庇时译本基本遵循了原著的章回安排，分为两卷，共十八回，第一卷十回，第二卷八回。每一回的标题都对应翻译了原回目的标题，而且这些标题还以目录的形式放在译文正文之前。这一点恰恰是珀西译本所忽略的。

170

　　德庇时在序言中特别提到的被珀西译本省略的"诗歌"和"评论"部分正是《好逑传》原著中承载"道德教诲"主题的主要内容所在。《好逑传》原著之中有九十余处韵文，包括诗、词和一些民歌及对偶句，这些韵文内容大都是作者表达思想并对故事进行评论的抓手，它们还有着概括故事主题、描摹人物形象、烘托环境氛围、引出下文情节线索的功能。但在珀西译本中，这些诗词歌曲之类的韵文基本上没有保留或体现，这就使珀西译本中起着上述作用的部分内容缺失，造成了小说完整性的破坏。而德庇时几乎翻译了原著中所有的诗歌，只省略了一些他认为"内容极其粗俗"[1]的诗歌（如第九回过其祖和水运污蔑铁中玉的二十八句俚曲）。他在序言中谈到，"西方读者可以注意到我们当今的小说和本小说译本之间有着许多显著的不同点。在此译本中，每一章都以几节与内容有一定关系的诗句为首，偶尔会引入适当的诗词来点缀故事。"这一论述说明德庇时对中国古典小说中诗词等韵文之作用理解得相当清楚。正因如此，他"相当仔细地解释了这些诗篇中时常含有的生僻典故，以给出正确的翻译"。[2]此外，德庇时在翻译《好逑传》中的诗歌时基本采用了尤韵体诗，因为"这种形式不但在忠于原文的方面有可取之处，又可以使诗歌翻译不像纯粹的散文化翻译那样拘泥和乏味"。[3]

　　现以第四回为例：

Oh wondrous dulness to which some are prone,

Unapt to see what stares them full in view!

---

〔1〕John Francis Davis, *The Fortunate Union, A Romance, Translated from the Chinese Original, with Notes and Illustrations*, Vol. 1, London: Printed for the Oriental Translation Fund, and Sold by J. Murray, etc., 1829, p. 227.

〔2〕John Francis Davis, *The Fortunate Union, A Romance, Translated from the Chinese Original, with Notes and Illustrations*, Vol. 1, London: Printed for the Oriental Translation Fund, and Sold by J. Murray, etc., 1829, p. xiv.

〔3〕John Francis Davis, *The Fortunate Union, A Romance, Translated from the Chinese Original, with Notes and Illustrations*, Vol. 1, London: Printed for the Oriental Translation Fund, and Sold by J. Murray, etc., 1829, p. xvi.

The spring dream fled, they still brood over it. —

The autumn clouds dispers'd, they fancy still

They see them changing! —Unless heaven befriend,

The acutest become dull—the powerful steed

Unrein'd, ungovem'd, spends his speed in vain:—

Adventurous though their plots, and boldly plann'd,

Lo, a weak maiden's prudence foils them all! [1]

该诗位于原著第四回"过公子痴心捉月"的回目标题之下，是第四回的"开场诗"：

人生可笑是蚩蚩，眼竖眉横总不知。

春梦做完犹想续，秋云散尽尚思移。

天机有碍尖还钝，野马无缰快已迟。

任是泼天称大胆，争如闺阁小心儿。[2]

这首诗不但暗示了下文的故事情节，还表达了作者本人对本回故事的看法和评论。德庇时采用了逐句对应的翻译方式，相对清晰地传递了原诗的字面义和其中对过公子（过其祖）奸计频出"痴心捉月"的讽刺之意，合格地在英文语境中还原了原著诗词的功用。

又如：

Reason's highway is straight and plain—unlike

〔1〕John Francis Davis, *The Fortunate Union, A Romance, Translated from the Chinese Original, with Notes and Illustrations*, Vol. 1, London: Printed for the Oriental Translation Fund, and Sold by J. Murray, etc., 1829, p. 76.

〔2〕（清）名教中人编次：《好逑传》，魏武挥鞭点校，经济出版社，2011年，第42页。

The crooked, devious paths of worthless men:

Did not a faultless heroine sometimes shine,

Virtue's great cause entirely would fail! [1]

大道分明直，奸人曲曲行。

若无贞与节，名教岂能成？ [2]

此诗是对上文过其祖和水运勾结，首次设计准备骗娶水冰心的故事情节的评论，直斥过其祖和水运为"奸人"，批评二人的奸计是破坏贞节、有损名教的。德庇时以"worthless men"对应"奸人"、"faultless"（完美无缺）对应"贞与节"、以"Virtue's great cause"（美德的伟大事业）对译"名教"，可以说比较准确地传达了中文的原意，有力地突出了小说的主题。

但也有部分诗词的翻译是值得商榷的，如：

Let not presumptuous mortals hope t' obtain

A goddess—but beware the iron scourge

Of the avenging power!—Still unreform'd,

He madly holds his course—still dares to feed

His liquorish hopes! [3]

凡人莫妄想天仙，要识麻姑有铁鞭。

毕竟此中有受用，嘴边三尺是垂涎。 [4]

---

〔1〕John Francis Davis, *The Fortunate Union, A Romance, Translated from the Chinese Original, with Notes and Illustrations*, Vol. 1, London: Printed for the Oriental Translation Fund, and Sold by J. Murray, etc., 1829, p. 82.

〔2〕（清）名教中人编次：《好逑传》，魏武挥鞭点校，经济出版社，2011 年，第 45 页。

〔3〕John Francis Davis, *The Fortunate Union, A Romance, Translated from the Chinese Original, with Notes and Illustrations*, Vol. 1, London: Printed for the Oriental Translation Fund, and Sold by J. Murray, etc., 1829, p. 93.

〔4〕（清）名教中人编次：《好逑传》，魏武挥鞭点校，经济出版社，2011 年，第 51 页。

　　这首诗中的"麻姑铁鞭"是一处生僻典故，客观上增加了翻译的难度。该典出自东晋道教学者葛洪所著的志怪小说集《神仙传》卷七"麻姑"篇：

> 又麻姑鸟爪。蔡经见之，心中念言："背大痒时，得此爪以爬背，当佳。"方平已知经心中所念，即使人牵经鞭之。谓曰："麻姑神人也，汝何思谓爪可以爬背耶？"但见鞭著经背，亦不见有人持鞭者。[1]

　　此典原意为凡人（蔡经）因心中对天仙麻姑有冒犯之念，被责罚鞭打。原作者在《好逑传》中使用此典，是以"天仙麻姑"指代水冰心，"凡人"指代过其祖，点出过其祖求娶水冰心的心愿只是凡人的妄想，隐喻暗示他会受到铁鞭的惩罚。而德庇时对此诗前两句的翻译为"不要让自负的凡人奢望得到一位女神——要提防铁鞭复仇的力量！"这样意译的处理方式虽然传达出了原诗的大致含义，但把特定的中国女神"麻姑"改换成了比较通用的"女神"，把典故中的鞭打惩戒妄念译为了"复仇"，在一定程度上改变了原诗的含义，使信息的传达发生了偏移。另外，原诗后两句中的"受用"代指满足色欲，并用垂涎三尺形容其不堪。而德庇时的意译为："（虽然会被铁鞭复仇）他毫不改变，疯狂地坚持自己的方向，仍敢于满足他的色欲"。这样的翻译过于直白，且缺少了原文中对过其祖不堪面目的揭露之意，反而重点表达出了此人在欲望支配之下的疯狂，最终效果也稍微偏离了原意。

　　德庇时虽然努力地向西方读者传达中国传统小说中诗歌的含义，但效果只能说是差强人意，还谈不上捕捉到了原诗的神韵。他也在序言中坦言：

---

[1]（东晋）葛洪：《神仙传》，谢青云译注，中华书局，2017年，第271页。

　　虽然《好逑传》中散见的诗词歌赋不超过四百行，但要在文字上充分表达这些诗的意义，并在格律中充分体现它们的精神，给译者带来的麻烦几乎相当于翻译整个著作的其他部分。[1]

　　但即便如此，德庇时的译本在忠于原著和有效传达原著含义的层面上仍是大大超过了珀西译本。

　　除了还原原著章回结构、翻译原回目标题、对原著诗词歌曲之类的韵文基本上保留之外，德庇时的《好逑传》译本还具有以下特点：

　　第一，使用脚注补充说明难以直译的中国文化信息。

　　这种翻译策略是德庇时从最初的《三与楼》译本中就开始使用的，在《好逑传》的重译中德庇时延续了他一直以来的习惯；但同珀西译本的注解多引用或参考同时代耶稣会士的汉学著作中的内容不同，德庇时因有多年在华的经历对中国文化的了解较珀西更为深厚，其译文注解也多出于本人之手。

　　如在小说开头对于"大名府"这一地名的注解：

　　Tah-ming-foo or *Tai-ming-fou*, as it is written by Du Halde, is a city of the first order, and is fouth of *Pe-king*, being in the same province with it. See *Pere Du Halde's Description of China*, in 2 vols. folio, printed for Cave 1738, which is the translation always referred to in the following notes.

　　N. B. *Foo* or *fou* signifies a city. [2]（珀西译本）

---

〔1〕John Francis Davis, *The Fortunate Union, A Romance, Translated from the Chinese Original, with Notes and Illustrations*, Vol. 1, London: Printed for the Oriental Translation Fund, and Sold by J. Murray, etc., 1829, p. xvii.

〔2〕James Wilkinson trans., Thomas Percy ed., *Hao Kiou Choaan or the Pleasing History*, Vol. 1, London: Printed for R. and J. Dodsley in Pall-mall, 1761, p. 1.

One of the principal cities of the chief province, in which
Peking the capital, is situated. [1]（德庇时译本）

　　两相对比，珀西译本对大名府的注解来自出版于 1738 年的法国汉
学家杜赫德主编《中华帝国全志》（*A Description of the Empire of China
and Chinese-Tartary, together with the Kingdoms of Korea and Tibet*）的凯夫版
（Cave）英译本，注解中称"大名府是一等城市，属于北京省的第四位"，
这样的表述显然是有问题的。明清时期，大名府属直隶省，并没有"北京
省"的说法。而德庇时的注解把"直隶省"译为"the chief province"，
并补充说其是"首都北京坐落之处"，显然就更为合理。

　　对中国地理的熟悉可能源于 1816 年至 1817 年德庇时跟随阿美士德使
团的出使中国之行，而对于中国文化风俗的理解则同德庇时多年的深入了
解和研究有关。

　　在第一回中，对于"铁中玉"的姓名翻译的处理方式就体现了此种
差异。珀西译本直接音译为"*Tieh-chung-u*"，而德庇时虽然也采用了音译
的方式译为"*Teih chung yu*"，但他采用脚注的方式补充说明了"铁"字
的含义："An allusion to the word *Teih*, signifying iron: most of the names in
Chinese fictions have a reference to the characters of those who bear them."
（"Teih"即"铁"，此词有暗示之用，大多数中国小说的人名都暗示了人
物的性格。）此处显示德庇时开始根据自己的阅读经验总结中国小说的某些
叙事规律。

　　同样在第一回中，铁中玉在探亲路上遇到大夬侯强占韦配的受聘妻
子的不平事，决意为他出头，经过查访得知大夬侯藏匿民女韩愿一家于

---

[1] John Francis Davis, *The Fortunate Union, A Romance, Translated from the Chinese Original, with Notes and Illustrations*, Vol. 1, London: Printed for the Oriental Translation Fund, and Sold by J. Murray, etc., 1829, p. 2.

176

府中。到了京城发现其父因弹劾大夹侯入狱，为了洗清父亲冤屈，他去监狱探望父亲，拿出韦配的揭帖和自己替父亲写好的奏章，说服了父亲按照他的计划行事。奏章中陈词："臣前劾大夹侯沙利，白昼抢掳生员韩愿已聘之女为妾，实名教所不容，礼法所必诛。奉旨敕刑部审问，意谓名教必止，礼法必申矣。"[1] 这里不但点出了大夹侯的罪过，说明了铁中玉行动的缘由——维护名教礼法，还涉及了《好逑传》的主旨思想。其中的"名教"和"礼法"二词颇为重要。德庇时以"morality"（道德）对译"名教"；以"ritual laws"（礼仪法则）对译"礼法"，在文中翻译如下：

"When the hereditary noble Takwae in open day carried off the daughter of the scholar Hanyuen, already betrothed, and thus offended against morality and the ritual laws. I besought your majesty to command that the criminal tribunal should try that noble, with a view to vindicate the ritual laws and the cause of morality."

并注释补充说明：*Mingkeaou,* "the famous doctrine" of Confucius—a system of moral philosophy, *Lefa,* "the ritual laws", —of equal consequence among the Chinese.[2]（名教，即孔子的著名学说——一种道德哲学；礼法，即礼仪法度——在中国人中间同等重要。）这里把名教直接等同于孔子的道德哲学的解释其实并不完全准确，但这种解释有其历史的缘由，在中西思想交流史中，耶稣会士柏应理（Philippe Couplet）主持出版的《中国哲学家孔夫子》（*Confucius Sinarum Philosophus,* 1687）一书被认为是儒家思想西

［1］（清）名教中人编次：《好逑传》，魏武挥鞭点校，经济出版社，2011年，第13页。
［2］John Francis Davis, *The Fortunate Union, A Romance, Translated from the Chinese Original, with Notes and Illustrations,* Vol. 1, London: Printed for the Oriental Translation Fund, And Sold by J. Murray, etc., 1829, p. 24.

传欧洲的奠基性著作[1]，也正是因为这本书以孔子的哲学思想指代儒家学说的译介方式使西方人在很长的一段历史时期中认为"儒家的学说"就等同于"孔子的学说"。所以这里德庇时也受同样的影响，把本意为"名分与教化"的"名教"误译为"著名的（孔子）学说"，但除此之外，德庇时对于"礼法"的翻译还是基本准确的。

在第三回中，水运逼迫侄女水冰心嫁给过其祖，而水冰心利用水运的贪财之心使其疏忽大意，在庚帖上写了水运女儿的八字，行移花接木之计策，使水运之女代己出嫁。这一段情节发展之中，古代中国订婚时写男女生辰八字的庚帖是小说中人物较量智计的焦点，但这一风俗是中国独有的，为了保持叙事的完整和顺畅，德庇时在文中用"a ticket of nativity"（诞生证）、"nuptial ticket"（婚证）或简称"ticket"（证）来意译"庚帖"，"eight characters"来意译"八字"，这样的处理方式有归化翻译的色彩。但德庇时在脚注处做出了详细的解释：

Consisting of eight characters, which express in pairs the year, month, day and hour of a person's birth, and are the groundwork of a calculation which the professors of judicial astrology, among this superstitious people, pretend to make of one's fortune. In negociating a marrige, *the pătsze* (eight characters) of either party are sent and compared together.[2]（由八个字组成，表示一个人出生的年、月、日和时辰，测算八字是算命先生的基本技能，迷信的人认为八字决定了一个人的命运。在说媒的时候，男女双方要

---

〔1〕张西平，中文版序言一，见［比］柏应理等著：《中国哲学家孔夫子》（第一卷，前言），汪聂才等译，大象出版社，2021年，第1页。

〔2〕John Francis Davis, *The Fortunate Union, A Romance, Translated from the Chinese Original, with Notes and Illustrations*, Vol. 1, London: Printed for the Oriental Translation Fund, and Sold by J. Murray, etc., 1829, p. 57.

178

合八字测吉凶。）

此处，德庇时准确地解释了"八字"的含义和作用。他以"the
professors of judicial astrology"（占星术专家）对译"算命先生"，很好
地以西方的同类职业解释了中国算命先生的作用，这样的处理方式同样具
有归化翻译的色彩。

第二，中西比较，以西释中。

德庇时以西方文化为参照，利用西方文学中的名句或西方文化中的相
似现象来比附、阐释中国文化信息的翻译策略也是他从《三与楼》的翻译
开始一以贯之的。《好逑传》德庇时译本中此种例子也比比皆是：

如第一回中，韦佩感谢铁中玉相助时说了一句"得长兄垂怜，不啻枯
木逢春"[1]。德庇时直接意译为"Sir, your kindness towards me is like the
influence of spring on a dying tree"（先生，您对我的好意就像春天对垂死
之树的影响）。但这样的表述令不知"枯木逢春"典故的西方读者不易理
解，所以德庇时在此句后加入脚注，引用了英国诗人威廉·古柏（William
Cowper）的名篇《雅德利橡树》（*Yardley Oak*）中的诗句：

> In Cowper's beautiful address to *Yardley Oak*, we have the same
> idea:
>
> "Yet life still lingers in thee, and puts forth
>
> Proof not contemptible of what she can,
>
> Even where death predominates. The spring
>
> Finds thee not less alive to her sweet force," & c. [2]

---

[1]（清）名教中人编次：《好逑传》，魏武挥鞭点校，经济出版社，2011年，第8页。
[2] John Francis Davis, *The Fortunate Union, A Romance, Translated from the Chinese Original, with Notes and Illustrations*, Vol. 1, London: Printed for the Oriental Translation Fund, and Sold by J. Murray, etc., 1829, p. 13.

（然而生命仍然在你心中徘徊，并提出

证明不可轻视她的能力，

即使在死亡占主导地位的地方。春天

发现你对她甜蜜的力量同样充满活力）

　　此处，德庇时借用威廉·古柏赞颂古老、巨大的橡树在历经磨难后仍具有生命力的诗句，很准确和生动地使西方读者理解了中文典故"枯木逢春"在小说原文语境中的含义。

　　又如第四回，水运与过其祖商议"到了三六九作朝的日期，大排筵席，广请亲朋"[1]。德庇时译为"until the celebration of the third, sixth, or ninth day arrives, when you must make great festive preparations, and invite all your friends."旧俗婚后第三日新娘出见亲属叫做朝，这里把"作朝"译作"celebration"（庆典）有些过于简单。但德庇时注意的是"三六九"这几个数字的特殊含义，他在注释中写道："The Chinese have many superstitions relating to the number three and its multiples, particularly nine, in common with other nations."（中国人对数字三及其倍数，尤其是九有很多迷信认知，与其他国家一样。）接着他引用了维吉尔的《牧歌》（ *Eclogue* ）第八首中的一句诗来佐证他的观点："Necte tribus nodis ternos, Amarylli, colores."[2]（拿这三种颜色的线打起三个结来，阿玛瑞梨。）[3]《牧歌》第八首此处上下文讲的是阿玛瑞梨用三色不同的线缠绕，环绕祭坛三周作法，向天神乞求，希望把达芙妮女神召回的情节，展示了古罗马人与中国人同样有对数字三的神秘认知。这样的文化之间的求同处理使西方读者更容易

---

[1]（清）名教中人编次：《好逑传》，魏武挥鞭点校，经济出版社，2011 年，第 45 页。

[2] John Francis Davis, *The Fortunate Union, A Romance, Translated from the Chinese Original, with Notes and Illustrations*, Vol. 1, London: Printed for the Oriental Translation Fund, and Sold by J. Murray, etc., 1829, p. 81.

[3][古罗马]维吉尔：《牧歌》，杨宪益译，上海人民出版社，2009 年，第 65 页。

180

接受中国文化中的特殊现象。

　　再如第九回中铁中玉暗中称赞水冰心的话"况闻她三番妙智，耍得过公子几乎气死，便是陈平六出奇计，也不过如此"〔1〕。这里的"陈平"指的是西汉丞相陈平，他一生给汉高祖刘邦出了六条出奇制胜的计策。德庇时把此句话译为："Then the admirable address with which she thrice discomfited *Kwoketsu* with such mortifing circumstance, was never surpassed by the most prudent of heroes with all his wisdom." 句中并没有直接音译陈平的名字，也没有译出"六出奇计"的信息，而是以"从来没有被最审慎的英雄的所有智谋所超越"直接意译而代替。在注释里，德庇时补充说："Tchenping, the Chinese Ulysses, who, during the civil war, assisted one of the contending states with his stratagems."〔2〕（陈平，中国的尤利西斯，在内战中靠他的计策帮助了其中的一方。）这里以"审慎"形容陈平是合理的。班固认为："陈平之志，见于社下，倾侧扰攘楚、魏之间，卒归于汉，而为谋臣。及吕后时，事多故矣，平竟自免，以智终。"（《汉书·卷四十·张陈王周传第十》）说的就是陈平以智慧得善终，可以称得上审慎二字。中国古人评价陈平也多以"智"形容，如"陈平智有余，然难独任。"（《史记·卷八·高祖本纪第八》）德庇时可能受了上述评价影响，用西方人家喻户晓的《荷马史诗》中以智慧闻名的英雄尤利西斯来同陈平并论，可以使西方读者倍感亲切。

　　第三，省略替代。

　　在重译《好逑传》时，德庇时尽管有意识地努力保留了原著的风貌，但对于原著中的一些情节拖沓重复、某些细节描写以及涉及性描写的段落等还是做出了省略或替代的处理。

---

〔1〕（清）名教中人编次：《好逑传》，魏武挥鞭点校，经济出版社，2011年，第113页。
〔2〕John Francis Davis, *The Fortunate Union, A Romance, Translated from the Chinese Original, with Notes and Illustrations*, Vol. 1, London: Printed for the Oriental Translation Fund, and Sold by J. Murray, etc., 1829, p. 214.

（一）对拖沓重复情节的处理

在第十一回中，水运安排了一个僮子去假冒水冰心的贴身小厮向铁中玉"传达心事"，被铁中玉识破教训了一通。原文中写僮子去找水运诉苦时，重新向水运叙述了上文铁中玉识破并教训他的过程。[1]德庇时在翻译僮子被放归后与水运的对话之时，省略了原文中从"小的才走到面前，说是水小姐差来的，那铁相公就有些疑心"到"若不实说，就要送小的到县去究治。小的再三救饶，他好不利害，决定下放，只等小的说出真情，他方大笑几声，饶了小的"[2]这一大段同上文情节重复的内容，以一句"The lad then related, word for word, the meeting as it occurred"[3]（然后小伙子一字不漏地讲述了会面的情况）加以代替，还在本句末加注脚注解释道："The reader is spared a mere verbal repetition. These occasional redundancies are not peculiar to Chinese works."（这里的处理使读者免于重复。这些偶尔的冗余并不是中国作品所特有的。）说明了他在翻译时略去大段拖沓重复的叙述，用简短的概括性语句一笔带过的处理方式。不仅如此，德庇时还在后面附上了一句诗：

Edita ne brevibus pereat mihi cura libellis,
Dicatur potius Τὸνδ᾽ ἀπαμειβόμενος.[4]
（为了避免我的作品因篇幅小而被遗失
我情愿像荷马一样多用"给他以回复"填充。）

---

〔1〕（清）名教中人编次：《好逑传》，魏武挥鞭点校，经济出版社，2011年，第146-147页。
〔2〕（清）名教中人编次：《好逑传》，魏武挥鞭点校，经济出版社，2011年，第147页。
〔3〕John Francis Davis, *The Fortunate Union, A Romance, Translated from the Chinese Original, with Notes and Illustrations*, Vol. 2, London: Printed for the Oriental Translation Fund, and Sold by J. Murray, etc., 1829, p. 24.
〔4〕John Francis Davis, *The Fortunate Union, A Romance, Translated from the Chinese Original, with Notes and Illustrations*, Vol. 2, London: Printed for the Oriental Translation Fund, and Sold by J. Murray, etc., 1829, p. 24.

　　这句诗引用自古罗马诗人马提亚尔（Marcus Valerius Martialis）的诗集《隽语》（*Epigrammata*）第一卷的第 45 首。诗中的希腊文"Tòνδ' ἀπαμειβόμενοϛ"是"给他以回复"的意思，这样的一个短句不断地重复出现在《荷马史诗》之中。所以马提亚尔才在他的诗中说情愿用"Tòνδ' ἀπαμειβόμενοϛ"，用于重复填充篇幅，让他的作品变得厚重，不至于被遗失。德庇时使用这首诗是用来说明西方古典作品之中也有《好逑传》类似的重复，也以此比较了中西文学的某些共通性。

　　（二）对某些细节描写的处理

　　对于小说原文中的一些细节描写，德庇时在翻译中视叙事的需要也采取了省略或概括代替的方式，具体的情况举例如下：

　　如第三回中水运逼迫水冰心写了八字和聘书之后，自以为万无一失，"到了次日，过家行过聘来。水运父子都僭穿着行衣、方巾，大开了中门，让礼物进去。满堂结彩铺毡"[1]。此处德庇时译为："and on the following day, before the arrival of the presents, they dressed themselves in their habits of ceremony, throwing open the central gate, and preparing the great hall with silk hangings and carpets for their reception"[2]（第二天，在聘礼到来之前，水运父子按照中国的仪式习惯穿上礼服，打开中央大门，准备大厅里的丝绸帷幔和地毯，以供他们接待）。德庇时此处的译文最明显的信息缩减有两处，一是"僭穿"的"僭"，二是以"按照中国的仪式习惯穿上礼服"替代"行衣、方巾"，而对于"大开了中门"则在注释中有所解释。

　　信息缩减的两处其实都是展现中国传统文化的细节之处。

　　首先是"僭穿"的"僭"，可谓"一字褒贬，微言大义"。按照儒

---

〔1〕（清）名教中人编次：《好逑传》，魏武挥鞭点校，经济出版社，2011 年，第 34 页。

〔2〕John Francis Davis, *The Fortunate Union, A Romance, Translated from the Chinese Original, with Notes and Illustrations*, Vol. 1, London: Printed for the Oriental Translation Fund, and Sold by J. Murray, etc., 1829, p. 62.

家传统礼节，接受聘礼（纳征）的应该是女方家的主人（《礼记·昏义》：昏礼是以纳采、问名、纳吉、纳征、请期、迎亲，皆主人筵几于庙，而拜迎于门外）。小说中水冰心的父亲水居一本官居兵部侍郎，是水冰心家的主人。他本应主持女儿的婚姻大事，但因他被削职戍边，出现了缺位。其弟弟水运因贪图哥哥的财产逼迫水冰心出嫁，并代替哥哥身穿正式礼服，大开自家中门，接受侄女聘礼其实都是名不正言不顺的行为，一个"僭"字其实是原作者对水运父子违反名教礼法的恶行的批判。但译文中并没有表现出这一层含义。出现这种信息的确实可能因为德庇时对"僭"字的微言大义理解不够深刻，或者是因为译者考虑到翻译出此层含义西方读者并不容易理解，且不译对故事情节的发展影响并不大，故而未译。

其次，"行衣、方巾"是明代官员和士人服饰中比较正式的穿着。行衣以青色为主，交领，宽袖，领袖衣襟等处用蓝色缘边，衣身两侧开衩。方巾，即四方平定巾的简称。方巾用黑漆纱罗或绒制作，形制简单，平顶，顶部略大于底部，整体呈长方形或倒梯形，两侧内收，顶部向下凹折，四角相对突出。[1]小说中行衣、方巾是纳征之时女方家长的正式着装，也就是德庇时译文中所说的按习俗穿的"礼服"。以"礼服"概括地替代"行衣、方巾"的处理方式应该是译者对于中国舆服制度的细节没有相对深入的研究，而且这两个词语在相关情节中的重要性也不大，故译者放弃了精确的翻译。

又如第九回中过其祖污蔑铁中玉的二十八句俚曲，原文呈现出的风格类似于打油诗，较为粗鄙：

好笑铁家子，假装做公子。

〔1〕董进：《Q版大明衣冠图志》，北京邮电大学出版社，2011年，第278、296页。

184

> 一口大帽子，满身虚套子。
>
> 充作老呆子，哄骗痴女子。
>
> 看破了底子，原来是拐子。
>
> ……
>
> 最恨是眸子，奈何没珠子。
>
> 都是少年子，事急无君子。
>
> 狗盗大样子，鸡奸小样子。
>
> 若要称之子，早嫁过公子。[1]

　　德庇时在译文中并没有翻译上述内容，而是用"另一个人现在开始诵读诗句"一笔带过。在页脚的注释中，译者详细说明了他如此处理的原因：

> "The lines themselves, twenty-eight in number, are intended by the author to be very stupid and miserable, as proceeding from so illiterate a person. Their whole point consists in their abusiveness, and in the recurrence of the same word or character at the end of every line, which it was found impossible to preserve in English; and as many of them were absolutely untranslateable from their shocking grossness, it was judged best to omit them altogether."（这段词共有二十八句，原作者故意将歌词写得很愚蠢、糟糕，以示写歌的人没有文化。整段歌的重点在于诋毁，因为每句歌词的结尾都是同一个汉字，所以很难用英文保留这种风格；由于其中很多句子因令人震惊的粗俗以至于完全无法翻译，因此译者决定最

---

[1]（清）名教中人编次：《好逑传》，魏武挥鞭点校，经济出版社，2011年，第119页。

好完全省略它们。）

（三）对涉及性描写段落的处理

德庇时在序言中反复说明了他选择《好逑传》进行翻译的动机之一就是小说的"道德精神"，所以在小说中出现了不符合译者想要向读者传达这一认知的内容时，译者选择的是加以删节。

在第三回中有关于过其祖与香姑洞房花烛的一段香艳描写，原文为：

> 过公子急用手去摸时，新人早已脱去衣裳，钻入被里去了。……早已成其夫妇。正是：
>
> 帐底为云皆淑女，被中龙战尽良人。
>
> 如何晓起看颜面，便有相亲方不来。[1]

德庇时的译文中对这段描写选择完全省略不译，避免了涉及性描写段落的翻译对于译本"道德精神"的损害。[2]这一方面是因为译者本身遵循英国新教伦理道德原则的选择，另一方面可能是为了在预期读者眼中塑造中国人良好的道德品味的缘故。

德庇时的《好逑传》重译本体现了他中国古典小说翻译实践中的一贯特色。他忠实于原著，努力在形式上还原了原著的回目架构和标题。在内容上不但使用无韵诗体翻译了小说中的大部分诗词韵文，还尽量把小说中具有中国文化特色的典故、风俗等内容传达出来。他使用脚注的形式对部分译文中按照字面意思直接翻译的中国文化负载词进行补充说明，体现了德庇时对待翻译的严谨态度；他还创造性地把中国文学或文化中的某些因

---

[1]（清）名教中人编次：《好逑传》，魏武挥鞭点校，经济出版社，2011年，第39—40页。
[2] John Francis Davis, *The Fortunate Union, A Romance, Translated from the Chinese Original, with Notes and Illustrations*, Vol. 1, London: Printed for the Oriental Translation Fund, and Sold by J. Murray, etc., 1829, p. 74.

186

素同西方同类文本进行类比，有助于西方读者跨文化的理解。尽管德庇时
译本中也不可避免地出现了误译的情况，但总体来说，德庇时的《好逑传》
重译本在对原著的风貌和文化特色的传达、语言风格的优美和流程性都远
远超越了珀西译本，可以称得上是德庇时中国古典小说翻译成果的代表性
作品。

　　德庇时的《好逑传》重译本出版之后，很快得到了英国评论界的注
意。1829 年出版的《评论季刊》的第 41 卷第 81 期中刊登了德庇时亲自
为《汉宫秋》译本而写的书评《中国的戏剧、诗歌和小说》，文章在讨
论中国小说时就以《好逑传》第三回中对于水冰心容貌的一段描写的具
体翻译为例子，探讨了中国小说语言中比喻和暗示的特点。[1]同年，《亚
洲杂志》第 28 卷 11 月刊中也刊登了名为《中国小说：〈好逑传〉》的评
论文章，评论者在文中概述了《好逑传》的情节内容，并对德庇时的工
作大加赞扬：

　　　　它无疑是迄今为止翻译成英语的最有趣的中国文学样本。译
　　者德庇时出色地完成了任务，他不单纯是一个语言学家，还是具
　　有古典品味的学者。他保留了原作的所有精神和真实性。[2]

　　同年 11 月 28 日，《文学公报》也刊登了德庇时《好逑传》译本的书
评，评论者比较了珀西译本和德庇时译本后认为：

　　　　德庇时的译本远比珀西译本完整和忠实……其翻译风格证明

---

〔1〕John Francis Davis, "Review of *Hān Koong Tsew, or The Sorrows of Hān, A Chinese Tragedy, Translated from the Original, with Note, By John Francis Davis, F. R. S. , Member of the Royal Asiatic Society, and of the Oriental Translation Committee, & c. 4 to London, 1829*," *The Quarterly Review*, Vol. 41, No. 81, 1829, p. 107.

〔2〕"Chinese Novels. *The Haou-Kew-Chuen*", *The Asiatic Journal and Monthly Register for British and Foreign India*, Vol. 28, No. 167, 1819, p. 552.

德庇时不仅成功地培养了对中国文化的了解，还从未远离欧洲的人文传统。[1]

从上述评论来看，英国评论界大都比较认可德庇时的《好逑传》重译工作，也相当赞同他所采用的翻译策略。

第四节　《三国志节选译文》："守门人般的语言"与中文学习

在德庇时的中国古典小说翻译成果中，有一个在学界的研究中长期阙如，它就是附在 1834 年在澳门重印的《汉文诗解》之中的《三国志节选译文》（ *Translated Extracts from the History of the Three States* ）。因 1834 年重印的《汉文诗解》只在中国发行，且印刷数量较少[2]，而之后1870 年再版的《汉文诗解》删去了所有的附录部分，所以大部分人无缘得见，故此译文少人问津。

德庇时在书中以中文展示的从右到左书写的"三国志"其实指的是中国读者都熟悉的中国古典长篇小说四大名著之一的《三国演义》，该书现存最早的版本嘉靖壬午刊本以《三国志通俗演义》为名。也就是说，罗贯中原作书名可能包含"三国志"三字。

根据国内学者研究，《三国演义》的版本分为四大类，其中通俗演义

---

〔1〕"Review of *The Fortunate Union, A Romance, Translated from the Chinese Original, with Notes and Illustrations.* By J. F. Davis, F. R. S. & c, 2 vols, 8 vo, London: Murray; and Parbury and Co., 1829", *The Literary Gazette and Journal of the Belles Lettres, Arts, Sciences, & c.,* No. 671, Novmber, London: Printed by James Moyes, Took's Court, Chancery Lane, 1829, p. 772.

〔2〕John Francis Davis, *Poeseos Sinensis commentarii. On the Poetry of the Chinese, to Which Are Added, Translations & Detached Pieces,* Macao, China: Printed at the Honorable Company's Press, 1834, Preface.

188

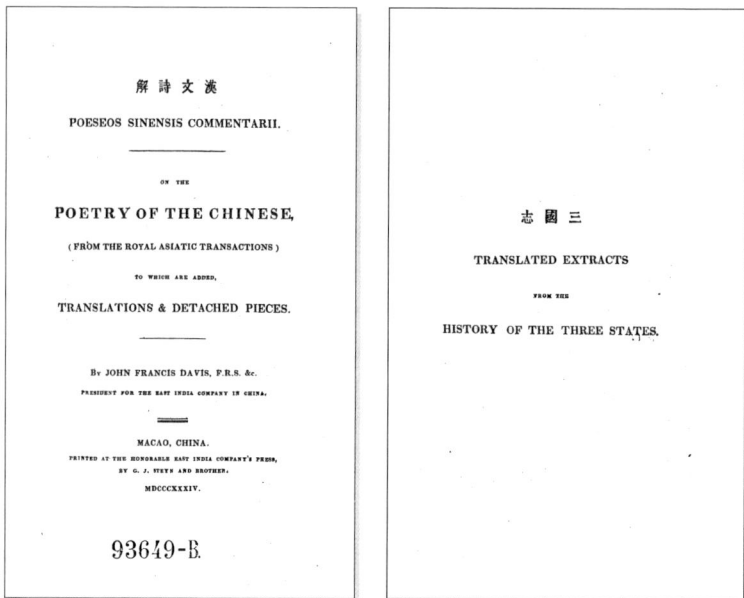

图 4-6
德庇时《汉文诗解》标题页和书中《三国志节选译文》章节标题页

来源:
《汉文诗解》, The Honorable Company's Press, 1834

版本类命名以"新刻校正古本大字音释"等说明语加上"三国志通俗演义"构成。志传版本类基本以《三国志传》作书名。批评版本类命名规律多为"某某先生批评(阅)三国志",例如"李卓吾先生批评三国志"。毛氏版本类多为"毛宗岗评三国志演义"的命名方式。[1] 以上四个版本系统的命名中都包含"三国志"三字,所以说德庇时以"三国志"三字指称《三国演义》是有一定的历史依据的。而且德庇时的《三国志节选译文》采取的是中英文前后页对照的形式,可以很方便地对其中文部分进行比照。依

---

〔1〕黄晋:《〈三国演义〉版本流传考证》,《学术论坛》2012 年第 3 期。

此可以大体确定德庇时的《三国志节选译文》的翻译底本采取的是清代
流传最广的毛氏版本，即通常所称的"毛评本"。其翻译内容来自第二回
"张翼德怒鞭督邮　何国舅谋诛宦竖"和第三回"议温明董卓叱丁原　馈金珠
李肃说吕布"的部分节选。

一、德庇时翻译《三国演义》的缘起

德庇时同《三国演义》的接触应该始于他的中文启蒙老师马礼逊，马
礼逊早在他 1815 年出版的《华英字典》的第一部中就已经收录了长达三
页的"孔明"词条[1]，而德庇时参与了《华英字典》出版前的校对工作，
应该有机会读过相关内容。1817 年，马礼逊在其《中国一览》(*A View of
China*)一书中认为："《三国志》是记录三国事件的一部历史小说，因其
文体和写作才华而备受推崇，并被看作是叙事类作品的典范。"[2]马礼逊日
后还提到"以《三国志》为范本所造就的风格，会使语言的表达更为平实
和流畅"。[3]以此推测，马礼逊在日常的中文教学中很有可能向自己的学
生德庇时提及《三国演义》，并以其为例进行汉语教学和相关的翻译训练。

而把德庇时和《三国演义》的翻译真正在纸面上联系起来的则是一篇
发表在伦敦出版的《文学公报》上的书评。这篇书评出现在《好逑传》出
版不久的 1829 年 11 月 28 日，评论者在向读者简述了德庇时的《好逑传》
译本的内容并引述了其中的精彩段落之后，称赞"其翻译风格证明德庇时
不仅成功地培养了对中国文化的了解，还从未远离欧洲的人文传统"。接

---

[1] Robert Morrison, *A Dictionary of the Chinese Language*, Part I, Vol. 1, Macao: Printed at the Honorable East India Company's Press, by P. P. Thoms, 1815, pp. 714−716.
[2] Robert Morrison, *A View of China*, Macao: Printed at the Honorable East India Company's Press, by P. P. Thoms, 1817, p. 45.
[3] William Milne, *A Retrospect of the First Ten Years of the Protestant Mission to China*, Malacca: Printed at the Anglo-Chinese Press, 1820, pp. 89−90.

190

着，评论者还对德庇时提出了希望：

> 《好逑传》译本的成功鼓励我们读者希望德庇时丰产的译笔
> 可以产出更多的作品；如果我们可以向他推荐翻译的作品，那就
> 是《三国志》，一部文笔优美的历史传奇，与公元 3 世纪的中国
> 内战有关。至少在他的闲暇时间内，他可以将《三国志》的拉丁
> 文译本与原件进行核对，并将其译成英文。该拉丁文译本出自一
> 名天主教传教士之手，目前收藏于皇家亚洲学会图书馆。[1]

如果说伦敦出版的《文学公报》给了德庇时翻译《三国演义》的正面
动力的话，一年后在《亚洲杂志》上刊登的一篇文章却以讽刺的口吻把德
庇时置于了一个尴尬的境地（尽管《亚洲杂志》1829 年第 28 卷 11 月刊
上有评论者刚刚就同一部译文赞扬了德庇时）。《亚洲杂志》1830 年 5 至
8 月刊上发表了一篇题为《论中国诗歌翻译》(On Translation of Chinese
Poetry) 的文章，据国内学者王燕教授的观点——此篇文章很可能是汤姆
斯为反击德庇时在《好逑传》的"序言"中对他英译《花笺记》(*Chinese
Courtship*) 和《宋金郎团圆破毡笠》(*The Affectionate Pair*) 的批评而写。[2]

在《论中国诗歌翻译》一文中，作者认为《评论季刊》的评论者对于
德庇时的翻译能力过于夸大，"虽然德庇时长期学习汉语，又有中国本土
的生活经验以及当地人的帮助，但从《好逑传》中的诗歌翻译例子来看，
德庇时不具有翻译中国诗歌的能力"。接着他对德庇时在《好逑传》"序

---

〔1〕"Review of *The Fortunate Union, A Romance, Translated from the Chinese Original, with Notes and Illustrations*. By J. F. Davis, F. R. S. & c, 2 vols, 8 vo, London: Murray; and Parbury and Co., 1829", *The Literary Gazette and Journal of the Belles Lettres, Arts, Sciences, & c*., No. 671, Novmber, London: Printed by James Moyes, Took's Court, Chancery Lane, 1829, p. 772.
〔2〕王燕：《19 世纪英译〈三国演义〉资料辑佚与研究——以德庇时〈三国志节译文〉为中心》，《复旦学报》（社会科学版），2017 年第 4 期。

言"中提到的用"夫人""小姐"等词语称呼中国女性的批评加以反驳，并认为德庇时在同一序言中对法国汉学家雷慕莎"不是才名动天下 如何到处有逢迎"翻译的相关论述值得商榷。他还选取了德庇时《好逑传》译本中第一二回的 10 首和《汉文诗解》中的 6 首译诗，在旁边给出了自己的翻译版本让读者"自行比较"，并指出了他认为的失误（如对七言格律诗韵律的处理不够恰当）。其文作者最后充满讥讽地写道：

> 虽然我很遗憾德庇时先生在中国文学中的众多小说中没有选择一本之前没有翻译过的（因为《好逑传》曾被译为英文，尽管不完美），但我不认为此译本和他其他的中国文学翻译是对公众的极大恩惠，并因此要对他表示感谢。我希望他的下一部作品是对《诗经》的翻译，如果他在翻译中加上了《诗经》诗歌中提到的人物和事件的历史注解，那么这项工作可能为乔治·托马斯·斯当东爵士的才华带来荣誉。[1]

这篇文章不但直接质疑了德庇时的中国诗歌翻译，甚至连带贬损了他的其他翻译成就，甚至在最后还拉上了德庇时在英国东印度公司的前辈、东方翻译基金的创立者之一乔治·托马斯·斯当东爵士的荣誉，客观地讲已经超出了就翻译问题进行学术讨论的范畴，多少带上了私人情绪。

如果这篇文章真的出自汤姆斯之手，我们对这位印刷工出身的汉学家的愤懑情绪也是可以理解的，毕竟他的译作在出版之后不但收到了来自《评论季刊》《评论月刊》和《东方先驱》（ *The Oriental Herald and Colonial Review* ）等杂志的多方批评，还被主流学术界忽视或者暗讽。[2] 但这篇文

---

〔1〕"On Translation of Chinese Poetry", *The Asiatic Journal and Monthly Register for British and Foreign India*, New Series, Vol. 2, No. 5, London: Parbury, Allen, and Co., 1830, pp. 32–37.
〔2〕王燕：《〈花笺记〉：第一部中国"史诗"的西行之旅》，《文学评论》2014 年第 5 期。

192

章相当于给德庇时下了一封战书，从反面推动德庇时尽快做出成绩来回应
其批评，而德庇时可以推测的应对之一就是 1834 年在澳门重印的《汉文
诗解》——该书不仅重新修订了 1829 年版的《汉文诗解》，还在其中附
上《三国演义》这一汤姆斯曾经在 1820 年翻译过的中国小说的节选翻译，
另外也回应了《文学公报》评论者的期望。

二、《三国志节选译文》序言对《三国演义》的认识

德庇时在其《三国志节选译文》之前写下了一篇短小的序言
（Introduction），其中包含了他对《三国演义》的认识，其中的某些观点
颇有讨论价值。

汤姆斯在 1820 年选译《三国演义》第八回与第九回，以《著名丞相
董卓之死》为名发表。他在注释中不但翻译了金圣叹为《三国演义》所写
的序，还把《三国演义》称为"有关中国人最著名内战的一部历史书"[1]。
汤姆斯的这种把带有虚构性质的小说当作历史看待的认识显然是不正确的，
而德庇时在序言开头就明确说明《三国演义》是"Historical Romance"即
"历史传奇故事"[2]，明确了所译对象的文学属性。德庇时一直坚定地认为
《三国演义》是文学作品，而非像有些学者认为在他后来的《中国人：中
华帝国及其居民概述》一书中又把《三国演义》看作一部"东方历史"[3]。
德庇时在《中国人》上卷第五章中介绍中国历史中的"三国"时，所提到
的"在中国人中特别受重视和非常受欢迎的以'三国'命名的作品"自然

---

〔1〕Peter Perring Thoms, "The Death of the Celebrated Minister Tung-Cho", *The Asiatic Journal and Monthly Register for British and Foreign India*, Vol. 10, No. 60, London: Printed for Black, Kingsbury, Parbury & Allen, 1820, p. 525-526.

〔2〕John Francis Davis, *Poeseos Sinensis Commentarii. On the Poetry of the Chinese, to Which Are Added, Translations & Detached Pieces*, Macao, China: Printed at the Honorable Company's Press, 1834, p. 155.

〔3〕王燕：《〈花笺记〉：第一部中国"史诗"的西行之旅》，《复旦学报》（社会科学版）2017 年第 4 期。

是《三国演义》，但他下文中对《三国演义》的介绍并非把其定位为历史作品，而是同之前《三国志节选译文》的序言中一样在讨论《三国演义》的语言风格。如果把两段文本放在一起，特别是对比文中加粗的部分，可以很容易看出前后叙述的一致性：

《三国志节选译文》序言：

The **Historical Romance** of San-kwǒ, or the Three States, commences about A. D. 170, and, for a Chinese or **Oriental work**, it is **as little deformed by extravagancies as could be expected. It bears some resemblance, in what Lord Chesterfield calls "the porter-like language" of its heroes, to the** *Iliad*.[1] (《三国演义》的历史传奇故事大约始于公元 170 年，同中国或东方作品相比较，它几乎没有被夸饰的风格所扭曲。它的风格与《伊利亚特》有些相似，切斯特菲尔德勋爵称这种风格为荷马史诗英雄的"守门人般的语言"。)

《中国人：中华帝国及其居民概述》一书对《三国演义》的讨论：

It is, however, **as little stuffed with extravagances as could be expected from an Oriental history**; and, except that it is in prose, **bears a resemblance** in some of its features **to the** *Iliad*, especially in what **Lord Chesterfield calls " the porter-like language"** of the heroes.[2] (然而，《三国演义》并不像我们印象中的东方历史作品一样充斥着夸饰；而且，除了使用散文文体之外，它的一些特征与《伊利亚特》相似，尤其是在切斯特菲尔德勋爵所提到的荷马史诗英雄"守门人般的语言"这一点上特别类似。)

---

〔1〕John Francis Davis, *Poeseos Sinensis Commentarii. On the Poetry of the Chinese, to Which Are Added, Translations & Detached Pieces*, Macao, China: Printed at the Honorable Company's Press, 1834, p. 155.

〔2〕John Francis Davis, *The Chinese: A General Description of the Empire of China and Its Inhabitants*, Vol. I, London: Charles Knight & Co., 22, Ludgate Street, 1836, p. 176.

194

　　通过对比可知，德庇时在两本书中有关《三国演义》的论述是基本一致的。无论是《三国志节选译文》序言中的"中国或东方作品"还是《中国人》中的"东方历史作品"一样，都是论述《三国演义》语言风格的比较对象，而非是用来确定其文体的标杆。德庇时在 1865 年出版的《中国杂记：随笔和评论集》(*Chinese Miscellanies: A Collection of Essays and Notes*)一书中有着更为明确的说明："《三国志》尚未引起太多关注，该作与其说是一部历史，不如说是一部历史小说 (historical novel)。"[1] 这样的认识其实深受其老师马礼逊的影响，正如上文所引马礼逊《中国一览》一书中就把《三国演义》定义为"记录三国事件的一部历史小说"[2]。

　　在明确了德庇时对《三国演义》文体性质的认识之后，《三国志节选译文》序言中对《三国演义》风格的论述是值得进一步关注的。德庇时在文中列出了两种风格：一种是东方作品的夸饰的风格，一种是荷马史诗中《伊利亚特》的"守门人般的语言"风格。德庇时认为《三国演义》的风格类似于后者，即切斯特菲尔德勋爵所说的"守门人般的语言"。那么"东方作品的夸饰"具体是何种含义？切斯特菲尔德勋爵所说的"守门人般的语言"具体是什么样的风格呢？德庇时对上述两种风格分别持何种态度？

　　首先，"东方作品的夸饰"是当时的西方读者正在生成的一种刻板印象。那么，当时的西方读者是在何种语境中定义"夸饰"的呢？我们或许可以从当时比较流行的杂志的文学评论专栏文章中找到答案。

　　《亚洲杂志》1837 年 7 至 11 月刊上发表了一篇题为《论小说中的荒谬》(On the Improbable in Fiction) 的文章，作者在开头就直言：

---

[1] John Francis Davis, *Chinese Miscellanies: A Collection of Essays and Notes*, London: John Murray, Albemarle Street, 1865, p. 66.

[2] Robert Morrison, *A View of China*, Macao: Printed at the Honorable East India Company's Press, by P. P. Thoms, 1817, p. 45.

如今听到东方小说被指责为太过夸饰和荒谬（extravagant
and improbable），这一点也不稀罕；然而在文学批评的准则中，
没有任何明确的或普遍承认的规则为小说这种文学产品规定了其
中可能发生的事情的标准，也没有任何法律限制幻想进入文学的
理想状态存在的无限领域。[1]

这一句话包含了两层含义：首先，西方读者对东方小说太过夸饰和荒
谬的"先在理解"是普遍性的。其次，如果上升到理性认识的高度，即从
文学理论的层面去探讨这一现象，却又无法明确地给出判断的标准。那么，
为什么东方小说会被如此评价呢？作者在下文中指出了原因——按照古罗
马诗人、批评家贺拉斯的准则，"为了取悦读者，小说必须尽可能接近事
实"，同时"……很明显，古希腊人和古罗马人严格来说没有富有想象力
的诗歌。他们的史诗、抒情诗和叙事诗中的所有为后世模仿的体系，即使
我们认为如此雅致和优美的习惯和品味，其实都是他们的宗教体系和历史
传统的重要组成部分"。也就是说，被西方文学视为源头和典范的古希腊
和古罗马文学是崇尚写实的、缺乏想象力的，而东方小说却是超越事实的、
富于想象力的，故而深受古希腊和古罗马文学影响的西方读者会认为东方
小说的这些特征不符合他们的习惯和品味，是夸饰和荒谬的。那么，对这
种现象为什么无法明确地给出判断的标准呢？作者认为原因是"贺拉斯的
规则与其他许多批评规则一样，不是建立在任何哲学原则之上，而仅仅是
从实践中推导出来的"，而如今实践的对象变化了，这些规则也就值得商

[1] "On the Improbable in Fiction", *The Asiatic Journal and Monthly Register for British and Foreign India*, New
Series, Vol. 24, No. 93, London: Wm. H. Allen, and Co., 1837, p. 74.

196

榷了。[1] 同时作者也承认：

> 欧洲读者对东方文学真正反感的原因，不是因为其小说的夸
> 饰和荒谬，而是因为他们自己的懒惰。东方作家的作品，即使是
> 穿着英国服装（翻译成英语）摆在他们面前，也需要一些前期的
> 准备研究才能阅读，而当媒体在他们面前铺天盖地地投放了一连
> 串几乎不需要思考就可以提供智力娱乐的书籍时，东方文学的这
> 种情况就是欧洲读者不能容忍的了。[2]

通过以上的分析，我们可以得知作者认为其实欧洲读者用"夸饰和荒谬"批评东方文学的更深层次原因除了东方文学的风格不符合西方读者的阅读习惯和品味以外，还有异质文化带来的陌生感和阅读障碍。

此外，1839 年英国伦敦出版的《外国季度评论》（*The Foreign Quarterly Review*）中刊登了一篇关于汤姆斯英译《花笺记》的评论，该文也讨论了相关的内容。评论者在文章中谈到西方读者对中国文学作品中展现的同西方不同的差异性进行"共情性理解"（the sympathies of contrast）时，认为中国文学作品中具有差异性的中国人物角色能给欧洲人业已充满事件性和多样性的生活提供更多新颖的可能，其中之一就包括"为美梦增添一种更狂野的幻觉"（adds one wilder phantasm to the dreams of beauty）。[3] 其中评论者提到的"更狂野的幻觉"其实就暗示着中国文学作品中包含的超越常规的夸饰（extravagant）因素。

---

[1] "On the Improbable in Fiction", *The Asiatic Journal and Monthly Register for British and Foreign India*, New Series, Vol. 24, No. 93, London: Wm. H. Allen, and Co., 1837, pp. 74–75.

[2] "On the Improbable in Fiction", *The Asiatic Journal and Monthly Register for British and Foreign India*, New Series, Vol. 24, No. 93, London: Wm. H. Allen, and Co., 1837, p. 78.

[3] "Review of *Chinese Courtship. In Verse.* By P. P. Thoms. Macao", *The Foreign Quarterly Review*, Vol. 22, No. 44., London: Black and Armstrong, 1839, pp. 390–406.

如果这里的表述不太明晰，那么作者在下文中论证欧洲人"基于事实和观察"（basis for facts and observations）的探寻中国人物角色的方式有时可能导致"我们可能会长时间错误地徘徊"（we might otherwise wander long in error）的观点时就对东方文学和夸饰特点的联系论述得相当明确了。

评论者在文中先列举了莎士比亚作品中的某些人物角色"超越了自然"（overstepped nature）的现象：如"《理查三世》中理查向安夫人求爱的成功；《罗密欧与朱丽叶》中罗密欧不久前还深深地迷恋于罗瑟琳，但与朱丽叶仅相见一次就爱上了朱丽叶"。评论者认为"然而这两种情况都显得过于夸饰，而且显然证明了对它们不真实的谴责是合理的"（Yet extravagant as both these cases seem, and apparently justifying the censure of inverisimilitude cast upon them）。紧接着，评论者就指明了这种"夸饰"、"不真实"同中国作品的关系，甚至于同东方文学的关系：

> 上述两种现象在中国历史剧中都有其对应的原型。台词和歌曲的混合形式构成了对戏剧艺术性损害的诉讼理由，中国悲剧、阿拉伯式的叙事和一般的东方作品中到处都可以证明这种混合形式的存在，几乎毫无疑问地说，西方戏剧中这种台词和歌曲的混合是从东方作品那里衍生出来的。在所有的此种形式中包含最强烈的情感，甚至最令人沮丧的绝望和自杀的悲伤，都在歌曲中不断地表达自己。[1]

按照此文评论者的逻辑，当今西方戏剧中的"不真实"、过于"强烈

---

[1] "Review of *Chinese Courtship. In Verse.* By P. P. Thoms. Macao", *The Foreign Quarterly Review*, Vol. 22, No. 44., London: Black and Armstrong, 1839, p. 392.

的情感"和"台词和歌曲的混合形式"都是源于东方文学作品,这些特征
就是所谓的"夸饰"(extravagance)。

通过以上两篇评论文章来看,"东方作品的夸饰"的认识的出现,是
西方读者基于自身文学传统和阅读习惯——对古希腊古罗马文学注重描写
事实、情感平实自然风格的推崇作为评价东方文学的标准,因而具有富于
想象、超越生活中的真实和具有强烈情感的东方文学作品就被赋予了较为
负面的评价——"夸饰"。

其次,切斯特菲尔德勋爵所说的"守门人般的语言"其实是对古希腊
文学中的代表性作品《荷马史诗》风格的一种概括性描述。

此处的切斯特菲尔德勋爵(Lord Chesterfield)是指英国第四代切斯特
菲尔德伯爵,菲利普·多默·斯坦霍普(Philip Dormer Stanhope, 4th Earl
of Chesterfield)。他是英国国务大臣、著名的外交家、文学家和当时公认
的智者,以《致儿子的信》(Letters to His Son)而闻名于世。《致儿子的信》
中收录了他写给其儿子和教子的信件,被誉为培养绅士的"教科书","守
门人般的语言"一语就出自此书。在写于 1750 年的一封信中,切斯特菲
尔德勋爵给在巴黎学习的儿子提出了一些学业方面的忠告,特别叮嘱他每
天学习希腊文,因为"希腊文能让你在学者之中脱颖而出,而拉丁文绝没
有这种效果"。在众多希腊文阅读材料中,勋爵以自己的阅读经验进行了
一番评点:

> 不要去读阿克那里翁(Anacreon)的感人诗句,或者忒奥克
> 利托斯(Theocritus)的温柔哀叹,乃至荷马(Homer)笔下英雄
> 们的"守门人般的语言",所有对希腊文略知一二的人对于这些
> 作品,都能反复引用,经常谈及。我指的是柏拉图(Plato)、亚
> 里士多德(Aristotle)、德摩斯梯尼(Demosthenes)和修西德底

斯（Thucydides）的作品，因为这些只有专家才了解。[1]

从该段话中不难看出，勋爵不愿儿子读阿克那里翁、忒奥克利托斯和荷马作品的原因是所有对希腊文略知一二的人都会经常引用这些作品，并不能体现研读者的专业水准；但切斯特菲尔德勋爵在信中并未对"守门人般的语言"的具体所指展开论述，只能说是对《荷马史诗》风格的一种概括性评价。这样就带来了后人对其理解的不同。

英国著名文学家、文学评论家和人类学家安德鲁·朗（Andrew Lang）曾在《小品文集》（*Essays in Little*, 1891）中收录了一篇研究荷马和希腊文学的文章"Homer and the Study of Greek"，其中就涉及到对"守门人般的语言"的解释。安德鲁·朗在文中提到"荷马借无情的阿喀琉斯之口提出了他最温柔的比喻"，这个比喻就是《伊利亚特》第十六卷开头阿喀琉斯问帕特罗克洛斯为何哭啼时所用：

> 你为什么哭泣，亲爱的帕特罗克洛斯，有如一个小姑娘，小姑娘追逐着母亲，渴求搂抱，紧紧地抓住母亲的长衣裙，泪水涟涟望母亲，求慈母快把她抱起。帕特罗克洛斯啊，你也像姑娘娇泪流。[2]

安德鲁·朗认为这样的比喻正是切斯特菲尔德勋爵所谓"守门人般的语言"的代表，那么什么是"守门人般的语言"呢？安德鲁·朗在文中说了这样一段话：

---

[1] Philip Dormer Stanhope, *Letters Written by the Late Right Honorable Philip Dormer Stanhope, Earl of Chesterfield, to His Son Philip Stanhope, Esq.*, Vol. 3, London: Printed for J. Dodsley, in Pall-mall, 1777, p. 64.

[2] 参见［古希腊］荷马：《荷马史诗·伊利亚特》，罗念生、王焕生译，人民文学出版社，2003年，第363页。

　　带着对真实的热爱，这让荷马如此深情地关注着盔甲、工具和艺术的每一个细节……在对真实描写的喜悦之中，荷马成为了最浪漫的诗人。[1]

　　从文章的字里行间可以读出安德鲁·朗对荷马的赞颂和对荷马史诗的喜爱之情，在他看来"守门人般的语言"的基本特征就是"真实"，而对"真实的热爱"就是荷马诗歌成功的原因。

　　英国文学评论家约翰·丘顿·柯林斯（John Churton Collins）在他的《随笔和论文集》（*Essays and Studies,* 1895）中有一篇专论切斯特菲尔德勋爵书信的文章"Lord Chesterfield's Letters"，也谈到了"守门人般的语言"。柯林斯在文中认为切斯特菲尔德勋爵的文学审美品味和批评标准深受法国影响——"他认为伏尔泰的《亨利亚特》比《荷马史诗》更好"。按照法国的批评标准，切斯特菲尔德勋爵还进一步认为：

　　任何慷慨的特质，任何高贵或高尚的本能，都无法弥补优雅和斯文的不足。因此，切斯特菲尔德勋爵罕见地谴责荷马塑造了阿喀琉斯这样畜生和无赖般的史诗英雄。在另一封信中，勋爵还轻蔑地谈到荷马笔下英雄们的"守门人般的语言"。[2]

　　按照柯林斯的理解，"守门人般的语言"是切斯特菲尔德勋爵对《荷马史诗》的一种轻蔑的批评，其原因是《荷马史诗》所表现出的特点是勋爵所坚持的"优雅和斯文"的法国标准的反面，即《荷马史诗》中英雄的语言像守门人一样粗鄙，甚至英雄本身的表现也如同畜生和无赖。柯林斯

---

〔1〕 Andrew Lang, *Essays in Little*, London: Henry and Co., Bouverie Street, E. C., 1891, p. 86.

〔2〕 John Churton Collins, *Essays and Studies*, London: Macmillan and Co., 1895, pp. 234−235.

的这一理解也有后世学者的回应，如美国古典学家、评论家、文学史家吉尔伯特·海厄特（Gilbert Highet）在其代表作《古典传统：希腊罗马对西方文学的影响》（*The Classical Tradition: Greek and Roman Influences on Western Literature*）一书中就谈到：

> 古典诗歌是粗俗的，因为它们描述寻常事物，使用的言辞不够庄重；诗中的男女英雄性情粗暴，甚至亲手劳作。……就连最有绅士风度的切斯特菲尔德勋爵，读到荷马荷马笔下英雄们的"守门人般的语言"也不由地皱起眉毛；品味高雅、情怀高贵的读者深深震惊于《荷马史诗》竟然提及家畜、家用器皿等东西，用荷马率直的语言来说，就是奶牛和煮锅。在《荷马史诗》中最受指责的一段是一个著名的比喻，英雄埃阿斯在特洛伊人的猛烈攻击下慢慢撤退，他被比作是一头误入牧场的驴，当孩子们用棍子驱赶它时，它还执拗地啃着谷物。在现代人看来，驴这个词不该被纳入英雄史诗，把一个王子比作一头驴，更有着难以言喻的粗俗（ineffably vulgar）。当荷马描述奥德修斯的宫殿时提到它的门口有一个粪堆时，就更糟糕了。[1]

海厄特的观点可以说和柯林斯的理解同出一辙，认为"守门人般的语言"意指《荷马史诗》的语言过于粗俗。

由此可知，西方评论界对"守门人般的语言"的理解存在一褒一贬的两种相反意见。安德鲁·朗等人认为其赞扬了《荷马史诗》风格的真实，称得上崇尚古典；而柯林斯、海厄特等人则认为其批评了《荷马史诗》风

---

[1] Gilbert Highet, *The Classical Tradition: Greek and Roman Influences on Western Literature*, New York and Oxford: Oxford University Press, 1985, p. 272.

202

格的粗俗，其审美批评标准偏向现代。那么德庇时在《三国志节选译文》的序言部分是如何理解和使用该语的呢？

最后，德庇时是把"守门人般的语言"在相对于"东方文学的夸饰"这一语境中使用的。德庇时对《三国演义》的定位是——较少东方文学的夸饰，其风格与《伊利亚特》有些相似。那么如果可以弄清德庇时在其著述之中对《三国演义》的艺术风格的褒贬，就可以理解德庇时序言语境中"守门人般的语言"的真正含义了。

德庇时在序言中把《三国演义》和《荷马史诗》中的英雄进行了相似性的比较：

> 《三国演义》中的英雄们，有着《荷马史诗》中英雄相似的举止仪态（in like manner），在力量与实力方面超过了所有的现代人（surpass all moderns in strength and prowess），他们如同格劳库斯（Glaucus）与狄俄墨得斯（Diomedes）、埃阿斯（Ajax）与赫克托耳（Hector）那样进行交换。一个拥有一把重达八十斤的刀，另一个则展示了他对马匹、银两和镔铁的慷慨："钢铁精炼，黄金灿烂。"（And steel well-temper'd, and refulgent gold.）[1]

德庇时认为《三国演义》和《荷马史诗》中的英雄在力量与实力方面超过了所有的现代人，其实已显露了德庇时的崇古倾向。按照王燕教授的研究，该段是把《伊利亚特》中格劳库斯与狄俄墨得斯握手言和、交换武器盔甲，埃阿斯与赫克托耳握手言和、交换礼物的情节与《三国演义》中

---

[1] John Francis Davis, *Poeseos Sinensis Commentarii. On the Poetry of the Chinese, to Which Are Added, Translations & Detached Pieces*, Macao, China: Printed at the Honorable Company's Press, 1834, p. 155.

第一回中张世平和苏双赠送桃园三英良马、金银、镔铁的情节相提并论。[1] 其中还突出了"八十斤重的刀"这一细节，对应了"云长造青龙偃月刀，又名冷艳锯，重八十二斤"的相关情节。[2] 另外，德庇时还认为《三国演义》和《荷马史诗》所描写的社会历史环境相似："社会似乎处于几乎相同的状况，因其被分裂成类似封建公国的东西，在一个可疑的权威下松散地联系在一起。"[3]

德庇时在序言中引用的两句英文诗 "And steel well-temper'd, and refulgent gold." 来自英国大诗人蒲柏（Alexander Pope）的《伊利亚特》英译本[4]，而蒲柏正是英国新古典主义文学的代表，他深受法国古典主义文学理论家布瓦洛的影响，认为古希腊、罗马的诗歌是最优秀的艺术典范。德庇时在此处引用蒲柏的《伊利亚特》英译本，自然是表达了对蒲柏诗歌艺术风格和批评原则的体认，即同样以《荷马史诗》的风格为榜样。也就是说，德庇时对"守门人般的语言"的理解应该近似于安德鲁·朗的认识，即对真实艺术风格的赞扬。

德庇时把《三国演义》和《伊利亚特》在情节内容和艺术风格上进行相似性对比的目的是借西方古典《伊利亚特》的范本效应来提升西方读者对中国文学《三国演义》的认知和接受，也强调了《三国演义》"守门人般的语言"的真实和质朴的艺术风格。这种风格亦是德庇时评判中国小说翻译优劣与否的标准。在他的《中国杂记：随笔和评论集》中对何进善（Tkin Shen）翻译、理雅各修订并作序的《正德皇游江南传》（*The Rambles*

〔1〕王燕：《19世纪英译〈三国演义〉资料辑佚与研究——以德庇时〈三国志节译文〉为中心》，《复旦学报》（社会科学版），2017年第4期。

〔2〕（明）罗贯中著：《三国演义：毛评本》（上），（清）毛宗岗评改，上海古籍出版社，1989年，第8页。

〔3〕John Francis Davis, *Poeseos Sinensis Commentarii. On the Poetry of the Chinese, to Which Are Added, Translations & Detached Pieces*, Macao, China: Printed at the Honorable Company's Press, 1834, p. 155.

〔4〕Alexander Pope, *The Poetical Works of Alexander Pope*, London: William Smith, 113, Fleet Street, 1839, p.267.

204

of the Emperor Ching Tĭh in Këang Nan)〔1〕的评价就是以《三国演义》为标准：

> 看过《三国演义》的读者都可以看出，《正德皇游江南传》
> 是一个篇幅较小的《三国演义》仿效本，虽然其故事结尾尽是在
> 较老的中国作品中才能见到的奇特法术，但却没有最狂野的阿拉
> 伯小说中的夸饰（nor can anything more extravagant exist in the
> wildest Arabian fiction ）。〔2〕

德庇时在此处认为《正德皇游江南传》是对《三国演义》的仿效并不
是一种批评，相反是对这个中国小说译本的一种赞赏，因为他特别提到了
其风格是没有"夸饰"的。这也再次证明了德庇时喜爱《三国演义》所展
示出的没有"夸饰"的、"守门人般的语言"的真实和质朴的艺术风格，
而对东方作品中狂野的、充满幻想的、超越生活中的真实和具有强烈情感
的"夸饰"风格持评判态度，这种态度自然会影响到德庇时翻译中国小说
时所采用的艺术风格。

　　除了对《三国演义》艺术风格的讨论之外，德庇时在序言中还交代了
《三国演义》所描写的历史年代——"大约公元 10 世纪"，概述了《三国
演义》的大致内容，提到了桓灵二帝时天下大乱的原因，简述了董卓的弑
主和败亡（即汤姆斯翻译的《三国演义》部分）、曹操和刘备的经历，以
及德庇时节译《三国演义》的大致内容。〔3〕德庇时基本勾勒出了《三国演

〔1〕Tkin Shen, *The Rambles of the Emperor Ching Tĭh in Këang Nan*, 2 Vols, London: Printed for Longman, Brown, Green, & Longmans, Paternoster-Row, 1843.

〔2〕John Francis Davis, *Chinese Miscellanies: A Collection of Essays and Notes*, London: John Murray, Albemarle Street, 1865, p. 74.

〔3〕按：第一个故事选自第二回 "张翼德怒鞭督邮 何国舅谋诛宦竖"，始自 "董卓当日怠慢了玄德"，止于
"隽与玄德关张率三军掩杀射死韩忠"。第二个故事选自第二回与第三回 "议温明董卓叱丁原 馈金珠李肃说
吕布"，始自 "中平六年夏四月"，止于 "伏甲齐出，将何进砍为两段"。

义》大致的情节走向，使读者对小说内容有了粗浅的认识。

另外，德庇时在序言中承认“《三国演义》卷帙浩繁，从以上两个选段翻译中可以看出翻译整部作品是一个遥不可及的、亟待实现的愿望”。但是他还是强调了他这个译本的特殊性：“我们的这个译本是第一个尝试把中英文交替排印的本子，这种设计或许有利于中文的学习。”[1]

三、译文特色评述

德庇时在序言中对《三国志节选译文》“中英文交替排印”特征的强调仅仅是对该译文最显著的形式风格的凸显，从德庇时对《三国演义》“守门人般的语言”艺术风格的判断和译文“有利于中文的学习”的翻译愿景这两方面因素的影响来考量，译文呈现出了以下的特点。

（一）简化和删节

首先，德庇时依照“人物——命运”的逻辑选取节译内容。在序言中，德庇时指明：“第一个选段连同给出的原文讲的是张宝、张梁、张角三个造反兄弟的命运，还描述了一场围攻。第二个选段在何进的经历中着力地展示了中国历史的一个显著特征——宦官弄权。”[2]这样的节选方式明显是按照描述一个（组）人物经历的完整事件选取内容，从而打破了原文的章回体例。第一个故事“造反的张氏三兄弟的命运——魔法和围攻”（Fate of the Three Rebel Brothers Chang—Magic Arts, and a Siege Described）从刘关张三人因受董卓轻慢改投朱儁，合兵一处讨伐张宝开始，到张氏部将黄巾余党韩忠被杀结束。其内容仅涉及原文第二回开头至三分之一处。第二个

---

〔1〕John Francis Davis, *Chinese Miscellanies: A Collection of Essays and Notes*, London: John Murray, Albemarle Street, 1865, p. 157.

〔2〕John Francis Davis, *Poeseos Sinensis Commentarii. On the Poetry of the Chinese, to Which Are Added, Translations & Detached Pieces*, Macao, China: Printed at the Honorable Company's Press, 1834, p. 156.

206

故事"何进的历史与命运——宦官的诡计"（History and Fate of Ho-tsin-Intrigues of the Eunuchs）从主要人物何进出场掌权到何进不听劝谏中计被宦官杀死结束，内容跨越了第二回的后半段和第三回的开头。

张氏三兄弟及黄巾军、何进和宦官"十常侍"虽在《三国演义》中都是次要人物，但在《三国演义》开头却是造成天下大乱的主要推手，德庇时选择他们作为自己两段译文的主角，体现了他对《三国演义》的独特理解。另外，对于所选故事中出现的刘备、董卓、曹操等这些在原文中颇为重要的主线人物，德庇时选择在序言中提前介绍其身份和事迹，并且把所对照中文部分的相关内容也略去处理，如《三国演义》中董卓出场一句"且说董卓字仲颖，陇西临洮人也，官拜河东太守，自来骄傲"[1]，被德庇时在中文文本和英译文中只留"董卓"二字。而袁绍在《三国演义》前期也是一个相对重要的人物，但德庇时并未在序言中介绍，而是选择在中文对照中照录原文英译中简化的方式处理。袁绍出场一句"进视之，乃司徒袁逢之子、袁隗之侄，名绍，字本初，见为司隶校尉"[2]，被德庇时在英译中省略为"Ho-tsin observed that the speaker was Yuen-shaou, the son of Yuen-foong"（何进看去，说话人是袁逢之子袁绍）[3]。而更加次要的人物，德庇时则选择在中文中照录原文英译中删除的方式处理。如"何进引何颙、荀攸、郑泰等大臣三十余员，相继而入"[4]，被英译为"Ho-tsin assembling about thirty of the principal officers of the court, they proceeded in a body to the palace"（何进召集朝廷大将三十余人，齐齐进宫）[5]。这样的处理方式，

[1]（明）罗贯中著：《三国演义：毛评本》（上），（清）毛宗岗评改，上海古籍出版社，1989年，第16页。
[2]（明）罗贯中著：《三国演义：毛评本》（上），（清）毛宗岗评改，上海古籍出版社，1989年，第22页。
[3] John Francis Davis, *Poeseos Sinensis Commentarii. On the Poetry of the Chinese, to Which Are Added, Translations & Detached Pieces*, Macao, China: Printed at the Honorable Company's Press, 1834, pp. 173, 175.
[4]（明）罗贯中著：《三国演义：毛评本》（上），（清）毛宗岗评改，上海古籍出版社，1989年，第22页。
[5] John Francis Davis, *Poeseos Sinensis Commentarii. On the Poetry of the Chinese, to Which Are Added, Translations & Detached Pieces*, Macao, China: Printed at the Honorable Company's Press, 1834, p. 175.

　　避免了在译文正文中再次解释说明他们的身份经历，造成"喧宾夺主"的状况，从而可以在节选译文中更好地按照所选取人物的命运集中叙事、收束主线，有利于减少复杂的人物情节带来的阅读障碍，方便中文学习。

　　其次，德庇时删去了"毛评本"中的几乎所有总评与夹批，仅以脚注的形式保留了一处夹批。上文已讨论，德庇时选取的翻译底本应该为清代流传最广的"毛评本"。"毛评本"在每回故事之前都有数段总评，文中又有小字夹批，这是明代以来文人探讨小说形式技巧和伦理意义的重要形式，同时"毛评本"的小说评点也在一定程度上承担了"自附于《春秋》之义"[1]的叙事功能。但对于德庇时而言，毛评本的评语并非故事情节的主线，其表达的思想内涵和评价者的志趣也不是他的目标读者即中文初学者所需关注的内容，所以在他的译文中，这些内容几乎都未涉及。仅保留的一处小字夹批是原著出现在何太后出言阻止何进杀死所有宦官的情节之后，毛评本夹批原文为"妇人误事"[2]。德庇时注释为："The Chinese commentator here quotes an old maxim, that 'Women are the promoters of trouble—the ruin of public business.'"（这里的中国评论者引用了一句古老的格言，"女性是麻烦的推动者——公共事务的毁灭者。"）[3]

　　另外，德庇时还删去了第二回结尾处的"正是：欲除君侧宵人乱，须听朝中智士谋"的结尾诗，"不知曹操说出甚话来，且听下文分解"一句。第二回"张翼德怒鞭督邮 何国舅谋诛宦竖"与第三回"议温明董卓叱丁原 馈金珠李肃说吕布"的回目标题同样也未译出。这些信息是《三国演

---

〔1〕（清）毛宗岗：《读三国志法》，见（明）罗贯中著《三国演义：毛评本》（上），（清）毛宗岗评改，上海古籍出版社，1989年，前言，第15页。
〔2〕（明）罗贯中著：《三国演义：毛评本》（上），（清）毛宗岗评改，上海古籍出版社，1989年，第23页。又［毛宗岗夹批：妇人误事。］［李渔眉批（李渔眉批）：误天下事者妇人也。］［钟伯敬眉批：妇人误天下大事。］其意相似，故不能以此推断版本。
〔3〕John Francis Davis, *Poeseos Sinensis Commentarii. On the Poetry of the Chinese, to Which Are Added, Translations & Detached Pieces*, Macao, China: Printed at the Honorable Company's Press, 1834, p. 177.

义》原著中的分卷定目或标记回目结尾的标志，尤其是带有比较明显的话本"说书人"口吻的结尾诗，如译出一则有碍于德庇时新拟定两段故事的独立性和连贯性，二则是有关中国诗歌的知识对于中文初学者也是难以掌握的，是属于《汉文诗解》正文中讨论的专业问题。

（二）对原著语言的模仿

《三国志节选译文》以中英对照的形式排印，但是中文部分却采用了中国古籍常用的竖版，阅读方向为从右至左，从上到下，而且不加句读更无分段。对于中文初学者来说，古籍句读是必须掌握的基础知识，这是因为句读的正确与否，常常关乎词、句的意思能否正确理解。从德庇时的两段译文来看，他翻译的准确性还是可以肯定的，这也反映了他理解和熟悉《三国演义》原著的语言。《三国演义》全书用半文半白的语言写成，多用简洁精练的短句叙述事件、描写人物。明人庸愚子蒋大器在《三国志通俗演义序》中以"文不甚深，言不甚俗，事纪其实，亦庶几乎史"概括了其语言风格的突出特色[1]，除了文白相生带来的明白晓畅、雅俗得当之外，还接受了《左传》、《战国策》和《史记》等中国史传文学的影响，具有史书追求真实的叙事特点，这一叙事特点应该就是德庇时所称的同其他东方文学的"夸饰"相对的"守门人般的语言"风格。

《三国演义》原著的语言特色相应影响了《三国志节选译文》的英文句式风格，德庇时的译文多使用简单短句和由并列结构（同位语、插入语）组成的复合长句来模仿汉语的句式，and、but 和英文破折号"—"是他处理并列结构常用的连接方式。如："The three chiefs, accordingly, on the following night withdrew their troops and went over to Choo-tsëen, who received them very honorably, and, joining his forces with theirs, went in

---

[1]（明）罗贯中著：《三国志通俗演义》，上海古籍出版社，1980年，卷首第1页。

pursuit of Chang-paou."[1]其原文为"于是三人连夜引军来投朱儁，儁待之甚厚，合兵一处，进讨张宝。"[2]此句宾语"Choo-tsëen"（朱儁）后面的成分其实是一个宾语从句，但是这个从句里面居然有三个并列的动词"received、joining、went"，以前后皆加逗号的"and"表示它们之间的逻辑关系，这样的表达方式在日常英语中是不常见的，有明显的模仿《三国演义》原著的句式的痕迹。

又如"Upon this Lew-pei observed, 'When Kaou-tsoo formerly obtained the sovereignty, it was chiefly by accepting submission, and thus inducing obedience—Why do you reject their offer？'"[3]其原文为"玄德曰：'昔高祖之得天下，盖为能招降纳顺，公何拒韩忠耶？'"[4]此句虽然把"招降纳顺"用"and"分开，译为"accepting submission, and thus inducing obedience"（接受投降，并以接受投降的方式劝说他们顺从），把并列关系的"招降"和"纳顺"误译为了递进关系。但除了此处之外，本例的断句完全模仿了原文，并且为了还原原句中三个短句的逻辑关系，还把具备完整句子成分的"Why do you reject their offer？"使用破折号"—"同上句连接起来。再如节选译文的最后一句，"Ho-tsin, seized with consternation, would gladly have retired, but the gates were all shut, and the armed men, issuing from their ambush, took him and divided him in twain."[5]其原文为"进慌急，欲寻出路，宫门尽闭，伏甲齐出，将何进砍为两段。"[6]此处英译文

———————————

〔1〕John Francis Davis, *Poeseos Sinensis Commentarii. On the Poetry of the Chinese, to Which Are Added, Translations & Detached Pieces*, Macao, China: Printed at the Honorable Company's Press, 1834, p. 160.

〔2〕（明）罗贯中著：《三国演义：毛评本》（上），（清）毛宗岗评改，上海古籍出版社，1989年，第16页。

〔3〕John Francis Davis, *Poeseos Sinensis Commentarii. On the Poetry of the Chinese, to Which Are Added, Translations & Detached Pieces*, Macao, China: Printed at the Honorable Company's Press, 1834, p. 167.

〔4〕（明）罗贯中著：《三国演义：毛评本》（上），（清）毛宗岗评改，上海古籍出版社，1989年，第17页。

〔5〕John Francis Davis, *Poeseos Sinensis Commentarii. On the Poetry of the Chinese, to Which Are Added, Translations & Detached Pieces*, Macao, China: Printed at the Honorable Company's Press, 1834, p. 191.

〔6〕（明）罗贯中著：《三国演义：毛评本》（上），（清）毛宗岗评改，上海古籍出版社，1989年，第31页。

短句的句子结构和断句形式也明显模仿了原文。可以看出，经过悉心的还原，德庇时的译文很好地再现了原著的句式特点，几乎大部分译文都可以做到短句意群之间的对应。这样的处理方式一方面证明了德庇时对《三国演义》原著语言风格的欣赏，从而尽量在译文中模仿原著的语言风格，另一方面也应该有照顾中文初学者对应英译文学习中文的考虑。

（三）误译之处

除了上文对"招降纳顺"逻辑关系的误释之外，德庇时在文中还有几处比较明显的翻译错误。如中文对照部分的原文误把"王美人"[1]写作了"玉美人"[2]，故而德庇时在英译时也错译为"Yu-mei-jin"[3]。这种错误的出现可能来自于德庇时的抄写笔误或者原书的刊刻失误，但如果德庇时能够找来不同的版本进行校对，这种失误是完全可以避免的。可见德庇时还没有掌握中国传统读书人必备的考据校对功夫。又如德庇时译"张让等知事急，慌入告何后曰……"[4]为"The eunuchs, seeing themselves reduced to extremity, went altogether to the empress, the mother of Ho-tsin, declaring that..."[5]此处的何后应是何进的妹妹，但德庇时误为"何进之母"。相应的是前文中有"那何进起身屠家，因妹入宫为贵人，生皇子辩，遂立为皇后，进由是得权重任"[6]的相关陈述，业已说明二人关系。况且德庇时前文的翻译也无错误："This person was sprung from a very low family, his father having been a butcher; but when his younger sister had been admitted into

---

〔1〕（明）罗贯中著：《三国演义：毛评本》（上），（清）毛宗岗评改，上海古籍出版社，1989 年，第 22 页。

〔2〕John Francis Davis, *Poeseos Sinensis Commentarii. On the Poetry of the Chinese, to Which Are Added, Translations & Detached Pieces*, Macao, China: Printed at the Honorable Company's Press, 1834, p. 170.

〔3〕John Francis Davis, *Poeseos Sinensis Commentarii. On the Poetry of the Chinese, to Which Are Added, Translations & Detached Pieces*, Macao, China: Printed at the Honorable Company's Press, 1834, p. 171.

〔4〕（明）罗贯中著：《三国演义：毛评本》（上），（清）毛宗岗评改，上海古籍出版社，1989 年，第 22 页。

〔5〕John Francis Davis, *Poeseos Sinensis Commentarii. On the Poetry of the Chinese, to Which Are Added, Translations & Detached Pieces*, Macao, China: Printed at the Honorable Company's Press, 1834, p. 175.

〔6〕（明）罗贯中著：《三国演义：毛评本》（上），（清）毛宗岗评改，上海古籍出版社，1989 年，第 22 页。

the Emperor's palace, and borne him a son, who was named Pëen, she become soon elevated to the rank of empress, and Ho-tsin in consequence was raised to high offices."[1]这样的失误只能说是粗疏大意所致了。

　　德庇时以《三国志节选译文》交出了一份答卷，这份答卷也许影响并不如《三国演义》外译史中的其他文本那样篇幅宏大亦或影响巨大，也存在着些许缺陷和遗憾，但德庇时对《三国演义》原著"守门人般的语言"风格的欣赏与模仿，译文因"有利于中文的学习"而做出"第一个尝试把中英文交替排印"的印刷形式的创新，以及译文中按照描述一个（组）人物经历的完整事件选取内容，从而打破了原文的章回体例以集中叙事、收束主线的做法都是极具德庇时个人风格的译文特色，足以在《三国演义》外译史中占据一席之地。

　　从《三与楼》译本到《三国志节选译文》[2]，在接近20年的翻译实践中德庇时的中国小说译文也逐步从青涩走向了成熟，并形成了自身特有的翻译策略：他把翻译中国小说作为了解中国礼仪习俗、风土人情最有效的方法，尤其重视再现故事情节本身；他特别注重小说的道德教化作用，所选择的中国小说几乎都具有宣扬理性和道德规范的主题，并对于小说中不符合道德规范的情节进行了彻底的删改；在译文形式上他尝试通过删节改动、题记补充、比附转化等措施使译文更为符合西方小说的形态、叙事特色和逻辑，但仍在章节题目、回目结构和诗词韵文等方面努力保留中文原著的形式特色；在译文的语言方面他偏爱质朴的表达方式，在部分小说的

---

〔1〕John Francis Davis, *Poeseos Sinensis Commentarii. On the Poetry of the Chinese, to Which Are Added, Translations & Detached Pieces*, Macao, China: Printed at the Honorable Company's Press, 1834, p. 171.

〔2〕按：其实，德庇时还有一处《红楼梦》片断翻译，其刊载于1819年英国伦敦出版的《评论季刊》上。该译文出自《红楼梦》第三回，内容是对王熙凤和贾宝玉二人穿着打扮的描述，仅为两段，篇幅较小。该译文经过了评论者约翰·巴罗的转述，而且"译法僵硬，错误频现"，笔者推断应该是德庇时早期的翻译习作，这里不作单独讨论。参见王燕：《德庇时英译〈红楼梦〉研究——从约翰·巴罗书评谈起》，《红楼梦学刊》2018年第5辑。

翻译中他还有意识地模仿了中文原著的语言特色，他的译文语言呈现出类似于新古典主义的风格；他在遇到难以直译的中国文化信息时一般采用在正文中归化意译，再使用脚注直译原文并补充说明的处理方式，有时还会使用以西方文化为参照，利用西方文学中的名句或西方文化中的相似现象来比附、阐释中国文化信息的翻译策略，从而有助于西方读者跨文化的理解。

　　总之，德庇时的中国小说翻译呈现出中西融合的特色，在尽量传达中国文化信息和照顾西方读者阅读习惯两方面保持了适当的平衡，也兼顾了中国文学的艺术性和审美性，达到了相对优秀的传播效果。

第五章　德庇时的中国诗歌翻译与研究

　　德庇时文学翻译的另一着力点位于中国诗歌之上，他翻译了百余首前人从未涉及的中国诗歌，时间跨越了先秦至德庇时所处的晚清时代，类型涉及三言韵文、四言韵文、五言诗、七言诗、曲、词、对仗格言俗语、对联、民歌、道家经书韵文等形式，内容不但包括《诗经》、唐诗、《三字经》、明清诗歌等这些文学史上声名赫赫的文本，还有来自他所翻译小说《三与楼》《合影楼》《夺锦楼》《好逑传》和《红楼梦》、戏曲《老生儿》《汉宫秋》等文本中的诗词，以及民歌《采茶词》30首、《兰墩十咏》10首等不出名的民间创作。在中国诗歌英译史上，德庇时的贡献不容忽视。更值得重视的是，德庇时还从翻译入手总结归纳了中国诗歌的特点，在《汉文诗解》一书中全面论述了中国诗歌的格律、风格与精神。可以确定地说，德庇时在吸收前人研究成果的基础上，以一人之力把欧洲学界对中国诗歌的认识推进了一大步。

第一节　德庇时之前欧洲学界的中国诗歌翻译与研究概况

　　在德庇时之前，欧洲学者对中国诗歌的翻译较为零散，主要集中在《诗经》中的某些篇目和一些小说、戏剧中的诗歌作品，另外还有清乾隆

214

《御制盛京赋》、《三清茶》、唐王涯的五言绝句《送春词》、远古民歌《击壤歌》等其他零散诗歌。其中钱德明（Jospeh-Marie Amiot）、韩国英、马若瑟（Joseph de Prémare）、雷慕莎、威廉·琼斯、马礼逊等人都有一定量的译作面世，他们之中也有人对中国诗歌的特点和翻译提出过自己的看法。

　　但总体来看，德庇时之前的欧洲学界对于中国诗歌的研究也处于一种不成体系的散发状态。据现有资料来看，欧洲学者对中国诗歌的认识同基督教各修会的传教活动密切相关，中国典籍的外译最早是由他们开始，凝聚了中国文化精粹的儒家经典和反映中国风俗的中国小说和戏剧是他们译介的主要对象，欧洲知识界对中国诗歌的介绍、描述和讨论也大多是由他们或基于他们翻译工作的基础上展开的，其中介绍式的描述和随感式的评论占绝大部分，且大多篇幅较短、不成体系。在这些研究成果中亦有在当时颇有影响的观点出现，其中的一些论述也成为德庇时在《汉文诗解》中谈论中国诗歌特点的基础或是提出反证的标靶。

　　在 17 世纪，介绍中国的书籍大多出自耶稣会士之手，其中有关中国诗歌的话题大多围绕五经之中的《诗经》展开。在谈论《诗经》的内容和意义的同时，能把讨论的范围扩大到整体中国诗歌特征的作者并不多见，其中葡萄牙耶稣会士曾德昭（Alvaro Semedo）和意大利耶稣会士卫匡国（Martin Martini）的相关论述值得重视。

　　曾德昭在其 1638 年完成的《大中国志》（ *Relação da propagação de fě no reyno da China e outros adjacentes* ）中对中国诗歌特征有比较深入的论述。他首先在第十章"中国人的书籍和学术"中简单介绍《诗经》是"古代诗歌，都有隐喻和诗意，其中有关于人类天性的，也有关于不同风俗的"。[1] 而在第十一章"中国的科学和艺术"中，曾德昭不但介绍了诗歌的"采风"制度，还详细描述了中国诗歌的韵律。

---

[1] [葡] 曾德昭：《大中国志》，何高济译，上海古籍出版社，1998 年，第 59 页。

曾德昭认为中国诗歌有如欧洲的歌曲、小调、行诗和情歌。他们也在每行诗的结尾安排声韵，并且有许多诗句，就如我们的十四行诗、八行诗，但有很大的不同。接着，他认为中文所有的词都是单音节，所以一个音节和一个词之间没有区别，而诗句的数量在于字的数目，因为他们的词只有 1 个音节和 1 个字，从语言的差异指出欧洲写诗重视音节数量（一个词可能有多个音节），而中国诗歌注重字数多少的区别。他还提到中国诗歌"没有相应于我们的符合节拍的拉丁诗，如扬抑抑格（Dactil）或抑抑格（Spondees）等等，而是像我们有韵律的十四行诗和小曲，及其他诗句，其中他们有很多不同的写法"。[1] 更为可贵的是，曾德昭以五言八句的中国诗歌为例向读者介绍了中国诗歌的押韵和对仗方式：

> 这类诗有 8 句，每句有 5 个字，每隔行押韵，有如下述：第一句按他们的意思可以有韵或无韵，但第二行必须和第四行押韵；第三、五和七行没有韵，但字必须彼此相对应，诗句也同样要保持对应关系，一如字之彼此相对应，第一个字对第一个字，第二个字对第二个，等等。这种对应不在于韵上，而在于意义上，例如第二句诗的第一个字意思是山、水、火，或其他东西，第四句的第一个字也必须表示类似的事物，全句的第二个字及其余的字也有相同的对应关系，这很讲技巧，但也是困难的。[2]

曾德昭所描述的五言八句的中国诗歌符合典型的中国五言律诗的格律特征，可以说相当准确，但他"这里只向你介绍一种（五言律诗），你就可以得知其余的"[3] 的说法并不严谨，中国古代诗歌中古体诗、绝句和词的

---

[1]［葡］曾德昭：《大中国志》，何高济译，上海古籍出版社，1998 年，第 67 页。
[2]［葡］曾德昭：《大中国志》，何高济译，上海古籍出版社，1998 年，第 68 页。
[3]［葡］曾德昭：《大中国志》，何高济译，上海古籍出版社，1998 年，第 68 页。

格律特征同律诗还是有明显区别的。但在中西交往"初识阶段"，曾德昭对中国诗歌特征的描述无论从深度还是准度上都是无人能及的。

1658 年，卫匡国在《中国上古史》（*Sinicae Historiae Decas Primas*）中也谈到了中国诗歌，他认为：

> 诗歌的艺术在中国是非常古老的，包含了各种不同韵律的诗歌。它们都遵循一定数量的字数规律，并且可按五个单词（应指《五经》）的顺序排列。……关于鲜花、植物和其他同类自然事物的描写，在中国诗歌中很常见；但展现欧洲诗人天才的宗教寓言诗，在中国诗歌中并无一席之地。因为中国诗歌中自然事物的集合作为寓言，是用以教导自然事物的一致性和礼仪之美的。[1]

因卫匡国主要关注的是中国的古代历史，书中对中国诗歌的介绍偏向于其中历史信息的描述，故而在韵律方面没有详细说明，但他对中国诗歌的古老性和"托物言志"的描述还是比较准确的。

在 18 世纪，中西文化交流的主导权逐步转向了法国。随着中法之间文化交流的深入，欧洲学者对中国文学以及诗歌的认识也有所推进。

1714 年，法国学者尼古拉·弗莱雷（Nicolas Fréret）以"中国的诗歌"（*De la Poésie des Chinois*）为题在法兰西铭文与美文学院作报告[2]，这篇报告被认为是"中国诗歌与欧洲人的首次见面"[3]。报告全文于 1723 年刊印在《法兰西铭文与美文学院备忘录》（*Mémoires de littérature de l'Académie*

---

〔1〕Martin Martini, *Sinicae Historiae Decas Primas*, Monachii: Typis Lucae Straubii, Impensis Joannis Wagneri Civis, 1658, p. 96.
〔2〕按：弗莱雷是中法文化交流史上的知名人物——中国人黄嘉略（Arcade Hoangh）的徒弟，曾跟随黄嘉略学习汉语并合作翻译了《玉娇梨》等著作。弗莱雷的中国诗歌知识很有可能来源于他的老师。
〔3〕许明龙：《黄嘉略与早期法国汉学》（修订本），商务印书馆，2014 年，第 287 页。

royale des Inscriptions et belles-lettres）的第三卷中，全文共三页。[1]

　　弗莱雷首先试图从汉语本身的特点切入，来解释中国诗歌的韵律特点。他认为汉语是至今为人所知的最具音乐性和最和谐的语言，汉字多变化，不仅声有长短，而且音分高低，调有升降，与法国的音乐相似。弗莱雷接着从法语诗歌的韵律特点来比较观察中国诗歌，错误地认为中国人一直不懂得利用声调节奏来编排诗句，使诗歌产生音乐感，中国人作诗只考虑音节的数量，然后添加韵脚而已。[2]弗莱雷这样的论述显然是只观察到了"部分的真实"，他显然不清楚中国诗歌中的平仄变化的规律，对中国诗歌的押韵规律也是一知半解。

　　弗莱雷接着选择以诗句音节数的多少对中国诗歌进行分类，他以《诗经》为例[3]说明了中国最初的四言诗由四个音节（syllabes）或字（mots）组成，每个字都是单音节的特点。[4]他又指出"现在的中国诗歌由五个、七个或九个音节组成诗句，古老的四音节诗现在绝少出现"。[5]

　　最后，弗莱雷转入中国诗歌押韵规律的讨论，他认为：

〔1〕Nicolas Fréret, "De la Poésie des Chinois", *Mémoires de littéra- ture de l'Académie royale des Inscriptions et belles-lettres, avec Les Mémoires de Littérature tires des Registres de cette Académie depuis l'année M. DCC. XI jusques et compris l'année M.DCC. XVII,* Paris: Imprimerie Royale, tome 3, 1723, pp. 289–291.

〔2〕Nicolas Fréret, "De la Poésie des Chinois", *Mémoires de littéra- ture de l'Académie royale des Inscriptions et belles-lettres, avec Les Mémoires de Littérature tires des Registres de cette Académie depuis l'année M. DCC. XI jusques et compris l'année M.DCC. XVII,* Paris: Imprimerie Royale, tome 3, 1723, p. 289.

〔3〕按：该诗为"稳口善面，龙蛇难辨，只做一声，丑态尽现。"实际出自《玉娇梨》第二回讥笑杨芳的诗。许明龙先生推测："黄嘉略在向弗莱雷介绍中国诗歌时，举了这首四言诗为例，谈及出处时讲述了上面这则故事，于是也就提到了《诗经》。或是黄嘉略讲得不够清楚，或是弗莱雷听得不够明白，总之，是弗莱雷错把这首诗说成取自《诗经》。"参见许明龙：《黄嘉略与早期法国汉学》（修订本），商务印书馆，2014年，第288页。

〔4〕Nicolas Fréret, "De la Poésie des Chinois", *Mémoires de littéra- ture de l'Académie royale des Inscriptions et belles-lettres, avec Les Mémoires de Littérature tires des Registres de cette Académie depuis l'année M. DCC. XI jusques et compris l'année M.DCC. XVII,* Paris: Imprimerie Royale, tome 3, 1723, p. 289.

〔5〕Nicolas Fréret, "De la Poésie des Chinois", *Mémoires de littéra- ture de l'Académie royale des Inscriptions et belles-lettres, avec Les Mémoires de Littérature tires des Registres de cette Académie depuis l'année M. DCC. XI jusques et compris l'année M.DCC. XVII,* Paris: Imprimerie Royale, tome 3, 1723, p. 290.

中国人在用韵方面虽然不像我们法国人一样区分阴性和阳性，但将不同的韵律交织在诗篇中的方式同样巧妙，有些诗虽然很长，却能一韵到底，这种诗被视为上品。中国诗歌的诗节数总是由偶数构成，有四、六、八、十、十二行诗节，但其押韵的排列和混合方式不同。一般说来，在四行诗节中第一行和第四行、第二行和第三行押韵。但在六行诗节中，第一、四、六行押韵，第二、三行押韵，第五行不押韵；因为一般规律是倒数第二句不必押韵，而倒数第三句则必须与前一句押韵。在八行诗节中，一、四、五、八行同韵，二、三行押韵，六、七行押韵，故八行诗节遵循四行诗节的规律。在十行诗节中，一、四、十行押韵，二、三行押韵，五、八行押韵，六、七行押韵，第九行可押可不押。在十二行诗节中，一、四、九、十二行押韵，二、三行押韵，五、八行押韵，六、七行押韵，十、十一行押韵。[1]

弗莱雷还引用黄嘉略生前翻译的中国小说《玉娇梨》中的八行咏柳诗节，并以罗马字给韵脚注音作为例证：

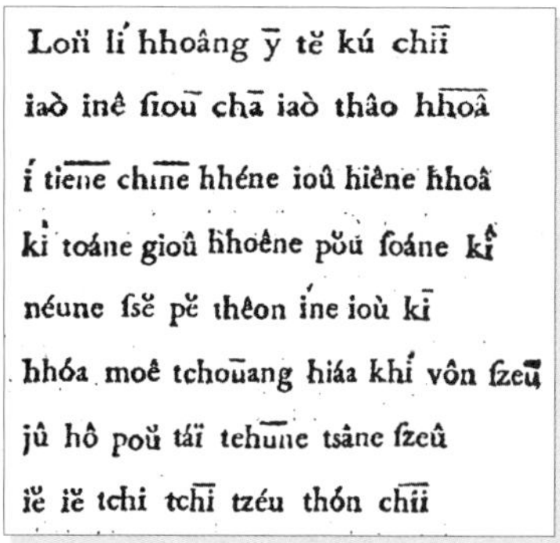
Loŭ lí hhoâng ȳ tĕ kú chīi
iaò inê ſioū chā iaò thâo hhoā
í tiēne chīne hhéne ioû hiène hhoâ
kì toáne gioû hhoêne pŏu ſoáne kî
néune ſsĕ pĕ thêon íne ioù kī
hhóa moê tchoūang hiáa khí vôn ſzeū
jû hô poŭ táï tehūne tsâne ſzeû
ïĕ ïĕ tchi tchī tzéu thón chīi

图 5-1
弗莱雷《中国的诗歌》一文中《玉娇梨》诗句的罗马注音
—
来源：
《法兰西铭文与美文学院备忘录》，Imprimerie Royale, 1723

〔1〕Nicolas Fréret, “De la Poésie des Chinois”, *Mémoires de littéra- ture de l'Académie royale des Inscriptions et belles-lettres, avec Les Mémoires de Littérature tires des Registres de cette Académie depuis l'année M. DCC. XI jusques et compris l'année M.DCC. XVII*, Paris: Imprimerie Royale, tome 3, 1723, p. 290.

其原诗为《玉娇梨》第六回"丑郎君强作词赋人"中苏友白所作《新
柳诗》：

> 绿里黄衣得去时，夭淫羞杀杏桃枝。
>
> 已添深恨犹闲挂，拼断柔魂不乱垂。
>
> 嫩色陌头应有悔，画眉窗下岂无思？
>
> 如何不待春蚕死，叶叶枝枝自吐丝。[1]

如果依照汉语原诗的韵脚，不难看出弗莱雷所言八行诗节的押韵规律
的描述是无法与之契合的。造成这一结果可能同黄嘉略的福建方言口音相
关，但客观上来看，弗莱雷对中国诗歌押韵规律的认识还存在着相当多的
误解，甚至连基本的平仄规律、今体诗和古体诗的区别都没有提及。总体
而言，弗莱雷对中国诗歌的认识虽具有开创意义，但仍不免囿于自身视角，
对中国诗歌的认识不够深入，介绍过于简单，且存有诸多误解。

1735 年出版的杜赫德主编的《中华帝国全志》(*Description
Géographique, Historique, Chronologique, Politique et Physique de l'Empire de la
Chine et de la Tartarie Chinoise*) 第三卷中，收录了法国传教士殷弘绪 (Père
François-Xavier Dentrocolle) 的一篇名为《中国人对诗歌、历史和戏剧的
喜爱》(Du Goût des Chinois pour la Poésie, pour l'Histoire, et pour les Pièces
de Théatre) 的文章。[2] 殷弘绪的这篇文章位于他翻译的《今古奇观》三
则小说之前，大部分内容是关于中国小说的讨论，对中国诗歌介绍的内容
仅是其中一小部分，位于该文前四段。

殷弘绪在文章开头谈到："要认识中国诗歌的美，就必须精通他们的

---

[1]（清）黄秋散人编次：《玉娇梨》，人民文学出版社，1999 年，第 70 页。
[2]［法］蓝莉著：《请中国作证：杜赫德的〈中华帝国全志〉》，许明龙译，商务印书馆，2015 年，第 239 页。

220

语言；但学习汉语不是一件容易的事，所以这里只能给读者一些肤浅的看法。"正如殷弘绪所言，他对中国诗歌的论述谈不上深入的研究，更多是观察记录式的描述："中国人创作的诗篇，有点像我们欧洲诗人的十四行诗、回旋诗、牧歌和小调。"殷弘绪同弗莱雷一样也注意到了汉字的单音节特征对诗歌的影响："中国的诗句是用许多单音节词的字数来衡量的：诗句有的长，有的短，也就是说，诗句中有或多或少的字，这些诗句的美在于其节奏的多样性和和谐性。"殷弘绪还粗浅地谈到了中国诗歌的押韵和对仗："中国诗歌中的诗句在韵律和词语的意义上应该相互关联，诗句之间有各种悦耳的音调。中国还另有一种无韵诗，这种诗由形成对立的事物构成，以致第一句同春天有关，则第二句就与秋天有关；或者第一句同火有关，则另一句应该是关于水的。这种作诗方式有其艺术性和困难性。"最后，殷弘绪总结："中国诗人是热情洋溢的：他们的表达往往是寓言式的，知道如何恰当地使用人物形象，使风格更热烈动人。"[1]殷弘绪对中国诗歌的议论虽然浅显，但因为《中华帝国全志》在欧洲的广泛阅读，也应有一定影响。

　　1761 年，英国学者托马斯·珀西在他编译的《好逑传》（*Hao Kiou Choaan or the Pleasing History*）译本第四卷的附录《中国诗歌片段：附论文》（Fragments of Chinese Poetry: With a Dissertation）中收集和整理了前人关于中国诗歌的观点。《中国诗歌片段：附论文》并非简单的中国诗歌片段翻译罗列，而是由标题页、题记、前言（Advertisement）、论文"中国诗歌论"（A Dissertation on the Poetry of the Chinese）、译诗说明（Introduction）、中国诗歌片段（Fragments of Chinese Poetry）（21 篇，并非完全为诗歌，包括格言、寓言等）和后记（Postscript）组成的独立篇

---

〔1〕Jean-Baptiste Du Halde, *Description Géographique, Historique, Chronologique, Politique et Physique de l'Empire de la Chine et de la Tartarie Chinoise*, Tome 3, Paris: P. G. Le Mercier, 1735, p. 290.

章。我们在上一章已经讨论了德庇时对《好逑传》的重译和对珀西译本的
批评，由此推断德庇时自然读过这篇附录。

　　上述这些部分中涉及对中国诗歌特征研究的部分并不局限于"中国诗
歌论"这一论文。在题记部分，珀西直接引用了上文所述的卫匡国在《中
国上古史》中有关中国诗歌的论述。[1]而在前言中，珀西谈论了翻译中国
诗歌的困难和他选择的翻译策略。

　　珀西认为："诗歌的花朵是如此的娇嫩，以至于它们很难被移植到外
国语言中。从一个翻译作品中，我们只能判断情感，表达的奇特之美将
逃过我们的视线。"珀西还就不同民族（国家）诗歌进行翻译的难度做出
了比较：

　　　　任何越接近野性自然状态的民族，其习俗和观念也就越稀少
　　和简单，可以简单地设想他们的诗歌对其他民族将会愈加容易和
　　易懂，因为这些诗歌将包含最易理解的场景，构成这些栩栩如生
　　场景的图像取自最早也是最引人注目的自然景观；而当一个民族
　　长期在民政的状态下培养，当他们的风俗习惯被提升到最高程度
　　时，当他们的宗教观念和仪式变得多样化和复杂时，他们的诗歌
　　就会充斥着对自己特点不断暗示的典故，这对其他民族来说似乎
　　是苛刻和晦涩的。

　　中国诗歌在珀西看来就属于后者，尤其是其中对于"欧洲而言生僻和
遥远的习语"更加难以翻译，欧洲语言也难以表达中国诗歌中的美。所以
综合考虑中国诗歌的特点，珀西选择"这一英文版尽量按字面意思翻译，

---

[1]James Wilkinson, trans., Thomas Percy, ed., *Hao Kiou Choaan or the Pleasing History*, Vol. 4, London: Printed for
R. and J. Dodsley in Pall-mall, 1761, p. 198.

以免以文雅为目的而偏离中文原文的意义"。[1]

　　在前言的最后一页，珀西还附上了上文我们提过的杜赫德主编的《中华帝国全志》第三卷中《中国人对诗歌、历史和戏剧的喜爱》一文开头的一段话——"要认识中国诗歌的美，就必须精通他们的语言；但学习汉语不是一件容易的事，所以这里只能给读者一些肤浅的看法。"[2]这段话同样表达了珀西对中国诗歌翻译困难性的认识，可以说他在殷弘绪的文章中找到了共鸣。

　　珀西在"中国诗歌论"这一论文[3]的题目之下注明该论文来自"弗莱雷先生的回忆录"，"出自 1711 年至 1717 年的《法兰西铭文与美文学院备忘录》之中"。珀西所说的这篇文章正是我们上文分析过的弗莱雷"中国的诗歌"（ *De la Poésie des Chinois* ）这篇报告，但如果把这两篇文章仔细比对可以发现，珀西在"中国诗歌论"中不但相对完整地翻译了弗莱雷的报告，还在某些语句的表述上有所调整，增加了原文没有的多处注释。更加值得注意的是，珀西还在文章的 212 页之后自己补充了一半篇幅的内容。

　　珀西认为弗莱雷的报告同传教士们的说法相一致。此外，"传教士们的一些材料还能补充弗莱雷报告中一些没有提到的其他有关中国诗歌的细节"。传教士的相关材料告诉读者"中国诗歌中的诗句之间有特殊的关系，不仅在它们的押韵上，而且在它们的符号和意义上"。[4]而后，珀西引用了我们上文曾提到的曾德昭的《大中国志》（原注：*P. Semedo*, p. 56. ）和杜赫德主编的《中华帝国全志》中《中国人对诗歌、历史和戏剧的喜爱》

---

［1］James Wilkinson, trans., Thomas Percy, ed., *Hao Kiou Choaan or the Pleasing History*, Vol. 4, London: Printed for R. and J. Dodsley in Pall-mall, 1761, pp. 199–201.

［2］Jean-Baptiste Du Halde, *Description Géographique, Historique, Chronologique, Politique et Physique de l'Empire de la Chine et de la Tartarie Chinoise*, Tome 3, Paris: P. G. Le Mercier, 1735, p. 290.

［3］James Wilkinson, trans., Thomas Percy, ed., *Hao Kiou Choaan or the Pleasing History*, Vol. 4, London: Printed for R. and J. Dodsley in Pall-mall, 1761, pp. 203–219.

［4］James Wilkinson, trans., Thomas Percy, ed., *Hao Kiou Choaan or the Pleasing History*, Vol. 4, London: Printed for R. and J. Dodsley in Pall-mall, 1761, pp. 212–213.

（原注：*P. Du Halde*, 2. 146.）两则材料中有关诗歌对仗的论述，得出自己
的看法："简单来说，中国诗歌作得越是难解和工巧，所得的评价就会越
高。"[1]

珀西还从多方面说明了诗歌在中国社会生活中的重要性：诗歌艺术是
"中国人道德宗教和政治的第一载体，并且一直受到特殊的敬仰与尊重。
写诗的能力在中国不仅可以获得普遍的称赞，而且是所有伟大的学者和文
官所必需拥有的条件之一。他们经常有机会发挥这些才能，因为皇帝有时
会寄给他们图片或家具，让他们用诗意的铭文来点缀。在中国人的聚会中，
也时常有次第即兴作诗行令的娱乐活动"。[2]

珀西在下文笔锋一转谈起了中国诗歌的类型特征和审美特质，他采用
中西比较的方式考察中西诗歌的类型异同，认为"归根结底，中国诗歌似
乎主要是警句类的，由难懂的词构成，但其高雅的品位和合理的批评会让
我们欧洲人忽视这一点。似乎中国人从未尝试过创作任何更高类型的诗歌，
至少在史诗方面是这样；中国戏剧是否可以例外是值得怀疑的，因为中国
的戏剧就像意大利歌剧一样，似乎是穿插着几句台词的平淡无奇的对白。
必须承认中国的古代颂诗有一种庄严的质朴感，但如果我们以杜赫德书中
的中国诗歌作为例子判断的话，它们是关于道德的庄严演讲，而不是我们
从它们的题目中期望的那种充满了勇敢大胆的崇高感"。珀西还认为中国
诗歌要么是类似于上古时期的警句、回旋诗和牧歌的短篇，要么是道德箴
言集，缺乏"那种只有通过真正研究大自然及其朴实的美才能实现的高贵
的朴素"。[3]而他又笔锋一转，认为"然而，在错误的品味可能限制或掩

---

[1] James Wilkinson, trans., Thomas Percy, ed., *Hao Kiou Choaan or the Pleasing History*, Vol. 4, London: Printed
for R. and J. Dodsley in Pall-mall, 1761, pp. 213-214.

[2] James Wilkinson, trans., Thomas Percy, ed., *Hao Kiou Choaan or the Pleasing History*, Vol. 4, London: Printed
for R. and J. Dodsley in Pall-mall, 1761, pp. 214-215.

[3] James Wilkinson, trans., Thomas Percy, ed., *Hao Kiou Choaan or the Pleasing History*, Vol. 4, London: Printed
for R. and J. Dodsley in Pall-mall, 1761, pp. 216-217.

盖它的所有限制和伪装中，真正的天才将发挥其力量；因此在中国诗歌中，经常会发现一些值得钦佩的东西”。[1] 在珀西对中国诗歌类型特征的论述中，对后世影响最大的可能就是他关于中国诗歌中没有史诗这一诗歌类型的判断。在中西交往之初，欧洲学者翻译的中国诗歌中确实缺少长篇的叙述诗，他们也没有注意到汉语区之外的周边少数民族中大量存在的史诗作品，故在西方一个时期内形成了“中国没有史诗”的定论。但这一观点是否始于珀西还有待考证，但后世学者如黑格尔（1835）、德庇时（1829）等人的类似表述确实晚于珀西。另外，珀西还在《中国诗歌片段：附论文》的后记（Postscript）中引用了上文我们讨论过的殷弘绪对中国诗歌的总结描述。[2]

　　总的说来，珀西对于中国诗歌的认识大多来自于他人的转述和对于已经翻译成为欧洲语言的“中国诗歌”的观感，他的诗歌翻译工作也只是收集其他欧洲语言书籍中的中国诗歌片段然后统一译为英语，但他在中国诗歌问题的论述上还是“有可取之处”的[3]，尤其是他对中国诗歌类型和审美特征的相关论述很有可能影响了欧洲知识界对于中国诗歌的看法。

　　1776 年，由法国耶稣会传教士钱德明等人主编的大部头丛书《北京传教士关于中国历史、科学、艺术、习俗等的论丛》（*Mémoires Concernant L'histoire, Les Sciences, Les Arts, Les Moeurs, Les Usages, &c. Des Chinois: Par Les Missionnaires De Pékin*）的第一卷出版，其中收录了法国耶稣会传教士蒋友仁（P. Benoist Michel）的《一封关于汉字的信》（Lettre Sur Les Caractères Chinois），其注释 283 中以《诗经》中的《邶风·击鼓》中的第一句“击鼓其镗”中的拟声词“tang”比较了《荷马史诗》中对拟声词的运用，认

[1] James Wilkinson, trans., Thomas Percy, ed., *Hao Kiou Choaan or the Pleasing History*, Vol. 4, London: Printed for R. and J. Dodsley in Pall-mall, 1761, p. 218.

[2] James Wilkinson, trans., Thomas Percy, ed., *Hao Kiou Choaan or the Pleasing History*, Vol. 4, London: Printed for R. and J. Dodsley in Pall-mall, 1761, p. 255.

[3] 范存忠：《珀西的〈好逑传〉及其它》，《外国语》（现《上海外国语学院学报》），1989 年第 5 期。

为二者是相似的手法。[1]1779 年，该丛书的第四卷中刊登了一篇名为《孝道诗文选译》(Diverses Pièces en Vers et en Prose Sur La Piété Filiale) 的文章，其前言部分谈到了中国诗歌的翻译问题，作者认为：

> 中国人作诗使用一种所有的字都表达动作与图像的语言。难以想象能够在毫无损害诗意的情况下把诗句翻译出来。中国诗歌辞藻华丽，反映了传统、经书、文学和习俗、观点和成见，还有看待事物和表述看法的方式。毫无疑问，中国人的思维和观念与我们的千差万别，这一差距比两个国家之间的实际地理距离更加遥远。用我们的语言再现中国的诗歌语言，是不伦不类的，翻译是不可能的。[2]

这是一种中国诗歌难以用欧洲语言翻译的观点，在 18 至 19 世纪的法国汉学家中颇为流行。[3]

1785 年，法国耶稣会士、学者格鲁贤（Jean Baptiste Gabriel Alexandre Grosier) 的《中国通典》(Description Générale de la Chine) 出版，其第四卷第二章 "诗歌" 中也介绍了中国诗歌的相关知识。同珀西的意见不同，格鲁贤认为中国人 "并不重视诗歌，作诗的艺术很少引起政府的注意和鼓励"。在谈到中国诗作的审美观念时，他的见解也同珀西相左。他认为 "中国诗论并不远离贺拉斯和布瓦洛的规则。……崇高的思想、连续的形

---

[1] P. Benoist Michel, "Lettre Sur Les Caractères Chinois", Joseph Amiot et al., *Mémoires Concernant L'histoire, Les Sciences, Les Arts, Les Moeurs, Les Usages, &c. Des Chinois: Par Les Missionnaires De Pékin*, Paris: Nyon, 1776, Tome 1, p. 313.

[2] "Diverses Pièces en Vers et en Prose Sur La Piété Filiale", Joseph Amiot et al., *Mémoires Concernant L'histoire, Les Sciences, Les Arts, Les Moeurs, Les Usages, &c. Des Chinois: Par Les Missionnaires De Pékin*, Paris: Nyon, 1776, Tome 4, p. 168.

[3] 参见 [法] 包世潭著：《涵化与本土化：18—19 世纪法国文学界对中国诗歌艺术的诠释》，郭丽娜译注，《中山大学学报》(社会科学版)，2021 年第 6 期。

象、温馨的和谐产生真正的诗歌。"也就是说，格鲁贤认为中国诗歌具有西
方人追求的古典美学特征，尤其是"崇高"。他还谈到了中国诗的写作规
则："写诗选词尤其难。中国诗句只接受最强有力、最生动如画、最和谐
的语词，并且必须总是以古人赋予的含义使用它们。……意味着一个民族
严格而精妙的审美观。"[1]在论述中国诗歌的韵律时，格鲁贤的见解并没有
超出前人。另外，他还就诗歌中的用典修辞、类型等进行了中西比较，整
体而言并没有太多突破性的认识。[2]

　　在19世纪初，英国开始积极发展在远东的商贸和传教活动。随着以
马礼逊为代表的第一批新教传教士来华，英国的汉学研究开始崭露头角，
同法国汉学形成竞争之势。新的研究力量的加入使欧洲的中国诗歌研究也
有了新的推进，其中比较引人注目的研究者有英国传教士马礼逊、英国学
者乔治·托马斯·斯当东爵士（小斯当东）、汤姆斯和法国学者雷慕莎。

　　1815年，德庇时的中文老师马礼逊在他编写的中文教材《通用汉言
之法》（ A Grammar of the Chinese Language ）一书中，单辟"韵文"（Of
Prosody ）一节论述了他对中国诗歌的认识。相较前人，马礼逊的研究可谓
有了显著的推进：

　　首先，他在"汉语的声调"（Of Tones）一节中详细和准确地论述了
汉语声调中的四声（重音、平仄）和注音规则[3]，为"韵文"一节关于中
国诗歌格律规则的讨论奠定了基础。

　　第二，他翻译引用清代王尧衢编著《唐诗合解》凡例中的"譬之于木，
《三百篇》根也，苏李发萌芽，建安成拱把，六朝生枝叶，至唐而枝叶垂

〔1〕［法］格鲁贤编著：《中国通典》（下部），张放、张丹彤译，大象出版社，2109年，第442页。

〔2〕［法］格鲁贤编著：《中国通典》（下部），张放、张丹彤译，大象出版社，2109年，第443-451页。

〔3〕Robert Morrison, *A Grammar of the Chinese Language*, Serampore: Printed at the Mission Press, 1815, pp.
19-33.

阴，始花始实矣"来概括中国诗歌的发展历史。[1][2]这段话以发展的眼光
看待中国诗歌，而非把中国诗歌看作固定不变的事物，这是前人未曾涉及
的观点。

　　第三，马礼逊以七言诗和五言诗为例，准确地说明了中国诗歌的押韵
和平仄规律：

> 　　颂诗（odes）每行包括五个字，每首诗有四行、八行或十六
> 行。那些每行七个字的诗，每首诗有四行或八行。第二行、第四
> 行、第六行和第八行需要押韵。他们经常也让第一行同其他行押
> 韵。这种节奏他们称为"同韵"，并用押韵字的位置来支配诗句。
> 他们这样说——"五言八韵"，即一首诗每行五个字，共十六行，
> 每行都以同韵字结尾。如果一行诗是五言，第二个字是平声，第
> 四个字则是仄声，反之亦是，第二个字是仄声，第四个字则是平
> 声。还需满足每两行诗句中的第二个字和第四个字，如果一行是
> 平声，那么另一行须是仄声。类似的规则也存在于七言诗中，在
> 七言诗中每行的第二、第四、第六个字须要平仄不同。[3]

　　马礼逊对平仄规律的总结虽不全面，但并无较大的错误。从现有材料
来看，马礼逊是第一个相对明晰地论证了中国诗歌平仄规律的西方学者。

---

〔1〕Robert Morrison, *A Grammar of the Chinese Language*, Serampore: Printed at the Mission Press, 1815, pp.
273–274.

〔2〕（清）王尧衢注：《唐诗合解笺注》，单小青、詹福瑞点校，河北大学出版社，2000年，凡例，第1页。
王尧衢的以树比诗这段话其实来自明末清初的诗论家叶燮所著《原诗》，但王尧衢却稍有改动。《原诗·内
篇下》云："譬诸地之生木然：三百篇则其根，苏李诗则其萌芽由蘖，建安诗则生长至于拱把，六朝诗则有枝
叶，唐诗则枝叶垂萌，宋诗则能开花……"而《唐诗合解》则改为"……至唐而枝叶垂萌，始花始实矣"，
这一改动同马礼逊的译文相符；再者马礼逊称"一位中国作家在他编辑的诗集的序言中，把中国诗歌发展的
历程比喻成一棵树的逐渐生长过程"，也证明了这段话来自一篇诗集的序言部分，故可以认为马礼逊的译
文来自《唐诗合解》。

〔3〕Robert Morrison, *A Grammar of the Chinese Language*, Serampore: Printed at the Mission Press, 1815, pp. 274–275.

第四，马礼逊还介绍了除"诗"（*she*）以外的其他类型的中国诗歌：

> 其他种类的诗歌比"诗"不规则一些，一般会有更长的篇幅，如"赋"。除此之外，还有一些短小的片段算是歌，他们称为"歌"、"曲"、"辞"或"词"。如果没有足够广泛的中国古代历史、风俗和礼仪知识，理解他们的诗歌作品是非常困难的。这些诗作的精髓和美感往往取决于一些外国人察觉不到的细微典故，除此之外，诗歌的文体特别简洁，还会使用不常见的词语。

马礼逊还列举汉语原诗和对应翻译了唐代谭用之的《寄友人》、清代宋凌云的《忆父》、唐代王涯的《送春辞》、南朝梁萧纲的《江南曲》分别作为七言诗、辞和曲的例子。[1]对除古诗、律诗和绝句等这些"正统"的中国诗以外的"赋、歌、曲、词"的介绍和举例说明在之前的西方学者那里也是极少见的，这也是马礼逊的创举。

作为德庇时的中文老师，马礼逊的中文教材《通用汉言之法》中讲述的中国诗歌知识自然会影响到德庇时对中国诗歌的认识，我们在后者的《汉文诗解》中可以明显看出其老师观点的重现。马礼逊还同样影响了同在英国东印度公司广州商馆工作的印刷工汤姆斯，在其译作《花笺记，中国求爱诗》（*Chinese Courtship, in Verse,* 1824）的序言中汤姆斯有关中国诗歌的论述也表达了类似的见解，但亦有部分的推进。

汤姆斯的《花笺记，中国求爱诗·序言》是一篇研究中国诗歌的风格特色、形式特征、发展历史等方面的论文。文章有意识地采用了中西比较

---

[1] Robert Morrison, *A Grammar of the Chinese Language*, Serampore: Printed at the Mission Press, 1815, pp. 275–279.

的方式从不同方面归纳中国诗歌的特征，其某些观点值得留意：

　　第一，中国诗歌中不存在史诗。汤姆斯认为其一是因为"中国诗歌缺乏古希腊罗马式的崇高和西方对神灵的尊崇"。在中国虽然作诗的才能使人尊重，但是写诗是世俗化的、实用化的，很多人学诗是为了准备三年一次的科举考试。其二是因为虽然中国人擅长写诗，也充分地发挥了才能和创造力，但却拘泥于古时留下的规范。"中国人写诗时喜欢对事物进行暗示，而不是详细的描写"的写作方式限制了作品的篇幅。[1]这样的解释可以说比珀西的史诗论述更进一步。

　　第二，汤姆斯进一步总结了中国诗歌的平仄和对仗规律：

　　　　中国诗歌由多个诗节组成，每个诗节有四个或八个诗句，每一句为五言或者七言，而且隔行押韵。在五言诗或七言诗中，还存在着隔字押韵的规律：也就是如果诗句中第二个字是平声，第三个字一定为仄声，其中仄声包括上、去、入三种形式；第四字为平声，这和同一句中的第二个字一样。这种隔字押韵的规律在整首诗中通行，这样第一句和第三句中字与字之间的押韵规律相同，第二句和第四句中字与字之间的押韵规律相同。在有八个诗句的律诗中，为了使之隔行押韵，中国人通常让诗中的四个中间句保持意义和形式上的高度一致；也就是如果第三句的头两个字表达了一个独立的含义，或者两个独立的动作，那么第四句的头两个字一定也要表达对应的一或两种意思；同样的规律在四个中间句中的后三个字中也能注意得到：也就是如果在这四句中，除了第三句的任意一句的后三个字表达了一种、两种或三种意象

---

〔1〕Peter Perring Thoms, *Chinese Courtship, in Verse*, London: Published by Parbury, Allen, and Kingsbury, Leadenhall Street; Macao, China: Printed at the Honorable East Indian Company's Press, 1824, pp. iii—iv.

230

时，第三句也必须含相同数目的对应意象，其余的两句也要如此
办理。这种诗体在中国诗歌中被认为是最难驾驭的，能写作律诗
的诗人也是最令人钦佩的。因为写作律诗需要诗人博闻强识，这
种记忆的需求还来源于汉语的单字成词，而且组成短语需要两个
或两个以上的字，这是很多诗人不擅长的。[1]

　　汤姆斯把中国诗歌的平仄规律总结为"隔字押韵"（也就是平仄相
间），显然是不准确的。这种平仄隔字相间的特殊情况只有在某些古体诗
的拗句中才会偶尔出现，并不是中国诗歌的常态。但他在论述中国诗歌的
对仗规律时，却比较准确地说明了"中间两联对仗"这一中国律诗对仗的
常规形态，这是以前的西方学者未曾注意的。

　　第三，汤姆斯通过旁征博引中西方文献来说明中国诗歌的特点。在序
言中汤姆斯节译了《唐诗合解》的序言和凡例中讲述诗歌历史的部分，引
言部分从"诗不从《三百篇》始"到"《离骚》继起转为汉"，连接至
"譬之于木，《三百篇》根也，苏李发萌芽，建安成拱把，六朝生枝叶，至
唐而枝叶垂阴，始花始实矣"结束。如上文所述，这一段引用最早在马礼
逊的中文教材《通用汉言之法》中出现。但两者相较，汤姆斯的版本多了
《唐诗合解》序言部分的"诗不从《三百篇》始"到"《离骚》继起转为
汉"，其中增加了对《典谟》和《离骚》介绍的内容，更为清晰地勾勒出
了中国诗歌的历史发展轨迹。[2]另外，汤姆斯在序言中还引用了乔治·托

---

[1] Peter Perring Thoms, *Chinese Courtship, in Verse*, London: Published by Parbury, Allen, and Kingsbury, Leadenhall Street; Macao, China: Printed at the Honorable East Indian Company's Press, 1824, pp. viii–x.
[2] 参见彼特·汤姆斯：《英国早期汉学家彼特·汤姆斯谈中国诗歌》，蔡乾译注，《国际汉学》2016 年冬之卷（04 期）。

马斯·斯当东爵士[1]有关中国诗歌的结构特征的讨论[2]，以及宝宁爵士
（John Bowring）有关俄国诗歌的评论。[3]

　　汤姆斯的《花笺记，中国求爱诗·序言》虽然在总体上受马礼逊的影
响较深，但也在中国律诗对仗规律和中国诗歌的历史发展轨迹的相关认识
上有所推进，但还称不上突破。

　　汤姆斯的《花笺记》也引起了法国汉学界的关注，法国著名的《学
者杂志》（Journal des Sçavans）在 1826 年发表了雷慕莎有关《花笺记》的
评论，雷慕莎受汤姆斯《花笺记，中国求爱诗·序言》的影响，以进步论
阐述中国诗歌发展史，他认为早期中国诗歌只有简单的韵脚，最常见的情
况是同一个字的重复出现，后来有了各种音步，并形成韵脚体系。此外，
雷慕莎还指出中国诗歌的基本特征之一是诗句不能跨行："每个汉语诗句

---

〔1〕乔治·托马斯·斯当东同马礼逊、德庇时和汤姆斯一样都有过在英国东印度公司广州商馆工作的经历，同
　　时他还是英国东方翻译基金、英国亚洲学会伦敦分会的创立者，他推动了英国专业汉学的发展。这段论述选
　　自乔治·托马斯·斯当东爵士《中国杂文汇编》（Miscellaneous Notices Relating to China, 1822）一书中《关于
　　汉语与诗歌的笔记》（Note on the Chinese Language and Poetry）一文，该文也是在 19 世纪初期关于中国诗
　　歌一篇有价值的论文。在汤姆斯没有引用的部分，乔治·托马斯·斯当东还认为"汉语中肯定有丰富的同义
　　词和隐喻，并具有很强的诗意精炼能力"，"在中国，诗歌艺术的研究时间可能比地球上任何国家都长，实
　　践也更广泛，表达上的微妙和精致自然会成为其更主要的要求。要理解这种诗歌，除了语言本身的习得之外，
　　还需要：一、有必要非常广泛地了解该国公认历史中所包含的所有事实，无论是神话般的还是真实的；二、
　　还必须相当熟悉该国所有古典诗歌，因为这些通常是相同描述的所有后续作品的范本；三、有必要对人们的
　　日常习惯、娱乐、接受的观念和迷信有一个普遍的了解。如果没有这种知识，他们所有的观念联系所依据
　　的基础就很容易弄错。" Sir George Thomas Staunton, Miscellaneous Notices Relating to China: And Our Commercial
　　Intercourse with that Country, Including a Few Translations from the Chinese Language. London: John Murray, Albemarle
　　Street, 1822, pp.66,68–69.
〔2〕汤姆斯引用的部分为："我们没有高估理解中国诗歌的巨大困难，但这个困难似乎被我们归咎于错误的原
　　因。……中国诗歌的结构原则实际上同我们西方的诗歌非常相似。中国诗歌的诗节可以依照我们的原则衡量，
　　中国诗歌中文字的顺序排列被我们称之为中国人的口音或语调，就像我们诗中的音节和词汇的调节，当单音
　　节的词出现时它们被挑选出来并按照数量的多少来放置，这同我们的词汇的排列规律一样。中国诗歌之美与
　　对其理解的困难产生于几乎同样的原因——也就是中国诗歌对意象、隐喻和暗示的运用，以及有时在诗中出
　　现的个体化的表达，这样虽然避免了陈腐或浅白，但马上以一种快乐和适当的方式打击了聪明的读者。" Sir
　　George Thomas Staunton, Miscellaneous Notices Relating to China: And Our Commercial Intercourse with that Country,
　　Including a Few Translations from the Chinese Language, London: John Murray, Albemarle Street, 1822, pp. 67–68.
〔3〕Sir John Bowring, Specimens of the Russian Poets: With Preliminary Remarks and Biographical Notices, Vol. 2,
　　London: Printed for G. and W. B. Wittaker, 1822, pp. XIV–XV.

必须是一个完整的意义，跨行是绝对不能允许的。"〔1〕雷慕莎还在文中抱怨了翻译中国诗歌的困难："不仅细微之处很容易出现误读，而且词若不达意，即失之千里，与原意背道而驰。总之，即便是忠实的翻译，也只是逮住某些字句的意义，无法彻底诠释隐含之义，表达特殊或附加的婉转之意。"〔2〕其实早在 1811 年发表的《中国语言文学论》（*Essai sur la Langue et la Littérature Chinoises*）中，雷慕莎已经表达了类似的观点：

> 汉字画面感强，从属于视觉，不是约定俗成的、贫瘠的听觉
> 符号。它们表述事物本身，刻画事物的基本特征，以至于需要用
> 好几句话才能诠释一个字的意义。这种文字具有强大的生命力，
> 我认为将它们翻译成任何一种语言都是不可能的。〔3〕

尽管认识到了跨越文化和语言的隔阂所带来的中国诗歌翻译和研究的困难，但欧洲的汉学家们还是前赴后继，努力把中国诗歌翻译成欧洲语言，并在此基础了进行了小有成果的研究。这些成果大多都被德庇时如饥似渴地学习和吸收，并在他日后的翻译和研究中有所体现。

〔1〕Jean Pierre Abel Rémusat, "Hoa-tsian: Chinese courtship in verse, to which is added an appendix treating of the revenue in China, & c. ; by P. Perring Thoms. London and Macao（China）, 1824, in-8°," *Journal des Sçavans*, Paris: Imprimerie Royale, février, 1826, pp. 68–69. 参见［法］包世潭著：《涵化与本土化：18—19 世纪法国文学界对中国诗歌艺术的诠释》，郭丽娜译注，《中山大学学报》（社会科学版）2021 年第 6 期。
〔2〕Jean Pierre Abel Rémusat, "Hoa-tsian: Chinese courtship in verse, to which is added an appendix treating of the revenue in China, & c. ; by P. Perring Thoms. London and Macao（China）, 1824, in-8°," *Journal des Sçavans*, Paris: Imprimerie Royale, février, 1826, pp. 69–70.
〔3〕Jean Pierre Abel Rémusat, *Essai sur la Langue et la Littérature Chinoises*, Strasbourg: Treuttel et Wurtz, 1811, pp. 11–12.

第二节　德庇时的中国诗歌翻译

德庇时的中国诗歌英译同样开始于他的汉语学徒时期，在本书第三章中笔者在分析德庇时《三与楼》（1815）译文时列举的几首诗歌应该是德庇时最早的一批中国诗歌译作。而他在1850年出版的《诗与批评》一书中对《诗经》中《小雅·谷风》、《召南·鹊巢》和《小雅·甫田》的"创造性翻译"是已知公开发表的文献中德庇时最晚的一批中国诗歌译作。在近35年的时间跨度中，德庇时陆续译出中国诗歌160余首，其数量在同时期的欧洲汉学家中名列前茅。

为了方便讨论，笔者按照翻译的先后顺序，将德庇时翻译的原诗文篇名统列如下：

1815年的《三与楼》（清代李渔作）译本中收录的4首诗歌如下：开场诗一《茅庵改姓属朱门》、开场诗二《百年难免属他人》，《诗经》中《召南·鹊巢》的"维鹊有巢，维鸠居之"二句，终场诗《割地予人去》。

1817年《老生儿》（元代武汉臣作）译本收录诗一首："仰面空长叹，低首泪双垂。富贵他人聚，（今日个）贫寒亲子离。"另有德庇时根据楔子末曲牌【仙吕·赏花时】"我为甚将二百锭征人的文契烧，也只要将我这六十载无儿冤业消……"的内容拟作的4首英文诗歌。

1822年《中国小说选》（清代李渔作）译本中收录一首为重录《三与楼》中《召南·鹊巢》的"维鹊有巢"二句，而开场诗和终场诗都未收录。《合影楼》和《夺锦楼》两篇均有未有译诗。

1823年《贤文书》中有201则中英文对照的道德箴言或谚语，其中收录6首两句诗歌如下：唐代罗隐《自遣》诗"今朝有酒今朝醉，明日愁来明日愁"二句，三国曹植《君子行》诗"瓜田不纳履，李下不整冠"二句，宋代陈普《拟古八首·其一》诗"人生不满百，常怀千岁忧"二

234

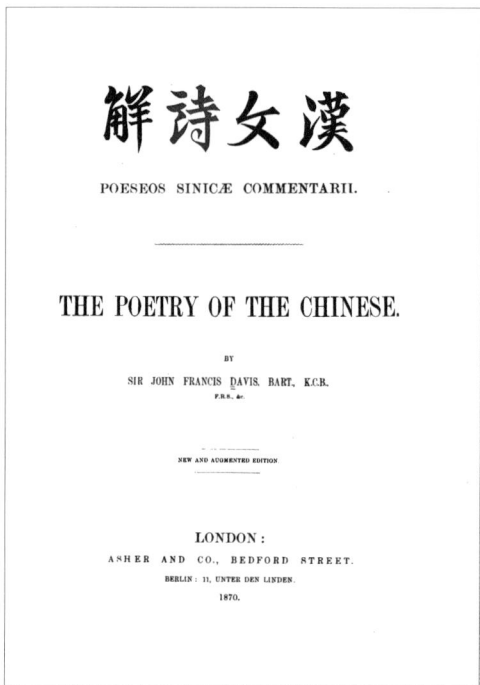

图5-2
德庇时《汉文诗解》标题页
—
来源：
《汉文诗解》，Asher and Co., 1870

句，唐代黄蘗禅师的《上堂开示颂》"不经一番寒彻骨，怎得梅花扑鼻香"二句，唐代颜真卿《劝学》诗"黑发不知勤学早，白首方悔读书迟"二句，宋代洪迈《容斋随笔·得意失意诗》"久旱逢甘雨，他乡遇故知"二句。

1829年《好逑传》（清代名教中人编次）译本共译出小说中原有诗词80首，其中包括填词《踏莎行》三首，《柳梢青》二首，《点绛唇》二首，《蝶恋花》二首，《少年游》二首，《桃源忆故人》一首；诗68首。

1829年《汉宫秋》（元代马致远作）译本共译出剧中标识角色韵文宾白的用语"诗云"之后的诗歌7首，大多是标识角色的出场诗。其中呼韩耶单于出场诗1首，首句为"毡帐秋风迷宿草"，毛延寿出场诗二首，首句分别为"为人雕心雁爪"、"大块黄金任意挝"，汉元帝出场诗1首，首句为"嗣传十叶继炎刘",王嫱出场诗 1 首,首句为"一日承宣入上阳",尚书出场诗 1 首,首句为"调和鼎鼐理阴阳";另外原剧中王嫱跳江自尽后单于悔恨之诗"则为他丹青画误了昭君"为散文体直译,不计入译诗数量,剧终煞尾处诗云 1 首,首句为"叶落深宫雁叫时",整诗则按诗体译出。

1829 年版《汉文诗解》(《英国皇家亚洲学会会报》论文版和单行本内容一致)共收入 42 首诗(其中出自德庇时《好逑传》译本 10 首,《老生儿》译本 1 首)、词 3 首(其中出自德庇时《好逑传》译本 1 首)、戏词 2 首、韵文 13 处(出自德庇时《贤文书》7 处、《好逑传》译本 1 处),按照文中出现顺序排列如下:南北朝萧纲《江南曲》、宋代王应麟《三字经》"高祖兴,汉业建……号三国,讫两晋"十二句、《元始天尊说梓潼帝君本愿经》"灵哉一点,不扰不惊……一杂以伪,五体摧倾"八句韵文、无名氏《久客初归里》诗、明代丘濬《咏五指山》诗、清代石成金《通天乐·莫愁诗》"世事茫茫无了期"四句、清代名教中人编次《好逑传》第十八回文中诗《名花不放不生芳》、北宋欧阳修《远山》、宋代《文昌孝经·孝感章第六》"人人若共遵"四句韵文、无名氏《三冬晴暖久》诗、无名氏《春风摇荡日》诗、无名氏《桃花雨诗》二首、《好逑传》第四回文中词《踏莎行·瘦影满篱》、《好逑传》第七回文中诗"白璧无瑕称至宝,青莲不染发奇香"二句、《好逑传》第一回文中诗"心到乱时无是处,情当苦际只思悲"二句、唐代白居易《履道居三首·其一》"莫嫌地窄园亭小,不怨家贫活计微"二句、录自《贤文书》格言 7 则、元代武汉臣《老生儿》中诗歌一首《仰面空长叹》、《好逑传》第十六回文中诗《孤行不畏全凭胆》、清代石成金《通天乐·莫愁诗》"百千万事应难了"四句、对联三幅、《诗经》中《召南·鹊巢》和《小雅·谷风》全诗、清代洪昇《长生殿·闻铃》中的一段曲词【双调近词·武陵花】"万里巡行,多少悲凉途路情……峨眉山下少人经,冷雨斜风扑面迎"、录自《老生儿》

译本曲词【仙吕·赏花时】"我为甚将二百锭征人的文契烧，也只要将我
这六十载无儿冤业消"拟作二首英文诗、清代范起凤《桃源》、唐代杜甫
《春望》诗、明代朱厚熜《送毛伯温》诗、唐代丁泽《良田无晚岁》诗、
《好逑传》第一回文中诗《奸狡休夸用智深》、《好逑传》第九回文中诗
《模糊世事倏多变》、《好逑传》第八回文中诗《只道谀言人所喜》、《好
逑传》第十六回文中诗《珠面金环宫样妆》、清代曹雪芹《红楼梦》第三
回文中描写贾宝玉的词《西江月·无故寻愁觅恨》和《西江月·富贵不知
乐业》2首、《好逑传》第五回文中描写水冰心外貌类似赋的一篇韵文"娇
媚如花，而肌肤光艳"、清代《兰墩十咏》诗10首、无名氏杂诗14首《高
瀑三千尺》《十年不相见》《文彩宜深隐》《恶树何年植》《作客春将暮》
《虹亭桥畔海螺东》《夜中不能寐》《孤寂亦可苦》《披衣起待月》《长老
峰前青帝归》《天气今年异昔年》《五色翩翩雀乱飞》《村村门户向山开》
《一时钟板故相喧》、《好逑传》第十六回文中咏梅诗《恹恹低敛淡黄衫》
《一梅忽作两重芳》2首。

　　1834年版《汉文诗解》删去南北朝萧纲《江南曲》，补录了34首来
自德庇时《好逑传》译本的诗，使书中出自《好逑传》的诗词韵文多达
46首。1870版《汉文诗解》补回《江南曲》，增添唐代王涯《送春词》
诗一首和清代李亦青《春园采茶词三十首》，删去了1834年版补录的34首
来自《好逑传》译本的诗歌。

　　1836年版《中国人：中华帝国及其居民概述》一书第二卷第十六章
"文学（续）"中引入7首诗歌，皆前译：重录《老生儿》中诗歌一首《仰
面空长叹》，重录《召南·鹊巢》，重录《兰墩十咏》其一、其二、其五、
其七、其九。1844年版《中国人：中华帝国及其居民概述》一书把《召
南·鹊巢》替换为《小雅·谷风》，其余未变。以后重印版本收录诗歌基
本无修改。

　　1841年《中国见闻录》中收录译诗2首，第一卷收《击壤歌》，第

二卷重录杂诗《高瀑三千尺》英译，此诗原文是德庇时同使团成员在庐山登顶时发现的。另外德庇时还翻译了从瓷瓶上抄录的四个诗句，分别是"花开又一年"（出自唐代韦应物《寄李儋元锡》"去年花里逢君别，今日花开又一年"）、"只在此山中"（出自唐代贾岛《寻隐者不遇》）、"明月松间照"（出自唐代王维《山居秋暝》）和"杏花红十里"（出自宋代苏轼《送蜀人张师厚赴殿试二首·其一》"一色杏花红十里，新郎君去马如飞"）。

1850 年《诗与批评》中收录《诗经》翻译 3 首：《小雅·谷风》、《召南·鹊巢》和《小雅·甫田》（新译）。

1865 年《中国杂记：随笔和评论集》中重录诗歌 3 首，分别是《汉宫秋》译本中呼韩耶单于的出场诗和汉元帝的出场诗，以及《好逑传》第十八回文中诗《名花不放不生芳》。

经以上统计，去除重复引用和多次翻译同一首诗的情况，德庇时共译整首诗 143 首，有 7 首诗只译出两句、4 首诗只译出单句；译词 14 首，另译有戏词 2 首、其它韵文 13 首。

从诗人所属的朝代及其作品数量而论，德庇时译介中国诗词的详情如下[1]：

表 5-1　德庇时所译中国诗词朝代、诗人及数量统计表

朝代	诗人诗作及译介数量
先秦	《诗经》（3 首） 《击壤歌》（1 首）
汉魏	曹植（1 首）[2]

[1] 按：本表不计诗词之外的韵文。
[2] 按：诗句翻译不完整的，本表统计仍按一首计算。

续表

朝代	诗人诗作及译介数量
南北朝	萧纲（1首）
唐	罗隐（1首） 黄檗禅师（1首） 颜真卿（1首） 白居易（1首） 杜甫（1首） 丁泽（1首） 王涯（1首） 韦应物（1首） 贾岛（1首） 王维（1首）
宋	洪迈（1首） 欧阳修（1首） 苏轼（1首）
元	武汉臣（1首） 马致远（7首）
明	丘濬（1首） 朱厚熜（1首）
清	李渔（3首） 名教中人（80首） 曹雪芹（2首） 范起凤（1首） 《兰墩十咏》（10首） 李亦青《采茶词》（30首）
朝代不详	无名氏（13首）
	共计：168首

　　从上表的统计对照中可以看出，就诗人朝代的选择而言，德庇时的诗歌翻译着重于唐、元、清三代。以清代诗词最多，占比 75%；唐代次之，

占比 5.95% ；元代为 4.76%。而其中的一些无名氏的作品笔者推测很有可能也是清代某不知名的作者所作，这样来看清代诗词的比重实际上可能会更大。原语文本的选择并非译者的随意行为，而是带有鲜明主体倾向的一种行为活动。翻译者的喜好、兴趣、对原语文学的看法等都是影响原语文本选择的可能性因素。从表面上看，造成德庇时翻译元、清诗词数量众多的原因有很大可能是因为他选择翻译了《好逑传》、《汉宫秋》等相关朝代作品中的诗词。而造成这种现象的更为深层次的原因应该同德庇时的翻译策略有紧密的联系，德庇时着眼于通过文学翻译对当时的中国人的风俗习惯、文化礼仪的展示和研究，翻译目的指向对当时欧洲人直面的中国进行深入的了解，具有商贸和交往方面的现实意义。所以，在德庇时的译作中"当代"（清代）的作品、甚至名不见经传的民间创作也能占据一席之地，很多译诗带有浓厚的日常生活气息，为的就是通过这些作品的翻译去理解当时的中国社会和人，尤其是在俗文学作品中表现出的官绅、士大夫阶层之外的平民百姓的生活场景也是德庇时重点关注的对象。

在翻译中国诗歌的实践中，德庇时从最初忠实的逐字翻译到晚年的创造性翻译，尝试了运用多种手法去处理翻译中国诗歌过程中遇到的各种问题，为西方译者的中国诗歌翻译范式做出了有益的探索。

在德庇时的众多诗歌译作中，有一首诗——即《诗经》中的《召南·鹊巢》是在他中国诗歌翻译生涯中反复译出，共在五部作品中得以再现的。德庇时在不同时期对这首诗的翻译处理不尽相同，构成了其翻译生涯中一个有趣的现象。

正如我们在上文中的列举，《召南·鹊巢》的翻译早在 1815 年的《三与楼》译本中已经出现，属于对小说原文所引诗词的翻译，但只有"维鹊有巢，维鸠居之"二句。德庇时的译文为："The nest one bird constructs with anxious toil, Ere long another seizes as her spoil."（一只鸟焦急地劳作筑巢，不久另一只鸟就抢走了作为她的战利品。）其中的"焦急地劳作"、

240

"不久"、"战利品"等词是德庇时在翻译中进行的创造性添加，这样的
添加应该是为适应英语诗歌押韵形式而做的改动，译诗以"toil"（劳作）
和"spoil"（战利品）押韵，构成了英语诗歌中常见的两句尾韵相同的形
式，这亦是德庇时在形式上的归化改动。但值得留意的还有一点，德庇时
把"维鸠"的性别定义为"her"（女性），可见他当时不仅仅理解了所翻
译的两句诗歌，而是阅读了全诗，应该已经了解到《召南·鹊巢》的大致
内容，这就为他日后翻译全诗打下了基础。

德庇时对《召南·鹊巢》的全译出现在 1829 年的《汉文诗解》
中。在《汉文诗解》的第二部分，德庇时在探讨中国诗歌的主题时首先
以《诗经》中的《国风》为例，他在讨论了后人对《诗经》的"注解"
（commentary）、《诗经》在当时的中国文人心目中的地位和《诗经》的形
式特征之后，以《召南·鹊巢》的全译为例佐证他的论述。他通过"注解"
了解到"这首颂歌提到了一位富有而有权势的追求者的成功，他赢得了已
经与一位卑微的对手有婚约的新娘"（the ode has a reference to the success
of a rich and powerful suitor, who carries off the bride that had already been
contracted to a humbler rival）。另外，德庇时还特别提到"鸠"在中国人
当时的作品中（按：应指《三与楼》）被作为"不正当占有的象征"。[1]
如果德庇时对注解内容的理解与翻译准确的话，他所看到的这一《诗经》
注解版本同中国常见的《诗经》传笺之中的解释都不相同[2]；这种解释当

〔1〕John Francis Davis, *Poeseos Sinicae Commentarii. On the Poetry of the Chinese*, London: Printed by L. Cox,
Printer to the Royal Asiatic Society, 1870, p. 33.
〔2〕按：关于此诗诗旨历来争议较大，归纳起来大致有三种观点：一、鹊喻新郎，鸠喻新娘。如：上博楚竹书
《孔子诗论》"《鹊巢》之归"。郑玄所作《〈毛诗传〉笺》"鸤鸠因鹊成巢而居有之，而有均壹之德，犹国君
夫人来嫁，居君子之室，德亦然。室，燕寝也"。朱熹《朱子语类》"鸠之为物，其性专静无比，可借以见夫
人之德也"。二、鹊与鸠异类不可婚配。如欧阳修《诗本义》"鹊鸠异类，不能作配也。……鸠居鹊之成巢，
以比夫人起家来居已成之周室尔"。姚际恒《诗经通论》"按此诗之意，其言鹊鸠者，以鸟之异类况人之异类
也"。方玉润《诗经原始》"夫男女同类也，鹊鸠异物，而何以为配乎？"三、鹊巢弃妇，鸠喻新妇。如：
今人高亨《诗经今注》，刘树胜《诗经臆说》等。但德庇时所谓的"注解"不同于以上的解释系统。

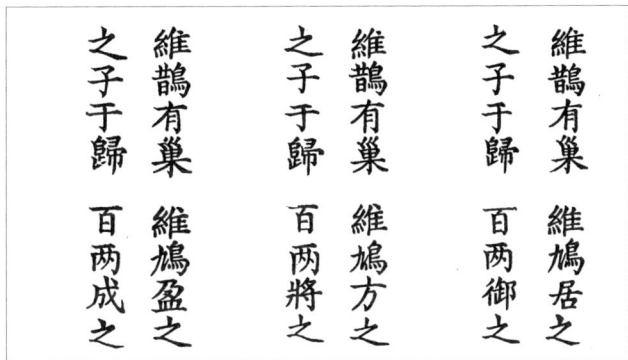

图 5-3
德庇时《汉文诗解》中对《召南·鹊巢》的中文展示
—
来源：
《汉文诗解》，The Royal Asiatic Society, 1829

然也有可能是德庇时的自我改编创造，但无论如何，这样的理解一定会影响到德庇时的翻译表达。下面我们来看德庇时的翻译：

"The nest yon winged artist builds,

The robber-bird shall tear away;

—So yields her hopes th' affianced maid,

Some wealthy lord's reluctant prey.

"The anxious bird prepares a home,

In which the spoiler soon shall dwell;

—Forth goes the weeping bride, constrain'd,

A hundred cars the triumph swell.

"Mourn for the tiny architect,

242

A stronger bird hath ta'en its nest;

—Mourn for the hapless, stolen bride,

How vain the pomp to soothe her breast!"

英文回译如下：

"长着翅膀的建筑师筑好了巢，

被一只强盗鸟扯开；

——所以已订婚的少女放弃了她的希望，

成为一些富有的领主不情愿的猎物。

"焦虑的鸟儿准备了一个家，

搅局者将很快住在其中；

——哭泣的新娘被迫走出，

一百辆车大获全胜。

"为这位小建筑师悲哀，

一只更强壮的鸟占据了它的巢；

——为不幸的被抢新娘哀悼，

再浮华的婚礼也不能抚慰她的心！"

　　从形式上看，德庇时的译诗有意模仿了中文原诗四句一节，每节二、四两句押韵的方式。但在诗意上，同第一次在《三与楼》译本中把抢夺巢穴的鸠鸟译为女性的做法不同，《汉文诗解》里鸠占鹊巢的鸠鸟摇身一变成为了富有的男性领主的比兴之物。译者在每一节的第三句之前以英文破折号标识，把每一节分为一、二两句和三、四两句两个意群，这两个意群的关系非常明确——前者是喻体，后者是本体，即以鸠占鹊巢喻指领主强婆已订婚的少女。这符合《诗经》原文中使用的比兴手法。如果把《三与楼》译本和《汉文诗解》中《召南·鹊巢》的译文前后相较，可以看出德庇时在此处进行了意义上的创造性转换，从中国诗常表现的弃妇意象转换成了西方文学中常见的《羊泉村》式的领主强占美貌村女情节，顺应了西方读者阅读经验带来的理解倾向。

在1836年《中国人：中华帝国及其居民概述》的第二卷第十六章"文学（续）"中，德庇时选取《召南·鹊巢》的译诗作为展示"中国最古老的诗集"《诗经》的唯一例诗。在介绍这首诗的主题内容时，德庇时的措辞基本同《汉文诗解》相似，但他补充说："这首诗意指一些强盗鸟，它们像布谷鸟一样，强占弱者的家园。对这件古诗样本的翻译可能有助于展示即使在最遥远的时代和国家里，仍遍布着人类情感基调中的相似性。"[1]作为译者的德庇时显然从《召南·鹊巢》中找到了情感的共鸣，这种共通的人类情感应该是对弱者的怜悯和对恃强凌弱的愤慨。本书所载的译诗同《汉文诗解》的全译版本只有一处不同，即第二节首句中的"The anxious bird"（焦虑的鸟儿）改为"The fluttering bird"（拍动翅膀的鸟儿），其余未变。这一改动在表达效果上可能更佳，因为原诗中的"维鹊有巢"并未描写鹊的情绪。从逻辑上看，鹊在建巢之时也应该没有预想到有鸠来强占，何来"焦虑"呢？所以，德庇时的这一细微改动是合理的。

另外，德庇时还在译诗结尾加上了一个脚注，指出威廉·琼斯爵士作品集中有"同一诗集（《诗经》）的另外一些诗歌片段翻译。"[2]其实《诗经》的英译最早应该源于英国出版商对法文版杜赫德《中华帝国全志》的英译，其中包含《周颂·闵予小子之什·敬之》、《周颂·清庙之什·天作》、《大

---

[1] John Francis Davis, *The Chinese: A General Description of the Empire of China and Its Inhabitants*, Vol. 2, London: Charles Knight, 22, Ludgate Street, 1836, p. 206.

[2] John Francis Davis, *The Chinese: A General Description of the Empire of China and Its Inhabitants*, Vol. 2, London: Charles Knight, 22, Ludgate Street, 1836, p. 206.

244

雅·文王之什·皇矣 》、《 大雅·荡之什·抑 》、《 大雅·荡之什·瞻卬 》、《 小
雅·节南山之什·正月 》、《 大雅·生民之什·板 》和《 大雅·荡之什·荡 》，
但这些诗歌是由法语转译而成，且内容偏向借《 诗经 》中的一些篇目说明
中国礼仪和中国人对"天"、"帝"的看法[1]，故在文学的层面影响不大。
而威廉·琼斯对《 诗经 》的翻译则是直接通过阅读中文完成，据现有资料
来看，应该是英语世界最早的《 诗经 》翻译尝试。他翻译了《 卫风·淇奥 》
第一节、《 周南·桃夭 》第三节和《 小雅·节南山 》的第一节，也即德庇
时所说的片段翻译。威廉·琼斯对《 诗经 》的翻译采用了"逐字直译和格
律体意译"（ together with a double version, one verbal and another metrical ）
的方式，即一首中国诗歌翻译为两个版本，一个以忠实原文为标准，另一
个则在原文基础上进行创造性翻译。威廉·琼斯认为这样的方法是翻译亚
洲诗歌"唯一公正的办法"[2]。但通过细读他的译文，读者可以发现琼斯
的直译囿于汉学知识的积累，并没有完全达到字面上的忠实，而他的意译
（ 创造性翻译 ）又过于自由。[3]借用范存忠先生对琼斯意译《 淇澳 》的评
论来说，这些意译"格律整齐，吐辞干净，是典型的 18 世纪的英国诗歌，
但其中没有中国气味，没有一般人向往的东方的魅力"。[4]但威廉·琼斯
对《 诗经 》的翻译毕竟是具有开创性的，尤其是其对《 诗经 》的意译（ 创
造性翻译 ）方式在德庇时的《 诗经 》翻译中是可以找到相关的影响的。参
照德庇时在《 汉文诗解 》中另一首《 小雅·谷风 》的译文和他在《 诗与
批评 》中的《 小雅·甫田 》（ 见第二章第三节，此处不再引用 ）的翻译来

[1]Jean-Baptistce Du Halde, *A Description of the Empire of China and Chinese-Tartary, together with the Kingdoms of Korea, and Tibet: Containing the Geography and History.* Emanuel Bowen and etc., trans., 2 Vols, London: Printed by T. Gardner in Bartholomew Close for Edward Cave, 1738, pp. 409–414.
[2]Sir William Jones, *The Works of Sir William Jones*, A. M. Jones, ed., Vol. 1, London: G. G. and J. Robinson, 1799, p. 368.
[3]蔡乾：《 思想史语境中的 17、18 世纪英国汉学研究 》，福建师范大学比较文学与世界文学博士论文，2017 年，第 258–269 页。
[4]范存忠：《 中国文化在启蒙时期的英国 》，译林出版社，2010 年，第 226 页。

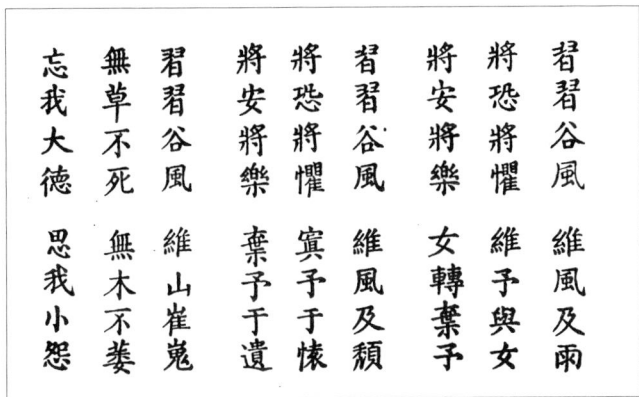

图 5-4

德庇时《汉文诗解》中对《小雅·谷风》的中文展示
一

来源：

《汉文诗解》，The Royal Asiatic Society, 1829

看，德庇时的创造性翻译兼有威廉·琼斯的风采和对于原文的忠实，是更为成熟的翻译实践：

> "Now scarce is heard the zephyr's sigh
>
> To breathe along the narrow vale:
>
> Now sudden bursts the storm on high,
>
> In mingled rush of rain and hail.
>
> —While adverse fortune louring frown'd
>
> Than our's no tie could closer be;
>
> But lo! when ease and joy were found,
>
> Spurn'd was I, ingrate—spurn'd by thee.
>
> "Now scarce is felt the fanning air

246

Along the valley's sloping side;

Now winds arise, and light'nings glare,

Pours the fell storm its dreadful tide!

—While fears and troubles closely prest,

By thee my love was gladly sought:

But once again with quiet blest,

Thou view'st me as a thing of nought!

"The faithless calm shall shift again,

Another gale the bleak hill rend,

And every blade shall wither then,

And every tree before it bend:

—Then shalt thou wail thy lonesome lot,

Then vainly seek the injur'd man,

Whose virtues thou hadst all forgot,

And only learn'd his faults to scan." [1]

英文回译如下：

"沿着狭窄的山谷

现在几乎听不到和风的叹息：

风暴突然在高空爆发，

夹杂着阵雨和冰雹。

——当厄运肆虐的时候

[1]John Francis Davis, *Poeseos Sinicae Commentarii. On the Poetry of the Chinese*, London: Printed by L. Cox, Printer to the Royal Asiatic Society, 1870, pp. 34−35.

比与我们的毫无关联可能更为接近；

但是瞧！当找到安逸和欢乐时，

我被你抛弃，忘恩负义地被你抛弃。

"沿着山谷的斜坡

现在几乎感觉不到吹动的空气；

现在起风了，闪电刺眼，

倾倒暴风雨的可怕潮汐！

——当恐惧和烦恼近在咫尺时，

我的爱被你欣然追求：

但再一次拥有平静幸福，

你却把我看成是一件毫无价值的东西！

"又一场大风吹破荒山，

因背信弃义而得的平静将再次被改变，

那时每片草叶都会枯萎，

在每棵树摧折之前：

——那么你要为你孤独的命运悲叹，

然后徒劳地寻找那个受你伤害的人，

你完全忘记了他的美德，

只学会了挑剔他的缺点。"

　　德庇时认为《小雅·谷风》的主题是"诗人对一些忘恩负义的朋友的不能接受的行为而感到的痛苦"[1]。很可能是受了宋代朱熹《诗集传》的影

---

〔1〕John Francis Davis, *Poeseos Sinicae Commentarii. On the Poetry of the Chinese*, London: Printed by L. Cox, Printer to the Royal Asiatic Society, 1870, p. 34.

响："此朋友相怨之诗，故言'习习谷风'，则'维风及雨'矣，'将恐将惧'之时，则'维予与女'矣，奈何'将安将乐'而'女转弃予'哉"，"'习习谷风，维山崔嵬'，则风之所被者广矣，然犹无不死之草，无不萎之木，况于朋友，岂可以忘大德而思小怨乎？"[1] 其诗歌英译中所展现出的理解也比较类似以上的说法。此外，如果参照上述《召南·鹊巢》和《小雅·谷风》两首译诗可以看出二者保持了形式上的一致性，德庇时在翻译时都有意模仿了中文原诗的诗节形式，但在押韵形式上采用了隔行押韵的方式。同样用英文破折号作为标识，把每一节分为两个意群——前者是喻体，后者是本体，以契合《诗经》原文中使用的比兴手法。这说明德庇时充分关注了《诗经》的艺术形式和特征，他指出："每一诗节常有一种重复的部分，或称为'复沓'，这是此类创作的通例，证明了原诗歌谣的极度简朴。"[2] 通过两篇译诗来看，德庇时不但正确地认识了《诗经》"重章复沓"的结构方式，还准确地在翻译中使用模仿法进行了"还原"，这体现了他的匠心和艺术追求。

在 1850 年的《诗与批评》中，德庇时对所收录的《小雅·谷风》和《召南·鹊巢》译诗内容没有继续做出大的改动，只是在《小雅·谷风》的译诗中把英文破折号的位置由每节的第三句之前调整到了第二句之后，在《召南·鹊巢》译诗中则完全去除了英文破折号，个别句尾的标点也进行了改动。但德庇时在《诗与批评》中最大的改动是给每一首译诗都加上了标题，如《小雅·谷风》被译为《朋友的抱怨》(The Friend's Complaint)，《召南·鹊巢》被译为《被抢的新娘》(The Stolen Bride)，而《小雅·甫田》被译为《肥沃的土地》(Fertile Fields)。这样的处理方式有别于德庇时以前在翻译中国诗歌时对诗歌标题的处理比较随意的做法（如《汉文诗

---

〔1〕(宋) 朱熹集注：《诗集传》，中华书局，2011 年，第 192 页。

〔2〕John Francis Davis, *Poeseos Sinicae Commentarii. On the Poetry of the Chinese*, London: Printed by L. Cox, Printer to the Royal Asiatic Society, 1870, p. 35.

解》中大部分译诗没有翻译诗题），把译诗当作相对独立的翻译文学作品看待，而非仅仅作为说明中国诗歌特点的文字例证。从这个方面来看，有意识地给译诗"命名"无疑是德庇时文学翻译意识走向成熟的体现。

　　除了《诗经》相关篇目的翻译之外，德庇时对描写中西社会风俗题材的诗歌的翻译也颇有特色。以 1870 年版的《汉文诗解》为例，其中选译诗歌涉及社会风俗的就有近 50 首，约占全书收录诗歌总数的一半还多。例如清代石成金《通天乐·莫愁诗》"世事茫茫无了期"四句和"百千万事应难了"四句，元代武汉臣《老生儿》中诗歌《仰面空长叹》，清代《兰墩十咏》诗 10 首，清代李亦青《春园采茶词三十首》等都是相当有代表性的例子。尤其是《兰墩十咏》和《汉文诗解》中提到但未展示具体诗句的《西洋杂咏》（作者潘有度，广东十三行商人）是第一批以中国人的眼光观察西方社会风俗的旧体诗作品，对他们诗作的译介使德庇时获得了借用东方视角观察自身文明的机会，具有跨越文化藩篱的积极意义。

第三节　德庇时的中国诗歌研究

　　通过本章第一节的梳理回顾可知，在 19 世纪初德庇时的《汉文诗解》问世之前，欧洲学者对于中国诗歌的研究大都是介绍式的描述和随感式的评论，处于零星的散发状态之中。德庇时于 1829 年在《英国皇家亚洲学会会报》第二卷上发表的《汉文诗解》可以称得上全面系统研究、介绍中国诗歌的划时代作品。

　　在《汉文诗解》几经再版的过程中，德庇时对其内容做了一定的修改和增删。目前来看，以 1870 年版《汉文诗解》的内容最为完备。1870 年版《汉文诗解》也保留了自 1829 年初版以来都有的题记：

250

"Quærere Cæpit

Quid—utile ferrent:

Tentavit, quoque, rem si dignè vertere posset."

HOR.

　　德庇时这里引用的是贺拉斯《书信集》第二部第一首《致屋大维》一诗中 162 行至 164 行的内容，原诗可译为"开始仿效 / 索福克勒斯、泰斯庇斯、埃斯库罗斯，/ 看能否翻译或改写出无愧于他们的诗"[1]，德庇时在题记时用破折号隐去了"索福克勒斯、泰斯庇斯、埃斯库罗斯"这些古希腊悲剧诗人的名字，在《汉文诗解》一书的语境中这样的隐去或者缺位自然意味着以中国诗人的名字去补充。结合下文，读者不难得出德庇时以贺拉斯翻译改写古希腊诗人作品的先例比拟自己仿效中国诗歌的形式译介中国诗歌作品的意思，其中不仅表达了《汉文诗解》一书的写作意旨，还把中国诗歌同古希腊诗歌相提并论，表现了德庇时新古典主义的美学追求。

　　《汉文诗解》一书分为两部分。按照德庇时的表述，第一部分主要讨论了"诗歌韵律，或仅在诗行、对句和诗节（lines, couplets, and stanzas）的构造中盛行的特定规则，以及这些旋律和节奏的来源"。第二部分讨论了"对中国诗歌风格和精神（style and spirit）的总体看法，其意象和情感（imagery and sentiment）的特点，以及相对于欧洲文学中采用的划分和命名法而言，中国诗歌似乎可以在多大程度上进行详细分类（precise classification）"。[2]德庇时的这两部分是按照"外在形式"和"内在精神"来进行划分的，其先形后意的论述顺序是符合一般的认知规律的。

---

[1]［古罗马］贺拉斯：《贺拉斯诗全集：拉中对照详注本》（上册），李永毅译，中国青年出版社，2007 年，第 683 页。

[2] John Francis Davis, *Poeseos Sinicae Commentarii. The Poetry of the Chinese*, London: Asher and Co., Bedford Street, 1870, p.1.

在第一部分中，德庇时从六个方面详细说明了中国诗歌的韵律：

（1）汉语的口语发音及其在韵律创作方面的适应性。德庇时根据当时马礼逊最新的研究成果反驳了西方学者一直认为"汉语总体的发音变化只包括大约 400 个不同的单音节"，所以仅由单音节组成的中国诗歌是"有缺陷的诗"的观点。他认为"汉语之中有相当一部分字词并非绝对的单音节"，接着讨论了汉语中的双元音和四声现象，以此证明"汉语的原初特性不至于完全不符合作诗和韵的目的"。[1] 德庇时对汉语发音的此种见解显然比前人的认识更为深入细致，但其评判的标准仍是来源于西方诗歌中多音节词结构韵律的创作经验。

（2）汉语特定的声调或重音在诗歌创作中的变化规律。德庇时认为汉语通过声调或重音的变化来区分同音字、明确其意义，也给诗歌创作带来了韵律和调式。他把汉语的四声称为"the even and nature"（平）、"the acute"（上）、"the grave"（去）、"the short"（入），其表述同马礼逊《通用汉言之法》中略有不同。[2] 同马礼逊一样，德庇时也谈到了"平仄"，他认为"平声"就是没有重音，即没有可标记的语调；而余下的"上、去、入"就是"仄声"，即偏离了自然的音调。德庇时认为在中国诗歌创作中仄声是同平声交替出现的，其规则是：

> 通常诗歌中每一行的偶数字，即根据诗行长度的第二、四、
> 六……个字和最后一个字都是平声和仄声交替位置的注意对象。
> 对其主要对象而言，放置它们的规则似乎具有多样性，或者避免
> 过于频繁地重复相同的音调。中国诗人对这一点的关注超越了
> 单行，并延伸到对句：因为无论第一行中第二、第四或第六个字

〔1〕John Francis Davis, *Poeseos Sinicae Commentarii. The Poetry of the Chinese*, London: Asher and Co., Bedford Street, 1870, pp. 2–5.

〔2〕Robert Morrison, *A Grammar of the Chinese Language*, Serampore: Printed at the Mission Press, 1815, p. 20.

252

的语调是平声还是仄声，下一行中相应单词的声调都必须是相反
的。……即使是最不规则的中国诗，通常称为词（ *Tsze* ），也有一
定的押韵规则，但同我们前面讨论的规则不同。[1]

德庇时对中国诗歌平仄规律的论述整体上并未超出其老师马礼逊，对
"在对句中，平仄是对立的"的规则论述得基本正确，但"后联出句第二
字的平仄要跟前联对句第二字相一致"的规则则未曾涉及，也就是说，只
注意到了平仄的"对"而没有论及"粘"的现象。[2]

（3）中国诗歌对诗句字数的运用。德庇时认为中国诗歌中诗句字数的
相同也是中国诗歌音律和谐的来源。其他（欧洲）语言中韵脚的角色在中
国诗歌中可对应为每一个单字，其中的双音节字更是起到了声音强调和延
长的作用。德庇时还分别以举例的方式向读者呈现了三言、四言、五言和
七言诗的形态，并在论述中同样引用《唐诗合解》把中国诗歌的发展进程
比作一棵树的成长："《诗经》是中国诗歌的根，苏、李之时花蕾开放，建
安时叶茂盛，唐代大树成荫，花果丰盈。"[3]

（4）中国诗歌诗句中的停顿规律。德庇时认为中国诗歌的另一种
韵律规则从未被欧洲人注意："中国的诗句中间永远不会出现句式停顿
（sentential pause），除了逗号以外，不会出现法语等欧洲语言中的诗句跨
行（enjambement）现象。"虽然对书面诗歌的引用很容易确定这一点，但
德庇时通过对中国诗歌的朗诵观察，可以清楚地感知到：

[1] John Francis Davis, *Poeseos Sinicae Commentarii. The Poetry of the Chinese*, London: Asher and Co., Bedford Street, 1870, pp. 6–7.
[2] 王力：《诗词格律·诗词格律概要》，中华书局，2014 年，第 32 页。
[3] John Francis Davis, *Poeseos Sinicae Commentarii. The Poetry of the Chinese*, London: Asher and Co., Bedford Street, 1870, p. 10.

在对较长诗节的正确朗诵中，在靠近诗句中间的地方有一个非常明显的自然停顿（caesural pause），反复试验表明，在七个字的诗句中，停顿总是在第四个字之后——而在五个字的诗句中，在第二个字之后。……虽然长音节允许并且在某种程度上需要声音的这种停顿，但所有包含少于五个字的诗行由于过短而显得完全没有这种停顿。

德庇时接着分析了造成这种现象的原因：

中国的语言在很大程度上是由两个字组成的，为了更好地表达，我们称之为"复合词"，它可以是一个带有形容词的名词、一个带有副词的动词，或两个名词结合在一起——还有很多其他类似的语法组合。它们总是一起发音——就像其他语言中同一个复合词的一部分一样。如在七个字的诗句中，停顿在第四个字之后，该诗行的第一部分通常由其中两个复合词组成。诗句中的第四个和第五个字永远不能以这种方式结合，因为停顿不能发生在一个复合词的中间——这种关系必须存在于第一个和第二个、第三个和第四个字之间。[1]

德庇时列举了清代石成金《通天乐·莫愁诗》、《好逑传》第十八回文中诗《名花不放不生芳》、北宋欧阳修《远山》和宋代《文昌孝经·孝感章第六》四句韵文进行说明。如下图所示，先展示诗歌中文原文，再标注汉字发音和英译，并在注音和翻译时将"自然停顿"用短线表示出来：

---

〔1〕John Francis Davis, *Poeseos Sinicae Commentarii. The Poetry of the Chinese*, London: Asher and Co., Bedford Street, 1870, pp. 14–15.

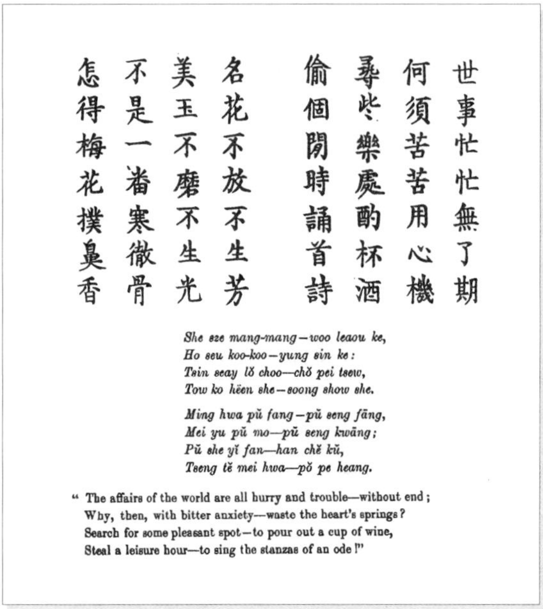
世事忙忙無了期
何須苦苦用心機
尋些樂處酌杯酒
偷個閒時誦首詩

名花不放不生芳
美玉不磨不生光
不是一番寒徹骨
怎得梅花撲鼻香

She sze mang-mang—woo leaou ke,
Ho seu koo-koo—yung sin ke:
Tsin seay lŏ choo—chŏ pei tsew,
Tow ko hëen she—soong show she.

Ming hwa pŭ fang—pŭ seng fāng,
Mei yu pŭ mo—pŭ seng kwāng;
Pŭ she yĭ fan—han chĕ kŭ,
Tseng tĕ mei hwa—pŏ pe heang.

" The affairs of the world are all hurry and trouble—without end;
Why, then, with bitter anxiety—waste the heart's springs?
Search for some pleasant spot—to pour out a cup of wine,
Steal a leisure hour—to sing the stanzas of an ode!"

图 5-5
德庇时《汉文诗解》中对《莫愁诗》和《名花不放不生芳》的中文原文展示、注音和翻译
–
来源：
《汉文诗解》, The Royal Asiatic Society, 1829

德庇时还把中国诗歌的“自然停顿”同英国的十音节诗、法国的亚历山大诗体和拉丁诗歌六步格法进行了比较，认为：

> 十音节英文诗可以在不影响旋律的情况下，通过偶尔改变停顿的位置获得了音韵效果的巨大优势——而中国诗歌停顿的位置是固定和不可移动的。然而，中国诗歌与法国的亚历山大诗体在这一点上有一些相似之处，后者总是被自然停顿划分为半句（hemistiches），停顿处还通常与句式停顿重合。拉丁诗歌六步格法的要求也同它们相似，在一行完全谐音的诗中，停顿应该落在第三个音步的第一个音节之后。[1]

〔1〕John Francis Davis, *Poeseos Sinicae Commentarii. The Poetry of the Chinese*, London: Asher and Co., Bedford Street, 1870, p. 17.

对于中国诗歌朗诵中"自然停顿"规律的发现和论述是德庇时的创举，尤其是对其形成原因的分析和同欧洲诗歌中类似停顿规律的比较展现了他对"自然停顿"规律较为深刻的理解。

（5）中国诗歌结尾处押韵的运用规律。德庇时首先进行了大致说明：

> 对于押韵需重点注意的是，在有规则的诗歌中，押韵出现在偶数对应的交替诗句的末尾，即每隔一行诗的结尾处。第一个韵经常是整个诗节的韵脚，但其余的奇数行似乎没有相应的规则，可以以任何声音结束。诗节的长度取决于同一韵律的重复，在任何连续的诗歌中，它通常只有四行，即一首四行诗，其第二行和第四行押韵；但有时它由八节组成，其中四节有相同的结尾。然而，诗节，或者说是短篇诗歌，通常还有十二行，甚至十六行的篇幅，其中一些可能会同我们称之为十四行诗的诗体没有太大的不同之处。四行诗中，押韵过于频繁是无可争辩的；即使在八行诗中，我们也应该考虑到，只有每一对联的第二行才有韵律；而中间的则是空白的，如此可以减轻耳朵的负担。[1]

德庇时对中国诗歌隔行押韵规律的描述其实并未超出前人。另外他"中国人似乎并没有很好的听觉去感知真正的韵律，这种不准确的部分原因可能是他们没有像我们的字母那样精确的符号或声音标记"的说法也颇具西方中心主义的色彩。[2]

（6）中国诗歌的对仗效果。德庇时认为中国诗歌对仗的结构特征同

---

[1] John Francis Davis, *Poeseos Sinicae Commentarii. The Poetry of the Chinese*, London: Asher and Co., Bedford Street, 1870, pp. 17−18.

[2] John Francis Davis, *Poeseos Sinicae Commentarii. The Poetry of the Chinese*, London: Asher and Co., Bedford Street, 1870, p. 18.

256

人们对另一个亚洲国家诗歌的评论有着惊人的巧合。这就是在罗斯主教
（Bishop Lowth）一篇关于希伯来语诗歌的初步论文中详细论述的一种称
之为对仗（Parallelism）的特殊形式。德庇时借用罗斯主教总结出的三
种对仗形式——同义对仗（parallels synonymous）、反义对仗（parallels
antithetic）、复合对仗（parallels synthetic）来说明中国诗歌的结构特点。[1]
但德庇时也相应地总结了中国诗歌与希伯来语诗歌的不同特征。他认为在
同义对仗中，因为"中文的特殊结构通常使对仗更加准确，因此更加引人
注目和明显——通常是逐字逐句的，一个与另一个对应的出现"。[2]而在
中国诗歌中构成对仗的两个反义的对偶词，"无论是在情感上还是在措辞
上通常都是完美的。……反义对仗不仅仅是用来给格言赋予力量，在诗歌
创作过程中也偶尔出现。"[3]另外德庇时认为在复合对仗中"每一个单词和
每一行在意义上都不完全对应于它的同义词或相反词：但在每一行的结构
中都有明显的对应和平等，即名词对名词、动词对动词、否定对否定、疑
问对疑问……"，复合对仗是"迄今为止中国诗歌中最常见的形式，事实
上，前面已经描述过的同义对仗和反义对仗通常都伴随着复合对仗——意
义的对应，无论是对等还是对立，几乎总是伴随着形式结构的对应：通常
复合对仗存在时前两者可能不存在，而相反的情况很少发生。它普遍存在
于中国诗歌中，并构成了其主要特征，是其大量人工美的源泉"。[4]德庇
时认为中国人不但在诗歌中使用对仗，甚至在写文章、作对联时运用对仗。
中国人还用对联装饰房间、大厅和寺庙，这都表现了中国人对于对仗手法

〔1〕John Francis Davis, *Poeseos Sinicae Commentarii. The Poetry of the Chinese*, London: Asher and Co., Bedford
Street, 1870, p. 21.

〔2〕John Francis Davis, *Poeseos Sinicae Commentarii. The Poetry of the Chinese*, London: Asher and Co., Bedford
Street, 1870, p. 21.

〔3〕John Francis Davis, *Poeseos Sinicae Commentarii. The Poetry of The Chinese*, London: Asher and Co., Bedford
Street, 1870, pp. 22—24.

〔4〕John Francis Davis, *Poeseos Sinicae Commentarii. The Poetry of the Chinese*, London: Asher and Co., Bedford
Street, 1870, p. 25.

的喜爱。

　　在第二部分中，德庇时在探讨中国诗歌的内在精神的同时，还试图运用欧洲文学批评中的术语划分和命名法来对中国诗歌进行分类，"以在单独的类别下进行得当的安排"。这种分类显然是一种创新性的中西文学跨文化比较的尝试，德庇时认为采用这种分类比较的方式"并不是为了发现中西诗歌之间任何巨大的对应或相似之处"，而是因为"它有助于使我们对一个相对较新的主题概念系统化和清晰化，因为艺术家有时会在他的草图中引入一些已知和确定维度的对象，以帮助传达对他所代表的内容的更公正的概念"。因为在当时，"与中国有关的一切都与英国人普遍感兴趣的事物隔绝开来"，分类比较的方式在这种情况下，将有助于英国读者从同他们熟悉的概念入手来接触中国诗歌，"从而使其能够从联想的方式中获得应有的理解优势"。[1]

　　德庇时指出了中国"有趣和装饰性"的文学类型不为西方人接受的两个原因，进而引出译介中国诗歌的过程中选择题材（subject）的重要性："一、译介者缺乏对文学题材的拣选；二、译介者在对待文学题材的方式上相当缺乏品味和判断力。"如果再考虑到翻译过程中中国文学里本身所带有的文化吸引力的丢失，这就导致读者不会费心去看那些译介者翻译出来的"本身愚蠢或无用的东西"。因此，为了维护中国文学在欧洲的兴趣和声誉，要求译介者"尽可能地使译作的导言吸引人，仔细选择最好的题材，并以最有品味和修养的读者感兴趣的方式对待这些题材"。这不但需要细致的翻译工作，还要"稍加斟酌，选出可能会对普通读者产生足够吸引力的题材"。[2]

---

〔1〕John Francis Davis, *Poeseos Sinicae Commentarii. The Poetry of the Chinese*, London: Asher and Co., Bedford Street, 1870, p. 32.

〔2〕John Francis Davis, *Poeseos Sinicae Commentarii. The Poetry of the Chinese*, London: Asher and Co., Bedford Street, 1870, pp. 33—34.

258

德庇时接着就相应题材所展现出的品味（taste）和诗歌翻译的传达效果之间的关系进行了讨论，并表述了他采用的中国诗歌翻译策略。他认为"每当有品味的作品在其本国获得普遍认可时，我们可以确信，它的成功在很大程度上是由于其风格和语言的优点"，但把文中蕴含的"精神"和"语言效果"直接逐字直译成英语"似乎是非常不明智的"，因为中译英同欧洲语言之间的互译不同，中文和英语之间缺少欧洲语言之间的那种密切的关系。德庇时认为直译"适合讨论科学或理论细节的作品，也适合传达愉快和教益品味的作品"；而在诗歌和散文中，散文更需要直译，中文诗歌翻译"交替采用散文翻译（prose translation）、忠实的格律版本（metrical version）或公然的意译（avowed paraphrase）都是有利的，因为这样的方式可能最适合中文诗歌的题材和场合。但与作者自己的判断和倾向相比，本文在处理中文诗歌翻译时更为克制，以迎合那些仍然执着于诗歌字面意思的读者的偏见。"[1]

德庇时接着就从《诗经》开始到近代诗歌结束，依照题材把中国诗歌分为三个大的类别——1."歌与颂"（Odes and Songs），2."道德和教导类"（Moral and Didactic Pieces），3."描述和情感类"（Descriptive and Sentimental）[2]，并详细举例解说了各个题材中所蕴含的风格和精神。

首先，德庇时认为中国最早的诗歌——《诗经》，像其他民族的早期诗歌一样都是偶有音乐伴奏的，属于"歌与颂"的类别。德庇时认为《诗经》中的诗歌具有"最原始的简朴"风格，需要"细致入微的注释"，其"风格和语言"才能为今人理解。德庇时接着分别介绍了"国风"、"大雅"和"小雅"以及"颂"的精神，"国风"是君主观察"在他的统治下

〔1〕John Francis Davis, *Poeseos Sinicae Commentarii. The Poetry of the Chinese*, London: Asher and Co., Bedford Street, 1870, p. 34.
〔2〕John Francis Davis, *Poeseos Sinicae Commentarii. The Poetry of the Chinese*, London: Asher and Co., Bedford Street, 1870, p. 78.

的各种人的性格和情绪最好的方法";"大雅"和"小雅"是"为在重大的国家场合演唱或朗诵而创作的",其内容包括"对英雄和圣人的伟大而善良的行为的看法和情感";"颂"是"周朝先祖和先王以及古代伟人的颂词或悼词"。[1]

在"歌与颂"的类别中,德庇时还提到了"歌"(Ko)和"曲"(Keoh)。德庇时认为"歌"和"曲"在中国文学中的地位很低。其中的"歌"德庇时指的是"流行歌曲和民谣",即民间流行的歌曲;而"曲"指的是"戏剧中遇到的不规则诗句",即中国戏剧中的各种宫调曲牌。德庇时认为"歌"的"结构就像它通常包含的思想和意象一样狂野,每一行都有长度,但以间隔反复出现的韵律来区分"。而对于"曲",德庇时还认为严格来说,中国戏剧中的"曲"并不能等同于西方的"戏剧诗"(dramatic poetry),因为中国戏剧中"曲"的形态特征并"没有区分悲剧和喜剧,而且对话是用普通散文写的,主要的表演者时不时还会同音乐一起边唱边表演,而且(在戏本中)曲牌名称总是插在要唱的段落的顶部",但是对于翻译者而言,"虽然中国人自己确实不区分喜剧和悲剧,但翻译者仍然可以根据他选择的作品的严肃性和庄重性,或喜剧性和熟悉性的特征自由地使用这些术语。"[2]

第二,在"道德和教导类"诗歌的部分,德庇时引用了马礼逊《华英字典》(1822)中所译《关圣帝君觉世真经》(30首)的前两首[3],还提到了皇帝的《圣谕》和小说《好逑传》中的4首道德讽喻诗。在德庇时眼中,中国的道德和教导类诗歌数量极多,更像是有韵律的散文,其目的是"传

---

[1] John Francis Davis, *Poeseos Sinicae Commentarii. The Poetry of the Chinese*, London: Asher and Co., Bedford Street, 1870, pp. 35-39.

[2] John Francis Davis, *Poeseos Sinicae Commentarii. The Poetry of the Chinese*, London: Asher and Co., Bedford Street, 1870, pp. 39-41.

[3] Robert Morrison, *A Dictionary of the Chinese Language*, Part III, Macao: Printed at the Honorable East India Company's Press, by P. P. Thoms, 1822, p. 146.

260

达中国这一伟大国家的圣贤的教义和戒律"。特别是在小说中，此类诗歌
"通常伴随着故事的其他部分的过渡，……包含了对过去或即将发生的事
情的一些思考"，"很好地吸引了读者的注意力"[1]，并部分承担了小说的
叙事和评论功能。

　　第三，德庇时认为"描述和情感类"诗歌在中国诗歌中占有相当大的
比例，对欧洲读者而言也是具有吸引力的，因为"整体诗歌语言中都有丰
富的比喻表达，这些比喻来自自然界中最令人愉快或最引人注目的物体或
环境"。德庇时选取了《红楼梦》第三回文中描写贾宝玉的词《西江月·无
故寻愁觅恨》和《西江月·富贵不知乐业》二首，《好逑传》第五回文
中描写水冰心外貌类似赋的一篇韵文，清代描绘洋风异俗的杂诗《兰墩十
咏》，展示了描述类诗歌的特征。德庇时还提到中国诗歌中有大量的"比
喻性的典故"（figurative allusions）涉及了"历史或小说中包含的某些事
件"，这对不熟悉中国文化的外国人理解中国诗歌构成了相当的阻碍。此
外，和西方诗歌相比"中国的诗歌并非没有神话的帮助，每一座山、每一
条溪流、每一片树林，大自然中的每一个元素所展现的所有现象，都有其
主导精神"。在西方，诗歌女神缪斯会召唤"通常出没在山林深处的小仙
女或精灵来帮助她获得灵感"，但在中国是否有相应的"虚构人物"德庇
时不得而知，而他向自己的中国先生请教也没有得到确切的答案。[2]德庇
时只能通过观察得知中国诗歌比喻灵感主要来源于自然事物中所蕴含的精
神，但中国诗人如何获得这些灵感，是否像西方诗人一直信奉的"灵感说"
一样，就不得而知了。

　　除此之外，德庇时还提到了一些小的类别。如讽刺诗（Satire）、英雄

---

[1] John Francis Davis, *Poeseos Sinicae Commentarii. The Poetry of the Chinese*, London: Asher and Co., Bedford Street, 1870, p.50.

[2] John Francis Davis, *Poeseos Sinicae Commentarii. The Poetry of the Chinese*, London: Asher and Co., Bedford Street, 1870, pp. 53–55.

诗体（Heroic）、田园诗（Pastoral）和史诗（Epic）。德庇时认为前三种西方诗歌中的类型，中国诗歌中可以找到相似的例子；而在中国最后一种史诗题材是不存在的，其原因在于：1、中国诗歌的转折和结构不适合这种持续的创作。2、中国人唯一的长篇韵律叙事存在于一些小说和淫秽作品中，其中的诗歌结构完全松散到了一种"无韵诗"的尺度，也没有构成中国诗歌主要优点的那些特征。在特征和主题上都不符合史诗艺术的要求。[1]

　　这种中西诗歌题材或术语的比较贯穿了《汉文诗解》整个第二部分的论述之中，展现了德庇时使用西方诗学话语分类解释中国诗歌的企图，但从文章中的具体实践来看，无论是用"歌与颂"、"道德和教导类"和"描述和情感类"这三项对中国诗歌进行总体分类，还是以讽刺诗、英雄诗体、田园诗和史诗等西方诗学术语对应中国诗歌题材内容的做法，在分类逻辑和术语的适应性上都存在着大大小小的问题，造成了第二部分的论述多少存在逻辑线索不够明显，旁逸斜出的叙述过多的现象。这些现象体现出了德庇时在面对以西方文学批评术语体系解释中国文学作品实例时所遇到的困难，这种困难并不是德庇时单独遭遇的，而是存在于当时乃至当下任何一位试图沟通中西文学、寻找合适文学批评话语的学者的学术尝试之中。在这一点上，德庇时的《汉文诗解》如今看来或许粗疏，但其中的早期尝试堪称难能可贵，可为后人提供相关方法论探索方面的借鉴。

　　总的来看，《汉文诗解》较为全面系统地向西方介绍了中国诗歌的"外在形式"和"内在精神"，不但关注中国主流、正统的诗歌，也涉及中国民间的相关文学形式。学者王洪志在《"好奇的动机"：作为中国文学翻译者的德庇时》一文中认为"德庇时是中国文学翻译大家，却不是文

---

[1] John Francis Davis, *Poeseos Sinicae Commentarii. The Poetry of the Chinese*, London: Asher and Co., Bedford Street, 1870, pp. 46-47.

学研究大家"[1]，笔者不敢苟同。从学术史的角度来看，《汉文诗解》的出版在 19 世纪早期的欧洲汉学界称得上一次创举，作为中国古典诗歌的专门研究著作，其影响重大。美国学者马森（Mary Gertrude Mason）认为"不管讲英语的民族对中国诗歌这一体裁持有什么样的看法，都和这部论著（指《汉文诗解》）有着渊源关系"[2]。其对中国诗歌音韵、诗句中的停顿等规律的论述都较前人有明显的进步，成为后世学者进一步认识中国诗歌的基础。《汉文诗解》不仅注重中国诗歌特征的描述，还大量展示了中国诗歌的体例原貌、发音和含义，其诗歌翻译拥有明晰的选题意识和翻译策略，不但兼顾了中国诗歌形式的还原，并在直译和意译之间取得了平衡，取得了针对西方读者的较好的表达效果。

德庇时在西方诗学的知识背景中对中国诗歌进行论述的方式也带来了一些问题，除了上文讨论过的西方诗学分类逻辑和术语的适应性问题以外，最基本的概念——"诗"的认识差异也导致了研究内容的繁复庞杂，除了中国古典文学中传统的诗歌以外，德庇时将出现在中国戏剧中的回目、唱词，经文和道德格言中的韵语，甚至扇子上的题字、居室的楹联等成对出现的文字都纳入了"诗"的范围进行讨论，造成了诗歌概念的泛化，也由此引发了后人对其严谨性的质疑。但不可否认的是，在 19 世纪初中西交往的知识背景之中，《汉文诗解》的学术价值和文化交流价值都不可忽视，不光是当时学者认识中国诗歌的必读书目，也是当代学人研究中西文学交流史时不可绕过的一部作品。

---

[1] Lawrence Wang-chi Wong, Bernhard Fuehrer, *Sinologists as Translators in the Seventeenth to Nineteenth Centuries*, Hong Kong: The Chinese University Press, 2015, pp. 169—203.
[2]［美］M. G·马森：《西方的中国及中国人的观念：1840—1876》，杨德山译，中华书局，2006 年，第 225 页。

第六章 德庇时的中国戏剧翻译与研究

　　虽然德庇时曾在《中国小说选》（1822 年）中的《论中国语言和文学》一文中表示过中国人的戏剧作品不如其小说作品构思精细，翻译价值不如小说的观点[1]，但他还是相对完整地翻译了两部元杂剧。德庇时分别在 1817 年和 1829 年选择了《元人百种曲》（ *Hundred Plays of Yuen* ）[2] 中所载元代戏曲家武汉臣的杂剧《散家财天赐老生儿》和元代戏曲家马致远的杂剧《破幽梦孤雁汉宫秋》进行英译，并在序言中把《老生儿》（ *Laou-Seng-Urh, or, "An Heir in His Old Age." A Chinese Drama.* ）称为喜剧（ Comedy ），在题目中把《汉宫秋》（ *Hān Koong Tsew, or The Sorrows of Hān: A Chinese Tragedy.* ）视为悲剧（ Tragedy ），展现了他对中国戏剧存在悲剧与喜剧的体裁之分的认识，也凸显了他的译本选择与西方文学批评话语系统的紧密联系。

　　德庇时的《老生儿》译本是继马若瑟法译本《赵氏孤儿》以来传播到西方的第二部中国戏剧，也是第一部直接从中文译为英文的中国古典戏剧；而《汉宫秋》是自《赵氏孤儿》以来欧洲出版的第三部中国戏剧译本。另外，德庇时还在《老生儿》的副文本《中国戏剧及其舞台表演简介》（ A

---

〔1〕John Francis Davis, *Chinese Novels, Translated from the Originals*, London: John Murray, Albemarle Street, 1822, p. 9.

〔2〕按：《元人百种曲》，又名《元曲选》，是明代臧懋循（1550—1620）编著的一部大型元杂剧作品集。刊行于明万历年间，共收杂剧 100 种，每种杂剧前皆附绣像 2—4 幅，共有明代版画 224 幅。书前保留了《天台陶九成论曲》《元曲论》，涉及杂剧音律宫调、杂剧家、杂剧名目等内容，是元杂剧研究的重要资料。

264

Brief View of the Chinese Drama, and of Their Theatrical Exhibitions）中向
西方读者介绍了中国戏剧的基本知识、驳斥了一些欧洲人对中国戏剧的偏
见；在《汉宫秋》的"序言"（Preface）部分向西方读者介绍了《汉宫秋》
的内容、特色以及把该剧定义为悲剧的原因，另外还开列出了包括 32 部剧
本名目的一份中国戏剧推荐书单。这份书目也是目前所见中西文学交流史
上，第一份被正式提出的中国剧本参考名目。

德庇时翻译的中国戏剧数量虽然不多，但可以说他在使西方世界了解
中国舞台表演传统、扩充和修正西方学界对于中国戏剧的认识等方面都做
出了开创性的贡献。

第一节　《老生儿》的翻译特色

《散家财天赐老生儿》是元代戏剧家武汉臣所撰写的一部杂剧，全剧
四折一楔子。[1] 该剧讲述的是商贾刘从善晚年膝下无子，只能招婿入门，
却因财产继承问题引发家庭纠纷。刘从善认为自己因早年追求财富而得无
子之报，遂"回心忏罪"，舍财布施，积善行德，祈求上天赐子。后经一
系列变故与巧合，刘从善在祭祖时得知侍妾小梅生子为己子，"天赐老生
儿"。最终，老来得子的刘从善将家产平分给儿子、女儿、侄子，争端得
以解决。《散家财天赐老生儿》是一部商贾通过"散家财"实现伦理层面
忏悔的故事，其"散家财"的动机是求子，表现了中国传统的"礼仪与感
情"即子嗣继承香火和孝道观念。

---

[1]按：武汉臣，元杂剧前期作家。山东济南人。作杂剧存目 12 种，今存《散家财天赐老生儿》、《李素兰
风月玉堂春》、《包待制智赚生金阁》3 种。《老生儿》的宾白本色当行，在元杂剧中被认为具有代表性。

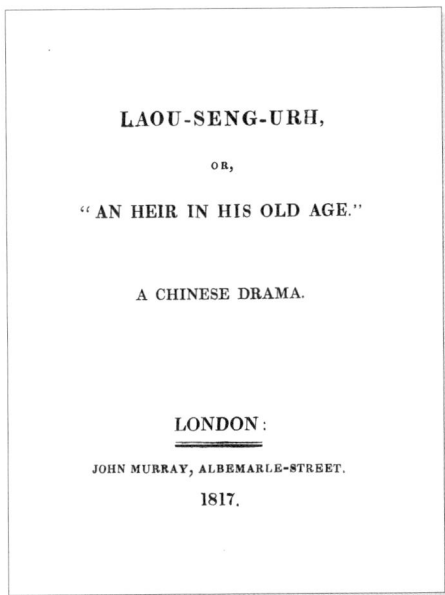

LAOU-SENG-URH,

OR,

"AN HEIR IN HIS OLD AGE."

A CHINESE DRAMA.

LONDON:

JOHN MURRAY, ALBEMARLE-STREET.

1817.

图 6-1

德庇时《老生儿》译本标题页

—

来源：

《老生儿》，John Murray，1817

　　德庇时的《老生儿》译本是他发表的第二部译著，在诸多方面亦带有他早期的翻译风格。

　　（一）同《三与楼》的译本尽量保存中国小说的原初形制一样，德庇时的《老生儿》译本首先尽力复现了《散家财天赐老生儿》的"四折一楔子"的结构形式特征。

　　"四折一楔子"的元代杂剧通常的剧本体制，占现存作品一半以上。一折相当于现代戏剧中的一场，楔子是加在第一折前头或插在两折之间的小段，相当于现代戏剧中的序幕或过场。德庇时在《老生儿》译本中采用音译加意译的方式，把"楔子"翻译为"SIE-TSZE, OR OPENING"（楔子，或开场），把"折"意译为"ACT"（幕），准确地把握了二者的含义，并在西方戏剧术语中找到了比较贴切的对应概念。在译本之中，德庇时以"SIE-TSZE, OR OPENING"作为剧本第一部分，"ACT"分别加上罗马数字 I 至 IV 标识剧本的第一至第四折，将元杂剧的大体形态如实地展示给了

266

西方读者。德庇时的这一做法同马若瑟法译本《赵氏孤儿》的处理方式有相似之处，马若瑟也是采用音译加意译的方式，把"楔子"翻译为"SIÉ TSEE, OU PROLOGUE"（楔子，或开场），把"折"意译为"PARTIE"（部分），并以"PARTIE"加上法语的序数词标识剧本的第一至第四折。[1] 由此可见，德庇时的《老生儿》译本可能在原文形态展示的处理上参考了前人的成例。

（二）同马若瑟法译本《赵氏孤儿》只翻译全文宾白[2]对话部分，而删去唱词和科介[3]的做法不同，德庇时的《老生儿》译本保留了更为丰富的原文信息。

德庇时在前言中明确提出："在接下来的翻译中，作者的主要愿望是既能最好地表达原文的精神，又不致背离原文的字面意思。"[4]在剧本中，从开场处人物出场的提示语（正末扮刘从善同净卜儿、丑张郎、旦儿、冲末引孙、搽旦小梅上），到结尾处的"断出"（词云：六十年趱下家私，为无儿每每嗟咨。……因此上指绝地苦劝糟糠妇，不枉了散家财天赐老生儿）部分的内容，德庇时基本上都进行了翻译，完整地再现了整个剧本的主体内容。德庇时还以直译的方式译出了剧本中的部分科介的内容，如"楔子"部分的"叹科"译作"He sighs"，"做袖里摔科"译作"shakes the rest from his sleeve"，"张郎做抢科"译作"Chang-lang endeavours to snatch the paper"，这些剧本中对人物动作、表情等表演效果的舞台指示对于刻画人物形象和推动情节发展有重要的作用，德庇时故而选择把它们

〔1〕Jean-Baptiste Du Halde, *Description Géographique, Historique, Chronologique, Politique et Physique de l'Empire de la Chine et de la Tartarie Chinoise*, Tome 3, Paris: P. G. Le Mercier, 1735, pp. 350–378.

〔2〕按：宾白在后世的戏曲中也叫道白或说白，是除曲词以外演员说的话。包括人物的对白和独白，由白话和部分韵语组成，又称韵白和散白。对白与话剧的对话相似，独白兼有叙述的性质，在情节的发展和人物的塑造上起着重要的作用。

〔3〕按：科介也称科范、科、介，指唱、白以外的动作，是元杂剧中指示人物动作和表情的术语。

〔4〕John Francis Davis, *Laou-Seng-Urh, or, "An Heir in His Old Age." A Chinese Drama*, London: John Murray, 1817, p. xlviii.

呈现出来。另外，德庇时还在部分原文科介基础上补充了必要的动作说明。如在"楔子"部分刘从善"烧掉欠钱文书"的动作说明补充："putting the papers into the flame"。

　　德庇时对剧本中的唱词部分也进行了部分的保留，但在译文中的处理有两种方式。第一种是单独译出，全文只有唯一一处。即"楔子"中末尾处的【仙吕·赏花时】，内容是展现刘从善烧契求子的一幕，同戏剧的主题有密切的联系。德庇时以科介"唱"（sings）作为提示，下文直接以单引号引出居中的小号字来展示唱词的内容，并未译出宫调名和曲牌名。而原文夹杂在人物宾白（宾白对话部分仍用原文等号字体表示）中的五句唱词被德庇时分别拟作成了四首独立的诗歌：

> 我为甚将二百锭征人的文契烧。
>
> 'Do'st ask me why, by this rash hand ;
>
> 'A treasure to the flames was given?
>
> 'Why, but t'avert, are yet too late,
>
> 'The vengeance of offended Heaven!
>
> 也只要将我这六十载无儿冤业消。
>
> 'Full sixty years, by various arts,
>
> 'For wealth I've toil'd, without an heir ;
>
> 'Who knows but Heaven may now relent,
>
> 'And listen to a suppliant's prayer?'
>
> ……
>
> 我似那老树上今日个长出些笋根苗。
>
> 'See'st thou not yonder aged tree,
>
> 'That flings its wither'd arms around?
>
> 'Lo! from its roots a sucker breaks

268

'Its passage through the yielding ground.'

……

你心中可便不错。（ 此句未译 ）……

你是必休将兀那热汤浇。

'See'st thou not yonder bending flower,

'Whose roots the cooling waten lave?

'Ah! See, it bows its head to meet

'The freshness of the limpid wave!'[1]

　　这种依照原文进行的"文本增殖"体现了作为译者的德庇时对戏剧求
子主题的理解与强调。

　　第二种是选取部分内容，融入人物的对话之中。此种现象在译文中比
比皆是。如德庇时对"第四折"末尾处【 雁儿落 】、【 得胜令 】的处理。

　　其原文为：

　　[正末云] 孩儿。你不说我怎知道。[唱]

　　【 雁儿落 】原来这亲的则是亲，我当初恨呵须当恨。那女夫
便是各白的人，那女儿也该把俺刘家认。

　　[卜儿云] 老的。谁想刘员外自家有了孩儿也。[正末唱]

　　【 得胜令 】婆婆，咱早则绝地上不安坟，则咱这孝堂里有儿
孙。你今日个得病如医病。[旦儿云] 父亲，今日有了孩儿也，
休忘了您女孩儿。[正末唱] 姐姐我怎肯知恩不报恩。[引孙
云] 今日有了儿也，十三把钥匙还了伯伯，您孩儿则做的一日财

〔 1 〕John Francis Davis, *Laou-Seng-Urh, or, "An Heir in His Old Age." A Chinese Drama*, London: John Murray, 1817,
pp. 17–18.

主。[正末唱] 你一世儿为人，这的是大富十年运，咱三口儿都亲。[带云] 俺女儿侄儿和这孩儿。[唱] <u>我把这泼家私做三分儿分。</u>[1]（其中有下划线标注的句子为在对话中翻译出的唱词）

对应译文为：

Lew. How was I to know, all this, child, without your telling me!?　"Since it proves thus, you have acted to my daughter; but my former displeasure was not without its excuse. —My son-in-law yonder is of another house; but my daughter is worthy to be recognised by her family."

Wife. Who could have thought that Lew Yuen-wae would still have a son!

Lew. "We need not apprehend being buried in that desolated spot: for our family has now a representivate. Your sorrow has met with its cure."

Daugh. "Father, though you have this day found a son, do not cease to remember your Daughter!"

Lew. "Daughter, how can I be sensible of a benefit and requite it."

Yin. Since you have found a son, I return all the keys to you, uncle—I have thus been rich for only one day!

Lew. My daughter, my nephew, and my son— "I take the whole

---

〔1〕（元）武汉臣：《散家财天赐老生儿》，见王学奇主编：《元曲选校注》（第一册·下卷），河北教育出版社，1994年，第1085页。

of my property, and divided it among you."[1]

此处【雁儿落】包括两句唱词，德庇时只翻译了末尾一句。【得胜令】包括四句唱词，德庇时除了"你一世儿为人，这的是大富十年运，咱三口儿都亲"这句刘从善安慰侄子的唱词未译以外，其他都以对话形式译出。同时在文中也取消了以科介"唱"（sings）作为提示的形式。

纵观全文，德庇时译出的唱词均同戏剧故事情节的发展有密切的联系，如若省略则可能造成情节的不完整，而省略的部分大都是一些展现次要情节、次要人物的语言或心理活动的部分。德庇时曾在正文前的《中国戏剧及其舞台表演简介》一文中提出，中国戏剧中"有些较为猥亵的段落，翻译时已经略去。……我们也应该看到，中国戏剧对自然和真实坚持靠得更近，戏剧演出经常显得过于粗鲁、鄙陋。就如法国汉学家德金所说'他们在舞台上展示了过多的真实'。"[2]从这段话中，我们大致可以了解德庇时省略或删节部分唱词以及内容的原则。除了伦理道德方面的纯洁表达之外，他考虑的其实是对中国戏剧中展现的"过多"的生活化的自然（nature）和真实（facts）的凝练，为的是把他认为粗陋的、不符合西方戏剧审美和表现方式的叙述内容加以精简，以符合译者本身和西方读者的戏剧审美习惯。

（三）德庇时还在翻译中对元杂剧的部分体例进行改写或增添，以符合西方戏剧的剧本体例。其中最为明显的地方就是对于剧中"全体出场人物表"（Dramatis Personæ）的增添和剧本中人物对话形式的凸显。

先来看"全体出场人物表"部分，括号中内容为笔者所译：

---

[1] John Francis Davis, *Laou-Seng-Urh, or, "An Heir in His Old Age." A Chinese Drama*, London: John Murray, 1817, pp. 101–102.

[2] John Francis Davis, *Laou-Seng-Urh, or, "An Heir in His Old Age." A Chinese Drama*, London: John Murray, 1817, p. xlii.

Dramatis Personæ（全体出场人物表）

Lew-tsung-sheu, *the Old Man.*（刘从善，老生。正末）

Le-she, *his Wife.*（李氏，刘从善之妻。净卜儿）

Seaou-mei, *his Second Wife.*（小梅，刘从善之妾。搽旦）

Yin-chang, *his Daughter*; *Wife to Chang-lang.*（引张，刘从善之女；张郎之妻。旦儿）

Chang-lang, *his Son-in-law.*（张郎，刘家赘婿。丑）

Yin-sun, *his Nephew.*（引孙，刘从善之侄。冲末）

Servants, & c.（仆人等）[1]

　　元杂剧《散家财天赐老生儿》的原文并无"全体出场人物表"，德庇时的译文加入这一西方戏剧剧本中常见的部分，顺应了西方读者的阅读习惯，进而也展示了全剧的人物关系以刘从善为起点和中心。说明按照德庇时的理解，《老生儿》这部戏剧的主人公为刘从善。另外，德庇时在人物表和正文的翻译中均省略了"正末""卜儿"等角色的对译，隐去了中国传统戏剧中角色形象和表演艺术的规定性。

　　在元杂剧《散家财天赐老生儿》原文中，人物语言以［正末云］［卜儿云］［引孙云］［唱］［带云］［正末唱］等的形式作为提示或附在【正宫端正好】【滚绣球】【倘秀才】等宫调曲牌名之后，对于西方读者而言弄清楚"正末""卜儿"等的指代有些复杂，把曲牌名之后的内容同人物联系起来更是困难。德庇时在翻译时则统一删除了宫调和曲牌名称，用人名和人物身份代替末、净、旦、杂等四类元杂剧的角色。从而将"曲""白"

---

〔1〕John Francis Davis, *Laou-Seng-Urh, or, "An Heir in His Old Age." A Chinese Drama*, London: John Murray, 1817, p. xlix+2.

272

进行融合，统一到了西方戏剧以对话为主体的戏剧体例之中：即以西方戏剧的"对话体"形式翻译，每个人物的语言都先醒目地用斜体标注出说话人，不同人物的话则另起一行。如有曲词或诗词部分则用单引号或双引号引出以示区别，以散文而非韵文的形式来翻译，并融入到人物的对话之中，这一点我们在上文对"第四折"末尾处【雁儿落】、【得胜令】处理方式的示例中可以明显看出。

　　除此之外，德庇时还在每一折戏开头或新人物出场时醒目地标注出人名，以便读者理解剧中人物的身份和相互关系。如"楔子"部分开头，原文为"正末扮刘从善同净卜儿丑张郎旦儿冲末引孙搽旦小梅上"，而德庇时译为："Enter LEW-TSUNG-SHEU, his Wife, CHANG-LANG, and YIN-SUN."（刘从善、刘妻、张郎和引孙入场）[1]，并大写居中。此处译文省略了引张（旦儿）和小梅（搽旦），这是因为德庇时细分了每组人物的出场，这两个人物在此部分（译文 1 至 10 页）并未开口说话；而到了译文 11 页上，小梅的名字就出现在了标注之中，"LEW-TSUNG-SHEU, Wife, Daughter, CHANG-LANG, SEAOU-MEI"，这说明小梅将在下文中出场讲话。[2]

　　最后，德庇时加入了元杂剧《散家财天赐老生儿》原文中并未出现的场景说明和场景转换提示语。如译本的"第一折"中，德庇时分为两个场景："SCENE.—*The Old Man's House.*"和"SCENE.—*The Cottage.*"，使用居中大写的方式提醒读者注意。另外在两个场景之间还加入单词"[*Exeunt.*"（退场）进行标注[3]，体现了西方戏剧注重舞台时空转换的特色。

　　（四）使用脚注和尾注补充和解释说明中国戏剧特征、谚语典故、风

〔1〕John Francis Davis, *Laou-Seng-Urh, or, "An Heir in His Old Age." A Chinese Drama*, London: John Murray, 1817, p. 1.

〔2〕John Francis Davis, *Laou-Seng-Urh, or, "An Heir in His Old Age." A Chinese Drama*, London: John Murray, 1817, pp. 11-12.

〔3〕John Francis Davis, *Laou-Seng-Urh, or, "An Heir in His Old Age." A Chinese Drama*, London: John Murray, 1817, p.22.

俗人情等知识信息

　　在《三与楼》译本中，德庇时就已经通过大量使用脚注和译音对照的方式处理文中的大量文化负载词，尽量向读者传达带有异域色彩的中国文化与风俗。德庇时的《老生儿》译本延续了这一做法，译本中共有 11 处脚注和 17 个尾注[1]，其内容是对中国戏剧特征、谚语典故、风俗人情等异域知识与信息的补充和解释说明。

　　首先，对中国戏剧特征的说明，脚注和尾注部分都有相关条目。

　　如第 23 页脚注："原文中以宣叙调形式演唱的部分（sung in a sort of recitative），在翻译中用引号标出。可以发现剧中刘从善是唯一从头到尾演唱的人。在何种情况下他都应是主角。译者注。"[2]此处注释出现在第一折刘从善唱词【仙吕点绛唇】"将本求财，在家出外，诸般儿快。拥并也似钱来，到底个还不彻冤家债。"之前，体现了德庇时对元杂剧中"曲"的形式和功能的理解、戏剧主角的认定，以及在翻译中对"曲"的处理方式。

　　又如尾注 1："—场景—'老人的家'] 因为中国戏剧不改换场景，译者尽可能地加以增添……"[3]此处注释出现在译文第一页"楔子"处，是德庇时按照西方戏剧的习惯所添加的场景说明。

　　以上两处都是译者德庇时在翻译中对中国戏剧异于西方戏剧的特征进行的翻译说明，但不同的是第 23 页脚注采用了直译加解释的异化策略，而尾注 1 则采用了增添西方戏剧元素的归化策略。

　　第二，关于中国谚语典故的翻译说明，集中在脚注部分。德庇时在译文中对于剧中的谚语及典故大部分采用了意译或回避不译的处理方式，但

---

〔1〕按：译本原文存在印刷错误，出现了两次"Note 16"的标注，实有 17 处尾注。

〔2〕John Francis Davis, *Laou-Seng-Urh, or, "An Heir in His Old Age." A Chinese Drama*, London: John Murray, 1817, pp. 23-24.

〔3〕John Francis Davis, *Laou-Seng-Urh, or, "An Heir in His Old Age." A Chinese Drama*, London: John Murray, 1817, p. 107.

274

也有部分采取了直译、意译加注释的形式表现。

如第 76 页脚注："谚语一处。"[1] 指文中德庇时对刘从善之妻李氏一句"我嫁的鸡随鸡飞，嫁的狗随狗走，嫁的孤堆坐的守"的宾白的标注。德庇时译为："If I wed a fowl, I must fly after it；if I wed a dog, I most run after it；if I wed a deserted clod, I must sit down and guard it."此处译文形式仿照中文谚语原文的口语风格直译，读来朗朗上口，趣味十足，体现了德庇时的巧思。

又如第 87 页脚注，译文正文意译"你个择邻的孟母，休打这刻木的丁兰"为"Ah, you careful mother, forbear to beat your dutiful children!"（啊，你这个细心的母亲，不要打你的孝顺的孩子！）而在注释中不但采用直译的方式展示了原文，还说明此处典故来自两则古老的故事："The mother of the philosopher Mencius (as the Chinese name is Latinised by the Jesuits) finding that she had chosen a neighbourhood in which her son did not learn, tore the web, which she was forming through vexation. —Ting-lan was a young woman who, when her parents died, carved their images in wood, and worshipped them."［哲学家孟子（他的中文名字是被耶稣会拉丁化的）的母亲发现她选择了一个影响了儿子使之不学习的邻居，于是撕开了她在烦恼中纺织的布匹——丁兰是一位年轻女子，当她的父母去世时，她用木头雕刻他们的形象，并崇拜他们。][2] 此处，德庇时的文中直译差强人意，但其注释中对于"孟母三迁"和"丁兰刻木"二则故事的翻译就不得精髓了，而且还弄错了丁兰的性别，这说明他早期的中文学习还谈不上深入。另外，德庇时在第 88 页脚注对"杨香跨虎"典故的处理与之也大致相同，而 90

---

[1] John Francis Davis, *Laou-Seng-Urh, or, "An Heir in His Old Age." A Chinese Drama*, London: John Murray, 1817, p. 76.

[2] John Francis Davis, *Laou-Seng-Urh, or, "An Heir in His Old Age." A Chinese Drama*, London: John Murray, 1817, pp. 87−88.

页处对"梁鸿引着你这孟光"(举案齐眉)的典故处理只是标出"一对古代情侣"[1],则过于简单。

最后,对中国风俗人情的说明和解释,脚注和尾注部分都有相关条目。有学者认为其内容主要围绕着有关"孝道"的风俗和法律[2],但大体来说主要还是注解中西习俗相异之处。

如尾注第 3、7、11、14 条是关于中国人日常生活中一些习惯的解释,第 54 页脚注内容是关于中国人在靴子中装钱习惯的描述,同尾注 4 中描述中国人的衣服没有口袋,用袖子和靴子的上部装钱的叙述如出一辙。而第 72 页脚注是解释中国人对死亡的忌讳,"中国人认为直接说'死'不吉利,就如罗马人用 fuit 或 vixit 来代替 moritur 一样。"同样,尾注中同中国人的死亡与丧葬观念有关的还有第 2、8、9、12、13、15、16 条注,包括葬仪、伦理、祭祀等诸多方面。另外,第 5、6、10、17 还分别涉及中国的一夫多妻制、奴隶制、行乞以及婚俗。

德庇时的《老生儿》译本是英国直接由中文原著翻译而来的第一部中国戏剧,发表之后立即被转译为其他欧洲语言,并在西方评论界也引发了较大的关注:1818 年,法国汉学家雷慕莎在转译该部戏剧时,于法国著名的《学者杂志》发表评论文章,肯定"德庇时是一位伟大的中国文化研究者,《老生儿》的翻译体现他掌握了丰富的中国语言文化,其内容弥补了被当时传教士和其他学者忽视的中国文化问题"。[3]1819 年,法国作家和翻译家安东尼·布律吉埃·德·索松姆以德庇时的《三与楼》和《老生儿》为蓝本,译为法文,出版《老生儿,中国喜剧;附:三与楼,道德

---

[1] John Francis Davis, *Laou-Seng-Urh, or, "An Heir in His Old Age." A Chinese Drama*, London: John Murray, 1817, p. 90.

[2] 汪诗佩:《文本诠释与文化翻译:元杂剧〈老生儿〉及其域外传播》,《民俗曲艺》(台湾) 2015 年 9 月第 189 期。

[3] Jean Pierre Abel Rémusat, "*LAOU-SENG-URH, or, ' An Heir in His Old Age.' A Chinese Drama*. London, 1817, in-16 de xlix et 115 pages", *Le Journal des Savans*, Paris: Imprimerie Royale, Jan., 1818, pp. 27−35.

故事》(*Lao-Seng-Eul, Comedie Chinoise*；*Suivie De San-Iu-Leou, Ou Les Trois Etages Consacres, Conte Moral*)。此外，英国《评论季刊》[1]、《亚洲杂志》[2]等杂志都发表有相关评论。

第二节　《汉宫秋》的翻译特色

《破幽梦孤雁汉宫秋》是元代戏曲家马致远所撰写的一部杂剧[3]，明代臧懋循《元曲选》把它列为"元曲百种"之冠，全剧也是四折一楔子的结构。《破幽梦孤雁汉宫秋》取材于王昭君出塞的历史故事加以改编，内容为西汉元帝听从奸臣毛延寿谗言，从民间选美。美人王昭君因不肯贿赂毛延寿，遭其在呈给皇帝的美人图上丑化，入宫后不得宠幸。元帝深夜偶然听到昭君弹琵琶，寻声而得见昭君，爱其美色，将她封为明妃。毛延寿后逃至匈奴，蛊惑韩邪单于向元帝索要昭君和亲。元帝舍不得昭君，但满朝文武怯懦自私，无力抵挡匈奴。昭君为免刀兵之灾自愿前往。昭君不舍故国，在汉番交界的江中投水而死。单于将毛延寿送还汉朝。汉元帝伤痛不已，将毛延寿斩首以祭奠昭君。《破幽梦孤雁汉宫秋》不但是一部爱情悲剧，其中更是蕴含了作者马致远的亡国之思。

1829年，德庇时翻译出版《好逑传》并附《破幽梦孤雁汉宫秋》的英译文，同年又出版了《汉宫秋》(*Hān Koong Tsew, or The Sorrows of Hān：A Chinese Tragedy*)单行英译本。《汉宫秋》是自《赵氏孤儿》以来

---

〔1〕 *The Quarterly Review*, Vol. XVI , Oct. 1816 & Jan. 1817, pp. 396-416.

〔2〕 "Review of Books", *The Asiatic Journal and Monthly Register*, Vol. 5, January to June, London: Printed for Black, Kingsbury, Parbury & Allen, 1818, pp. 33-37.

〔3〕 按：马致远，河北人。元代著名戏曲家。其杂剧今知有16种，存世的有《江州司马青衫泪》、《破幽梦孤雁汉宫秋》、《吕洞宾三醉岳阳楼》、《半夜雷轰荐福碑》、《马丹阳三度任风子》、《开坛阐教黄粱梦》、《西华山陈抟高卧》7种。《汉宫秋》是其代表作。另有散曲120多首，有辑本《东篱乐府》。

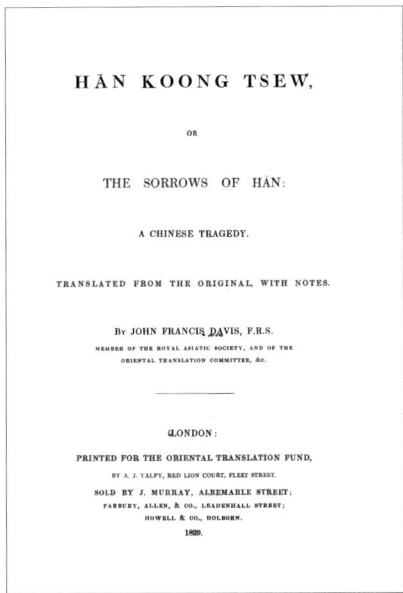

图 6-2
德庇时《汉宫秋》译本标题页
—
来源:
《汉宫秋》, John Murray, 1829

欧洲出版的第三部中国戏剧译本，也是德庇时在相隔《老生儿》12 年之后再一次翻译中国戏剧。在经历了大量的中国文学翻译实践之后，《汉宫秋》英译本在延续德庇时以前的翻译风格的同时呈现出了更为成熟的面貌。其特点可以从如下几个方面归纳:

（一）中西戏剧结构形式的融合

同《老生儿》译本一样，德庇时在《汉宫秋》的翻译中也保留了原剧"四折一楔子"的结构特征。但同《老生儿》译本不同的是，德庇时不再把"楔子"翻译为"SIE-TSZE, OR OPENING"（楔子，或开场），而是直接以更简洁和西化的"PROEM"（序）代替。而把"折"意译为"ACT"（幕）则没有改变。

在对戏剧场景的处理方面，《汉宫秋》译本也较《老生儿》译本更为简洁。同《老生儿》译本在"四折一楔子"之中使用居中大写"SCENE"的方式标明场景或场景的转换不同，《汉宫秋》译本直接在剧中"全体出场人物表"（Dramatis Personæ）一页的最下方附上了一句场景说明 "*The Scene lies in the Tartar Camp, on the Frontiers; and in the Palace of Han*"（该剧场景位于鞑靼营地、汉匈边境和汉宫）加以代替，但在文中保留了在两个场景之间还加入 "（Exeunt.）"（退场）进行标注的方式。对于戏剧人物的上场下场的舞台说明，仍然保留了《老生儿》译本中使用"Enter+ 上场人物名"表示人物上场和 "（Exit.）"表示人物下场的表达方式。另外，《汉宫秋》译本也保留并翻译了科介动作的标注。

　　但在"全体出场人物表"的开列方面，《汉宫秋》译本却比《老生儿》展示了更多的戏剧信息：

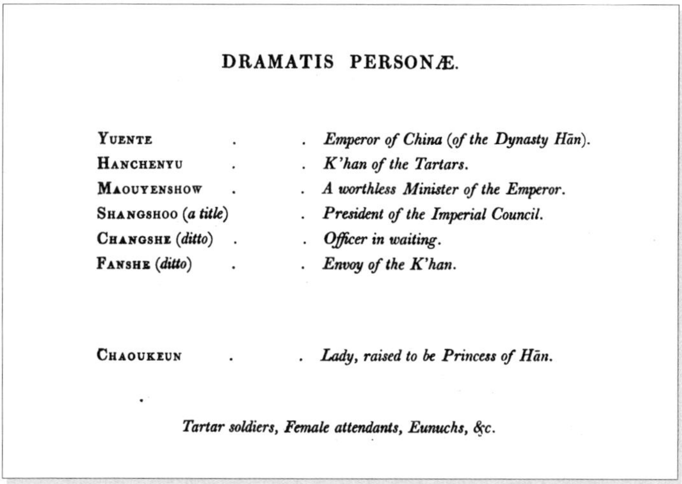

DRAMATIS PERSONÆ.

YUENTE	. .	*Emperor of China (of the Dynasty Hān).*
HANCHENYU	. .	*K'han of the Tartars.*
MAOUYENSHOW	. .	*A worthless Minister of the Emperor.*
SHANGSHOO (*a title*)	. .	*President of the Imperial Council.*
CHANGSHE (*ditto*)	. .	*Officer in waiting.*
FANSHE (*ditto*)	. .	*Envoy of the K'han.*
CHAOUKEUN	. .	*Lady, raised to be Princess of Hān.*

Tartar soldiers, Female attendants, Eunuchs, &c.

图6-3
德庇时《汉宫秋》译本"全体出场人物表"

来源：
《汉宫秋》, John Murray, 1829

　　对比上文《老生儿》译本中的"全体出场人物表"可以发现，《老生儿》译本中的"全体出场人物表"以正末刘从善为中心和第一位，表明了他的主角身份，而且其他人物皆标注了同主角的关系。而《汉宫秋》译本的"全体出场人物表"虽把汉元帝（Yuente）放在首位，但人物表被一段明显的空行划分为两个方阵：一个是剧中的元帝、毛延寿（Maouyenshow）、尚书（Shangshoo）、常侍（Changshe）和番使（Fanshe）这些男性角色，另一个则只有昭君（王嫱）（Chaoukeun）一位女性角色。这样的排列方式似乎在向读者提示《汉宫秋》是拥有元帝和昭君男女双主角的一部戏剧。另外，人物表中人名之后的标注不但说明了人物在戏剧中的身份，还加上了译者德庇时的人物评价，如对毛延寿的标注"A worthless Minister of the Emperor."（皇帝的一个毫无价值的大臣），其中"worthless"就是德庇时对毛延寿的评价。

时隔 12 年之后，德庇时呈现在《汉宫秋》译本中的结构特征、场景标识、舞台说明、科介标注和出场人物表等方面的处理，一方面吸取和延续了《老生儿》译本中的成功经验，另一方面也进行了细微之处的调整，既符合了读者的西方传统戏剧剧本阅读习惯，也在一定程度上展现了元杂剧的风貌，从而使中西戏剧结构形式更好地融合在了《汉宫秋》译本之中。

（二）保留宾白而删改曲词

德庇时同样以当时西方戏剧中流行的话剧形式处理《汉宫秋》译本中的人物宾白，把其转化为西方戏剧中通用的"对话体"，即每个人物的语言都先醒目地用斜体标注出说话人，后面紧跟其所说的话，不同人物的话语则另起一行。使用这样的方式，德庇时基本全译了《汉宫秋》中的所有宾白，尤其难能可贵的是他对原文宾白中的 8 首诗歌也一一翻译（7 首以诗体翻译、1 首以散文体译入对话之中）。

如其中王昭君的出场诗：

（正旦扮王嫱引二宫女上，诗云）一日承宣入上阳，十年未

280

得见君王。良宵寂寂谁来伴，唯有琵琶引兴长。[1]

Chaou. (Recites verses.)—

"Though raised to be an inhabitant of the imperial dwelling,

I have long been here without the good fortune to see my

prince:

This beautiful night must I pass in lonely solitude,

With no companion but my lute to solace my retirement."[2]

德庇时在译诗之前特别标出了"吟诵诗句"（Recites verses）的提示，
直接告诉读者下文是一首中国诗歌。他翻译昭君出场诗采取了无韵诗的形
式，同样保持了四句的结构，比较忠实地直译了原诗的含义。尤其是以
"皇宫"（the imperial dwelling）代替"上阳"（宫殿名），化原诗借用"上
阳"代指皇宫的修辞手法为直译；以"长期"（long been here）代替"十
年"，同样化原诗以虚数"十年"意指时间长久的修辞手法为直译呈现。
如此处理，虽有助于西方读者的理解，但可能会失去了一部分中国诗歌的
意韵。

又如全剧煞尾诗：

（诗云）叶落深宫雁叫时，梦回孤枕夜相思。虽然青冢人何
在，还为蛾眉斩画师。[3]

（Recites these verses.）

---

[1]（元）马致远：《破幽梦孤雁汉宫秋》，见王学奇主编《元曲选校注》（第一册·上卷），河北教育出版社，
1994 年，第 174 页。

[2] John Francis Davis, *Hān Koong Tsew, or, The Sorrows of Hān: A Chinese Tragedy. Translated from the Original,
with Notes*, London: Printed for the Oriental Translation Fund, Sold by John Murray, 1829, p. 6.

[3]（元）马致远：《破幽梦孤雁汉宫秋》，见王学奇主编《元曲选校注》（第一册·上卷），河北教育出版社，
1994 年，第 206 页。

"At the fall of the leaf, when the wild-fowl's cry was heard in
the recesses of the palace,

Sad dreams returned to our lonely pillow; we thought of her
through the night:

Her verdant tomb remains—but where shall we seek herself?

The perfidious painter's head shall atone for the beauty which
he wronged."[1]

德庇时对煞尾诗的处理同全剧中的大部分诗歌类似：以"吟诵这些诗句"（Recites these verses）为提示，以引号引出，直译为四句的无韵诗体。同样，他把诗歌中的"雁"译为"野禽"（the wild-fowl），把"蛾眉"译为"美人"（the beauty），也是应是考虑了方便读者的理解。但是这样的处理方式丢失了中文中"孤雁"意象所承载的"昭君环佩魂归的象征"或"元帝凄清心境的写照"的意蕴[2]，以及凄清、孤单零落的审美感受。在文下的脚注中更是混淆了"鸳鸯"与"雁"的区别。在这些负载着中国文化内涵的词语意象的翻译处理中，如果过于考虑读者理解的通俗平易，就有可能丢失诗歌的深意，而德庇时希望以注释的方式加以补充，这就要求译者自身具有深厚的中国文化功底，才能兼顾通俗易懂和应有的文化深度。但从德庇时对"琵琶"、"胡笳"、"孤雁"、"嫦娥"、"社稷"和"匈奴"等词语的处理中，专业读者不难发现其中仍有欠缺和不妥之处。[3]而这种现象在19世纪初的中国文学外译著作中并不罕见，也是中西文学交流初期的青涩之处。

---

〔1〕John Francis Davis, *Hàn Koong Tsew, or The Sorrows of Hàn: A Chinese Tragedy. Translated from the Original, with Notes*, London: Printed for the Oriental Translation Fund, Sold by John Murray, 1829, p. 18.

〔2〕王季思等著：《元杂剧选注》，北京出版社，1980年，第192页。

〔3〕陈科龙：《〈汉宫秋〉中英剧比较》，《戏剧文学》2012年第9期。

德庇时在保留宾白的同时大量删改了《汉宫秋》中的曲词：

楔子部分结尾处的唯一曲词【仙吕赏花时】未译。

第一折仅保留了【醉扶归】唱词里的一句："点得这一寸秋波玉有瑕"，译为"Ah, how has he dimmed the purity of the gem, bright as waves in autumn!"

第二折仅保留了【隔尾】唱词里的一句："我来到这妆台背后，原来广寒殿嫦娥在这月明里有"，译为"Reflected in that round mirror, she resembles the Lady in the Moon."

第三折保留了【得胜令】唱词里的部分句子："枉养着那边庭上铁衣郎。……您但提起刀枪，却早小鹿儿心头撞。今日央及煞娘娘，怎做的男儿当自强！"译为"In vain have we maintained those armed heroes on the frontier. Mention but swords and spears, and they tremble at their hearts like a young deer. The princess has this day performed what belonged to themselves: and yet do they affect the semblance of men!"还有【收江南】唱词的全部内容："呀！不思量除是铁心肠。铁心肠也愁泪滴千行。美人图今夜挂昭阳，我那里从养，便是我高烧银烛照红妆。"译为"Did I not think of her, I had a heart of iron—a heart of iron! The tears of my grief stream in a thousand channels. This evening shall her likeness be suspended in the palace, where I will sacrifice to it—and tapers with their silvery light shall illuminate her chamber."

第四折保留了【醉春风】唱词里的："想娘娘似竹林寺不见半分形，则留下这个影、影。未死之时，再生之日，我可也一般恭敬。"译为"Though we cannot see her, we may at least retain this shadow; and, while life remains, betoken our regard."还有【蔓青菜】唱词的全部内容："白日里无承应，教寡人不曾一觉到天明，做的个团圆梦境。却原来雁叫长门两三声，怎知道更有个人孤另。"译为"In bright day she answered not to our call—

but when morning dawned on our troubled sleep, a vision presented her in this spot. Hark, the passing fowl screamed twice or thrice!—Can it know there is one so desolate as I？"紧接【白鹤子】唱词的全部内容："多管是春秋高，筋力短，莫不是食水少，骨毛轻？待去后，愁江南网罗宽；待向前，怕塞北雕弓硬。"译为 "Perhaps worn out and weak, hungry and emaciated, they bewail at once the broad nets of the south and the tough bows of the north."另有【十二月】唱词的全部内容："休道是咱家动情，你宰相每也生憎。不比那雕梁燕语，不比那锦树莺鸣。汉昭君离乡背井，知他在何处愁听！"译为 "Cease to upbraid this excess of feeling, since ye are all subject to the same. Yon doleful cry is not the note of the swallow on the carved rafters, nor the song of the variegated bird upon the blossoming tree. The princess has abandoned her home! Know ye in what place she grieves, listening like me to the screams of the wild bird？"

　　总体来看，德庇时保留宾白而删改曲词的翻译方式是为了迎合西方当时流行戏剧（话剧）的文体特点。对于删除的部分，德庇时也在前言中说明了原因：

　　　　（这些曲词）中充满了我们不熟悉事物的典故，以及我们很难观察到的修辞手法。……此外，它们常常只是散文部分的重复或详述；更多的是为了听而不是看，更适合戏剧表演而不是私下交谈。[1]

　　而德庇时选择翻译宾白中的人物出场诗、煞尾诗，曲词中承担着连接

---

[1] John Francis Davis, *Hān Koong Tsew, or The Sorrows of Hān: A Chinese Tragedy. Translated from the Original, with Notes*, London: Printed for the Oriental Translation Fund, Sold by John Murray, 1829, p. vii.

上下文的叙事功能的词句，都是为了完整地传达戏剧的情节内容。同时，德庇时在译文中选择保留诗歌的编排、用引号引出翻译的曲词并在脚注中提示读者注意的方式也保存了中国戏剧的部分独特面貌。另外，德庇时还在译文后影印了《汉宫秋》剧本的"楔子"部分（除唱词【仙吕赏花时】以外）的部分，向西方读者展示了中国戏剧宾白和科介的细节和整体面貌。

（三）使用正文和脚注结合解释中国特有文化

同《老生儿》中同时使用脚注和尾注的做法不同，德庇时在《汉宫秋》译本的正文中统一使用了 31 处脚注来承担相应的文化注解功能。依照这些脚注和正文的关系，可以做出如下分类：

首先，对中国历史和制度背景的补充介绍。

如译文第 4 页的两个注释：第一个为对译文中 "the Princesses of China were yielded in marriage to K'hans."（原文：以公主嫁俺国中）的补充说明。应是为了解释中国的"屈服"（yielded），德庇时直接让读者参考他在《英国皇家亚洲协会会报》第一卷第一期发表的《中国大事记》（Memoir Concerning the Chinese）的第 7 页，此页部分内容简单介绍了中国汉朝的鞑靼（按：实际应为匈奴）的关系："鞑靼人也因其流窜和掠夺性的战争方式而引发了许多麻烦，并迫使中国人以结盟和进贡来安抚他们。"[1] 但其中并未提到具体的"和亲"政策，只是说明了这种关系是一种"非政治性的体系"（impolitic system）。因《中国大事记》在中国历史研究方面是通史性的简述，虽是面面俱到但不深入，所以德庇时在注解中提到这篇论文只能够说是引导读者大概了解了戏剧发生的历史背景。

第二个注释是关于吕后（the Empress Leuhow）这个历史人物的说明。德庇时在文中以音译的形式向读者直接呈现了诸如"汉高帝"（the

---

〔1〕John Francis Davis, "Memoir Concerning the Chinese", *Transactions of the Royal Asiatic Society of Great Britain and Ireland*, Vol. 1, No. 1, 1827, p. 7.

Emperor Kaoute）、"惠帝"（Hoeyte）、"宣帝"（Seuente）等历史人物的名号，但并未一一注解，而只是选取"纣王"（Chow-wong）和吕后进行说明，大概应该同这两个人物经历的故事性有关。德庇时是这样描写吕后的："惠帝的母亲，一个勇敢能干的女人，帮助她的儿子，汉朝第二位皇帝，治理国家。"（The mother of Hoeyte, a bold and able woman, who ruled for her son, the second Emperor of Han.）[1]

又如译文第 8 页的第二个注释，该注释是对正文中"先生，我的父母在我的家乡背负税款"（My parents, Sir, are subject to the tax in our native district）一句中涉及到的中国税收制度的补充说明。但如果对照剧本原文则会发现德庇时的翻译其实有所偏颇：剧本原文为"陛下，妾父母在成都，见隶民籍"[2]，其中的"见隶民籍"指户籍属于平民，原意其实同税收有别。而德庇时却注释为："中国的主要税种是土地税、关税、盐专卖税和个人服务税，这些税种一直是最底层人民的压迫之源，他们除了劳动贡献以外什么都没有。"[3]这些认识应该是德庇时在华从事经济和政治活动时所获得的直接经验的反映，这里可能是通过解释中国税收的客观情况突出王昭君父母底层百姓的身份。

第二，对特殊文学意象的解释。此类注释一般涉及中西文化差异或比较，尤其是对中国文学特有意象和表达的解释说明。

如第三页注释 1 是德庇时对《汉宫秋》英译题目的解释。他把剧名"汉宫秋"意译为"THE SORROWS OF HAN"（汉的哀伤）在中国读者看来相对来说还是比较切题的，但对于西方读者而言就需要解释"秋"和

〔1〕John Francis Davis, *Hān Koong Tsew, or The Sorrows of Hān: A Chinese Tragedy. Translated from the Original, with Notes*, London: Printed for the Oriental Translation Fund, Sold by John Murray, 1829, p. 4.

〔2〕（元）马致远：《破幽梦孤雁汉宫秋》，见王学奇主编《元曲选校注》（第一册·上卷），河北教育出版社，1994 年，第 177 页。

〔3〕John Francis Davis, *Hān Koong Tsew, or The Sorrows of Hān: A Chinese Tragedy. Translated from the Original, with Notes*, London: Printed for the Oriental Translation Fund, Sold by John Murray, 1829, p. 8.

"哀伤"的关系了，于是在注释中德庇时先直译了"汉宫秋"（Literally, "Autumn in the palace of Han"），接着解释道"but in Chinese, Autumn is emblematic of Sorrow, as Spring is of Joy, and may therefore be rendered by what it represents"（但在中国，秋天象征着悲伤，春天象征着欢乐，因此可以用它们的象征意义来对应翻译。）

又如第 16 页的第三个注释，德庇时在正文中把"消魂"直译为"my spirit melt"（我的灵魂融化了），并注释为"Seaouhoen, a common poetical expression."（消魂，一个常见的诗意表达）。注释中先注明发音，再说明由来。虽然简单但也可说明问题。

再如第 14 页的第一个注释，戏文中为"自古道'红颜胜人多薄命，莫怨春风当自嗟。'"德庇时在译文中只翻译了前半句"红颜胜人多薄命"，为"surpassing beauty is often coupled with an unhappy fate"（超越常人的美貌往往伴随着不幸的命运），此处翻译可谓相当准确。德庇时还在注释中补充道："这是来自中国的一种很古老的观点"，并抄录了古罗马诗人尤文纳尔《讽刺诗》第四卷第十章的第 293 至 295 行的诗句进行比照：

> Sed vetat optari faciem Lucretia qualem
>
> Ipsa habuit, cuperet Rutilæ Verginia gibbum
>
> Accipere atque suam Rutilæ dare.
>
> 但卢克蕾提亚的命运会阻止我祈求她长得如她一样漂亮。
>
> 维尔吉尼娅更愿意拥有露蒂拉的驼背，
>
> 把自己的容貌让给露蒂拉。[1]

---

[1] 按：此处的典故来自古罗马史学家李维（Titus Livius）的《罗马自建城以来的历史》（*Ab urbe condita libri*）。卢克蕾提亚（Lucretia）和维尔吉尼娅（Verginia）都是书中记载的因为美貌而被权贵（小塔克文、阿庇乌斯·克劳狄）强占，造成悲剧的美女。

德庇时在注释中引述诗句的目的是以古罗马传说中的美女卢克蕾提亚和维尔吉尼娅的悲惨命运来说明西方也有如王昭君一样红颜薄命的女子，这是典型的中西文学意象的比较。

另外，同页的第二个注释也是类似的中西文学意象的比较，正文是"And am I the great Monarch of the line of Han？"（原文：我哪里是大汉皇帝！）此处是元帝在被迫同昭君分别后发出的无奈感叹。德庇时在注释中引用了英国作家约翰·德莱顿（John Dryden）的戏剧《一切为了爱情》（*All for Love*）中马克·安东尼（Mark Anthony）的台词与之相较："Lie there, thou shadow of an Emperor！"（躺在那里，你这个皇帝的影子！）安东尼因为埃及艳后克莉奥佩特拉罗织的甜蜜乡而丧失跟凯撒争夺罗马统治权的斗志，他虽被部下提狄乌斯（Ventidius）称为皇帝，但此时却自嘲为"皇帝的影子"，体现了英雄穷途末路的悲哀心境。在因失去美人而哀叹这一点上汉元帝和安东尼表面虽然相似，但其实内在并不相同：汉元帝是因满朝文武怯懦自私无力抵挡匈奴而被迫放弃昭君，而安东尼却是在温柔乡中消磨了志气而导致的自食其果。

与之类似的还有第 17 页的第一个注释，标注在"The princess appears before him in a vision."（昭君的幻象出现在他面前）一句之后，德庇时以"There is nothing in this more extravagant than the similar vision in the tragedy of Richard Ⅲ ."（在这一场景中，没有什么比悲剧《理查三世》中类似的幻象更为夸饰的了）一句加以评论。德庇时在此处比较了《汉宫秋》和莎士比亚悲剧《理查三世》中类似的"幽灵复现"的场景，以自己新古典主义的审美观点把两者都给出了"夸饰"的评价，进而为读者联系起了两部不同国度的戏剧。

德庇时在注释处"制造"中西文学在情节上的对比的目的其实并非要进行严密地比较论证，而是以西方读者熟悉的文本（《罗马自建城以来的历史》《一切为了爱情》等）引导阅读者对其译文的相似情节的思考和比较，从而完成译文的"去陌生化"，用以增强读者对其译文的接受程度，同时也可能有显示自己学识的目的。

第三，对中国人特殊称谓的解释。一般采用了正文意译，注释注音或直译的形式，一般用以突出中西文化的差异。

如第三页的"可汗"，德庇时译作"K'han"，但在注释中他注明"In Chinese, Ko-han."这是在语音方面的简单补充说明。类似的有第 12 页的第三个注释，德庇时在文中把朕译为"I"，但他在注释中说明"The Imperial pronoun,' Tchin,' We, is with very good taste supplied by I in these impassioned passages."（中国皇帝的代指是"朕"，在这些慷慨激昂的段落中，我们用"我"代替来表达良好的品味。）这里就涉及到中西称谓的文化差异了，西方君王和中国皇帝的自称本就不同，德庇时在正文中以西释中加以归化，但又通过注释强调了文化差异。

又如第 10 页的第三个注释，德庇时在正文中把"嫦娥"译为"月中女士"（the Lady in the Moon）。注释为"Changngo, the goddess of the Moon, gives her name to the finely curved eye brows (Ngomei) of the Chinese ladies, which are compared to the lunar crescent when only a day or two old."（嫦娥是月亮女神，因中国女士们纤细弯曲的眉毛（蛾眉）而得名，蛾眉同新月头一两天的月相相似。）

又如第 17 页的第三个注释，德庇时在正文中把"龙体为重"译为"have some regard to your sacred person."（对神圣的您有所尊重），句中的"sacred"一词带有西方宗教的神圣色彩，这也是归化。其注释为"Loongte, literally'Dragon person.' The Emperor's throne is called the 'Dragon seat.'"（龙体，直译为"龙人"。皇帝的宝座叫做"龙椅"。）同样也是突出中西差异。

第四，对戏剧唱词和科介的注释。这些注释起到了保留中国戏剧形制，向西方读者介绍中国戏剧特点的作用。

在第 7 页的第二个注释是对文中科介 "（*Begins to play on the lute*）"（开始弹奏琵琶，即原著中的 "做弹科"）的说明，德庇时强调 "The notes within brackets are the same in the original version."（括号内的注解与原版是相同的），清楚地展示了中国戏剧中科介的舞台动作提示作用。

第 8 页的第一个注释，此注释标注在第一折唱词 "Ah, how has he dimmed the purity of the gem, bright as waves in autumn!"（点得这一寸秋波玉有暇）之后，为 "The passages with inverted commas are selected from the musical portion."（带有引号的段落选自戏剧中的音乐部分。）同样类型的还有第 10 页的第三个注释，为 "The passages marked with inverted commas are retained from the operatic portion of the drama, or that which is sung."（用引号标记的段落保留了戏剧的歌剧或演唱部分。）德庇时在这些地方使用注释的方式提醒读者注意中国戏剧中存在的不同于西方流行的 "对话剧" 中的唱词部分。

德庇时将《汉宫秋》英译到西方后，曾引起西方学者热烈讨论，赞扬和批评兼有之。《澳大拉西亚杂志》（*The Journal of Australasia*）认为德庇时的译文是传达 "中国戏剧品味的典范之作。"[1]而批评者主要集中讨论了德庇时译文的失误之处，如《亚洲杂志》上就有评论家提出批评，指出 "中国历史的主人公基本都是男人，此戏剧只是根据历史中附带的一个插曲虚构而成"，评论者认为德庇时在前言中说明这部喜剧来源于真实的历史故事是混淆了历史和虚构，既然是在传播中国知识就应该对读者负责。[2]德国语言学家朱利叶斯·海因里希·克拉普罗特（Heinrich Julius Klaproth）也在《新亚洲杂志》（*Nouveau Journal Asiatique*）上发表文章对

〔1〕"Chinese Literature", *The Journal of Australasia*, Vol. 1, July to December, East Melbourne: George Slater, 94 Bourke Street., 1856, p. 268.

〔2〕H. R. M. R., "Davis' Translation of the *Han Koong Tsew* to the Editor of the Asiatic Journal," *The Asiatic Journal and Monthly Register*, Vol. XXIX , July to December, London: Printed for Parbury, Allen, & Co., 1829, p. 318.

《汉宫秋》的翻译提出了一些异议。如克拉普罗特认为"呼韩耶单于"应该翻译为"Je suis Houhanyé le tchhenyu"（我是呼韩耶，单于），而德庇时翻译为"Je suis Han tchenyu"（我是韩单于），漏译了"呼"和"耶"。[1]虽然一些文章指出了德庇时翻译时的疏漏，但也正说明了德庇时的《汉宫秋》译本影响广泛，引发了仔细的阅读。

第三节　德庇时对中国戏剧诸问题的探讨

在对中国戏剧翻译的同时，德庇时也在不断地向西方读者传播有关中国戏剧的相关知识，并在一些重要的相关问题上提出了自己的思考：

1817年，德庇时在《老生儿》英译本正文之前以《中国戏剧及其舞台表演简介》一文向西方读者介绍中国戏剧的特点，呼吁西方学者关注中国文学。1829年，他在《汉宫秋》译本的前言中进一步向西方读者介绍中国戏剧的特点，讨论了中国戏剧中曲词的翻译策略，并且向学习汉语的西方人推荐了32部中国戏剧，列出了阅读书单。[2]这些书单不但为西方的中国文学研究开辟了新的方向，对中国文学目录学而言也有重要价值。同年，德庇时在英国《评论季刊》发表《汉宫秋》的书评——《中国的戏剧、小说和传奇》（The Drama, Novels, and Romances）一文[3]，文中除了向读者推荐《汉宫秋》译文的情节和主题以外，还谈论了中国戏剧的类型、角色、

---

〔1〕 Julius von Klaproth, "Observations Critiques sur la traduction anglaise d'un drame chinois, publiée par M. Davis", *Nouveau Journal Asiatique*, Vol. 4, Paris: Société asiatique, 1829, pp. 3–21.

〔2〕 John Francis Davis, *Hān Koong Tsew, or The Sorrows of Hān: A Chinese Tragedy*, London: Printed for the Oriental Translation Fund, Sold by John Murray, 1829, p. Ⅶ.

〔3〕 John Francis Davis, "Review of *Hān Koong Tsew, or The Sorrows of Hān: A Chinese Tragedy, Translated from the Original, with Notes*, By John Francis Davis, F. R. S., Member of the Royal Asiatic Society, and of the Oriental Translation Committee, & c. 4 to London, 1829", *The Quarterly Review*, Vol. 41, No. 81, London: John Murray, 1829, pp. 85–120.

表演形式等内容。1836 年，德庇时在《中国人：中华帝国及其居民概述》一书中再次介绍中国戏剧，着重论述了中国戏剧的表演形式和舞台布置等方面。从以上的列举可以看出，德庇时对中国戏剧的研究是延续性的、不断推进的，在他的这些相关论述中主要包含了如下几个方面问题的讨论：

（一）中西戏剧类型的比较

在马若瑟把《赵氏孤儿》翻译并传播到到欧洲以后，西方学者就开始对中西方戏剧的类型等特点进行比较研究，其中最普遍和最热门的一个话题就是对中国戏剧是否像西方戏剧一样可以按照悲剧和喜剧进行戏剧类型上的区分。这个话题其实涉及的是中西方戏剧不同观念的冲突和融合。

以英国学者的讨论为例，在德庇时之前，这一话题的讨论就出现了意见的争论。1735 年，杜赫德的《中华帝国全志》中收录了马若瑟一篇介绍中国文学的评论文章，该文章就刊登《赵氏孤儿》译文之前，文章里最早提出了"中国人不区分悲剧和喜剧"[1]的观点，对后来的学者有着巨大的影响。英国学者理查德·赫德（Richard Hurd）在《贺拉斯致奥古斯都诗简评注》（*Q. Horatii Flacci Epistola Ad Augustum*, 1751）中的《论诗的模仿》（A Discourse on Poetical Imitation）一文认为《赵氏孤儿》虽有缺憾，但也基本符合悲剧的要求。[2]同时，理查德·赫德还认为马若瑟观点并不准确，因为中国戏剧虽没有区分悲剧和喜剧，"但有的是表现悲喜剧不同的主题必须的东西。……如通过发明和灵巧地应用双关语。"[3]而英国学者托马斯·珀西和约翰·布朗（John Brown）等人则完全赞同马若瑟的论述，认为中国人根本分不清悲剧和喜剧。特别是约翰·布朗在其著作《论诗歌

---

〔1〕Jean-Baptistce Du Halde, *Description Géographique, Historique, Chronologique, Politique et Physique de l'Empire de la Chine et de la Tartarie Chinoise*, Vol. 3, Paris: Chez P. G. Le Mercier, 1735, p. 341.

〔2〕Richard Hurd, *Q. Horatii Flacci Epistola Ad Augustum: With an English Commentary and Notes*, London: Printed for W. Thurlbourn in Cambridge, 1751, pp. 165–166.

〔3〕Richard Hurd, *Q. Horatii Flacci Epistola Ad Augustum: With an English Commentary and Notes*, London: Printed for W. Thurlbourn in Cambridge, 1751, pp. 250–251.

292

与音乐的兴起、融合与力量，及它们的进步、分化与败坏》(*A Dissertation on the Rise, Union, and Power, the Progressions, Separations, and Corruptions, of Poetry and Music*, 1763）中的论述更为武断和绝对：

> 中国所有的戏剧都有道德和政治的指向，正同这个国家和人民的天性相符。考虑到古希腊悲剧和喜剧的真正产生和分离的情况相较，中国人自然也不了解悲剧和喜剧的区别，这构成了我们诗乐分离原则的另外一个例证：对于中国人来说，因为他们的胆小平和的性格，所以他们的戏剧中没有嘲笑和讽刺的内容，一切都是彬彬有礼和相互尊重。因此，悲剧或喜剧在中国都不大可能产生，所以也不会被当作不同的戏剧类型了。相应地，中国的戏剧一般处于中间类型，一方面处于恐惧与怜悯之间，另一方面在讽刺或嘲笑之间。[1]

也就是说，在中西戏剧特点的比较中，强调"同"的学者以西方戏剧观念寻找中国戏剧的"合规"之处，从而把中国戏剧的某些特点归为悲剧或喜剧；而强调"异"的学者总是可以依照西方戏剧的律法裁判中国戏剧的"越矩"之处，从而强调中国戏剧的异质性。而德庇时为了了解中国风俗，向西方读者介绍和传播中国文化，更多地采用的是"趋同"的阐释策略。

在《中国戏剧及其舞台表演简介》一文中，德庇时通过自己的中文戏剧阅读经验指出：因为马若瑟对《赵氏孤儿》的翻译"省略了那些与希腊合唱队类似的大部分的诗歌"，也就省略了"这出戏最精彩的部分"，所

---

〔1〕John Brown, *A Dissertation on the Rise, Union, and Power, the Progressions, Separations, and Corruptions, of Poetry and Music*, London: Printed for L. Davis and C. Reymers, 1763, pp. 168−169.

以马若瑟对《赵氏孤儿》的认识是不够准确的。他更为赞同理查德·赫德的观点，即《赵氏孤儿》具有"动作统一和完整，以及故事事件密切联系"的特点，比较符合悲剧的特征。接着，德庇时又把他翻译的《老生儿》称为"喜剧"，称其是一个朴素的"不加修饰的故事"，"是对家庭生活故事的简单再现——以自然的方式和恰当的语言，忠实地描绘和表达了中国的习俗和情感"。[1]在《汉宫秋》前言中，德庇时进一步指出《汉宫秋》符合"西方的批评标准"，"其主题伟大庄严，人物形象高贵，具有灾难性的情节和正义的精神"，故而可称其为"当之无愧的悲剧，甚至可以满足最苛刻的希腊悲剧崇拜者的要求"。[2]

也就是说，德庇时以译介《老生儿》和《汉宫秋》的实践告诉读者，中国戏剧中的一些剧本完全可以按照西方戏剧的批评标准认定为喜剧或悲剧。在《中国人：中华帝国及其居民概述》一书中，德庇时进一步阐明了他认定中国戏剧为喜剧或悲剧的标准：

> 由于中国人的舞台作品中对于悲剧和喜剧没有固定的区分，所以它们的归属必须由主题和对话来决定。这条界限被明显地标记出来：悲剧通过人物的历史或神话特征、主题的宏伟和严肃性、戏剧的悲剧性以及对所谓的诗意正义的严格裁决来体现；喜剧则是通过比较普通或亲民的戏剧人物、可笑的人物和事件以及在对话中交织的玩笑话来体现。[3]

[1] John Francis Davis, *Laou-Seng-Urh, or, "An Heir in His Old Age." A Chinese Drama*, London: John Murray, 1817, pp. xxxiii-xxxiv.

[2] John Francis Davis, *Poeseos Sinicae Commentarii. The Poetry of the Chinese*, London: Asher and Co., Bedford Street, 1870, pp. 41-78.

[3] John Francis Davis, *The Chinese: A General Description of the Empire of China and Its Inhabitants*, Vol. 2, London: Charles Knight, 22, Ludgate Street, 1836, pp. 190-191.

严格来讲，这样的标准并不符合古典主义的关于悲剧和喜剧的定义，以及"三一律"的原则。但德庇时认为中国戏剧中偶尔会出现违反"三一律"的情况在"大多数其他语言中都可以找到类似的例子，甚至在我们现在看到的 33 部希腊悲剧中也有同样的例子"，故而"严格地遵守这些著名的一致性是不重要的，而且人们承认，即使是亚里士多德，也只是详细地提到了行动的一致性，并且暗示了时间的一致性，至于地点的一致性，他什么也没有说"。[1] 可以说，德庇时的上述论述突破了"三一律"原则的认识枷锁，从而在客观了拓宽了西方戏剧理论的适用范围。

（二）中国戏剧的舞台布置和演出特色

对于西方旅行者、外交官和商人而言，中国戏剧是否能被称为悲剧或喜剧并不是他们第一关心的问题。当他们有机会观赏中国戏剧时，中国戏剧独特的舞台布置和演出特色这些直观的东西才是他们最为关注，并乐意在游记或回忆录中大加描述的异国情调。但他们的这些描述大都是走马观花式的惊鸿一瞥，并因为身份、学识等方面的原因，在理解和描述方面大都存在隔膜和变形。德庇时在研究相关问题时梳理了前人的论述，并呈现了较为客观的观察结果。

在《中国戏剧及其舞台表演简介》中，德庇时从批评耶稣会士对中国戏剧拥有公共剧院的"错误看法"入手，引出对中国戏剧舞台布置的描述：

> 一个戏班子可以在几小时之内搭建出一个舞台，这个舞台是用竹竿支撑着垫子作为顶，木板作为地板，高出地面六七英尺，舞台的三面用绘有图案的棉布围住，正面则全部敞开，这就是中国剧院建造的全部。当它完工时，非常像巴塞洛缪集市上为类似

---

[1] John Francis Davis, *The Chinese: A General Description of the Empire of China and Its Inhabitants*, Vol. 2, London: Charles Knight, 22, Ludgate Street, 1836, pp. 192–193.

目的而搭建的一个摊位，但远没有那么牢固。事实上一件普通的房子就足够中国戏剧演出了。[1]

德庇时在《中国人：中华帝国及其居民概述》中也有类似的描述：

> 戏剧是中国人喜闻悦见的娱乐方式，皇帝允许各地修建戏台，在东印度公司广州商馆内至少存有 200 卷中国戏剧剧本。带有宗教性质的年度节日里通常会表演戏曲，他们用那些令人吃惊的简易设备——竹子和草垫，在寺庙前或者城镇的空地搭建一个临时的戏台。一般来说，表演者由西方定义的流浪者（vagabonds）扮演，一个戏班由十或十几个人组成，他们的薪水根据表演的好坏和等级不一样，最好的戏班来自南京，一场表演下来可以获得非常可观的收入。[2]

根据德庇时的描述我们可以猜测，德庇时在翻译《老生儿》的时候应该实地观看或了解过中国戏班的演出过程。只不过此时的德庇时并未接触过拥有固定演出场所的大戏班，或者达官显贵家中的私家戏班，所以他认为中国不存在固定的公共剧院。而在写作《中国人：中华帝国及其居民概述》时，德庇时已经在出使途中见识了中国的私家戏班，还观看了官方和私人场所上演的几场戏剧，所以他删去了有关公共剧院的论述。同时，德庇时对东印度公司广州商馆收藏的剧本数量的介绍也向读者证明了他论述中国戏剧、开列剧本阅读书目的底气。

---

[1] John Francis Davis, *Laou-Seng-Urh, or, "An Heir in His Old Age." A Chinese Drama.*, London: John Murray, 1817, p. x.

[2] John Francis Davis, *The Chinese: A General Description of the Empire of China and Its Inhabitants*, Vol. 2, London: Charles Knight & Co., 22, Ludgate Street, 1836, pp. 177–178.

296

德庇时还谈到了中国戏剧的布景、道具、服装等问题：

　　中国戏剧不像欧洲的现代剧场那样，利用布景来辅助故事的
发展；由于缺乏布景，他们有时会采取一些奇怪的办法……演员
骑着一根棍子，或挥舞着一根鞭子，或手里拿着缰绳，在嘹亮的
锣鼓声中绕着舞台大步走了三四圈后突然停下来，告诉观众他到
了哪里；如果一个城市的城墙被攻陷，三四个士兵就纷纷叠躺在
一起表示城墙。[1]

德庇时在《中国人：中华帝国及其居民概述》中也有类似的描述：

　　中国戏曲表演者身着华丽的丝绸刺绣戏服，大部分戏剧情节
演绎的是中国历史故事。由于某种显而易见的原因，他们不会表
演清政府执政期间的历史。与西方戏剧不同，中国戏曲没有舞台
布景，缺乏道具。一个将军手持鞭子，伴随着敲锣打鼓的声音，
在舞台中间走三四圈，便意味着一场远征。[2]

　　德庇时的这些论述比较准确地描述了中国戏剧中极具特色的以马鞭来
代替马，以"趟马"动作来代表演员骑马的象征性的表演方式。同西方戏
剧常见的模仿真实的布景道具不同，中国戏剧戏曲舞台并没有繁复拟真的
道具和幕布，而是并不回避"露假"，大多"扬鞭以代马，摇桨以代船"，
以虚拟和象征的方法处理在戏剧舞台表演与生活实物"再现"之间的矛盾，

---

[1] John Francis Davis, *Laou-Seng-Urh, or, "An Heir in His Old Age." A Chinese Drama*, London: John Murray, 1817, p. x–xi.

[2] John Francis Davis, *The Chinese: A General Description of the Empire of China and Its Inhabitants*, Vol. 2, London: Charles Knight & Co., 22, Ludgate Street, 1836, p. 179.

但这样的艺术风格形成的原因应该不单单是德庇时提到的"缺乏布景"，而是同中国传统的象征性艺术思维有关。

德庇时还谈到了中国戏剧中的音乐。他认为中国戏剧表演形式是"歌唱和朗诵的混合"[1]：

> 在喜剧里，对话是用日常的口语化的语言进行的，但是更高层次的正剧和悲剧演员，声音的音调要比他们的自然音调高得多，并且在一种单调的吟唱中一直进行着，有点像意大利歌剧里的朗诵，只是没有那么抑扬顿挫，悲喜爱恨等情感也同样存在于此。在中国的戏剧中，所表达的感情和演员的处境通常被编成抒情诗，以柔和或高昂的曲调吟唱；他们用洪亮的音乐伴奏，表演者被安排在舞台的后侧。[2]

但进行歌唱的角色是有限制的，"根据中国的诗歌理论，音乐部分表达的是最具激情的部分，因此这一部分只属于主要人物"[3]。另外，德庇时对中国戏剧配乐的认识除了"用洪亮的音乐伴奏，表演者被安排在舞台的后侧"之外，还受到马戛尔尼等人的影响，对其艺术性提出了质疑："最令人讨厌的是由锣鼓发出的可怕的喧嚣声"，"中国音乐如此令人可憎，偶尔响起的锣鼓声都可以把沉睡在硫磺中的撒旦和他的军队唤醒"。[4]另外，德庇时还谈到了中国戏剧中的舞蹈，并按照西方的标准认为"无论是台上

---

〔1〕John Francis Davis, *The Chinese: A General Description of the Empire of China and Its Inhabitants*, Vol. 2, London: Charles Knight & Co., 22, Ludgate Street, 1836, p. 187.

〔2〕John Francis Davis, *Laou-Seng-Urh, or, "An Heir in His Old Age." A Chinese Drama*, London: John Murray, 1817, p. xliv.

〔3〕John Francis Davis, *The Chinese: A General Description of the Empire of China and Its Inhabitants*, Vol. 2, London: Charles Knight & Co., 22, Ludgate Street, 1836, p. 197.

〔4〕John Francis Davis, *The Chinese: A General Description of the Empire of China and Its Inhabitants*, Vol. 1, London: Charles Knight & Co., 22, Ludgate Street, 1836, pp. 319-320.

298

还是台下，中国人都不知道舞蹈为何物"[1]。

（三）中国戏剧的表演程式

中国戏剧独特的舞台布置和演出特色这些直观的东西是令西方旅行者、外交官和商人印象最深刻的"热闹"，而对中国戏剧表演中程式化的规律总结则是研究者所注意的"门道"。德庇时在描述"热闹"的同时，也通过中西戏剧表演程式特点比较的方式（尤其是西方奉为典范的古希腊戏剧）初步迈入了中国戏剧的"门道"。

德庇时首先通过阅读中国戏剧剧本初步认识到中国戏剧中存在人物角色的行当分类现象，他把这种现象同西方戏剧中的角色观念进行比较，在《中国的戏剧、小说和传奇》一文中德庇时认为：

> 在他们的剧本中，为了表明不同戏剧出场人物表的一般特点，他们采用了某些特定的词汇，并且在每一部戏剧中，不论它是悲剧还是喜剧，都不加区分地使用这些词汇。在欧洲的舞台上找不到类似的用法……它仍然精确地表明了几个表演者的地位和性格，不管作品的动作如何变化。[2]

而在《中国人：中华帝国及其居民概述》中，德庇时论述的更为明晰：

> 在中国的剧本中，某些不变的名称被用来标记不同戏剧人物

————————————————————————————————

[1] John Francis Davis, *The Chinese: A General Description of the Empire of China and Its Inhabitants*, Vol. 1, London: Charles Knight & Co., 22, Ludgate Street, 1836, p.320.

[2] John Francis Davis, *Chinese Miscellanies: A Collection of Essays and Notes*, London: John Murray, Albemarle Street, 1865, p. 102.

的特殊关系，如第一和第二的男性和女性角色（女主角，等等），
这些词在每部戏剧中都被不加区分地使用，无论其性质是悲剧还
是喜剧。[1]

德庇时已经认识到了中国戏剧中存在人物角色行当分类的现象和作
用，但比较遗憾的是他没有详细介绍"生旦净末丑"的具体含义，而是在
翻译时加以省略，按照西方剧本的习惯做法直接以角色的称呼代替。

德庇时另外还谈到了中国戏剧固定的结构形式。如"楔子"、"折"、
"上场"、"下场"等。在《中国的戏剧、小说和传奇》一文中，德庇时首
先谈到了中西戏剧的分幕问题：

一部戏剧或一连串戏剧行动的分隔，就像我们西方戏剧中设
计的那样是存在的，而且可能在剧本中比在表演中更为明晰。但
在中国的舞台上，由于时间的跨度很长，不像在我们的舞台上有那
么明显的标志。开场表演，或者说序幕，不同的人物多数像希腊
悲剧那样进行自我介绍，它有一个名字（楔子），字面意思是门，
或门的边柱，因此比喻为开场（opening）。其余的被称为"折"
（breaks）。"上"和"下"两个词表示"上场"（ascend）和"下场"
（descend），用以表示演员的进出（enter and exit）。[2]

在《中国人：中华帝国及其居民概述》中，德庇时也有着类似的
论述：

---

[1] John Francis *Davis, The Chinese: A General Description of the Empire of China and Its Inhabitants*, Vol. 2, London: Charles Knight & Co., 22, Ludgate Street, 1836, p.197.

[2] John Francis Davis, *Chinese Miscellanies: A Collection of Essays and Notes*, London: John Murray, Albemarle Street, 1865, pp. 102-103.

　　第一个进场的人一般都以同样的方式向观众介绍自己，并简要说明故事的背景情况。[1]然而，在中国的舞台上，这些独立的戏剧部分并不像在我们的舞台上那么明显，他们的表演几乎不需要准备或改变场景，而且这种划分似乎存在于书中，而不表现在演出中。第一部分，或介绍性的部分被称为"楔子"（opening），其余四部分被称为"折"（breaks）。所有对演员的指示都像我们的剧本一样被印出来。"上"（ascend）和"下"（descend）用来表示进场和退场（enter and exit），旁白是用一个词来表达的，意思是在任何人的"背后说话"（say at the back）。[2]

　　德庇时还以他翻译的《老生儿》为例说明了《元人百种曲》中的常见元杂剧分幕形态：

　　　　这部戏（《老生儿》）包括序言部分实际上只有五幕，这种特殊的划分方式在这一百部戏（《元人百种曲》）中是很常见的，而这部戏和其他被翻译的戏剧都是如此。[3]

　　两相比较可以发现，德庇时改正了把"楔子"称为"门"的说法，直接翻译为"开场"（opening），另外也固定了"折"、"上场"和"下场"的译词，但对于"旁白"一词的解释还是差强人意。总体而言，德庇时对

---

〔1〕John Francis Davis, *The Chinese: A General Description of the Empire of China and Its Inhabitants*, Vol. 2, London: Charles Knight & Co., 22, Ludgate Street, 1836, p.192.

〔2〕John Francis Davis, *The Chinese: A General Description of the Empire of China and Its Inhabitants*, Vol. 2, London: Charles Knight & Co., 22, Ludgate Street, 1836, p.197.

〔3〕John Francis Davis, *The Chinese: A General Description of the Empire of China and Its Inhabitants*, Vol. 2, London: Charles Knight & Co., 22, Ludgate Street, 1836, p.197.

中国戏剧固定的结构形式的认识已经比较完善了。

在 19 世纪初，德庇时是为数不多的既阅读过中文剧本又实地观看过中国戏剧，熟悉中国戏剧的舞台、表演、演员以及广东地方戏剧场所的西方汉学家。美国纽约大学教授张东炘（Dongshin Chang）称他是"英国或西方第一位研究中国戏剧的学者"[1]。德庇时通过翻译《老生儿》和《汉宫秋》向西方读者展现了中国戏剧的结构、唱词、对白、科介等特有的风貌，突出了中国戏剧的本土性、当代性和某些广东地方的方言色彩。他通过大量的文中注释介绍了中国特有的风俗和文化，填补了当时的欧洲汉学界多年未有新的中国戏剧译文的缺憾。德庇时还以中西戏剧对比的方式向西方展示了他对中国戏剧的认识，打破了"三一律"对戏剧的约束，提出由主题和对话来决定戏剧悲喜性的论述。他还详细介绍了中国戏剧的布景、道具、服装等舞台布置和音乐、舞蹈等演出特色，并分析了戏剧角色行当分类的现象和作用，以及戏剧呈现的固定结构形式等中国戏剧中这些程式化、规律性的特点，在很大程度上为西方读者提供了更多中国戏剧表演艺术的知识，对一些先前由耶稣会著作带来的偏颇的观念加以"去东方化"的修正[2]，显著地推进了西方学界对中国戏剧的认识水平。

---

〔1〕Dongshin Chang, *Representing China on the Historical London Stage: From Orientalism to Intercultural Performance*, New York and London: Routledge, 2015, p. 102.

〔2〕Dongshin Chang, *Representing China on the Historical London Stage: From Orientalism to Intercultural Performance*, New York and London: Routledge, 2015, p. 104.

第七章 德庇时的中国政治、社会与宗教研究

在早期全球化的进程中，认识和理解一个民族及其社会文化是一件困难且充满歧路的任务。无论是西方还是东方对"文化他者"的理解，总是会受到历史和现实中各种因素的重重制约。这些制约导致西方人对中国社会的认知和想象随着其自身的发展和同中国关系的改变而不断发生着变化。13世纪的《柏朗嘉宾蒙古行纪》、《鲁布鲁克的威廉东行记》《东方故事精华》《鄂多立克东游录》《大可汗国记》《波西米亚编年史》和著名的《马可·波罗游记》《曼德维尔游记》共同塑造了强大、富裕和神秘的"契丹传奇"。到了17世纪末和18世纪，以耶稣会士为代表的传教团体的中国叙事和同瓷器等中国商品一起涌入欧洲的中国式的园林、建筑和装饰风格又为整个欧洲带来了"中国风尚"（Chinoiserie）[1]，欧洲人当时把中国视为政治开明、文明道德和崇尚理性的榜样。但从18世纪末开始，西方对中国的评价开始走向反面，尤其是马戛尔尼使团、阿美士德使团成员的出使报告的发表，更是促使了整体负面评价的产生。

德庇时在华生活、工作的20余年，正处于18世纪末至19世纪初西方中国观念发生深刻变化的历史时期。他是阿美士德使团出使活动、中英商

---

[1] 按：Chinoiserie，是法文单词，意为"中国的"。这个词汇在18世纪被吸纳到英语中，指当时非常流行的一种装饰艺术风格"中国风"。

贸摩擦、香港开埠等诸多历史事件的亲历者，对中国有着更为深入的了解。比起前代传教士、商人或旅行家叙述中有关中国的信息而言，德庇时对中国政治、社会与宗教有着更为长期和深入的观察与思考，论述更为"脚踏实地"、深入和详尽。美国学者约·罗伯茨（J. A. G. Roberts）在《十九世纪西方人眼中的中国》（*China Through Western Eyes: The Nineteenth Century*）如此夸赞德庇时及著作《中国人：中华帝国及其居民概述》：

> 十九世纪初，在有关中国题材的作家中，没有比德庇时爵士更大的权威了……在《中国人》这本书中，他试图继一百年前杜赫德编纂《中华帝国全志》一书那样，第一次有条理地编辑有关中国文化的著作。该书的主基调对中国人是友好的，比起鸦片战争后他出版的《交战时期及媾和以来的中国》一书明显更为友善[1]。

马森在其著作《西方的中华帝国观》（*Western Concepts of China and the Chinese*）中多次引用德庇时《中国人：中华帝国及其居民概述》中的观点，评价该书"算得上是由一位西方官员写的最有意义和最具综合性的一部著作"。[2]故本章以《中国人：中华帝国及其居民概述》中的相关论述为主要参考文本，选取政治、社会与宗教三方面来勾勒德庇时对中国的大体看法。

---

〔1〕［美］约·罗伯茨：《十九世纪西方人眼中的中国》，蒋重跃、刘林海译，中华书局，2006 年，第 2 页。
〔2〕［美］M. G. 马森：《西方的中华帝国观》，杨德山等译，时事出版社，1991 年，第 35 页。

第一节　德庇时的中国政治认识

一、中国的政治原则：父权

德庇时认为"'父权'（Paternal Authority）是中国政治原则的最主要形式……中国政府的政策在于通过赋予父亲享有对其子女的完全的'父权主义'（patria potestas），可以为其自身的权力树立榜样，并使其权力得到支持。"而把权力和父权结合在一起的方式是通过"传统和立法"，也就是"礼法"：

德庇时还认为在中国的礼法中规定了"冒犯父亲与冒犯皇帝会受到相似的惩罚……皇帝对子民拥有的权力，就像父亲对子女拥有的权力一样"。这样的认知基础也就是封建的"忠孝精神"的实质："忠孝精神被培养起来，每个人最终都变成温顺的子民。这种制度当然并不意味着太多自由，但是，如果温顺的服从以及普遍的秩序是统治者们的唯一目标，于是某些关于人性的知识最终会被统治者改变成为统治的手段。"[1]

德庇时接着借用乔治·托马斯·斯当东的观点说明了中国父权政治"稳定性和持久性"的原因：

> 一个建立在家长权威基础上并因此而得到高度尊重和广泛认可的政府，无疑具有直接得到这种永恒不变、总在发挥作用的自然法的支持的优势；它必定具有某种程度的稳定性与持久性……家长的权威与特权似乎是最值得尊敬的权利；得到家长的关心与喜爱似乎是最令人愉悦的名誉，拥有这种名誉的君主和地方官才

[1] John Francis Davis, *The Chinese: A General Description of the Empire of China and Its Inhabitant*, Vol. I, London: Charles Knight & Co., 22, Ludgate Street, 1836, pp. 201–202.

可以被赋予权力，才最可能——这是很自然的猜想——永垂不朽。正是因为这种原则，中国人从一开始就有别于其他民族；正是通过这种纽带，中国虽拥有庞大而日益增长的人口，却仍然团结成一个民族，只受到一个最高政府的管制，并且拥有统一的习惯、风俗和语言。在这种情况下，尽管会遭遇到各种国内外动乱，这个民族仍可能会长期存续下去。[1]

德庇时对中国父权政治的态度是相对客观，甚至有些赞赏的，原因应该就是其带来的统治的"稳定性和持久性"的特点：

皇帝被称为国家的父亲，总督被称为其管辖之省的父亲，地方官被称为其管辖之地的父亲……他们非常坚定而持之以恒地去追求他们需要的社会的和平与秩序。这一体系的影响部分源自以顺从与尊重为内容的教化，而这一系列的教化又是习惯性的、普遍的，从一个社会形态到另一个社会形态，毫无间断。[2]

德庇时还认为父权统治的"稳定性和持久性"带来了"巨大的财富、百姓以勤劳为乐"，同时政府可以承担自己的责任，使劳动者"充分享有自己的劳动成果"。[3]德庇时这些颇有溢美之辞的描述基本没有把父权政治同负面的"专制"、"压迫"和"剥削"等负面词语联系起来，可以说是带有明显的个人情感选择性陈述，或者只关注了其表面的花团锦簇，而

---

〔1〕John Francis Davis, *The Chinese: A General Description of the Empire of China and Its Inhabitant*, Vol. I, London: Charles Knight & Co., 22, Ludgate Street, 1836, pp. 205-206.

〔2〕John Francis Davis, *The Chinese: A General Description of the Empire of China and Its Inhabitant*, Vol. I, London: Charles Knight & Co., 22, Ludgate Street, 1836, p. 206.

〔3〕John Francis Davis, *The Chinese: A General Description of the Empire of China and Its Inhabitant*, Vol. I, London: Charles Knight & Co., 22, Ludgate Street, 1836, p. 207.

忽视了其内在的弊端。

二、中国的统治体系：严密的政府机构和落后的军队组织

德庇时发现中国有一套严密的统治体系，他按照从上到下、从中央到地方的顺序进行了介绍和说明。

中国的政府机构以皇帝为"最高首脑"，皇帝拥有"天子"和"万岁"的头衔，"像神一样受到崇拜，整个国家都属于他"，"王公贵族们、属国代表们、大使们、朝中大臣们以及主要的地方官们"都要向皇帝行礼。皇帝"在挑选皇位继承人方面具有绝对的权力"，但"皇帝下发的特旨并不能作为司法审判的先例，只是适用于特定的案件"。皇帝还是"国家的大祭司"，要"斋戒沐浴"，"携带祭品去太庙祭天"。[1] 另外，德庇时认为皇帝在处理军政要务时还会倚重军机大臣。也就是说，德庇时认为中国的皇帝集君权、神权和军权于一身，但并不能完全地控制司法。

皇帝之下设有内阁，"内阁这个机构设大学士四人，满洲人与汉人各两位，前者更被皇帝倚重。他们都有'中堂'或'阁老'的称号。在内阁大学士之下，还有协办大学士、学士等下级官员。内阁成员一般出自翰林院。"德庇时在这里还把翰林学士看作儒教的"僧侣阶层"，他认为儒教是中国的国教，"皇帝是大祭司，他的大臣则是僧侣阶级的成员，翰林院对孔子的圣典进行研究与解释，在这个意义上，翰林院就是中国的'索邦神学院'"。[2]

内阁之下还有负责处理具体的政务的六部，分别是：

---

[1] John Francis Davis, *The Chinese: A General Description of the Empire of China and Its Inhabitant*, Vol. I, London: Charles Knight & Co., 22, Ludgate Street, 1836, pp. 217－219.

[2] John Francis Davis, *The Chinese: A General Description of the Empire of China and Its Inhabitant*, Vol. I, London: Charles Knight & Co., 22, Ludgate Street, 1836, pp. 219－220.

评估所有文职官员表现的吏部，主管财政事务的户部，主管礼仪和祭典的礼部，主管军事的兵部，还有"最高刑事管辖法院"刑部，以及承担管理公共工程的工部。各部皆有附属部门。如钦天监隶属于礼部，因为各种礼仪都要根据历法来安排。[1]

除了六部之外，德庇时还特别提到了"理藩院"（The Lyfân yuen）和"督察院"（Too-chǎ yuen）两个中央直属机构。德庇时认为理藩院或许相当于中国政府的"外事办公室"，"它主管帝家的对外关系，官员由满人和蒙古人构成，没有汉人"；而都察院是清政府的一个非常独特的部门，相当于"审查员办公室"。它的成员通常被称为"御史"（Yu-she），"都察院有两位主管官员，满人汉人各一位。全部御史约有四五十名，其中有些御史会被派到地方，他们是钦差大臣，或者更确切地说，是皇帝的探子。"而都察院或御史的工作是"向皇帝进谏"。德庇时还补充提到御史进谏皇帝"不会有生命危险，但他们经常因谏言令皇帝不快而被贬职或遭受惩处"。[2]德庇时特别提到了官员设置时的身份问题，可能是因为意识到了清政府是少数民族入关建立的政权，皇帝在设置官员时满族人享有优先权的特殊情况。

中央机构之下是地方机构。德庇时先介绍了省一级的官员设置：

各省被置于一个主要官员的管辖之下，要么单独由一个抚院（Fooyuen，巡抚）或总督（Governor）主管，要么两个省由一个总督（Tsoong-tǒ）管理，这两个省的抚院都位于总督之下。各省

---

〔1〕John Francis Davis, *The Chinese: A General Description of the Empire of China and Its Inhabitant*, Vol. I, London: Charles Knight & Co., 22, Ludgate Street, 1836, p. 220.

〔2〕John Francis Davis, *The Chinese: A General Description of the Empire of China and Its Inhabitant*, Vol. I, London: Charles Knight & Co., 22, Ludgate Street, 1836, pp. 220−221.

皆设布政使（treasurer）、按察使（chief criminal judge）各一名。布政使主管一省行政，尤其是税收事务，按察使则通常审理民事诉讼。盐政十分重要而特别，由盐运使（Yen-yun-sse）主管。

德庇时接着提到"各省的城市分为府、州、县三级，各级都设有相应的地方官"，但并未详细说明府、州、县三级的官员名称。[1]同时，由于对商贸的敏感性，他特别指出："有鉴于对欧贸易的重要性，户部向粤海关特派了一名监督，欧洲人称之为'户部'（Hoppo），或户部的蛀虫（a corruption of Hoo-poo）。担任这项职务的人，一般是备受皇帝宠幸的满洲人。他利用外贸活动帮皇帝敛财，往往通过压榨完全受他控制的行商而迅速达成这一目的。"[2]从这些叙述中不难看出欧洲商人对"粤海关户部大人"的厌恶之情。

德庇时还比较准确地论述了中国官员的考核管理和登记：

　　官方每个季度都会印制一套六册的红皮小书，上面记载了每一位官员的姓名、籍贯以及其他相关细节。任何人都不能在他籍贯所在地的省份出仕，所有官员都会定期调任岗位，以免他们与治下的其他人勾结在一起。官员的儿子、兄弟，或者其他近亲，不能在同一署衙任职。每隔三年，总督都要将他治下各州县的地方官的姓名以及直属上司就地方官的品行所给出的评语，一起提交到吏部。……每一位官员的升降去留皆取决于这份报告。在官衔登记目录中，每一位地方官都必须注明职务升降的次数。大臣

---

[1] John Francis Davis, *The Chinese: A General Description of the Empire of China and Its Inhabitant*, Vol. I, London: Charles Knight & Co., 22, Ludgate Street, 1836, pp. 221-222.

[2] John Francis Davis, *The Chinese: A General Description of the Empire of China and Its Inhabitant*, Vol. I, London: Charles Knight & Co., 22, Ludgate Street, 1836, p. 222.

犯罪的案子由皇帝特派的钦差大臣进行审理。如果某省发生动乱或叛乱，该省总督或巡抚一定会受到惩处。

德庇时认为中国官员的这种考核制度同"英属印度政府最近采取的做法并无不同"[1]。

对于中国官员的等级和穿戴，德庇时也有细致地描述：

文武官员的官阶各有九品。官阶不同，官帽顶端宝珠的颜色也不同。宝珠的颜色有红色、亮蓝、暗蓝、水晶色、白石色（暗白）以及金色。官员们的官阶不同，官衣的前胸与后背上的刺绣图案（补子）也不同，图案约一英尺见方，有的绣上一只小鸟，有的绣上其他图形。官阶不同，那串挂在脖颈可以垂至腰部的朝珠（court-beads）的质地也不同。

德庇时还补充说：

仅凭某个人的外在服饰去判断他的身份并非绝对可靠，因为并不具有官员身份和权力的人，有时也会花上一大笔钱去购买官衣。穿官衣的好处是，在触犯法律时他不会当场受到惩处，而是在官帽上的顶子被摘除之后，才会受到惩罚，但完成这个程序所需的时间并不长。在广州，无论是哪一位行商，即便他买到了在帽子上镶嵌蓝宝石的资格（按：指四品或五品），也可能被品级最低的地方官——他佩戴的仅仅是一颗金珠，甚至可能只是一颗

〔1〕John Francis Davis, *The Chinese: A General Description of the Empire of China and Its Inhabitant*, Vol. I , London: Charles Knight & Co., 22, Ludgate Street, 1836, pp. 222-223.

310

镀金的珠子（按：指八品或九品）——传讯。如果他真的犯了罪，
他华丽的外衣会被剥夺，然后像寻常百姓一样受到杖责。[1]

虽然德庇时因同"主战派"英国走私商人团体的矛盾辞去英国"驻华
商务总监"回国著书，但并不意味者他对中国的军队一无所知。相反，他
详尽地论述了武举考试、八旗制度、兵部、中国士兵的数量和武器装备等
方面的情形。

德庇时观察到中国存在"最高级别的武官只凭双腿行路，而中等级别
的文官如果不乘坐四人抬的轿子，就会认为没有面子"的"文贵武贱"现
象。甚至武将还经常遭到"上枷受刑"的体罚，最高级别的武官也难免遭
到鞭打或罚站。[2]他认为其原因是虽然满洲人取得了汉人的政权，但是在
政权发展的几百年间满人不断被汉化，最终造成"中国征服了它的征服者"
的情况。[3]由此，德庇时认同杜赫德有关中国军队战斗力的分析，认为中
国军队的战斗力不强："无论是在勇气还是纪律方面，他们都无法与我们
欧洲的军队相提并论，将他们击溃是轻而易举的事情。再者，汉人天生柔
弱，满洲人也几乎变成了汉人，中国人享有的长久和平也使他们没有理由
变成好战的人。"[4]

欧洲人对近代中国军队的战斗力一直比较关注：中国人口众多，有 70
万军队，为什么没能成为军事强国？对此问题，德庇时从三个方面进行了
回答：

---

[1] John Francis Davis, *The Chinese: A General Description of the Empire of China and Its Inhabitant*, Vol. I , London: Charles Knight & Co., 22, Ludgate Street, 1836, pp. 223-224.

[2] John Francis Davis, *The Chinese: A General Description of the Empire of China and Its Inhabitant*, Vol. I , London: Charles Knight & Co., 22, Ludgate Street, 1836, p. 233.

[3] John Francis Davis, *The Chinese: A General Description of the Empire of China and Its Inhabitant*, Vol. I , London: Charles Knight & Co., 22, Ludgate Street, 1836, p. 224.

[4] John Francis Davis, *The Chinese: A General Description of the Empire of China and Its Inhabitant*, Vol. I , London: Charles Knight & Co., 22, Ludgate Street, 1836, p. 226.

　　第一，清政府傲慢、自大。这一特性不仅阻碍了科学技术的前进，也限制了中国军队的发展；第二，清政府过于猜忌汉人，因此无法发挥汉军（绿营兵）的潜力，使汉军成为有用的军事力量；第三，长久以来中国周边都是较为弱小的附属国，力量悬殊，少有外敌入侵，中国士兵缺乏磨练的机会。[1]

　　另外，"军官们滥用或贪污军费"，导致士兵穿着"污秽而褴褛的衣服"行军。再加上"旗人士兵享受到的待遇与汉族士兵有很大的差别。每位旗人步兵每月能领 2 两银子以及粮食补贴，而每位汉族步兵每月只能领 1 两 6 钱银子，而且还没有粮食补贴"，导致中国军队的士气不高。

　　德庇时也仔细观察了当时中国军队的武器装备。首先是军服：

　　　　最常见的军服，其上衣是蓝色的，衬里为红色或红白相间，上衣套在蓝色的长衫上。军帽用清漆藤条或竹条编成，呈圆锥状，十分有利于避风。他们有时也戴用布和丝绸做的帽子，形状与官员们的顶戴相似，但顶端没有镶嵌宝珠。有少数军人身穿外观笨重的絮棉盔甲，甲衣上钉有金属纽扣。但是，穿上这身盔甲似乎既不利于作战，也不利于逃跑。[2]

　　其次是武器：

　　　　骑兵的主要武器是弓箭。弓的材料是弹性良好的木材、牛角

---

〔1〕John Francis Davis, *The Chinese: A General Description of the Empire of China and Its Inhabitant*, Vol. I, London: Charles Knight & Co., 22, Ludgate Street, 1836, p. 213.

〔2〕John Francis Davis, *The Chinese: A General Description of the Empire of China and Its Inhabitant*, Vol. I, London: Charles Knight & Co., 22, Ludgate Street, 1836, p. 228.

312

以及绷得很紧的丝质弓弦。弓的强度通过拉开它所需的重量来估计，强度为 80 磅至 10 磅不等。拉弓时，弓箭手会在右手食指上套上一枚玛瑙质地或玉石质地的扳指。他们的刀剑的质量一般都很差。他们认为火绳枪比不上弓箭，但这或许只是就外观和式样而言。有些士兵会配备用藤条制成的盾牌。[1]

德庇时还特别关注了中国军队的火炮，他认为中国比较先进的加农炮都在是耶稣会士的帮助下铸造的，而现在还在中国的欧洲传教士已经寥寥无几。也就是说，德庇时认为中国军队的武器装备已经落后于时代了。

三、中国的法律和执法：效力和缺陷

对于中国人的法律的认识，德庇时受《大清律例》的译者乔治·托马斯·斯当东赞美中国法律体系的观点影响较深，整体上持比较客观的态度。他认为中国的刑法作为"用来控制生活在广袤土地上稠密的人口的工具"，是"非常有效的"。[2]但德庇时也指出了中国法律体系的一些缺陷：

（一）义务性变强制性。"《大清律例》总是急着去干扰本该通过其他方式进行的对某些相对义务的规范。它带来的恶果是美德的实践在很大程度上变成了强制性的义务，因而减弱了它对心灵的有益影响。"如为祖先守墓体现后辈子女的孝义，但一个人如果被认定为不按时守墓便是违法，将受到法律制裁。[3]

---

〔1〕John Francis Davis, *The Chinese: A General Description of the Empire of China and Its Inhabitant*, Vol. I, London: Charles Knight & Co., 22, Ludgate Street, 1836, pp. 228–229.
〔2〕John Francis Davis, *The Chinese: A General Description of the Empire of China and Its Inhabitant*, Vol. I, London: Charles Knight & Co., 22, Ludgate Street, 1836, p. 233.
〔3〕John Francis Davis, *The Chinese: A General Description of the Empire of China and Its Inhabitant*, Vol. I, London: Charles Knight & Co., 22, Ludgate Street, 1836, p. 234.

（二）冗长繁琐。"过分关注琐碎小事，法律条款也过分细致"[1]，过度考虑每一个类似事件所有可能的情况并从法律上做出规定。如法律规定儿子享有百分之百的财产继承，女儿是百分之五十，如果后代雌雄同体那么继承全部的四分之三。在德庇时看来，第三种情况几乎不可能会发生，但中国法律也对其做出了规定。

（三）一些法令的定义比较模糊，由官员根据实际裁决，这在很大程度上削弱了成文法的优点。"政府会因猜忌而不时会表现出恐惧，担心律例中的定义过于清楚，会妨碍法官执行行政性的法令；又担心刑法对罪刑的规定过于清晰，百姓们会因此而受到过多的保护。因此，政府会出台一些模糊性的法令，使成文法规定的权利在很大程度上被废除了。"[2]

德庇时在中西法律比较的层面上认为，中国法律体现了其政治的专制性。德庇时说没什么比对待叛国罪（the crime of treason）的态度更能体现中国法律的专制和英国法律的自由了：

> 在中国，法律会给予那些犯下一般性质的死罪的罪犯一些权利与保护，但这些权利与保护不会给予叛国者；而在英国，叛国者享有一切可能的保护性措施。众所周知，在英国，最迟在受审前 10 日，囚犯会收到一份起诉书，一份证人名单，一份陪审员名单，或者一份写了有可能参与审判的陪审员名字的名单。对于这个多达 35 人的陪审团，他可以提出质疑或者反对；如果证人少于两位，他不会被定罪；而且，他可以雇请律师团为自己辩护。而在中国，在整部刑法中的死刑案件方面，但凡有宽容性的条款，

[1] John Francis Davis, *The Chinese: A General Description of the Empire of China and Its Inhabitant*, Vol. I, London: Charles Knight & Co., 22, Ludgate Street, 1836, pp. 234-235.
[2] John Francis Davis, *The Chinese: A General Description of the Empire of China and Its Inhabitant*, Vol. I, London: Charles Knight & Co., 22, Ludgate Street, 1836, p. 235.

314

都会加上一句"谋反叛逆不用此律"。保护性条款的薄弱程度，
与惩罚的残忍程度相对应。而且，无辜的犯人家属会受到牵连，
这一点与其他专制国家的做法一样。[1]

　　但德庇时认为《大清律例》的编排十分有条理，是相对易懂的。他对
其主体部分《吏律》《户律》《礼律》《兵律》《刑律》《工律》进行了简
单地介绍，并以《大清律例》为根据对外国人认为中国政府在执法时"随
意惩罚或虐待犯人"的误解进行了澄清，认为"《大清律例》的第一部分
对所有合法的刑罚都有非常严格的限制性规定，即便是迫供手段，也有严
格的限制"。[2]

　　接下来，德庇时详细谈论了中国的刑具，如笞、枷；中国死刑的种
类；司法不公的表现；合法的迫供手段；免除刑罚的"十大特权阶层"、
年龄限制和其他条件；对奴仆案件、持凶器抢劫、小偷小摸、殴斗、口角、
欠债的判罚等等。德庇时还提醒读者要"特别需要注意的是中国法律有关
杀人犯罪的条款，因为在广州，英国人已经多次因为这些条款受害"[3]。为
此，德庇时在《中国人：中国帝国及其居民概述》第一卷最后附录了他
"关于广州杀人犯罪的记录"（Note on Homicides at Canton）[4]。

　　历史上有关这个附录的背景是这样的：1753 年广州总督向乾隆皇帝上
报一则有关两个外国人杀死两个中国人的刑事案件，广州总督根据中国律
例同时参考外国法律将犯人施以杖刑并驱逐回国。而乾隆皇帝的批复认为

---

[1] John Francis Davis, *The Chinese: A General Description of the Empire of China and Its Inhabitant*, Vol. I, London: Charles Knight & Co., 22, Ludgate Street, 1836, p. 236.

[2] John Francis Davis, *The Chinese: A General Description of the Empire of China and Its Inhabitant*, Vol. I, London: Charles Knight & Co., 22, Ludgate Street, 1836, p. 238.

[3] John Francis Davis, *The Chinese: A General Description of the Empire of China and Its Inhabitant*, Vol. I, London: Charles Knight & Co., 22, Ludgate Street, 1836, p. 246.

[4] John Francis Davis, *The Chinese: A General Description of the Empire of China and Its Inhabitant*, Vol. I, London: Charles Knight & Co., 22, Ludgate Street, 1836, pp. 414-420.

广州总督犯了极其严重的错误，杀人就应偿命。如果在审理案件时引用中国法律之时又参考国外条文，这无疑会使那些野蛮的外国人更加不敬畏中国法律。皇帝于是颁布法令规定中国法律对杀人案件的处理方式不适用于外国人。

德庇时是这次中外交涉的亲历者，他认为，"外国人受侨居国法律保护和服从侨居国法律是一组相互平衡的权利与义务，如果中国法律在处理案件时否认外国人与中国人享有同样的待遇，那么外国人也将不会服从中国法律"。[1]德庇时虽然毫不讳言地认为中国法律体制完善、内容详实，是道德教化在管理人民方面的有效补充，并对每月初一、十五定点宣讲法律的做法表示赞许，但"中国的法律并没有平等地对待外国人"，"中国政府矫称外国人是依法受到审理和判决的，但经验告诉我们，他们只将合法自卫的权利给予了本国人，而没有给予外国人"[2]，德庇时感到愤愤不平，并以此为依据要求外国人的"豁免权"，其实就是日后不平等条约中外国人一再要求的"治外法权"。

德庇时在华20多年，以外交官的身份活跃在中英交流的舞台上，对于中国的政治法律颇为了解。其笔下的中国是在父权思想统治下的中央集权的专政政府，人民从小受到《圣谕》思想的教化，加上系统完善的法律的制约，中国社会安定有序。此时德庇时对中国的政治持相对认可的态度。但当鸦片战争爆发，看似强盛的中华帝国不堪一击，德庇时于是在《中国杂记》前言中写道"这两个国家（指中国和日本），一个是专制软弱的主权国家，另一个是封建的寡头政治集团，最终不得不屈服于外国的联合势

---

〔1〕John Francis Davis, *The Chinese: A General Description of the Empire of China and Its Inhabitant*, Vol. Ⅰ, London: Charles Knight & Co., 22, Ludgate Street, 1836, p. 417.

〔2〕John Francis Davis, *The Chinese: A General Description of the Empire of China and Its Inhabitant*, Vol. Ⅰ, London: Charles Knight & Co., 22, Ludgate Street, 1836, pp. 418−419.

316

力"[1]。当德庇时作为战胜的一方重新审视中国政治时，不但认为其是"专制的"、"软弱的"，也再没有了之前的称赞。

四、中国政府的缺点：猜忌和排外

在德庇时眼中，清政府不仅对汉人心存猜忌，而且对外国人也是怀有戒备之心的。他在描述清政府时频繁使用"jealous"这一词汇。如"jealous Tartar government"[2]、"the jealous government"[3]、"jealous autocracy"（排外和专制）[4]，等等。"jealous"除"嫉妒"之外，还含有"猜疑"、"戒备"之意。纵观德庇时有关描述，在对待本国人的语境中将其译为"猜忌"，而对待外国人的语境中将其译为"排外"更为恰当。在德庇时看来，中国政府的"猜忌"和"排外"具体体现在如下三个方面：

（一）行商制度。清政府不愿直接与外国人发生冲突，于是"行商就成为谨小慎微的政府手中的工具"，"先让这些人像海绵一样，通过外贸垄断汲取收益，然后又通过一种堪称压榨（squeezing）的制度，让这些商人把收益定期上交"。德庇时将行商比作"乳牛"（the real milch cows），而外商是"草地"，中国政府才是获得牛奶的最终赢家。[5]

（二）清政府用"暴政"（misrule）管理"蛮人"（barbarians）。德庇时对中国政府将外国人视为"蛮人"（barbarians）的态度极为不满，他借

---

[1] John Francis Davis, *Chinese Miscellanies: A Collection of Essays and Notes*, London: John Murray, Albemarle Street, 1865, p. Ⅱ.

[2] John Francis Davis, *The Chinese: A General Description of the Empire of China and Its Inhabitant*, Vol. Ⅱ, London: Charles Knight & Co., 22, Ludgate Street,1836, p. 195.

[3] John Francis Davis, *The Chinese: A General Description of the Empire of China and Its Inhabitant*, Vol. Ⅱ, London: Charles Knight & Co., 22, Ludgate Street,1836, p. 324.

[4] John Francis Davis, *The Chinese: A General Description of the Empire of China and Its Inhabitant*, Vol. Ⅱ, London: Charles Knight & Co., 22, Ludgate Street,1836, p. 351.

[5] John Francis Davis, *The Chinese: A General Description of the Empire of China and Its Inhabitant*, Vol. Ⅰ, London: Charles Knight & Co., 22, Ludgate Street, 1836, p. 207.

用马若瑟的话总结了清政府和外国人交涉的基本原则：

> 　　那些蛮人就像是野兽，不能用对待普通百姓的方式去管理。
> 任何人企图用理性去控制他们，结果都将陷入困惑。历朝历代的
> 君主都明白只有暴政（misrule）才能管理蛮人。因此，暴政是管
> 理蛮人最正确，也是最好的方式。[1]

在《中国人：中华帝国及其居民概述》第二章，德庇时回顾中英交往中的摩擦时多次就这一点表示不满。

（三）清朝是由满洲人入关建立而来的政权，鞑靼政府对汉人的戒备之心从未消失，他们时时刻刻都堤防汉人。[2]正如上文所述，在政府机构中满人比汉人地位高，享有优先权。在军队中，满人和汉人待遇悬殊，满人多骑兵，汉人多步兵，前者以弓和箭为主要作战工具，每月 2 两纹银还有粮食津贴；后者以步兵为主，剑和盾为作战工具，每月 1.6 两纹银，没有津贴。将军这一最高职务只能由满人担任，汉人最多只能是副将军。满洲政府对汉人的防备可见一斑。

19 世纪初，新生的资本主义强国与封建专制帝国接触之初，以德庇时为代表的西方学者看到了中国政治的落后之处，但又受 18 世纪以来欧洲传教士描述的影响，没有全然否定中国的政治体系，直到鸦片战争之后，批评的声音才开始占据主流。而此时德庇时的很多观察社会政治的角度和相关的论述也影响了日后的批评者，和后来者的论述一道，塑造了中国政治"专制""落后""软弱"和"腐朽"的特征。

---

〔1〕John Francis Davis, *The Chinese: A General Description of the Empire of China and Its Inhabitant*, Vol. I, London: Charles Knight & Co., 22, Ludgate Street, 1836, p. 66.

〔2〕John Francis Davis, *The Chinese: A General Description of the Empire of China and Its Inhabitant*, Vol. I, London: Charles Knight & Co., 22, Ludgate Street, 1836, p. 213.

第二节　德庇时的中国社会论述

　　1816 年，德庇时随阿美士德勋爵使团出使中国，前后历经 4 个月的时间，使团从广州北上经海路至天津、经海河和运粮河到通州、北京，再沿京杭大运河南下返程，其足迹遍及中国的中、东部地区，贯穿了中国内陆，从而得以饱览沿途的人文风物。每当船舶停泊靠岸，德庇时等人总会到附近城区走走，仔细观察，认真记录。出使归来之后的诸多经历，也令德庇时得以深入了解中国社会，相比那些在中国长期安于一隅或者远在欧洲靠研究二手资料"发声"的西方汉学家来说，德庇时对中国社会生活的观察更为全面、深刻。

一、奇特的衣食住行

　　衣食住行是生活上的基本需要，也是外国人来到中国以后最能切身体会不同文化下的社会风情的媒介，在中国生活了二十多年的德庇时在这些方面感触颇多，并饶有兴趣地诉诸笔端，也进行了一定的分析和中西比较。

　　（一）服饰

　　德庇时在中国接触较多的是各级官员，所以他对官员的服饰较为熟悉，描绘得也最为详细。他眼中的"上流社会人士"因为冬夏气候差异的原因穿着也明显迥异。最明显的区别是帽子和袍子：

> 　　夏帽呈圆锥状，用竹丝或类似薄竹片的东西精心编织而成，
> 根据级别不同帽顶镶嵌的珠子有红色、蓝色、白色和金色。在顶
> 珠四周还有一圈用深红色丝绸或红色马鬃制成的穗子，穗子散盖

在帽子上，帽子的前面有时嵌着一颗大珍珠。冬帽并非圆锥状，而是贴合头型，帽檐用黑色丝绒或皮毛制成，前后部分比左右两边略高。根据级别不同，半球形的帽顶镶嵌着不同的珠子，帽顶也覆盖了一层深红色的丝穗……在寒冬的室内，他们通常会戴无檐便帽。[1]

　　夏季上流社会人士的外套是一件光丝或薄纱质地的长袍，在一般情况下，长袍会自然下垂，但他们有时会在腰部箍上一条丝质腰带，并用玛瑙或玉质腰带扣将其勒紧。在气温达三十多度的时节，穿着无领宽袍会让人感到相当的惬意舒服，而欧洲人的服装却是窄袖高领，因此，他们成为被中国人怜悯——如果不是奚落——的对象。……他们的冬装几乎和夏装一样宽松，不像欧洲人的冬装那样往重保暖和舒适，在进行肢体活动和锻炼时，也相对不那么方便。他们会在丝质或纱质的垂膝长衫外面套上一件马褂，马褂的长度仅及腰部，通常是全皮的，有的缝有丝质或绒面的衬里。在夏季，他们的衣服不会遮住颈部；而在冬季，丝质或皮毛质地的窄领，可以让这个部位得到有效的保护。他们的宽松的衣服总是在右胸处合拢，从上到下，每隔几英寸都钉有一颗金色的或水晶制(用于服丧期间)的纽扣。[2]

德庇时还关注了中国官员的裤子、绑腿、袜子和鞋靴：

　　夏天的裤子很宽松，跟古代荷兰人的裤子一样。但到了冬天，

---

[1] John Francis Davis, *The Chinese: A General Description of the Empire of China and Its Inhabitant*, Vol. I, London: Charles Knight & Co., 22, Ludgate Street, 1836, p. 346.
[2] John Francis Davis, *The Chinese: A General Description of the Empire of China and Its Inhabitant*, Vol. I, London: Charles Knight & Co., 22, Ludgate Street, 1836, pp. 346-349.

320

他们的腿上会紧紧地裹着绑腿。这种绑腿难以形容，它使上面提
到的宽松的衣服以一种非常不舒服的方式穿在身上。有钱人穿的
袜子是用丝或棉织成，而非编成的。在冬天，有一定身份的人会穿
上用布料、缎子或天鹅绒做的靴子，靴底通常又厚又白，跟我们通
常将皮鞋涂黑的风俗相反，他们通过染白的方式使靴底保持干净。
他们的靴子和鞋子之所以配上厚厚的鞋底，很可能因为他们没有
像鞣革一样的材料，在地面潮湿的情况下，薄薄的鞣革足以应付。
在广州，欧洲人脚上的中国鞋在雨天完全派不上用场，穿一次就会
烂掉。[1]

给德庇时留下深刻印象的还有官员穿着的礼服：

> 中国人的礼服非常华美庄严（exceedingly rich and handsome），
> 具有很多优点；不像我们的礼服，配有毫无意义的古怪的帽子和衬
> 裙。马褂的颜色通常是暗蓝或紫色，穿在马褂里面的长袍则一般是
> 浅色。在庄重场合穿着的长袍非常华贵，上面有用金丝绣成的龙或
> 其他神圣的图案，成本通常十分高昂。在天津举行的招待使团的皇
> 家宴会上，到席的中国官员们都身着礼服，头戴深红色的帽子，帽
> 子的顶端镶嵌的宝石有各种颜色，营造出一种十分夺目的效果。[2]

另外，德庇时还引用亚伯（Dr. Abel）的相关描述介绍了中国官员的
配饰："一个精致的丝绸包里装着一把折扇，一个小的皮包悬挂在腰带上，

---

[1] John Francis Davis, *The Chinese: A General Description of the Empire of China and Its Inhabitant*, Vol. I, London:
Charles Knight & Co., 22, Ludgate Street, 1836, pp. 349-350.
[2] John Francis Davis, *The Chinese: A General Description of the Empire of China and Its Inhabitant*, Vol. I, London:
Charles Knight & Co., 22, Ludgate Street, 1836, p. 350.

里面装着打火石，烟叶放在一个绣花的荷包内"。[1]德庇时同时也强调了衣饰的等级规定：

> 在中国，时尚的制定者只能是位于北京的礼部。对礼部规定的显著偏离，被认为比异端还严重。礼部的职责不仅在于规定所有重大场合的礼仪，还在于确定服饰方面一定要严格遵守的规矩。对于各阶层、各等级为穿着以及宫廷中男女两性的穿着，在诸如裁剪、颜色和用料等方面都有详细的规定，跟所有欧洲国家的宫廷的做法一样。[2]

德庇时还介绍了中国女子的穿着打扮，他认为：

> 如果不是因为有在脸上涂抹红白两色颜料的风俗，再加上缠足的缺陷，中国的女人一般都十分漂亮……她们的服装非常端庄适中，上流社会女性的华丽服装，只有用最精致的丝绸和刺绣才能做得出来。毫无疑问，中国人把最好的丝织品留给了自己。我们通常称之为穿衣的效果，在他们眼里纯粹是裸露。在中国人看来所有凸显曲线的服饰，展示的都是非礼勿视的内容。未婚女性的长发都自然下垂，不过，作为准备出嫁的仪式，她们会将头发盘起。脑后的盘龙髻要用两个长长的发夹交叉卡紧，并装饰以鲜花或珠宝。她们有时会佩戴代表凤凰的首饰：凤凰由黄金和珠宝、展翅的羽翼以及凤嘴组成，凤嘴挂在前额。到了人生的某个阶段，女

---

[1] John Francis Davis, *The Chinese: A General Description of the Empire of China and Its Inhabitant*, Vol. Ⅰ, London: Charles Knight & Co., 22, Ludgate Street, 1836, pp. 343–344.
[2] John Francis Davis, *The Chinese: A General Description of the Empire of China and Its Inhabitant*, Vol. Ⅰ, London: Charles Knight & Co., 22, Ludgate Street, 1836, p. 352.

性会用丝巾缠头，不再有其他发饰。年轻的女性会用眉笔修眉，直到眉毛呈现美好的线条；她们的秀眉被比喻成新月和柳叶。粉色和绿色是女性的衣服常用的两种颜色，而且仅限于女人使用，男人身上见不到。富人家的女人平时穿宽袖丝袍，穷人家的女人则穿宽袖棉袍；罩在长袍下面的是长款的衣服，有时是粉色的；裤子很宽松，在脚踝处收紧；鞋又小又紧。……不过，满蒙女性或者她们的主人们，却有保持天足的良好审美。但在其他方面，她们的穿着跟汉族女性接近；她们也用同样的方式在脸上涂抹红白两色的颜料。[1]

此外，德庇时还介绍了普通中国人劳动人民的服饰：

> 男性的日常服装十分便于四肢的活动。在夏天，他们只穿一条宽松的棉裤，一件宽松的衬衣或罩衫。天气非常炎热时，他们会脱掉罩衫，只穿裤子。他们戴上伞状的大草帽抵挡毒日头，这种草帽用竹条编成。他们在冬天会戴上毡帽。在雨季，他们会披上用蒲草或芦苇类植物做的斗篷。从斗篷上流下来的雨线，就像屋檐上流下来的雨线一样。大部分的农民阶层没有鞋子，少部分的人为了保护脚会穿草鞋。[2]

对于中国人的服饰，德庇时的观察较为细致。他不但描绘了官员、平民和女子服饰的特点，还对中国服饰的等级制度相对了解。他认为中国上

---

[1] John Francis Davis, *The Chinese: A General Description of the Empire of China and Its Inhabitant*, Vol. I , London: Charles Knight & Co., 22, Ludgate Street, 1836, pp. 358-359.

[2] John Francis Davis, *The Chinese: A General Description of the Empire of China and Its Inhabitant*, Vol. I , London: Charles Knight & Co., 22, Ludgate Street, 1836, pp. 359-360.

流社会的服装用料和装饰精美华贵、宽大舒适，但有时不方便活动。女性服装端庄适中，精致优美，但他对中国女性的化妆和缠足不置可否。通过中西服装的比较，德庇时为欧洲人夏季穿着窄袖高领的服装感到不适，又对欧洲流行时尚"毫无意义的古怪的帽子和衬裙"有所批评。整体来看，德庇时对中国服饰的评价比较正面。

（二）饮食

在介绍中国人的饮食之时，德庇时引用了马戛尔尼使团在北京享用皇帝赐宴的记录、法国拉普拉斯船长（Captain Laplace）对一次中国晚宴的印象，以及对中国普通的私人宴请以及中国人饮食习惯的描述。很好地向欧洲读者介绍了中国各种级别宴会的流程和中国饮食的特点。

德庇时首先提到的是马戛尔尼使团的皇帝赐宴：

> 所有人都盘坐在做工精细的坐垫上面，中国的官员们对此习以为常，我们当然没有他们坐得舒服。餐桌相应比较矮小，仅供两个人用。我们都落座之后，侍者们给每张餐桌都摆上一个与桌子大小相配的大盘子，里面盛有四道佳肴。第一道佳肴是浓汤；第二道由十六个小圆盘构成，分别盛有卤肉和其他调味品的菜肴；第三道由八个盆构成，分别盛有燕窝、鱼翅、鹿肉和其他应该有极高营养的食物；第四道由十二个碗构成，盛有各种炖煮的食物。客人们随意享用，所用的餐具有筷子、小瓷勺、小银叉等。他们彼此敬酒，杯中酒饮尽之后，侍者们单膝跪地，将温酒注入小酒杯里。[1]

---

[1] John Francis Davis, *The Chinese: A General Description of the Empire of China and Its Inhabitant*, Vol. I, London: Charles Knight & Co., 22, Ludgate Street, 1836, pp. 317–318.

324

作为比较的是在广州的英国人受富商邀请参加的宴会：

在举办私人宴会的前几天，主人会送出大红色的请帖，上面往明了宴会的时间。对于客人的光临，主人会连呼"蓬荜生辉"。餐桌的布置与宫廷宴会一样，而餐桌的高度则与普通餐桌相同，菜肴与前文描述的相同，但在宴会开始前，主人会起身向客人们敬酒，然后再请客人们享用面前的菜肴。在宴会将要结束的某个时刻，所有人会起身向主人敬酒。[1]

德庇时还谈到：

主人的女眷不能上桌同享筵席。当客人中有女性时，她们会和这些同性的客人们一起。正式晚宴大约在晚上六点开始，通常会持续很长时间。菜肴一道接一道地上，没完没了。客人们每道菜都浅尝辄止，因而可以一道接一道地品尝，一直吃到最后一道菜。上菜的顺序似乎并不固定，在前面已提过的奇特美味燕窝汤（它实际上是一道味道浓郁的鸡汤，里面的食材呈长条形，跟粉丝一样）上桌之后，羊肉、鱼肉和禽肉都不分次序地端上桌来。宴会接近尾声的信号，是每个人面前都摆上了一碗米饭。饭后很快就会接着送上茶，而不是酒。最后上的是水果和甜食，样式跟我们的甜点很像。……在晚宴中使用的茶杯、碟碗、茶托（他们没有浅平盘），大部分都是上好的瓷器，不过，偶尔也有些特别的肉菜，会盛在银

---

〔1〕John Francis Davis, *The Chinese: A General Description of the Empire of China and Its Inhabitant*, Vol. I, London: Charles Knight & Co., 22, Ludgate Street, 1836, p. 319.

器或白铜质地的容器中，然后在下面点上酒精灯加热。[1]

　　德庇时的以上描述很好地介绍了中国宴会的流程和规矩，但是对食物的评价仅有"极高营养""味道浓郁"等寥寥数语。而德庇时在下文引用的法国拉普拉斯船长的记录中，对于口味的评价就较为丰富了。德庇时认为这段记录"精彩地讲述了欧洲人对难得一见的中国式晚宴的第一印象"：

　　　　第一道菜盛在很多个彩绘瓷制浅碟里，它由各种各样的凉菜组成。腌蚯蚓即是其中的一样，它的肉质比较干燥，但没有切碎，我很幸运，在吞下这道菜之前并不知道它们是什么。……此外，还有一样日本皮革，黑乎乎的，又硬又韧，有着强烈而不讨喜的味道，似乎在水里浸泡了一段时间。……其中有一道菜，是卤鸽蛋连同切碎了的鸭肉和禽肉一同浸在一种黑色的调味汁中；还有一个碗中盛有用鱼翅做成的小丸子以及煮蛋；对我们来说，这种食物的气味和味道，同巨大的蛆虫、海鱼、螃蟹和捣碎的虾一样，似乎都难以忍受。……带着礼貌，我喝下了一勺用闻名天下的燕窝做成的汤。中国人是燕窝美食家。它是一种非常细的细丝，像鱼胶一样透明，跟粉丝类似，基本没有味道。[2]

　　从法国船长的描述来看，中国菜大多都不和他的口味，但是他却把中国人的敬酒习俗记录得晓有趣味：

　　　　酒水在桌上巡来巡去，大家彼此不停地敬酒。……这种酒不

〔1〕John Francis Davis, *The Chinese: A General Description of the Empire of China and Its Inhabitant*, Vol. I, London: Charles Knight & Co., 22, Ludgate Street, 1836, pp. 320–321.
〔2〕John Francis Davis, *The Chinese: A General Description of the Empire of China and Its Inhabitant*, Vol. I, London: Charles Knight & Co., 22, Ludgate Street, 1836, pp. 322–323.

容易喝醉，尽管在主人的频频劝酒之下，我不得不喝，然而一点也不上头。用来喝酒的小酒杯形似古代花瓶，配有两个做工精妙的小把手。手持类似咖啡壶的大银器的侍者们，总是不停地往酒杯里续酒。中国式的敬酒礼仪十分奇特，与英国式的敬酒有一点相同。如果有人想向某一位或多位客人敬酒，他会通过一名侍者将意思告诉对方，然后双手拿着盛满了酒的酒杯，举至与嘴唇相平的高度，颔首示意之后，将酒一饮而尽。在对方地喝完了杯中酒之后、他不停地点头，并且使酒杯杯口朝下，示意酒已经干了。[1]

虽然法国船长认为中国菜不好吃，但他对中国的餐后甜点、蛋糕、水果和茶表示了赞赏：

在侍者们把所有东西都清理干净之后不久，餐桌上摆上了竞相斗艳的鲜花，以及漂亮的花篮。花篮里面摆了多个盘子，盘子上盛有各种各样可口的甜点和蛋糕，糕点的外形都十分精巧。自然产物与艺术产物的同时陈列，给客人们的视觉和味觉带来了愉悦的感受。在金黄色的香蕉的旁边摆放着荔枝。……这种浆果比多数热带水果都要更香更甜……在中国，待客礼仪的开始和结束，都缺少不了喝茶这个环节。根据风俗，家仆用瓷杯献茶，每个茶杯都盖着一个类似浅盘的盖子，它可以留住茶香，阻止香气的蒸发。他们在杯子里添上一小撮茶叶，然后注入正在沸腾的开水。中国人从不在茶水中加糖，茶水本身就散发出了沁人心脾的香味。尽管很多顶级茶叶都被带到欧洲，但即便是享受过这些茶叶的欧洲人，

也很难想象出那种香味。[1]

在利用材料充分地展示了中式宴席的流程和习俗之后，德庇时又探讨了中国人的饮食习惯。

首先是饮料，德庇时认为中国人用茶来改善各地糟糕的水质，除了茶以外中国人还用稻谷酿酒：

> 值得注意的是，中国盛产葡萄，但他们不用葡萄酿酒。他们的酒用稻谷酿成，其色泽和味道跟我们的低度白酒有些相似。……他们用残渣蒸馏出一种非常浓的烈酒。这种酒比纯酒精的度数稍低，色泽和味道与高度威士忌相似。[2]

而后是烹饪技术，德庇时发现中国人不喜欢冰冷的食物，其烹饪技术与法国人较为接近，都是"蔬菜炖肉"（ragouts）、"杂烩拼盘"（made-dishes）。其后又谈到了食材，德庇时提到，中国有些食材是欧洲人接受不了的，如"天蛾的幼虫和甘蔗上的蛴螬"。中国人因为佛教信徒比较多而"几乎从来不吃牛肉"。德庇时认为"在世界上没有那个民族像中国人一样吃那么少的肉，吃那么多的鱼和蔬菜"。但是他在下文中又提到中国人捕捉野禽、打渔，养殖猪、鸭子，甚至"毫无忌讳地将狗、猫甚至老鼠列入菜单"。中国最普及的蔬菜是白菜，南方常见的是茄子、苦瓜、黄瓜和红薯，还有肾豆、豌豆和土豆。而大米是中国人的主食。另外，中国人还

---

〔1〕John Francis Davis, *The Chinese: A General Description of the Empire of China and Its Inhabitant*, Vol. I , London: Charles Knight & Co., 22, Ludgate Street, 1836, pp. 328-329.

〔2〕John Francis Davis, *The Chinese: A General Description of the Empire of China and its Inhabitants*, Vol. I , London: Charles Knight & Co., 22, Ludgate Street, 1836, pp. 329-331.

328

用腌制的方式保存鸭肉、鱼虾。[1]

从德庇时对中国饮食的评价来看是有褒有贬的，其中贬的部分基本上同中西的文化差异有关。从描述中的种种细节来看，德庇时曾多次参加各个级别的中国宴会，对中式宴会的规格礼节的了解比较深入，他还对中国人的食材（尤其是中国南方的食物）比较熟悉，所以呈现给读者的信息可以比较完整地勾勒出 19 世纪初中国人的饮食状况。

（三）住房

在德庇时眼中，中国"所有大城市最显著的特征是四周都用蓝色的砖头围砌起来，成为高高的城墙"，但他并不认为这样的建筑会给攻城大炮带来麻烦。[2]而城中大部分是只有一层的矮房子，还有大片的菜园空地，甚至水域。"广州和其他大多数城市的街道都很窄，宽度仅够三到四个行人并肩而行"，但北京的街道很宽。[3]中国的城市晚上有严格的治安制度：

> 每当天色渐黑，摆放在高处的巨钟或巨鼓第一次敲响之后，中国所有城镇的城门很快就会关闭。在每一条主要街道的尽头，都设有一道强大的木制路障，在主城门关闭的同时，这些路障也会关闭。在夜间，只有在特定情况下，存在能让维持治安者满意的理由，这些路障才会放行，比如，孕妇马上要生产，急需找一个产婆。[4]

德庇时发现中国人的住房跟欧洲人的建筑格局很不一样，他认为这和

---

[1] John Francis Davis, *The Chinese: A General Description of the Empire of China and Its Inhabitant*, Vol. I, London: Charles Knight & Co., 22, Ludgate Street, 1836, pp. 331-336.

[2] John Francis Davis, *The Chinese: A General Description of the Empire of China and Its Inhabitant*, Vol. I, London: Charles Knight & Co., 22, Ludgate Street, 1836, p. 386.

[3] John Francis Davis, *The Chinese: A General Description of the Empire of China and Its Inhabitant*, Vol. I, London: Charles Knight & Co., 22, Ludgate Street, 1836, p. 388.

[4] John Francis Davis, *The Chinese: A General Description of the Empire of China and Its Inhabitant*, Vol. I, London: Charles Knight & Co., 22, Ludgate Street, 1836, p. 407.

中国特定的气候有关：

> 他们的气候使得所有重要建筑都必须面南背北，这样就可以
> 在夏季享受偏南季风，在冬季躲开偏北季风。出于上面提到的原
> 因，房子的东面最为尊贵，因此，房子的主人也被称为"东家"。
> 在客厅里，主位的东边是左手边，这就可以解释他们为何将左席视
> 为尊位。[1]

通过对比，德庇时认为中国民居的常规设计与从庞培（Pompeii）挖掘
出的罗马人居住的遗址很像，通常只有一层。而在空间有限的乡镇，房屋
在地面一层的上面还有一层，屋顶上通常建立一个用来晾衣服或夏天晚上
乘凉的木制平台。中国人对欧洲五六层楼的房屋无不感到吃惊。与欧洲房
屋修建观念不同，中国人认为房屋墙体超过一定高度时会给家庭带来厄运。
通常一层的民居会由几个房间组成，用封闭的院墙与街道隔开，房间朝向
院子开窗。客厅紧邻大门，用来待客和吃饭，更为私密的房间在里面，房
门上挂着丝绸或棉布做的门帘。北京附近居民的床大多由砖砌成，下面有
一个火炉，供冬天取暖，然而在德庇时眼中"在这个温暖的炉火的帮助下，
大量害虫可以永久寄居"[2]。普通人家里还有炉子和烟道，用来做饭和围坐
取暖。

但是大家大户的宅邸就同普通人家有很大不同：

> 所有重要宅邸都有三扇门作为入口，中间是一个大的折叠
> 门，用于接待重要宾客，两边各有一个小门，供平时出入。门的

---

[1] John Francis Davis, *The Chinese: A General Description of the Empire of China and its Inhabitants*, Vol. I, London: Charles Knight & Co., 22, Ludgate Street, 1836, pp. 395-396.

[2] John Francis Davis, *The Chinese: A General Description of the Empire of China and Its Inhabitant*, Vol. I, London: Charles Knight & Co., 22, Ludgate Street, 1836, pp. 360-361, 366.

330

两侧悬挂着圆柱状的大灯笼，灯笼上写着主人的姓名和头衔。……
门后是带屋顶的院子，轿子就停在这里。轿子四周摆着一些红色
清漆的板子，上面用镀金的字体标注了轿主人的头衔。[1]

德庇时接着引用了乔治·托马斯·斯当东对一处宅邸的记录来描述
"达官显贵宅邸的一般范式"：

　　整个围墙是一个高墙构成的平行四边形，除了在某个夹角设
了一道门，可以通向一条窄窄的建筑雅致的街道，高墙之外的其
他地方都是平地。沿着整道高墙，建有一长列楼房，这是佣人以
及办公人员的住处。墙内的其他地方分成大小不同的几个四边形
的院子。每个院子里的楼房都建在大理石台基上，并且围以柱廊。
木柱几乎有 16 英尺高，柱径下粗上细。它们没有严格意义上的希
腊式的柱头和柱基，也没有希腊式的檐部。在柱子之间，距离檐
口大约四分之一柱长的位置，有木雕额枋。它或许就是中式的檐
部，颜色有别于柱子，柱子一般是红色的。柱廊用以支撑飞檐，
柱廊连接了府内所有建筑。整个柱廊用了不少于 60 根柱子。[2]
　　而有的宅邸还有私家戏台。除了位于府邸的最深处主人女眷
的阁楼以外，府内建筑都不超过两层。主厅的前面是又长又高的
前厅，窗棂糊的是高丽纸，外面看不清里面的情况。主厅的后面
是一个走廊，高大约 10 英尺，它通向几个小房间；这些小房间只
能通过主厅采光。内室摆了绘了山水画的屏风，窗棂蒙的是丝制

---

[1] John Francis Davis, *The Chinese: A General Description of the Empire of China and Its Inhabitant,* Vol. I, London:
Charles Knight & Co., 22, Ludgate Street, 1836, p. 361.

[2] John Francis Davis, *The Chinese: A General Description of the Empire of China and its Inhabitants*, Vol. I, London:
Charles Knight & Co., 22, Ludgate Street, 1836, pp. 361−362.

薄纱，上面绣了花鸟鱼虫。

另外还有后院、外院中的后花园等描述。[1]

德庇时还探讨了中国宅邸的建筑技巧，他认为：

> 最豪华的中式宅邸都筑有台基，其砖石工程牢固而且美观。……院墙用蓝色砖头砌成，通常会用磨砖对缝法进行粉饰。……他们用高超的技巧在墙面绘上动物、花卉和水果等自然界的景致。这种装饰成本低廉，因而十分常见。他们在屋顶铺设瓦管……这些瓦片的横切面是半圆形，铺在屋顶的瓦片有一部分凹面朝上，充当排水沟。每列凹面朝上的瓦片，其上翘的边缘都紧密相连。其他瓦片凹面朝下，与朝上的瓦片相扣，并用灰泥浆固定住它们的位置。[2]

德庇时还介绍了中国园林：

> 他们一般会设法在有限的空间内修建曲折而复杂的小径，或者格调高雅、雕工不凡的回廊。池塘是园林必不可少的装饰物，里面种着莲花或者荷花，还有金鱼。人造假山坐落水中，一些石头模仿大自然的力量散落地面，园中种植着低矮的树木。

但德庇时对中国园林的认识同"中国风"时期的威廉·钱伯斯

---

[1] John Francis Davis, *The Chinese: A General Description of the Empire of China and Its Inhabitant*, Vol. I, London: Charles Knight & Co., 22, Ludgate Street, 1836, pp. 362–365.

[2] John Francis Davis, *The Chinese: A General Description of the Empire of China and Its Inhabitant*, Vol. I, London: Charles Knight & Co., 22, Ludgate Street, 1836, pp. 365–366.

332

（William Chambers）对中国园林设计的一致赞美有所不同，他认为"中国人对于园林的审美确实存在缺陷和恶意（defective and vicious），对自然的改造一定程度上与女人缠足习俗一样破坏了事物原本的样子"〔1〕。由此可见，德庇时对中国园林"师法自然"的审美追求并不认同，其中原因可能是他认为中国的园林布景是对气势恢宏的大自然的一种有限制的、小家子气的模仿。

在室内装饰方面，德庇时谈到了中国的家具和一些日常用具。他认为：

> 在这个方面，他们已经达到的奢侈程度远非我们能及。……在家具的形态方面，他们不喜欢整齐划一的平直线条。他们的审美标准或许可以称为"有序的错乱"，比如，他们利用书架或者屏风进行分区，以打破既有的格局。即便是出入口，也并非总是直角形，而是经常可以看到圆形、叶形甚至坛子形。

但他认为中国的椅子"与一个多世纪以前在欧洲风行一时的椅子类似，坚固而笨重……一点也不舒服"。德庇时还评论了中国的灯笼，他认为"其照明功能远不如我们的油灯。它发出的与其说是光，倒不如说是烟。"〔2〕

从德庇时对中国人居住环境的描述中可以看出，德庇时虽然给达官显贵的中式宅邸的建筑和室内装饰以"奢侈"的评价，但他也真实地描写了平民房屋的寒酸，并以工业化国度的国民的视角对其中的某些"落后"的部分加以批评。可以说，德庇时已经开始采用一种略带批评和俯视的眼光看待中国的建筑住所方面的状况了。

---

〔1〕John Francis Davis, *The Chinese: A General Description of the Empire of China and its Inhabitants*, Vol. I, London: Charles Knight & Co., 22, Ludgate Street, 1836, p. 367.

〔2〕John Francis Davis, *The Chinese: A General Description of the Empire of China and Its Inhabitant*, Vol. I, London: Charles Knight & Co., 22, Ludgate Street, 1836, pp. 368-369.

（四）交通出行

德庇时发现"大大小小的河流及运河将中国大部分地区贯穿在一起，这使得水运成为最常见、最便捷的人货运输方式。在无法走水路的地方，他们会坐轿子。在北京附近的广大平原地区，他们的交通工具是二轮马车"。德庇时将中国的马车称为"原始交通工具"（primitive machines）——"车轮往往是硬邦邦的，而且没有轮辐；车轮很小，车轴很短；车篷用粗棉布制成；车身的前部敞开；车宽仅够两个人挤着坐。因为车内没有凸起的座位，只能有一种坐姿，那就是尽量伸直双腿，或者抬高双腿，但这样总会碰到车轴。车的底座没装减震弹簧。大使有一位仆人，当时他正在病中，无法避免这种颠簸之苦，结果得了脑震荡。"[1]

相较之下，德庇时认为中国最好的交通工具应属轿子了：

> 无论是在轻快、舒适方面，还是在任何其他方面，在别处找不到比它更方便的了。两位轿夫将抬杠放在肩膀上；抬杠细而有弹性，形状跟轻便的二轮马车的车轴相近；轿夫以整齐的脚步往前走，轿中人几乎感觉不到在移动；有时行进的速度会非常快。轿子两侧与背部用的材料不是板子，而是呢绒布，图的就是轻快；轿顶盖上了油布，这是为了防雨。轿子前面悬了一张帘子，帘子上面有一个蒙上了薄纱的圆孔，透过它可以看到外面。

甚至在澳门的外国人也喜欢坐轿子，而不是乘马车出行。德庇时还谈到了轿子的等级："普通百姓乘坐的轿子限于两人抬，一般地方官员限于四

---

[1] John Francis Davis, *The Chinese: A General Description of the Empire of China and Its Inhabitant*, Vol. I, London: Charles Knight & Co., 22, Ludgate Street, 1836, pp. 370–371.

334

人抬，总督限于八人抬，只有皇帝能乘坐十六人抬的轿子。"[1]

德庇时认为中国人在利用马匹来运人拉货的方面是比不上欧洲的：

因为他们不愿把本来可以供人吃的粮食分给马吃。他们的马匹一般都长得羸弱瘦小，属于矮种马，而且几乎总是状态很差；在大多数情况下，马上装备跟马匹一样糟糕。东方式的马鞍和马镫都极其笨重不便。马勒本来应该是绸绳，可他们往往用粗绳，马腹下丛生的毛发也不及时修理。

德庇时还观察到：

在南方那些没有江河或运河以至于无从发展水运的地方，他们修起了马路，有的甚至是相当宽的大道，以供车马、轿子以及行人通行。除了在通向北京的平原地区，英国使团的人从未在其他地方看见过四轮马车。[2]

德庇时还提到了中国的驿站系统，其功能是"招待过往官员"和"传递政府文件"。另外德庇时还称赞中国"最伟大的公共设施在于对货物运输的安排，其管理十分出色……值得信赖。英国使团的成员们从北到南穿越了整个国家，从来没有听说过有丢失过哪怕是一件东西的事情。"[3]

在德庇看来，若不考虑速度因素，中国的水运比任何一个国家都

---

[1] John Francis Davis, *The Chinese: A General Description of the Empire of China and Its Inhabitants*, Vol. I, London: Charles Knight & Co., 22, Ludgate Street, 1836, p. 371.

[2] John Francis Davis, *The Chinese: A General Description of the Empire of China and Its Inhabitant*, Vol. I, London: Charles Knight & Co., 22, Ludgate Street, 1836, p. 372.

[3] John Francis Davis, *The Chinese: A General Description of the Empire of China and Its Inhabitant*, Vol. I, London: Charles Knight & Co., 22, Ludgate Street, 1836, p. 374.

方便。

毫无疑问，世上没有哪个国家像中国一样，其客船的客舱是如此的宽敞，尽管船速不快。这似乎要归因于水运的普及。确实，这个民族的驾船技术可以说无与伦比。尽管水浅船沉，他们仍然能够轻松自如地驾船漂过最为错综复杂、最为拥挤不堪的河道。……中国有一种舟尾操桨的单人桨艇，这种小船非常多，而且非常有用。时至今日，这种船仍然漂在水面上。在拥挤的江河与运河上，这种小船可以见缝插针，因而有不小的优势。

德庇时还谈到了拉纤、船头桨、船尾桨的使用方式，以及达官显贵用的奢侈的游船，他重申说"这些船并不具备快速的品质"，而且还不无自豪地总结：

简言之，相对于印度的古古怪怪、快要散架了似的蜗牛船而言，中国的游船高级得多，就像我们的船要比中国人的船高级得多一样。中国人似乎把他们所有的巧思都用在了内河船上，没有在海洋探险或外国探险事业中投入一丁点的勇气。[1]

另外，德庇时还引用了斯当东的日记来说明中国大运河上独特的通过水闸（sluices）的方式，认为这种方式同欧洲的船闸（locks）相比已经落后了，是"危险"和"可怕"的，并可能造成毁灭性的事故。[2]

---

[1]John Francis Davis. *The Chinese: A General Description of the Empire of China and Its Inhabitants*, Vol. I , London: Charles Knight & Co., 22, Ludgate Street, 1836, pp. 378−380.

[2] John Francis Davis, *The Chinese: A General Description of the Empire of China and Its Inhabitant*, Vol. I , London: Charles Knight & Co., 22, Ludgate Street, 1836, pp. 383−385.

　　虽然德庇时称赞了中国轿子的舒适、货物运输的可靠、游船的奢华，但在另外的方面叙述中却多有批评和轻视之词，这反映了当时中国在交通工具和基础设施建设已经落后于欧洲国家了。

二、良好的社会风俗

（一）崇尚教育

　　德庇时对中国教育的普及状况尤为赞叹，他认为"值得注意的是，在中国知识和教育的传播渗透到了下层人民，极大地推动了国家的繁荣和稳定。在构成这个帝国的百万级的无数人口中，几乎每个人都能读能写，水平足以应付日常生活，下层社会识字率之高令人尊敬"。德庇时也提到了造成这种现象的原因，在他看来"教育的普及必须归因于几乎每一种恐惧或希望的动机对人类心灵的影响，这些影响受到积极戒律的灌输，并受到公开竞争最高奖励的鼓励"。也就是他提到的"预防性司法"和"子不教父之过"[1]等方面的思想：中国人从小被灌输诸如"子不教，父之过"的观念，家长很容易因其子女的错误行为受到惩罚或者因其德行受到夸赞，德庇时认为这才是中国人教育后代最强烈的动机。德庇时提到孟德斯鸠曾经猛烈批判过这种观念，"子弟有罪，罚其家长，凡此皆专制之流风余烈也"[2]。德庇时则为此提出不同见解："虽然父亲在为子女的过失承担责任，同时也会因子女的成就获得赞誉，家长为了追求荣誉避免惩罚就会从小教育子女按照国家的要求行事。……唯一的问题就是个体付出的人身自由与

〔1〕John Francis Davis, *The Chinese: A General Description of the Empire of China and Its Inhabitant*, Vol. I, London: Charles Knight & Co., 22, Ludgate Street, 1836, p. 210.
〔2〕［法］孟德斯鸠：《论法的精神》，严复译，上海三联书店，2009年，第91页。

所获得的公共利益是否平衡。"[1]但显然中国人重视教育并大力普及教育的原因并不能如此片面地解释。

德庇时也观察到中国人尊重学问的现象：

> 中国人……对老年人的尊敬，比不上他们对有学问的人的尊敬。他们有一句格言："学无先后，达者为先。"在中国，获得地位与尊敬的主要渠道就是钻研学问。无论学子的地位如何，通过钻研学问而赢得尊敬，至少比通过财富、穿着打扮以及出身等庸俗矫饰去赢得尊敬更加合法，更加有益。……光有财富在中国得不到太多尊重，原因在于，在这个国家，荣誉和地位几乎全部来自科举功名。这个国家真正的贵族政府官员的选拔，几乎完全根据科举的结果，只有少数的例外。因此，在这种的情况下，这个国家得到了尽量好的治理。[2]

德庇时通过联系中国社会等级的划分——士（the learned）、农（husbandmen）、工（merchants）、商（manufacturers），再次印证了中国人重视教育，尊重学问。他对这一划分排序表示理解，认为其符合哲学规律：原始社会早期，科学技术不发达，智慧和经验最为人们尊崇。随着社会进步，游牧民族固定到某一地方，他们将注意力集中在土地耕种上。原材料不断被生产，城镇兴起，手工制造业出现，资本和手工制成品增加，国内出现商业贸易。社会发展到后期，农民依靠土地维持生活，但家庭耕地面积有限，后代子女从家族中继承的土地财产越来越少。其结果，商人

〔1〕John Francis Davis. *The Chinese: A General Description of the Empire of China and Its Inhabitants*, Vol. I, London: Charles Knight & Co., 22, Ludgate Street, 1836, pp. 210−211.
〔2〕John Francis Davis, *The Chinese: A General Description of the Empire of China and Its Inhabitant*, Vol. I, London: Charles Knight & Co., 22, Ludgate Street, 1836, pp. 213−214.

越来越富有，农民愈渐贫穷，商业中的资本动摇了中国封建等级顺序，除了"士"以外，其他三者地位颠倒。[1]

德庇时还提到了政府开办教育的宗旨，"不是为了拓宽国民的知识面，而是将现有知识灌输给尽量多的年轻人，然后从中'选拔真才'（to pluck out true talent）为己所用"。这样的目的造成了"知识的新陈代谢，或者物理科学方面的发现，不在政府的考虑范围之内"。也就导致了以下的弊端："政府指定学子们需要研读的书籍，行文偏离这些书籍被认为是离经叛道，所有未经政府认同的创新都被禁止。"德庇时认为这种弊端是"中国的制度固执而不思进取的原因"[2]。

（二）敬老孝顺

德庇时认为中国人对长者的尊重程度仅次于对教育的尊崇[3]。中国人十分看重"孝"，并在国家层面上宣扬"忠孝精神"——"冒犯父亲与冒犯皇帝会受到相似的惩罚"[4]。德庇时列举了一对夫妻殴打婆婆的案例，当这一事件被中央政府得知后，小夫妻被处死，妻子的母亲因为女儿的罪行被流放，当地人民三年内不得参加科举考试，当地官员被革职流放。对于这件事情的处理方式还被康熙皇帝谕令宣布到整个中国，皇帝用"杀一儆百"的方式让百姓对不孝的后果产生恐惧，顺理成章地实现对人民的管理："这样做，子女可能就不会忤逆其父母，使朕以孝道治天下之意得以落实。"[5]康熙皇帝还以身作则，尊敬长者。当一位年过百岁的低级官员

〔1〕John Francis Davis, *The Chinese: A General Description of the Empire of China and Its Inhabitant*, Vol. Ⅰ, London: Charles Knight & Co., 22, Ludgate Street, 1836, pp. 271-272.

〔2〕John Francis Davis. *The Chinese: A General Description of the Empire of China and its Inhabitants*, Vol. Ⅰ, London: Charles Knight & Co., 22, Ludgate Street, 1836, pp. 289-290.

〔3〕John Francis Davis, *The Chinese: A General Description of the Empire of China and Its Inhabitant*, Vol. Ⅰ, London: Charles Knight & Co., 22, Ludgate Street, 1836, p. 213.

〔4〕John Francis Davis, *The Chinese: A General Description of the Empire of China and Its Inhabitant*, Vol. Ⅰ, London: Charles Knight & Co., 22, Ludgate Street, 1836, p. 210.

〔5〕John Francis Davis, *The Chinese: A General Description of the Empire of China and Its Inhabitant*, Vol. Ⅰ, London: Charles Knight & Co., 22, Ludgate Street, 1836, pp. 203-204.

在得到接见，并向康熙皇帝行礼时，"康熙起身迎接，不让这位老人下跪，并向其高龄表示敬意。"[1]

德庇时还引用斯当东的话继续讨论"孝"对于中国人的普遍意义：

于中国政府而言，子民有服从家长权威的义务是一种至关重要并且普遍的原则。无论这种权威是赋予父母本人，还是赋予代表父母的人。这种义务通常被表述为"孝"。但是，将之视为孺慕之情的表达远不如将它视为大众的行为规则更为正确。这种责任可以追溯到中国最古老的文献中，他们最早的哲学家和立法者不遗余力地在著作中就这个问题谆谆教诲。孝道历经各朝各代、各种变化和变革仍然保持生命力。时至今日，孝道继续通过实体立法和公众舆论得到强有力的实施。[2]

德庇时还谈到对中国人长者的尊敬不仅表现在其在世时，死后也会被后代长久地祭拜：

父亲并非只是在世的时候指望儿子们的效劳，在垂垂老矣时，想到有儿子送终以及供奉香火就会让他感到欣慰。……确实，在中国人在意的所有事情上，祖坟最令他们由衷地上心，因为在他们看来，对祖坟有任何的忽视都肯定会带来尘世间的不幸。这可能是唯一一样可以体现中国人的"宗教意识"的事情。[3]

---

[1] John Francis Davis, *The Chinese: A General Description of the Empire of China and Its Inhabitant*, Vol. Ⅰ, London: Charles Knight & Co., 22, Ludgate Street, 1836, p. 259.

[2] John Francis Davis, *The Chinese: A General Description of the Empire of China and Its Inhabitant*, Vol. Ⅰ, London: Charles Knight & Co., 22, Ludgate Street, 1836, p. 205.

[3] John Francis Davis, *The Chinese: A General Description of the Empire of China and its Inhabitants*, Vol. Ⅰ, London: Charles Knight & Co., 22, Ludgate Street, 1836, pp. 294−295.

340

德庇时还谈到了中国人的葬礼：

> 父亲、母亲或年长的亲属辞世后，子女会将这件事正式通知到家族的所有亲戚。门的两侧都会挂上或贴上表示哀悼的白色……死者的直系亲属身着白色麻衣，头缠白色麻布，围着停放在地上的尸体哭泣；妇女们凄凉的哭声无休无止……在"三七"，即去世后21天后，葬礼开始进行。……下葬之后，死者的灵位要带回家，如果是富贵人家，它会被摆放在宗祠里；如果是贫寒人家，则会被摆放在家里的某个地方，并在它的面前上香。在每年的春秋两季，中国人都要定期祭扫先人的坟墓。[1]

对于中国人穿孝服、烧纸钱、扫墓等表达哀思的方式，德庇时认为，"这些事情都是无害的，即便它们并非向死者表示敬意的有价值的方式"[2]。德庇时另外还谈到了中国人的守丧礼仪：

> 根据礼仪，父亲去世后，儿子一般要守丧三年，但在实践中，一般都减到"三九"，也就是27个月；在这段时期，最高级别的官员也必须请辞归乡，除非皇帝特赦其服丧义务。如果父亲或母亲去世，子女必须守孝三年才能谈婚论嫁。丧服的颜色是白色、暗灰色，或者淡灰色，不能使用镀金的纽扣，要用水晶纽扣或玻璃纽扣；官员们的顶戴上的代表身份的饰珠以及覆盖帽顶的

---

〔1〕John Francis Davis, *The Chinese: A General Description of the Empire of China and Its Inhabitant*, Vol. Ⅰ, London: Charles Knight & Co., 22, Ludgate Street, 1836, pp. 296–295.

〔2〕John Francis Davis, *The Chinese: A General Description of the Empire of China and Its Inhabitant*, Vol. Ⅰ, London: Charles Knight & Co., 22, Ludgate Street, 1836, p. 297.

红缨也要摘下。〔1〕

中国社会中流行的重视教育、尊重长者的习俗被德庇时当作中国文明的指标；虽然与发达的西方社会相比，中国人的物质生活较为匮乏，但是德庇时认为中国人从小受到教化，社会相对平和安定。

三、特殊的社会现象

（一）溺杀女婴

在西方介绍中国的书籍中很多都提到"溺杀女婴"（the infanticide of female children）现象，德庇时专门在《中国人》一书中对此事进行了澄清：

首先，德庇时认为溺杀女婴的数量并没有很多欧洲人作品中传说的那么多，大多数作者无疑夸大了这一事件。"还有一个重要情况尚待注意，那就是中国存在杀害女婴的现象。它使中国人遭到极度的谴责。很多作者已经指出，这种现象十分严重，因此，欧洲人甚至怀疑中国是否有称职的父母。但我们认为这并非普遍现象。"〔2〕德庇时确实承认溺杀女婴确实存在，但他认为只发生在人口稠密的城市，"在那些人口极度稠密的地方，生存的艰辛使最贫穷的人们无法养育子嗣。"〔3〕

其次，德庇时认为中国人还是很喜欢小孩子的，外国人看到的溺婴大多情况下是一些误解或者可以"完全归咎于意外"：

〔1〕 John Francis Davis, *The Chinese: A General Description of the Empire of China and Its Inhabitant*, Vol. I, London: Charles Knight & Co., 22, Ludgate Street, 1836, pp. 300–301.

〔2〕John Francis Davis, *The Chinese: A General Description of the Empire of China and Its Inhabitants*, Vol. I, London: Charles Knight & Co., 22, Ludgate Street, 1836, p. 261.

〔3〕 John Francis Davis, *The Chinese: A General Description of the Empire of China and Its Inhabitant*, Vol. I, London: Charles Knight & Co., 22, Ludgate Street, 1836, p. 261.

在中国，父母普遍都特别疼爱他们的孩子，而孩子们也特别孝顺父母。在人口十分稠密的广州，人们偶尔会看到水面上漂浮着婴儿的尸体。但是，这种情况并不常见，有可能是意外事件的结果，因为在那里，有很多人从一出生就生活在小舟里。在遇到洪水时，他们有时会将婴儿放入漂在水面的葫芦瓢里，以防止婴儿被淹死。在灾难过去之后，再将婴儿从瓢里抱出来。而欧洲的作者们却荒谬地指责这些现象是弑婴行为。当然，即便有这种预防措施，婴幼儿有时还是可能会溺亡。考虑到葫芦瓢与他们的命运息息相关，发生这种事故是可以理解的，这就像是你不能把在英格兰发生的所有溺亡事件都归因于兢兢业业的人道救助机构。[1]

最后，德庇时认为耶稣会士对于弑婴现象"发表了言过其实的评论"，造成了西方人的误解。原因是：

对中国十分了解的罗马天主教神父们，习以为常地给这些让人不胜烦扰的事件涂上一层自己的色彩，因为这样做可以为他们的传教事业增光添彩。……但是，他们的功绩是奇特并且可疑的，因为在大多数情况下，他们或者他们的信徒没有尽力去拯救那些注定要溺水的幼童，而仅仅是走进附近的民居，在婴儿死亡前给他们施以洗礼，这是一项便宜、快捷、简单的慈善工作。[2]

---

〔1〕John Francis Davis, *The Chinese: A General Description of the Empire of China and Its Inhabitant*, Vol. I , London: Charles Knight & Co., 22, Ludgate Street, 1836, pp. 261-262.

〔2〕John Francis Davis, *The Chinese: A General Description of the Empire of China and Its Inhabitants*. Vol. I , London: Charles Knight & Co., 22, Ludgate Street, 1836, p. 262.

但是，德庇时也承认中国确实存在非意外性质的溺婴事件，认为此事源于中国纳妾合法化制度（legal concubinage）。被杀死的女婴通常由侍女所生，如果正妻不容忍婴儿就会将其淹死或者一个月内将婴儿送出去才能保住性命。同时，德庇时指出正妻杀女婴的行为也得到丈夫默许，如果丈夫反对此事，妻子断不会做出这种行为。德庇时不得不感慨"虎毒不食子，难道人类比老虎更无情吗？"[1]

（二）缠足风俗

德庇时发现中国人不论男女左手都留着像"爪子"一样的指甲，而更令他"无法理解的"（unaccountable）是中国女人残害脚部（缠足）的审美品味。德庇时并未探究其具体起源时间，只说大约发生在唐朝末期或公元9世纪左右。在他看来，"缠足几乎与任何形体美的概念都扯不上关系。汉族女人自幼开始缠足。与留长指甲的风潮一样，这种令人震惊的文化部分归因于这样一个原则，它传递的理念是'不事劳作'。一个合理的推断是，这个原则表达了上流社会的理念。"[2]

德庇时认为缠足"使女性变成了跛子"，表现的是文人病态的审美和男人的专制："这种因残导致的无助体态、受到文人们的极度赞美，尽管它常常伴随着病痛。他们把可怜女人的蹒跚步态——因为她们踮着脚跛行——比作轻风拂柳。出人意料的是，这种病态的习俗向下扩散到了整个社会，那些不得不靠劳作谋生的人也深受影响。如果这个习俗最初源于男人的专制，那么，女性因此而丧失的魅力以及与家务能力的下降，或许是一种变相的报复。"[3]德庇时认为满族人保持让脚自然生长的习俗是明智的。

---

[1]John Francis Davis, *The Chinese: A General Description of the Empire of China and Its Inhabitants*, Vol. II, London: Charles Knight & Co., 22, Ludgate Street, 1836, pp. 29-31.

[2]John Francis Davis, *The Chinese: A General Description of the Empire of China and Its Inhabitants*. Vol. I, London: Charles Knight & Co., 22, Ludgate Street, 1836, pp. 268-269.

[3] John Francis Davis, *The Chinese: A General Description of the Empire of China and Its Inhabitant*. Vol. I, London: Charles Knight & Co., 22, Ludgate Street, 1836, p. 269.

344

　　就中国女人缠足风俗，德庇时客观地提出了自己的看法，并未表现出严厉地批评或讽刺。他认为"很多人在各种各样、有时甚至正好相反的审美形态中脱离了自然标准。他们甚至在畸形的状态中寻求与众不同，没有哪种情况可以更惊人地展现他们的愚蠢和幼稚了。"[1]不仅中国的缠足如此，德庇时也列举了世界上其他文明中的奇怪的风俗，如另一个种族在用木板摧残孩子们的头颅、马来人却锉掉牙齿的釉质并将其染成黑色、新西兰的酋长将其独特的盾形纹章印在自己的脸上、因纽特人则必须在双颊上穿孔并以石条贯之，他也没有回避欧洲女子的束腰习俗，认为"欧洲女性紧勒腰部，直至肋骨变形，使重要的脏器功能陷入不可逆转的紊乱"同中国女人缠足风俗一样是一种畸形的审美。[2]

　　（三）一夫多妻

　　德庇时认为西方人对中国的"一夫多妻"（polygamy）制度存在着非常多的误解，早在他翻译《好逑传》时就在译本前言中就做了专门介绍：

> 　　严格来讲，中国的法律并不支持一夫多妻制，尽管允许纳妾。中国男人有且仅有一个妻子，她有名分，是明媒正娶的，与妾（handmaids）过着完全不同的生活。……尽管妾的后代可以合法地继承父亲的财产，但是地位在正妻后代之后。[3]

　　德庇时在《中国人》中又就这个问题进行了进一步的讨论：

---

[1] John Francis Davis, *The Chinese: A General Description of the Empire of China and Its Inhabitants*. Vol. I, London: Charles Knight & Co., 22, Ludgate Street, 1836, p. 269.

[2] John Francis Davis, *The Chinese: A General Description of the Empire of China and Its Inhabitant*. Vol. I, London: Charles Knight & Co., 22, Ludgate Street, 1836, pp. 269–270.

[3] John Francis Davis, *The Fortunate Union, A Romance, Translated from the Chinese Original, with Notes and Illustrations*, Vol. 1, London: Printed for the Oriental Translation Fund, and Sold by J. Murray, etc, 1829, p. xv.

在现实生活中，妻子与丈夫门当户对，通过正式的结婚仪式出嫁；妻子拥有某些法定权利；而妾是用钱买的，其进门的方式几乎和其他所有仆人一样。中国律法和习俗承认庶子的合法权利的理由是显而易见的，因为"家有后嗣"在中国十分重要。[1]

为了更清楚地向西方人解释中国的妻妾现象，德庇时将其类比《旧约》（Old Testament）中的亚伯拉罕（Abraham）的妻子撒拉（Sarah）和夏甲（Hagar）。由于撒拉没有生育能力，亚伯拉罕娶撒拉的仆人夏甲为妾。德庇时还在此处指出，他以前仿效前人将中国的妻与妾译为"第一妻子"（the first wife）、"第二妻子"（the second wife）是不正确的。

德庇时还对中国纳妾的风俗进行了补充说明：

> 如果某人已经有了嫡子（因为女儿无关紧要），那么他再纳妾完全就被认为是有伤品格的，可是，如果他没有嫡子，纳妾则是光明正大的。而且，纳妾的次数越多，他的品格受到的损害越深。另外，除了有钱人，没人纳得起妾。出于对家人之间猜忌的担忧，丈夫一般会审慎考虑纳妾的问题，因为家人间的猜忌必然会使家庭关系陷入混乱，有时甚至可能引发犯罪。中国人有句俗语，即"十女九妒"。他们由衷地认同这种说法。[2]

在对中国社会生活观察的梳理中，我们从德庇时的视角看到了一个虽然物质文明相对落后但社会和谐有序、人民安居乐业的中国。统治阶级为

---

[1] John Francis Davis, *The Chinese: A General Description of the Empire of China and Its Inhabitants*, Vol. I, London: Charles Knight & Co., 22, Ludgate Street, 1836, pp. 279–280.

[2] John Francis Davis, *The Chinese: A General Description of the Empire of China and Its Inhabitants*, Vol. I, London: Charles Knight & Co., 22, Ludgate Street, 1836, p. 280.

346

了实现对人民的教化，把崇尚教育、敬老孝顺等灌输在每个中国人的思想
中。同时德庇时还对被西方人广为讨论的所谓的中国人"溺杀女婴"和
"一夫多妻"的现象进行了澄清。总体而言，德庇时以较为客观真实的笔
触向西方介绍 19 世纪上半叶中国人的社会生活，认为其虽物质生活水平较
低，但中国社会文明程度依然相对高于其他民族。

第三节　德庇时的中国宗教评说

在德庇时看来，中国人的"宗教意识"并不如欧洲人那样浓厚，中国
人唯一在祭祀祖先时表现出了宗教般的情感。但德庇时认为这一风俗是无
害的，他赞同耶稣会士采用的"容许"方式，对"礼仪之争"中持反对意
见的一方给予了"无知"的评价。[1]对于中国的儒释道三个教派，德庇时
称"当一个中国人被问到他的国家有多少哲学或宗教信仰体系时，他回答
说：三个，即儒（Yu），孔子的教义；……佛（Fo or Budhism）；以及道
（Taou），或理性主义者。然而，并不能断定出这三者在一般估计中的地位
相等。儒家思想是中国的正统或国家宗教，而另外两个，虽然只要不与第
一个竞争，政府就可以容忍，但政府非但没有鼓励，反而给他们抹黑。"[2]
德庇时认为中国宗教这种"人类思维的错误"是其历史的一部分，他把中
国宗教和哲学观点并列，认为其是值得注意和探讨的。[3]他的具体评价除
了自己的观察理解之外，其实也有耶稣会士和其他西方学者的论述的影响。

[1] John Francis Davis, *The Chinese: A General Description of the Empire of China and Its Inhabitant*, Vol. I, London: Charles Knight & Co., 22, Ludgate Street, 1836, p. 295.
[2] John Francis Davis. *The Chinese: A General Description of the Empire of China and Its Inhabitants*, Vol. II, London: Charles Knight & Co., 22, Ludgate Street, 1836, p. 79.
[3] John Francis Davis, *The Chinese: A General Description of the Empire of China and Its Inhabitant*, Vol. II, London: Charles Knight & Co., 22, Ludgate Street, 1836, p. 41.

一、儒家

　　受耶稣会士的影响，德庇时也把儒家思想称为"孔子的学说"，认为其构成了整个政府体系的基础。他还把孔子的学说定义为由道德和政治方面构成的哲学体系，而不是任何特定的宗教信仰。[1]

　　德庇时以"道德学说"（moral doctrines）概括孔子学说的特点，并进行了赞美："在这位伟大的东方教师的道德学说中，可能会注意到一些已经得到了人类的普遍认同，而且作为行为准则，其卓越性是无法超越的。"[2]德庇时称赞孔子是伟大的教育家，将其比作同时代中国的毕达哥拉斯（a contemporary of Pythagoras），"时间的流逝只增加了孔子的名声，在中国两千多年的历史中，孔子在中国各地受到各种教派和信仰的人们的普遍崇拜，他们还建立了供奉他的神社和寺庙。"[3]但他对与自己同时代的儒家的风评却不高——"孔子以谦逊而闻名，但他的这部分衣钵并没有传到他今天的门徒身上，因为如果偶尔以斯多葛派的一些美德来区分，他们与该教派的相似之处在于更自鸣得意的高调，这也是儒家瞧不起所有没有信奉中国国教（儒家学说）的人的一贯做派。"[4]

　　德庇时介绍了孔子大致生平事迹，认为孔子主要致力于用中国古代先贤的箴言来影响世人，纠正已经渗入国家生活中的恶习。他评价孔子周游列国的经历是在简朴和相对贫困的条件下旅行，孔子致力于所有阶层

---

[1]John Francis Davis. *The Chinese: A General Description of the Empire of China and Its Inhabitants*, Vol. II , London: Charles Knight & Co., 22, Ludgate Street, 1836, pp. 41-42.

[2] John Francis Davis, *The Chinese: A General Description of the Empire of China and Its Inhabitant*, Vol. II , London: Charles Knight & Co., 22, Ludgate Street, 1836, p. 43.

[3] John Francis Davis, *The Chinese: A General Description of the Empire of China and Its Inhabitant*, Vol. II , London: Charles Knight & Co., 22, Ludgate Street, 1836, p. 44.

[4] John Francis Davis, *The Chinese: A General Description of the Empire of China and Its Inhabitant*, Vol. II , London: Charles Knight & Co., 22, Ludgate Street, 1836, pp. 43-44.

348

的教育，用以传播他的美德和社会秩序。在当时，孔子门下有三千弟子，七十二贤人，都是孔子"有影响力的性格和良好榜样"感召的结果。孔子还"撰写或编纂了那些流传千古的著名著作，成为中国的圣书"[1]。德庇时引用马礼逊的观点对孔子的学说进行了总结：

> 孔子一生从事政治活动，即使着眼于社会责任的主张，其目的也是为政治服务。家庭是国家的原型。他的理论基础不是独立和平等（它本质上不存在），而是依赖与从属关系，正如孩子从属于父母，幼者服从长者，等等。这些观念在儒家经典中反复出现，蕴含于琐碎的礼仪中。儒家学说的这一特点使得他被从古至今的历任中国统治者推崇。这些理论很早就灌输在年轻人的思想中，奠定了他们的道德基础。对孔子的学说进行阐释、践行是那些渴望做官或者追求名誉地位的富人的毕生事业。这可能因为他的学说对民族精神和道德产生重要影响，毕竟中国是世界上人口数量最多的国家。[2]

德庇时毫不隐晦地表达了自己对孔子的崇敬之情："没有任何一个异教哲学家或教师对人类产生如此广大的影响，或者受到如此多的尊敬。无论中国人的信仰如何，他都非常尊重孔子。"他接着再次强调儒家学说是"一种哲学思想，而不是宗教教义，它几乎不会与任何宗教信仰产生直接冲突"[3]。德庇时认为大部分孔子的学说都能受到西方读者的接受，他还以

---

[1] John Francis Davis, *The Chinese: A General Description of the Empire of China and Its Inhabitant*, Vol. II, London: Charles Knight & Co., 22, Ludgate Street, 1836, pp. 42–43.
[2] John Francis Davis. *The Chinese: A General Description of the Empire of China and Its Inhabitants*, Vol. II, London: Charles Knight & Co., 22, Ludgate Street, 1836, pp. 46–47.
[3] John Francis Davis, *Chinese Miscellanies: A Collection of Essays and Notes*, London: John Murray, Albemarle Street, 1865, p. 47.

英国布鲁厄姆勋爵（Lord Brougham）曾高度颂扬《论语》中"己所不欲，勿施于人"是一条绝妙的箴言为例说明了这一点。[1]

　　德庇时接着向读者介绍了作为"中国正统标准"（the standard of Chinese orthodoxy）的儒家哲学与文学经典（school of philosophy and literature）："四书"（Four Books）和"五经"（Five Canonical Works）。德庇时指出在"中国的正规教育过程中，对四书五经全部知识的记忆和学习它们的标准阐释和批评，是获得更高等级的学位和官阶的不可或缺的条件"。但对于四书五经的注解随着时间的增长"不时添加的大量评论，使整个体系膨胀到令人生畏的地步"[2]。德庇时接着对四书五经的内容一一进行了比较客观的介绍。如，德庇时在介绍《易经》时提到了中国的阴阳学说，并称之为"宇宙的性别系统"（a sexual system of the universe），"中国人认为当所有的存在，无论是有生命的还是无生命的，都是从阳和阴的结合中产生出来的时候，性别原则就被传达给了他们，并成为了所有的内在。……阴阳学说还存在于中国人的解剖学和医学理论中，并且在几乎每一个论题上都经常被提及。"[3]还在介绍《孟子》时提到了与西方基督思想中的"原罪说"存在抵触的"性善论"（innate moral sense），德庇时对于这些观念没有进行过多的评价，只是按照原本的面貌将其介绍到西方世界，并对读者进行了"这些观念与我们自己的原罪和人类堕落学说完全相反"的简单提醒，反映了他小心谨慎的写作态度。[4]

　　德庇时还讨论了中国的国家祭祀（State-Worship）。"国之大事，在祀

---

[1] John Francis Davis, *Chinese Miscellanies: A Collection of Essays and Notes*, London: John Murray, Albemarle Street, 1865, p. 59.

[2] John Francis Davis. *The Chinese: A General Description of the Empire of China and Its Inhabitants*, Vol. II, London: Charles Knight & Co., 22, Ludgate Street, 1836, p. 48.

[3] John Francis Davis, *The Chinese: A General Description of the Empire of China and Its Inhabitant*, Vol. II, London: Charles Knight & Co., 22, Ludgate Street, 1836, pp. 56-57.

[4] John Francis Davis. *The Chinese: A General Description of the Empire of China and Its Inhabitants*, Vol. II, London: Charles Knight & Co., 22, Ludgate Street, 1836, p. 70.

与戎"(《左传·成公十三年》)，千百年来形成的封建王朝的国家祭祀体系具有宗教、文化、政治、社会等多重寓意，其核心是展现一种以天权为核心的天、神、君、民的秩序观念。[1]但中国的国家祭祀并非单纯的属于某个教派，而是以儒家传统为根基，吸收了道教、佛教和民间杂神崇拜的因素。客观上说，德庇时把这一内容放到儒家的部分讨论，并不完全符合中国的具体情况。而德庇时论述的基础其实来自于其老师马礼逊在《中国丛报》（ The Chinese Repository ）第三卷上发表的一篇名为《中国的国教》（ The State Religion of China ）的文章[2]，德庇时是在此文的基础上进行了进一步的阐发，但也认同了马礼逊的中国国教为儒教，中国国教的祭祀都属于儒家祭祀的不全面看法。

德庇时勾勒了中国国家祭祀体系的大概轮廓，可以分为大祭、中祭和小祭。大祭为祭祀天地，中祭为祭祀土地和谷物之神（ the gods of the land and grain ），小祭的对象最多，包括无数已故政治家、杰出学者、道德之士的灵魂；又如云、雨、风和雷这样的主要自然现象同样受到崇拜，而且每一种都有自己的主神；还有五岳四海这些陆地和海洋的比喻性代称；另外还有战神关帝和水神龙王等其他神灵崇拜。[3]德庇时还谈到了对于主祭人和祭品的要求，"主祭人需要通过沐浴、换衣、立誓和三天斋戒来准备自己，在此期间，他们必须居净室，并不能：1.审判罪犯；2.出席宴会；3.听音乐；4.与女性同居；5.与病人接触；6.哀悼死者；7.饮酒；8.食用葱或蒜。"因为疾病和死亡会玷污，而宴会和饮酒会驱散心灵，不适合与神交流。祭品通常包括健康的、最好是黑色的牛、羊和猪，其他主要是丝绸。

---

〔1〕赵轶峰：《明朝国家祭祀体系的寓意》，《东北师大学报》2006 年第 02 期。

〔2〕Robert Morrison, "The State Religion of China" , *The Chinese Repository*, Vol. 3, No. 2, 1834, pp. 49–53.

〔3〕John Francis Davis, *The Chinese: A General Description of the Empire of China and Its Inhabitants*, Vol. II , London: Charles Knight & Co., 22, Ludgate Street, 1836, pp. 71–73.

而如果有忽视了应有的准备、祭品不完善等情况，准备者会受到惩罚。[1]

德庇时认为"中国哲学虽然存在一般性的唯物主义，但是如果不相信他们将最高统治智慧的大部分属性归因于天（Tien），就很难解读中国人对天的看法。"[2]德庇时还提到"礼仪之争"中的两个派别"耶稣会士"和"罗马传教士"对于中国宗教的认识的不同：

> 在中国的一些耶稣会士认为，中国大部分学者并不是唯物主义和无神论者，……他们严格遵守古代宗教，……信仰"天"或"上帝"。……根据他们的说法，儒家由两个派别组成。第一种是那些无视现代评论家和哲学家的人，保留了与远古时代流传下来的关于宇宙创造者的相同观念。第二种是那些对朱熹及其学派的推测感到困惑的人，正如他们在前面提到的作品中所出现的那样，他们试图通过物质原因的运作来解释自然现象。而其他一些罗马传教士则认为所有中国学者同无神论并无不同，尽管康熙皇帝在与教皇的通信中明确宣布，他祭祀的不是有形和物质的天堂，而是宇宙的真正创造者，但他们的解释不能令人信服。[3]

德庇时立场鲜明的对于后者的观点予以否定，认为罗马的神父们无论多么颂扬中国的财富、文明和资源，他们都普遍以某种偏见的眼光看待中国人民的道德和宗教品格，德庇时还指出了来自欧洲的商业冒险家对中国产生负面印象的原因是因为与海港附近居民的交流受限，再加上通常无法

---

[1] John Francis Davis, *The Chinese: A General Description of the Empire of China and Its Inhabitant*, Vol. II, London: Charles Knight & Co., 22, Ludgate Street, 1836, pp. 74–75.

[2] John Francis Davis, *The Chinese: A General Description of the Empire of China and Its Inhabitants*, Vol. II, London: Charles Knight & Co., 22, Ludgate Street, 1836, p. 75.

[3] John Francis Davis, *The Chinese: A General Description of the Empire of China and Its Inhabitant*, Vol. II, London: Charles Knight & Co., 22, Ludgate Street, 1836, pp. 76–77.

从书本上获得正确的信息，而且被中国政府视为野蛮的入侵者，使他们很容易对中国产生不好的印象。[1]整体而言，德庇时把儒家思想看作政治和道德的学说，儒家的祭祀和信仰看作近似于基督教的"上帝"崇拜。

二、佛教

在谈到佛教（Budhism）时，德庇时先简要介绍了佛教起源和发展的历史，称佛教是汉明帝（Ming-ty）时期，即公元65年传入中国的。传入中国的原因是汉明帝认为孔子的某句话预示着西方将要出现圣人，于是派遣使者前去寻找。到达印度后，使者发现了佛教，并将一些佛教徒同他们的偶像和书籍带回了中国。德庇时还大致介绍了佛陀（释迦摩尼）的生平，佛教的"五戒"——"一不杀生，二不偷盗，三不邪淫，四不妄语，五不饮酒。"还谈到了佛教的剃发修行和职务等级——根据名声的圣洁程度、服务年限和其他要求，都可能从最低级别的仆人（其职责是履行寺庙的卑贱职务）上升到主礼牧师，最终晋升为住持或机构负责人——大和尚（Tae Hoskang）。[2]德庇时还结合平面图详细展示了广州城附近的一座佛教寺院的布局和建筑功能。[3]他对中国的佛塔很感兴趣，认为伦敦邱园里面的塔只是中国九层佛塔的"可悲的仿制品"，而中国塔与佛教和佛的崇拜有关。在塔墙上的壁龛里，在通向塔顶的螺旋楼梯两侧，都可以看到佛以及与他相关的各种神和圣人的造象。德庇时还另外探讨了佛塔的"九层"和"七

---

[1] John Francis Davis, *The Chinese: A General Description of the Empire of China and Its Inhabitant*, Vol. Ⅱ, London: Charles Knight & Co., 22, Ludgate Street, 1836, p. 75.

[2] John Francis Davis, *The Chinese: A General Description of the Empire of China and Its Inhabitants*, Vol. Ⅱ, London: Charles Knight & Co., 22, Ludgate Street, 1836, p. 81.

[3] John Francis Davis, *The Chinese: A General Description of the Empire of China and Its Inhabitant*, Vol. Ⅱ, London: Charles Knight & Co., 22, Ludgate Street, 1836, pp. 85-87.

层"的含义与佛经的翻译。[1]

但德庇时对佛教的整体评价不高，他认为"佛教徒在中国形成了一个从事乞讨的社团，他们像罗马教会里的僧侣一样四处乞讨，为自己的团体寻求施舍。"[2]德庇时还观察到，中国清政府对佛教的态度有所区别，他通过对比法国传教士张诚（Pere Gerbillon）的观察记录发现，在长城之内政府对佛教高僧的态度是"冷漠，甚至是反感的"，而对长城之外的藏传佛教的喇嘛的态度却相对尊重。[3]德庇时认为其原因是：

> 佛教对于野蛮无知的鞑靼游牧民族来说是一种足够好的信仰，但它并不太适合相对开明和理智的中国人；在中国人看来，与佛教相比，孔子的理性体系（尽管有其缺点和缺陷）必须永远保持最高地位，即使在本土宗教是佛教的鞑靼王朝统治下也是如此。

德庇时还提到儒家特别反对佛教的教义，因为儒家认为佛教"使人们消极对待人生，不去承担生活的责任，因为他们将自己的推测完全固定在另一种生存状态上，从而导致一些狂信者为了预测未来而自缢或自尽。佛教徒有时被指责使用迷信的艺术来引诱女性。"[4]德庇时自己也认为佛教的教义存在问题，他评论道："佛教的完全抽象或安静的概念似乎旨在摆脱一切激情，甚至思想本身，不再受到任何人类欲望的驱使，造成了一种精

---

[1] John Francis Davis, *The Chinese: A General Description of the Empire of China and Its Inhabitant*, Vol. II, London: Charles Knight & Co., 22, Ludgate Street, 1836, pp. 87–88.

[2] John Francis Davis, *The Chinese: A General Description of the Empire of China and Its Inhabitant*, Vol. II, London: Charles Knight & Co., 22, Ludgate Street, 1836, p. 81.

[3] John Francis Davis, *The Chinese: A General Description of the Empire of China and Its Inhabitant*, Vol. II, London: Charles Knight & Co., 22, Ludgate Street, 1836, pp. 88–89.

[4] John Francis Davis, *The Chinese: A General Description of the Empire of China and Its Inhabitant*, Vol. II, London: Charles Knight & Co., 22, Ludgate Street, 1836, p. 89.

354

神上的毁灭。"[1]对于佛教中的因果报应和修来世的说法，德庇时认为佛教徒的错误类似于罗马天主教，"他们向天堂记账，要求在幸福中获得平衡，或通过自己的痛苦和忏悔来支付，就像欧洲的罗马天主教徒一样。……这种向天堂记账的方法是一种愚蠢而危险的道德体系，就像罗马教会的苦修和赎罪一样。"[2]德庇时还通过日常观察发现"佛教在中国的现状远非繁荣，他们在古代建立的庞大而宏伟的机构显然处于破败和衰败的状态。虽然几乎每一处景观中都会出现一两座这样引人注目、优雅的建筑，但很少能够见到他们的九层或七层宝塔中的任何一座能得到良好的维护"[3]。

　　德庇时引用了德国传教士郭实腊（Charles Gutzlaff）的观点比较了中国佛教和罗马天主教宗教仪式的相似之处，郭实腊认为佛教的僧人用念珠祈祷，为生者和死者唱弥撒，生活在独身状态，剃光头和斋戒的这些同罗马天主教宗教仪式的相似"也许可以解释为人类容易陷入的错误的巧合"，但是佛教崇拜"天后"（也叫做"圣母"）一定是"从外国传统中吸取的信条"，郭实腊猜测可能是"一些堕落的景教基督徒将他们的信仰和仪式与中国流行的错误融合在一起"导致的上述相似。[4]

　　德庇时认为马礼逊和米怜（William Milne）创办的《印中搜闻》（The Indo-Chinese Gleaner, 1817—1822）杂志中的记载可以印证郭实腊的猜测。米怜曾经发表过一篇介绍中国神话史（A Complete History of Gods and Genii）的文章，文章中提到中国人在讲述自己的神话时居然把耶稣基督也列为中国众神之一。如此看来，"中国人从天主教徒那里得到了圣母信仰，

〔1〕John Francis Davis, *The Chinese: A General Description of the Empire of China and Its Inhabitant*, Vol. Ⅱ, London: Charles Knight & Co., 22, Ludgate Street, 1836, p. 90.

〔2〕John Francis Davis, *The Chinese: A General Description of the Empire of China and Its Inhabitants*, Vol. Ⅱ, London: Charles Knight & Co., 22, Ludgate Street, 1836, pp. 90−91.

〔3〕John Francis Davis, *The Chinese: A General Description of the Empire of China and Its Inhabitant*, Vol. Ⅱ, London: Charles Knight & Co., 22, Ludgate Street, 1836, p. 94.

〔4〕John Francis Davis, *The Chinese: A General Description of the Empire of China and Its Inhabitant*, Vol. Ⅱ, London: Charles Knight & Co., 22, Ludgate Street, 1836, pp. 95−96.

这一点从圣母玛利亚身上的称谓，以及她身上的美德和权力似乎都得到了无可争议的证明。"[1]德庇时接着还提到了佛教的天堂和地狱观念，他认为佛教的天堂包括大多数虚假宗教的创始人向他们的信徒承诺的那些感官放纵的环境，寺庙中的地狱图像会让欧洲人误认为是中国真实的刑事处罚，这导致了对该国刑法的残酷性的毫无根据的看法。而佛教地狱是一种试炼或检验，试炼结束后，越善良的人就越能登上天堂；平庸的人以返回人间，享受财富和荣誉；而恶人则在地狱中受到折磨，或变成各种动物。[2]

德庇时还参考英国学者布莱恩·霍顿·霍奇森（Brian Houghton Hodgson）在《英国皇家亚洲协会会报》上发表的《佛教概述，源自尼泊尔的佛经》（Sketch of Buddhism, derived from the Bauddha Scriptures of Nipál）一文[3]，对佛教的某些特点进行了总结：

> 行善和拜佛的主要动机是希望获得对神性的吸收，并从轮回中解脱出来。在最高阶层的信徒和佛之间没有区别，因为他们最终会成为佛。那些出于对地狱的恐惧而行善的人，也位于罪人之上，他们的痛苦将会减轻；但他们将被迫经历几次轮回，在这个世界上忍受痛苦和快乐，直到他们获得解脱。[4]

德庇时对佛教的看法受到了张诚、郭实腊、米怜和霍奇森等人论述的影响较大，他还另外结合自己在中国日常观察到的佛教相关情况进行了一

[1] John Francis Davis, *The Chinese: A General Description of the Empire of China and Its Inhabitant*, Vol. II, London: Charles Knight & Co., 22, Ludgate Street, 1836, p. 96.

[2] John Francis Davis, *The Chinese: A General Description of the Empire of China and Its Inhabitant*, Vol. II, London: Charles Knight & Co., 22, Ludgate Street, 1836, pp. 104-105.

[3] Brian Houghton Hodgson, "Sketch of Buddhism, Derived from the Bauddha Scriptures of Nipál", *Transactions of the Royal Asiatic Society of Great Britain and Ireland*, Vol. 2, Issue 1, 1830, pp. 222-257.

[4] John Francis Davis, *The Chinese: A General Description of the Empire of China and Its Inhabitants*, Vol. II, London: Charles Knight & Co., 22, Ludgate Street, 1836, pp. 106-107.

定的推论。但总体上来说，德庇时个人对佛教的认识并不如儒家那么深入，对于佛教的评价也相对较为负面。

三、道教

在德庇时看来，道教（Taou Sect）是中国土生土长的宗教，老君（Laou-keun）是其创始人，"几乎与孔子同时代出现"[1]。道教的主要经典是《道德经》（*Taou-te-king*）[2]。德庇时评价道教的教义（老子的思想）为：

> 他似乎在教义中灌输了对财富和荣誉的蔑视，以及同所有世俗者的区别，并像伊比鸠鲁（Epicurus，古希腊杰出的唯物主义和无神论者）一样，旨在征服一切可能干扰个人安宁和自我享受的激情。

德庇时还认为道家致力于"发明长生不老药，从而最终成为类似于炼金术士的一群人。他们在中国历史的不同时期，时而受到青睐，时而受到迫害，但似乎在宋朝最为兴盛，在公元 10 世纪以后的时期，各种思辨的观点和伪学问都非常为流行。"[3]

德庇时对道教的总体评价趋于负面，他认为"事实上，这个教派目前似乎已经从最初创始人的性格和信条中堕落了很多，许多穿着道士（Taou-sze）服装的人目前比骗子和杂耍者好不了多少，据称他们还同恶魔有联

---

〔1〕John Francis Davis, *The Chinese: A General Description of the Empire of China and Its Inhabitants*, Vol. Ⅱ, London: Charles Knight & Co., 22, Ludgate Street, 1836, p. 114.

〔2〕John Francis Davis, *The Chinese: A General Description of the Empire of China and Its Inhabitants*, Vol. Ⅱ, London: Charles Knight & Co., 22, Ludgate Street, 1836, p. 116.

〔3〕John Francis Davis, *The Chinese: A General Description of the Empire of China and Its Inhabitant*, Vol. Ⅱ, London: Charles Knight & Co., 22, Ludgate Street, 1836, p. 114.

系。"而且道教还被他称为"中国最不受欢迎的教派，其迷信现在只吸引了少数最无知的人"[1]。德庇时还引用了他翻译的《三国演义》（即本书第四章笔者介绍的《三国志节选译文》）中黄巾起义军使用"妖法"和刘关张战斗的相关内容来证明道教"迷信的幼稚性"（the puerile nature of the superstitions）[2]。

德庇时认为孔子在著作中对老子"毫无敬意"，称其为"一位无知的好人"。[3]这样的论述不知出处，同我们日常读到的孔子对老子的"犹龙之叹"[4][5]有很大的差别，而对道家的批评则多见于后世儒家（如朱熹），这里有很大可能是德庇时把后人的言论安在了孔子身上。德庇时根据他阅读的文献把老子描述为一个"以其谦逊、正直、生活简朴、免于忧虑和激情而闻名的隐士"。他"教导和实践了一种示弱式的无为和对世界本身及外界关注的忽视，既不爱名声，也不爱享乐，更不爱经商"[6]。德庇时认为老子的后辈门人把他的名字作为道教体系的基础，称其为"元始天尊"（the original ancestor, or founder, honoured of Heaven），"流行书籍中对他的描述是，他是某个高人一等的化身，而他的本体在任何时代都不会以人的形象出现在人世间。书中还讲述了他从神话般的远古时代到6世纪晚期所有的7个时期出现的各种名字。"[7]德庇时在这里的解释其实有误，混淆

〔1〕John Francis Davis, *The Chinese: A General Description of the Empire of China and Its Inhabitants*, Vol. II, London: Charles Knight & Co., 22, Ludgate Street, 1836, p. 116.

〔2〕John Francis Davis, *The Chinese: A General Description of the Empire of China and Its Inhabitant*, Vol. II, London: Charles Knight & Co., 22, Ludgate Street, 1836, pp. 116-118.

〔3〕John Francis Davis, *The Chinese: A General Description of the Empire of China and Its Inhabitant*, Vol. II, London: Charles Knight & Co., 22, Ludgate Street, 1836, p. 115.

〔4〕（汉）司马迁：《史记》（第七册），中华书局，1964年，第2140页。

〔5〕（清）郭庆藩辑：《庄子集释》（第二册），中华书局，1961年，第525页。

〔6〕John Francis Davis, *The Chinese: A General Description of the Empire of China and Its Inhabitants*, Vol. II, London: Charles Knight & Co., 22, Ludgate Street, 1836, p. 115.

〔7〕John Francis Davis, *The Chinese: A General Description of the Empire of China and Its Inhabitant*, Vol. II, London: Charles Knight & Co., 22, Ludgate Street, 1836, p. 114.

了"三清"中的"玉清元始天尊"和"太清道德天尊"（太上老君）的名称，在下文中他还认为"三清"（the Three pure ones）是道教的"三位一体"（Triad），同样是一种带有基督教意味的以西释中。[1]德庇时认为道教依靠炼丹术追求长生，妄称拥有"魔法科学"，还影响到了中国的封建统治者，在唐朝甚至获得了"天师"（Tien-sze）的称号，当时的皇帝甚至为老子建了一座宏伟的庙，庙里供奉着老子的像。据称该教派的领袖在江西省（Keang-sy）在德庇时同时代仍有"很大的机构，那里有许多人从各地涌来，以获得治疗疾病的方法，或了解他们的命运"[2]。另外，德庇时还借用法国耶稣会传教士殷弘绪的翻译的《庄子休鼓盆成大道》来介绍了老子"四个主要弟子中的首席弟子"庄子（Chuang-tsze）。[3]

在对于"道"的理解方面，德庇时先以"理性"（reason）来简单解释"道"（Taou）的含义，并把道士译为"理性博士"（doctors of reason），认为"道士"似乎同西方人使用的古代术语"哲学家"（philosopher）有非常相似的词源。而后他赞同"道是万物的原始来源和第一产生原因"（the original source and first productive cause of all things）的看法，认为其与西方的逻各斯（Logos）不同，道可以称为"神的第一次显灵"（the first emanation from the Deity）而不是"第一推动力"（the first cause）。[4]德庇时在此处其实在有意识地比较"道"与"逻各斯"的定义，他的目的在于把中国道教的哲学术语同西方基督教的神学概念进行明确区分，也即是说，"道"不等于"第一推动力"，同"上帝"在西方

〔1〕John Francis Davis, *The Chinese: A General Description of the Empire of China and Its Inhabitant*, Vol. Ⅱ, London: Charles Knight & Co., 22, Ludgate Street, 1836, pp. 115–116.

〔2〕John Francis Davis, *The Chinese: A General Description of the Empire of China and Its Inhabitants*, Vol. Ⅱ, London: Charles Knight & Co., 22, Ludgate Street, 1836, p. 116.

〔3〕John Francis Davis, *The Chinese: A General Description of the Empire of China and Its Inhabitant*, Vol. Ⅱ, London: Charles Knight & Co., 22, Ludgate Street, 1836, pp. 119–135.

〔4〕John Francis Davis, *The Chinese: A General Description of the Empire of China and Its Inhabitant*, Vol. Ⅱ, London: Charles Knight & Co., 22, Ludgate Street, 1836, p. 119.

神学中所起的作用是没有联系的。

四、迷信习俗

德庇时还相对独立地描述了中国人的"迷信习俗"（Superstitious Practices）相关仪式——"咒语和护身符"（Spells and Talismans）。他认为"无论是否与已论述的三个教派或信仰中的某一个有特殊关系"，中国人的迷信习俗和仪式都是值得研究的。

在德庇时眼中，中国的迷信者都是宿命论者，或是不可避免的命运的信徒。[1]德庇时认为广州时常发生火灾的原因除了中国人不注意防火、有人故意纵火以外，还有很大一部分是"宿命论者的愚蠢信念"导致的，他们使防火的努力陷入瘫痪，并抹除了人们的谨慎。[2]德庇时接着复述了一位书生靠着做好事积累功德改变命运，考取状元、延续香火、当上大官并延续寿元的故事，德庇时认为这个故事表达了中国人如何"奠定自己的命运基础"的观念，"这个故事的写作似乎是为了对抗人们对永恒命运法则的普遍信仰，降低算命者的信誉。"[3]

德庇时把中国人挂在房子里或戴在人身上的符咒、护身符和幸运符看作中国人"普遍倾向于迷信"的表现。[4]他首先以"金钱剑"（money swords）为例讲解了其迷信用途和意义，又以1817年发生在广州的一个官员妻子杀死两名婢女后发疯的案件引出了中国人的对"鬼"的看法，而后

〔1〕John Francis Davis, *The Chinese: A General Description of the Empire of China and Its Inhabitant*, Vol. II, London: Charles Knight & Co., 22, Ludgate Street, 1836, p. 135.

〔2〕John Francis Davis, *The Chinese: A General Description of the Empire of China and Its Inhabitant*, Vol. II, London: Charles Knight & Co., 22, Ludgate Street, 1836, pp. 135-136.

〔3〕John Francis Davis, *The Chinese: A General Description of the Empire of China and Its Inhabitants*, Vol. II, London: Charles Knight & Co., 22, Ludgate Street, 1836, pp. 136-138.

〔4〕John Francis Davis, *The Chinese: A General Description of the Empire of China and Its Inhabitant*, Vol. II, London: Charles Knight & Co., 22, Ludgate Street, 1836, pp. 138-139.

360

又提到了小孩带"长命锁"（hundred families' lock）和麒麟（Kylin）像、
端午悬艾叶菖蒲、新年挂桃符（peach charm），还有八卦、葫芦等物品的
意义，还提到了中国人把长寿之人视为祥瑞的习俗。[1]

德庇时还观察到：

> 中国人使用的符咒由各种神秘的字符或单词组成，其中通
> 常包含占星术的内容，其中有伏羲八卦图（the eight diagrams of
> Fo-hy）、二十八星宿图（the twenty-eight lunar mansions）、五行
> 图（the five planets）等。这些符咒有的是关于人的，有的是贴在
> 房间的墙上。[2]

德庇时引用马儒翰（John Robert Morrison）的说法，"中国人把写在
叶子上的符咒浸泡在液体中，或是写在纸上的符咒烧掉，然后把灰烬放到
水里让病人喝下用来治病"。德庇时认为这样的做法"这并不比我们西方
人古老的治疗方法中的使用的金油（*aurum potabile*）更糟糕"，而中国人
把蝙蝠看作好兆头的观念同罗马人从鸡的啄食中了解命运的秘密的看法是
相似的，都是一种动物信仰。德庇时还根据自身出使的经历指出中国人把
乌鸦视为不吉利的鸟，但是对一种白颈鸦有很高的敬意。他认为这种程度
的迷信是事出有因，可以理解的。[3]

德庇时把"风水"（foong-shuey）看作"中国迷信中最奇怪、最难以
解释的"部分：

---

[1] John Francis Davis, *The Chinese: A General Description of the Empire of China and Its Inhabitant*, Vol. II, London: Charles Knight & Co., 22, Ludgate Street, 1836, pp.139-142.

[2] John Francis Davis, *The Chinese: A General Description of the Empire of China and Its Inhabitant*, Vol. II, London: Charles Knight & Co., 22, Ludgate Street, 1836, pp.142-143.

[3] John Francis Davis, *The Chinese: A General Description of the Empire of China and Its Inhabitant*, Vol. II, London: Charles Knight & Co., 22, Ludgate Street, 1836, pp.143-144.

一种地相术（geomancy），或是一种相信运气的好坏与特定地点的情况或方向有关的迷信……在建造房屋或选择埋葬地点之前，有必要咨询某些风水师，以付给他们足够的费用为代价，严肃地着手调查相关情况。在频繁地巡视和检查地势，甚至要考察到几个月之后，风水师将确定某个特定的地点。吉穴位置被认为对整个家庭的命运有一定的影响；如果花了那么多钱和麻烦去请那些自称专家却是骗子的人，那带来的不是好运气，而是坏运气。当然，中国人认为这不是因为风水无效。

德庇时认为"风水"一词基本可以用"运气"（luck）来解释，尤其是旅行中的运气，因为"在中国几乎所有的长途旅行都是由水来完成的，'顺风顺水'（good wind and water），或者换句话说，在不同的环境和条件下，旅途中的好运都在某种程度上意味着好运。"[1]德庇时还提到了1821年一个葡萄牙人在澳门修建宝塔和亭子以希望"繁荣和财富"的事件，说明了中国人的风水观念甚至影响到了一小部分欧洲人。德庇时最后还描述了中国一种类似于掷骰子的占卜方式，"它们是成对投掷的，根据展现的方式，通过查阅挂在寺庙里的密卷中提供的解释，对任何未来事件做出判断。然而，如果掷骰子的人碰巧运气不好，他们不介意再次尝试，直到答案令人满意。"[2]

从总体上看，德庇时对中国宗教的认识有两个来源：出自欧洲人之手的已有相关记录，自己在中国的观察和理解。前者在德庇时的评说中其实

---

[1]John Francis Davis, *The Chinese: A General Description of the Empire of China and Its Inhabitants*, Vol. Ⅱ, London: Charles Knight & Co., 22, Ludgate Street, 1836, pp. 144–145.

[2] John Francis Davis, *The Chinese: A General Description of the Empire of China and Its Inhabitant*, Vol. Ⅱ, London: Charles Knight & Co., 22, Ludgate Street, 1836, p. 146.

占据着相当大的篇幅，代表作当时欧洲人对中国宗教通约性的认识；而后者虽不够深入，但来源于德庇时自己的思考。从中也可以观察出德庇时对儒家思想相对熟悉、接受较多，认为其并非宗教；而对佛教和道教则以批评为主，归为迷信。

当然，德庇时对彼时中国的整体认识并不仅限于政治、社会和宗教这三个方面。在《中国人》及他的其他作品之中，德庇时还对中国的语言文学、艺术发明、科技、物产、农业、商业等方面进行了超越前人的、比较全面的论述。这使他的作品在 19 世纪很长的一段时间内都是西方人了解中国的必读书。

结　语

　　德庇时一生致力于研究中国文学、传播中国文化，留下了 14 部著作（同中国相关的有 13 部，其中译作 6 部、文论 2 部、中英词典 1 部、中国总论 1 部、中国游记 1 部、政论文 1 部、论文集 1 部），论文 18 篇，另有政府和商业报告若干篇，对这些数字的统计还不包括散落在一些报刊杂志上因署名不清等原因未曾统计的文章。其研究涉及语言、文学、书法、政治、社会、宗教、哲学、地理、历史、风俗等方面，且在诸多方面都有开创之功。笔者以德庇时的上述著述为基础，结合时代语境、家学渊源、学缘背景、历史事件等重要因素，先概述德庇时在大时代中跌宕起伏的人生经历，再结合学术史、翻译史、文学史和文化交流史等维度，力图客观评价德庇时著述的学术贡献、影响和价值。尤其是结合 19 世纪初英国汉学逐渐脱胎于东方学，并且同其他欧洲国家（尤其是法国）汉学研究竞争的客观历史，描述德庇时如何在这样的历史背景中在学术上成长为一位具有影响力的汉学家，以自己的努力参与了 19 世纪英国汉学的成长，并以"德庇时汉语奖学金"助力牛津大学汉学讲席的设立，帮助和促进英国专业汉学的建立的过程。

　　在历史上，英国汉学长期处于接受其他欧洲国家"二手信息"的境地。在 18 世纪末英国因商业利益和国际政治的考虑希望同中国建立外交关系，派遣马戛尔尼使团出使中国之际，全英国竟找不到一个通晓汉语的人，无奈之下只得请两个华人出身的天主教牧师充任使团翻译。德庇时在 1822

364

年出版的《中国小说选》的前言《论中国语言和文学》中描述了这一延
续到当时的情况，"与我国同胞在各类知识中取得的普遍进步相比，他们
在有关中华帝国及其文学的方面的认识是微不足道的"，他还以"不可置
信的漠视"（singular listlessness）来形容和概括这种状况。[1]但是，正如
德庇时所言，"英国人往往不会浪费时间和精力去研究那些毫无用处的东
西，但是一旦他们下定决心去研究，其进展速度通常是神速的"[2]。当英国
的"有识之士"在商业利益、政治外交、文化交流、传教需求等因素的驱
动下来到中国并意识到研究中国的紧迫性之后，这些传教士、外交官、商
人等出身的学者摇身变成了积极的中国研究者。除了对中国语言文学的研
究之外，他们更注重实地研究中国文化的细节、中国人的日常生活和风俗
习惯、中国的宗教和历史等方面，使英国汉学在整个欧洲汉学中的学术影
响力后来居上。阙维民认为"十九世纪的英国汉学研究队伍，已经成为左
右西方汉学研究的主导力量之一"[3]。而传主德庇时正是19世纪英国汉学
研究队伍中的佼佼者之一，他同理雅各与翟理斯合称为19世纪英国汉学的
三大星座。[4]

　　德庇时的父亲塞缪尔·戴维斯曾学习梵语和北印度语，在亦师亦友的
著名东方学家威廉·琼斯的引导下在印度天文学的研究领域中占有一席之
地，并当选英国皇家学会会员。德庇时继承了父亲学习东方语言的天赋，
在汉语学习和中国研究方面有所建树，亦是获得了英国皇家学会会员的资
格，并延续了父辈的东方学研究传统。虽限于文献的缺失，尚不能证明威
廉·琼斯留下的著述在德庇时汉语学习亦或中国研究方面的直接影响，但

〔1〕John Francis Davis, *Chinese Novels, Translated from the Originals*, London: John Murray, Albemarle Street, 1822, p. 2.

〔2〕John Francis Davis, *Chinese Miscellanies: A Collection of Essays and Notes*, London: John Murray, Albemarle Street, 1865, p. 50.

〔3〕阙维民：《剑桥汉学的形成和发展》，《汉学研究通讯》（台北），2002年第21卷第1期。

〔4〕葛桂录：《中外文学交流史·中国-英国卷》，山东教育出版社，2015年，第49页。

可以想象日常的家庭教育，以及父亲对好友的追忆和精心保留下来的通信自然会给德庇时带来某种学术上的启蒙。塞缪尔·戴维斯在英国受到了良好的古典学和数学教育，而德庇时就读的赫特福德东印度学院是著名的黑利伯瑞公学的前身之一，学院的课程安排也具有浓厚的古典色彩，古典文学与一般文学、历史学、数学与自然哲学是其中的必修科目。这些科目的训练不但使德庇时具备了成为一位合格的英国东印度公司职员的素质，还影响了他对文学艺术的欣赏品味。从某种程度上说，德庇时在翻译和研究中国文学时所展现出的对古典品味的喜好，同他所受古典主义的学院教育是分不开的。

德庇时选择前往中国工作的原因是父亲的安排，还是学院的分配、传主本人的要求，亦或是其他缘由尚不得而知。但在中西文明碰撞交流的时代大潮之中，德庇时称得上是一个幸运儿。他先是成为了《华英字典》的编撰者、东印度公司广州商馆译员马礼逊的学生，跟随他打下了良好的汉语学习基础，而后是有幸参加了阿美士德勋爵使团觐见嘉庆皇帝的外交活动，得以实地接触中国社会，饱览中国内陆的风土人情，获得了远超前人的实际认识。另外，德庇时以自己的才能获得了使团成员的认可为他日后的发展积累了人脉，特别是同乔治·托马斯·斯当东爵士建立的友谊，成为他日后仕途上最重要的助力。德庇时日后得以成为英国驻华商务总监乃至港督，除了他出类拔萃的中国知识之外，还离不开上述因素的作用。而成为英国驻华商务总监和港督的经历虽然显露出德庇时在政治上的不成熟，但却带给了他总览中英交往各项事务的宝贵视角，使他得以在同时代人少有的高度上思考和认知中国社会和中国文化，进而促使他成为当时不可多得的中国问题专家。

德庇时的职业生涯虽然大起大落，但他始终坚持汉学研究。每次当他仕途受挫，从中国返回英国之后，总是出现一段创作的高产期。不可否认的是，德庇时本身乃至 19 世纪初期至中期的整个英国汉学研究都带有鲜明的功利主义色彩，这种同商业和政治利益纠缠的研究动机遵循的是认识中国、理解中国、推进英中两国的交往以谋求更好地开拓中国市场、获取东方利益的逻辑，其后存在着英国同其他欧洲国家的竞争背景。从早期通过小说翻译"了解中国"，理解中国社会习俗，到晚期在《中国：交战时期及和平以来》中梳理中方在鸦片战争中的官方态度、鼓吹英美合作获取东方利益，德庇时的研究自始至终其实都围绕着这一逻辑或指导思想展开。这种思想影响着德庇时的研究对象、方法和目的，无论他选择翻译清政府的邸报、谕令，还是"突然"去研究中缅边界的历史划分和舟山的地理历史，甚至是编辑具有很强的实用性的商业词典《中国词汇》，都是为了服务英国商业、政治或外交的需要。

　　在大量的文学翻译中，德庇时追求的是西方读者的通俗易懂，故在行文和注释中避免艰深，常常以西方经典对释中国掌故，偏爱选择表现中国人日常生活状态或文化习俗的文本，进而争取更多的英国人关注和理解中国社会。而另一方面，德庇时也希望通过研究成果的发表和展示吸引英国年轻人加入到学习中文和研究中国的行列中来（即他文中常提到的"汉语学生"），他对汉字书写、部首分类的研究和《三国志节选译文》的发表，以及更重要的《汉文诗解》的写作都带有此方面的考量。但德庇时在其中国古典文学的研究和翻译之中仍有审美价值的追求，他希望在翻译中表现中国文学的古典美，使用西方古典文学的概念范畴理解中国文学，并"以西释中"，在中国文学中寻找同西方古典文学典故、意象和审美范畴相通之处，具有早期中西文学比较的研究趋向。他在《中国小说选》中分别在《合影楼》《夺锦楼》《三与楼》的每一个标题页之中引用奥维德、贺拉斯和约翰逊的作品做题记，把《老生儿》称为喜剧、《汉宫秋》视为悲剧，对《三国演义》对真实艺术风格的赞扬，在《汉文诗解》的题记中以贺拉斯翻译改写古希腊诗人作品的先例比拟自己仿效中国诗歌的形式译介中国诗歌作品的用意，都明晰地展现了德庇时的新古典主义的审美追求。这种审美意趣不但是当时英国公学教育的有意识引导，还迎合了英国上流社会的古雅喜好。德庇时在译著中的有意展示体现了作者意识和英国上流精英文化的合流，这一方面是他对目标读者的阅读喜好的顺应，另一方面更是他希冀通过个人奋斗完成阶层跨越的主观选择。

德庇时被后人誉为"英国汉学的开创者之一"[1]，他的研究创造了国际汉学史上的数个第一：德庇时是英国汉学家中最早一批把目光投向儒家典籍之外的"纯文学"作品的翻译者，尤其注重小说、戏剧等体裁。他是西方第一个翻译李渔小说《三与楼》、《合影楼》和《夺锦楼》的学者，其中《三与楼》（1815）是已知英国人直接翻译出版的首部中国小说。德庇时的《老生儿》译本（1817）是继马若瑟法译本《赵氏孤儿》以来传播到西方的第二部中国戏剧，也是第一部直接从中文译为英文的中国古典戏剧。德庇时还最早翻译了《红楼梦》第三回中的两首《西江月》（1829）。其《三国志节选译文》（1834）是以中英文合璧的方式翻译和排印《三国演义》的首次尝试。在汉字研究方面，德庇时的《中国词汇》（1824）是已知第一部中英商务词汇手册。而《论汉字书写艺术》（1825）一文是研究汉字书写规则和介绍中国书法（楷书）的开创之作。更为重要的是，德庇时的《汉文诗解》（1829）可以称得上西方汉学界全面系统研究、介绍中国诗歌的划时代作品，而《中国人：中华帝国及其居民概述》（1836）是继杜赫德编纂《中华帝国全志》（1735）之后西方另一部全面介绍中国的巨著。

以现在的眼光来衡量，德庇时的著述自然存有局限性，甚至在个别地方有一些常识性的问题和失误。但在当时的历史环境中，德庇时的诸多汉学研究成果已是难能可贵，他的贡献也是学界公认的。《泰晤士报》称"没有人如德庇时一样，能在旧中国这个主题上写得更令人愉快或具有同

---

〔1〕胡优静：《英国19世纪的汉学史研究》，学苑出版社，2009年，第14页。

368

等权威"[1]。伦敦《学院周刊》认为"德庇时一直活跃在通过训诫和榜样推动中国人的语言、生活和风俗的研究中"[2]。美国历史学家、国际汉学泰斗·费正清教授在《剑桥中国史》中更是称德庇时为"（英国）第一位汉学权威"[3]。德庇时的著作亦引发了晚清中国学者的关注，林则徐就曾派人把《中国人：中华帝国及其居民的概况》的部分内容选译入《华事夷言》。[4] 辜鸿铭先生虽认为德庇时对中国的认识并不高明，但他也不得不承认——"我们应该看到大多数英国人关于对中国的了解，还是来源于德庇时爵士的书本"[5]。作为"19 世纪向英国读者引介中国文学成果卓著的硕儒大家"[6]，德庇时在中外文化交流史上的贡献不容忽视，其汉学著述亦值得后人更深入地挖掘与研究。

〔1〕"Obituary", *Trübner's American, European, and Oriental Literary Record*, Third series, Vol. 2, No. 251, London: Clarendon Press, 1891, pp. 85–86.

〔2〕"Obituary: Sir John Francis Davis, Bart", *The Academy, A Weekly Review of Literature, Science, and Art*, Vol. 38, No. 968, London: Publishing Office；27, Chancery Lane, 1890, p. 476.

〔3〕John K. Fairbank, ed., *The Cambridge History of China, Vol. 10: Late Ch'ing, 1800—1911*, Part 1, Cambridge: Cambridge University Press, 1995, p. 602.

〔4〕葛桂录：《20 世纪中国古代文学在英国的传播与影响》，大象出版社，2017 年，第 58 页。

〔5〕辜鸿铭：《中国人的精神》，北京出版社，2018 年，第 88 页。

〔6〕熊文华：《英国汉学史》，学苑出版社，2007 年，第 36 页。

附　录

附录一　德庇时年谱简编

● **1795 年　出生**

德庇时于 1795 年 7 月 16 日在英国伦敦出生。父亲塞缪尔·戴维斯（Samuel Davis），英国东印度公司董事。母亲亨丽埃塔·布瓦洛（Henrietta Boileau），法国南部朗格多克（Languedoc）地区的贵族家庭出身。戴维斯和布瓦洛在 1794 年结婚，婚后共育有四子七女，德庇时是家中的长子。

● **1796 年　1 岁**

在印度。（按：谱主为西方人，故本谱计算年龄方法依西方习俗。本年德庇时 1 岁。）

● **1799 年　4 岁**

跟随父母在印度贝拿勒斯地区生活，遭遇印度当地土王维齐尔·阿里·汗发动的武装起义。父亲塞缪尔·戴维斯靠一把长矛守卫躲在房顶的妻子和两个孩子，小德庇时因为父亲的英勇幸免于难。此事后来被德庇时写进《维齐尔·阿里·汗，或贝拿勒斯大屠杀，不列颠的一章印度史》（Vizier Ali Khan or The Massacre of Benares, A Chapter in British Indian History, 1844）一书之中。

● **1811 年　16 岁**

就读于位于伦敦以北 19 英里东印度公司赫特福德学院（East-India College, at Hertford），此学院是后来的黑利伯瑞公学（Haileybury and Imperial Service

College）的前身之一，是一所专门为东印度公司培养公职人员的学校。德庇时在本年度（就学的第一学期）的考试中获得了"历史科目优异奖"（Prize of Books of History）。

1813 年 18 岁

赫特福德学院毕业，抵达中国广州。获东印度公司广州商馆（East India Company's Factory at Canton）聘任，职位是初级文员。同时获聘此职位的还有班纳曼和马治平两人，他们同时也是马礼逊在广州商馆开办的商馆职员中文学习班的同学，后来因为中文水平的提高大都获得了职位的提升。

（按：马礼逊，英国人。来华的第一个基督新教传教士，在英国东印度公司任职 25 年，从事中文翻译和中文教学工作。他是杰出的汉学家，第一个把《圣经》全文翻译成中文并出版，还编写出版了中国历史上第一部英汉字典《华英字典》。马礼逊的汉语教学活动为英国培养了一批通晓中文的外交、商务人才，而德庇时便是其中的佼佼者。）

1814 年 19 岁

在马礼逊的教导下，德庇时中文进步神速。商馆决定依照马礼逊的意见暂时免去德庇时的一干俗务，以便他能专心学习语言。德庇时是马礼逊在东印度公司开设的中文班上学习时间最久，也是在汉学研究方面最有成就的学生。德庇时在中文班的学习一直坚持至 1828 年，达 15 年之久。

（按：马礼逊曾在 1813 年末向商馆建议：应选拔两名学生专职学习中文，免除他们分摊商馆的其他业务。马礼逊的建议得到了公司董事会的支持，董事会同意给每个学习中文者每年 100 英镑奖励金，并承诺如果书记员的中文能力提高到可以胜任翻译职位，除正常的薪水，每年另发给 300 英镑奖学金；若升任高级职员再兼任翻译，则另加 500 英镑。这一政策极大激励了商馆书记员学习中文的积极性[1]。）

10 月，德庇时作为随行翻译陪同乔治·托马斯·斯当东爵士（小斯当东）同清政府的广州官员交涉争端。

12 月，德庇时翻译了来自广东省香山县的公文。

---

〔1〕谭树林：《马礼逊广州商馆汉语教学活动述论》，《暨南学报》（哲学社会科学版），2013 年第 10 期。

1815 年　20 岁

德庇时作为工龄 2 年的初级文员，年薪升至 833 元。（按：元，西班牙银元单位，价值在 4 先令 2 便士到 5 先令之间。下文同。）

2 月，德庇时学习汉语的最初成果——《三与楼》（ *San-Yu-Low: Or The Three Dedicated Rooms. A Tale, Translated from the Chinese.* ）在澳门东印度公司印刷所面世。内容来自清代李渔小说集《十二楼》中的白话短篇小说《三与楼》。该译文存在"太固守于汉语的表达习惯"的缺点，译本充满了明显的东方情调，是一部异化色彩极强的译作。

1816 年　21 岁

德庇时作为工龄 3 年的文员，年薪升至 1200 元，约合 300 英镑。

德庇时的《三与楼》译文在伦敦出版的《亚洲杂志》（ *The Asiatic Journal and Monthly Register for British India and Its Dependencies* ）第一辑（1 月至 6 月）上全文连载，编辑在文前序言中认为德庇时的译文表现出了他的"天才和勤奋"，"显然熟悉了中国的语言"。

同年，由阿美士德勋爵率领的英国使团准备到北京谒见嘉庆帝。7 月 10 日，德庇时与乔治·托马斯·斯当东爵士、马礼逊、托马斯·曼宁等 72 人一同登上"发现号"，在广东附近洋面加入使团，被选为中文秘书和翻译，随同前往北京。阿美士德使团因觐见皇帝的礼仪问题再次同清廷发生冲突，导致该使团不久便被遣回。

据乔治·托马斯·斯当东爵士记载，使团成员在访问期间曾经观看了中国官员安排的戏剧表演，但他们对所观看的戏剧评价甚低。德庇时曾表示他推测因为中国官员对外国人的蔑视使他们相信噪音和哑剧更适合他们的欣赏能力，更为高级的智力展演是他们不能理解的。（1821 年 7 月 8 日《星期六杂志》第一卷第十号）

1817 年　22 岁

1 月 1 日，阿美士德使团折返广州，德庇时随之回到东印度公司广东商馆。

1 月，德庇时在伦敦约翰·默里出版社出版译作《老生儿》（ *Laou-Seng-Urh, or, "An Heir in His Old Age." A Chinese Drama.* ），其底本为武汉臣的杂剧《散家财天赐老生儿》，这也是英国学者翻译的第一部中国古典戏剧作品。在译文之前，德庇时附有一篇名为《中国戏剧及其舞台表演简介》（A Brief View of the Chinese Drama）的论文作为序言，这是英国汉学界较早的有关中国戏剧的专论。

1月，《评论季刊》（The Quarterly Review）上发表对于德庇时译作《老生儿》的评论文章。文章洋洋洒洒长达 20 页，从中国戏剧谈到了阿美士德使团在中国的失败。对于译文本身，评论者认为"它真实地反映了中国人的风度和感情，因此这部书是我们关于中国这个非凡的国家的宝贵知识积累"。

1818 年 23 岁

德庇时承担了管理商馆办公室并编撰日志的任务，年薪升至 2083 元。

1月，伦敦出版的《亚洲杂志》刊登了对于德庇时译作《老生儿》的评论，文中肯定了德庇时对中国家庭生活故事的翻译，认为这样的选材可以"传达更明确的中国观念"。还特别详尽地复述了德庇时论中国戏剧的序言，认为德庇时"从欧洲传教士和旅行者那里汇编了太多关于中国戏剧的论述，却忽略了个人的观察和中国作家自身的评论"。

1819 年 24 岁

法国汉学家安东尼·布律吉埃·德·索松姆把德庇时的《三与楼》译本转译为法文，并与《老生儿》一起结集成书，题为《老生儿：中国喜剧；三与楼：道德故事》（Lao-seng-eul, Comedic Chinoise, Suiviede San-iu-leau, oules Trois Etages Consacrees, Conte Moral，1819），由巴黎瑞伊与格拉维亚出版社发行。

同年，英国伦敦出版的《评论季刊》刊载了一篇匿名书评，作者（约翰·巴罗）在评论 1818 年出版的阿裨尔所著《中国旅行记（1816—1817 年）》（Narrative of a Journey in the Interior of China）时，援引了德庇时节译的一段《红楼梦》。内容是介绍王熙凤和贾宝玉的穿着打扮。

1820 年 25 岁

乔治·托马斯·斯当东爵士因为阿美士德使团访华失败受到了反对者的批评，德庇时同威廉·弗雷泽、马礼逊等 16 位在华英国商馆的成员联名写信给乔治·托马斯·斯当东爵士表示支持，肯定他在担任中国使团使节时做出的贡献，称赞其在尴尬难堪的情况下展示了果断又明智的判断力，既维护了英国的荣誉，也保护了商业利益。

1822 年 27 岁

3 月 28 日，德庇时当选为英国皇家学会（Fellow of the Royal Society, F. R. S.）会员。

4 月 9 日，德庇时与埃米莉·韩费雷夫（Emily Humfrays）结婚。埃米莉的父亲理查·韩费雷夫（Richard Humfrays）在印度孟加拉工兵团担任陆军中校，和德庇时的父亲曾在一个部队共事。德庇时与埃米莉共同育有一子六女。

同年，德庇时从李渔的白话短篇小说集《十二楼》中选译了《合影楼》和《夺锦楼》两篇，另外重译了《三与楼》，共同结集为《中国小说选》（*Chinese Novels: Translated from the Originals*；*To Which Are Added Proverbs and Moral Maxims*）在伦敦约翰·默里出版社出版发行。《中国小说选》的内容除了三篇小说的译文以外还包括一篇题为《论中国语言和文学》（Observations on the Language and Literature of China）的前言（按：此处文学指广义的文学概念，类似于文献），以及作为附录的 126 个中国谚语的翻译。此书曾在 1834 年重印。

在前言中，德庇时指出要认识真实的中国文学，必需清除罗马天主教传教士在上面涂上的虚假色彩。"了解中国最有效的手段之一就是从通俗文学（主要是戏剧和小说）中进行翻译"，因为它们是最本地化和民族化的。他还解释了翻译中国谚语的原因："故事集后面是我收集的谚语和道德箴言，它们来自各种不同渠道，笔者根据原创性或其自身意义做了挑选。如果用欧洲的标准来看，总的来说它们不值一提，确实，它们唯一的价值在于它们与中国这个国家的风俗和思维方式密切相关。作为伦理教化它们没有什么新意可言，因为欧洲向中国人寻伦理方面的指导的日子已经早就过去了（假如说这样的日子真的存在过的话）。这些译自遥远国度的文字最令人惊奇的特点在于，不论是箴言本身还是它被表述的方式，都时不时地会与我们自家门口的箴言相似。对于这种相似性，唯一的解释就是世界各地人性的一致，还有全世界人在谈到他们的道德行为的动机和结果时面临的情境都是类似的。"

1823 年 28 岁

德庇时在伦敦约翰·默里出版社出版译作《贤文书》（*Hien Wun Shoo. Chinese Moral Maxims, with a Free and Verbal Translation*；*Affording Examples of the Grammatical Structure of the Language*），这本书是他献给乔治·托马斯·斯当东爵士的。书中收录了来自《明心宝鉴》《增广贤文》等中国书籍的 200 个中国

谚语，是由《中国小说选》附录中的 126 个中国谚语增补而成。《贤文书》的封面上还引用了范立本《明心宝鉴》中的"好语似珠串一一"，以及宋代张绎所做诗歌《书座右》中的尾句"书此当座隅，朝夕视为警"。据此书前言中所言，编译此书的目的是"为学习这门语言的学生提供一些帮助"。德庇时认为"一个人的谈话是他思想的一面镜子，所以一个民族的格言可以被认为是一种媒介，可以相当准确地反映他们的举止和思维方式的存在状态"。所以学习中国人的谚语能更好地理解他们的举止和思维。另外，德庇时还认为这些谚语所表现的"抽象的真理或谬误对欧洲读者来说是无关紧要的，它们只是作为一个国家文学的样本来提供给读者体味"。书中的谚语编排很有特色，每句谚语的展示由四部分构成，中文格言以竖排方式印在页面中间，顶上是整句话的英文翻译，右边以英文逐字译出相对应的汉字，左边为每个汉字的罗马注音。此书在 1910 年和 1920 年重印时，通篇省略了汉字，也省略了这些汉字的逐字翻译，只保留有 6 个相关的专门注释。

德庇时第一个孩子埃米莉（Emily Nowell Beaufort）出生。

11 月 19 日，在英国皇家学会的会议上宣读了德庇时一篇有关"中国历史"的论文。

1824 年　29 岁

6 月 19 日，在英国皇家亚洲学会（Royal Asiatic Society of Great Britain and Ireland）预备成立大会上，德庇时捐献了《贤文书》《东印度公司广东商馆所藏中国书目》等资料。

8 月 11 日，乔治四世为英国皇家亚洲学会颁布皇家特许状，"旨在鼓励和促进与亚洲有关的科学、文学和艺术相关的主题的研究"，德庇时成为皇家亚洲学会会员之一（F. R. A. S.）。

德庇时的著作《中国词汇》（*A Vocabulary, Containing Chinese Words and Phrases Peculiar to Canton and Macao, and to the Trade of Those Places；Together with the Titles and Addresses of All the Officers of Government, Hong Merchants, &c.*）由澳门东印度公司印刷所出版。该书按照英文字母排序法编排，全书共 77 页，包含 904 个词条。每个词条的构成方式如下：第一项是英文单词，第二项是此英文单词的对应汉语词汇，第三项是用罗马拼音标注汉语词汇的发音。个别词条会在第三项之后增加与该词条意义相关的子词条。

1825 年 30 岁

6 月 18 日，德庇时《论汉字书写艺术》（Eugraphia Sinensis; Or, the Art of Writing the Chinese Character with Correctness: Contained in Ninety-Two Rules and Examples. To Which Are Prefixed, Some Observationson the Chinese Writing）一文在英国皇家亚洲学会宣读。

10 月 20 日，德庇时《粤海关对十三行行商的两份谕令》（Two Edicts from the Hoppo of Canton to the Hong Merchants）一文在英国皇家亚洲学会宣读。

德庇时升任东印度公司广州商馆汉文秘书兼进口货代理监督，仍然担任中文翻译的工作，年薪 2083 元。

1826 年 31 岁

1 月 7 日，德庇时《1824 年邸报选译》（Extracts from the Peking Gazette for 1824, Being the Fourth Year of Taou-kwang）一文在英国皇家亚洲学会宣读。

1827 年 32 岁

1 月 1 日，德庇时领取到东印度公司广州商馆发放的汉文学生津贴 417 元。

1 月 13 日，德庇时第二个孩子沙利文·弗朗西斯·戴维斯（Sullivan Francis Davis）出生，为男孩。之后又有两个孩子，分别是亨丽埃塔·安妮·戴维斯（Henrietta Anne Davis）和佛罗伦斯·林德（Florence Lind）。

12 月 26 日，德庇时成为东印度公司广州商馆特选委员会的委员，排名第四。

（按：此时的东印度公司广州商馆特选委员充当英方与中国官府之间交涉管道。这个特选委员会在商业上主要代表东印度公司，同时在英国散商需要就有关问题与中方沟通和交涉时，它也有义务充当英国商人的代表。）

在《英国皇家亚洲协会会报》（Transactions of the Royal Asiatic Society of Great Britain and Ireland）第一卷第一期发表题为《中国大事记》（Memoir（Concerning the Chinese）的文章。其文内容庞杂，提到了中国的语言文字、历史、科技等方面，德庇时日后《中国人：中华帝国及其居民概述》一书的部分观点已经在这里显现出来。

在《英国皇家亚洲协会会报》第一卷第二期发表四篇文章，分别题为：

1.《粤海关对十三行行商的两份谕令》；

2.《邸报选译》；

376

3.《1824 年邸报选译》；

4.《论汉字书写艺术》。附有大量手写汉字的图样。

1828 年　33 岁

5 月 7 日，由英国皇家学会牵头的"东方翻译委员会"（The Oriental Translation Committee）成立，德庇时成为其中的会员。"东方翻译委员会"提出的东方翻译计划得到了包括英国国王乔治四世在内的众多贵族、官员资助，委员会设立"东方翻译基金"（Oriental Translation Fund）用以资助英国的"东方学"相关文献的翻译和出版。

8 月 1 日，东印度公司广州商馆特选委员会重选，德庇时成为委员会以下的大班。本年度德庇时的汉文学生津贴为 100 英镑。

11 月，德庇时前往英国。

1829 年　34 岁

德庇时在伦敦出版了受"东方翻译基金"资助的《好逑传》译本（*The Fortunate Union, A Romance, Translated from the Chinese Original, with Notes and Illustrations, to Which is Added, A Chinese Tragedy*），书后附有马致远所作元杂剧《汉宫秋》的译文。德庇时称《好逑传》为"爱情小说"，把《汉宫秋》归为"悲剧"。

同年，在伦敦出版《汉宫秋》译文单行本（*Hān Koong Tsew, or The Sorrows of Hān: A Chinese Tragedy. Translated from the Original, with Notes*），同样为"东方翻译基金"资助。

在《英国皇家亚洲协会会报》第二卷第一期发表四篇文章，分别题为：

1.《邸报选译》；

2.《缅甸和中国帝国边界的地理考察》；

3.《论西鞑靼》；

4.《论中国诗歌》，这篇文章即后来单独出版的《汉文诗解》一书的主体内容。

5 月 26 日以前，德庇时仍然在英国逗留。因为东印度公司董事会和留任广州商馆大班之间的冲突，他被命令立刻启程返回中国。

11 月 22 日，德庇时再次成为东印度公司广州商馆特选委员会的委员，排名第二。

11 月 28 日，《伦敦文学公报》（ *The London Literary Gazette* ）刊登了德庇时《好逑传》译本的书评文章。

1830 年　35 岁

德庇时获得英国皇家亚洲学会颁发的"皇家亚洲学会奖章"（Royal Asiatic Society Medals），该金质奖章的颁发是为了表彰德庇时受"东方翻译基金"资助而出版《汉宫秋》译本的成功。德庇时是该皇家奖章的第二位获得者。

1831 年　36 岁

12 月 5 日，英国皇家海军"挑战者号"船长弗里曼特尔（Charles H. Fremantle）带来英国印度总督致两广总督的信件，希望亲自递交。东印度公司广州商馆通过行商同总督府沟通。总督府要求信件通过行商转交，如果坚持亲自递交需要遵循下跪叩头的礼节。商馆特选委员会主席马治平对此表示强烈反对。后来双方妥协。12 月 31 日，由弗里曼特尔在天字码头把信件交给了总督派来的督标中军副将，德庇时和商馆众人参加了交接仪式。

1832 年　37 岁

1 月 1 日，广州外国侨民共一百人上下齐聚东印度公司广州商馆庆祝新年，在新年酒会上德庇时和马治平发表了新年致辞，强调了同法国和美国的友谊。

1 月 18 日，马治平因健康问题回国，德庇时成为东印度公司广州商馆特选委员会主席，主理公司的在华贸易业务。

8 月 24 日，马治平之前的委员会主席部楼顿返回中国，代替了德庇时的位置，德庇时成为排名第二的委员。

1833 年　38 岁

8 月，英国议会通过了废止东印度公司对华贸易专利权的《特许状法案》，撤销原有的特别委员会，新设驻华商务总监，并改为向政府负责。

12 月 31 日，英国枢密院公布一道国王的委任令，任命律劳卑男爵为管理英国臣民对华贸易的总监督，部楼顿为第二监督，德庇时为第三监督。但在律劳卑到任前商馆委员会照常履职。

378

1834 年 39 岁

1 月 7 日，部楼顿离华返英，临走前将东印度公司广州商馆特选委员会主席的职位移交德庇时，德庇时成为东印度公司广州商馆的最后一位委员会主席。

6 月 17 日，由于部楼顿在任命到达前已离开中国，因此德庇时升为第二监督，另任罗治臣为第三监督，他们两人都曾在特选委员会中任职。

7 月 15 日，首任驻华商务总监律劳卑男爵抵达澳门。25 日，律劳卑擅闯广州，入住十三行的英商馆。（按：当时清廷规定，除商人和大班，外国政府官员未经许可，一概不准入城。）随后他绕开十三行商人，直接派秘书前往广州城外的两广总督府邸递交委任公函，这封公函没有采用"禀帖"的上下级格式而是用了关系对等的"平行款式"。他的一系列举动引发了两广总督卢坤的不满。卢坤拒绝接受公函，命令他离开广州。律劳卑因为不通中国实地情况妄自行动，引发中英贸易中断，后来又导致武装冲突。他在同年 10 月 11 日病逝于澳门，驻华商务总监一职遂由德庇时接替。

10 月 28 日，德庇时给律劳卑的好友，时任英国外交大臣的巴麦尊写了一封信，依据他获得的一份广东地方上报北京的报告描述了中方在律劳卑事件引发武装冲突之中的反应。

出版《汉文诗解》（ *Poeseos Sinensis Commentarii. On the Poetry of the Chinese, to Which Are Added, Translations & Detached Pieces* ）一书。该书由两部分构成：第一部分提出了作诗需要注意的一些规则：声音的性质与韵律组成；语调根据规则变化；诗行的长度；诗行中间的停顿；尾韵的使用；使用对句产生的节奏效果。为形象地说明作诗规则，德庇时列举了大量例句。此外，对中国诗词格言等进行了区别。第二部分讲中国诗的风格、精神意象和情感特征，并比照欧洲的分类方法对中国诗进行分类。另外，文章中所选诗歌从《诗经》开起，至乾隆时代为止。《汉文诗解》是英国汉学史上第一部尝试全面系统地译介中国古典诗歌的专著，在欧洲流传甚广，影响颇大。

1835 年 40 岁

1 月 2 日，德庇时写信给巴麦尊，认为应该避免同清政府决裂。

1 月 19 日，因渣甸和马地臣等"主战派"英国散商对德庇时对华政策的反对和他们联名向英国国王提出的罢免陈情，德庇时宣布辞去驻华商务总监一职，把相关文件和官印交给了罗治臣，再次给巴麦尊写信阐述自己有关"律劳卑事件"的立场。

1月21日，德庇时与家人登上"亚洲"号帆船返回英国。

1836年 41岁

德庇时在伦敦查尔斯·奈特公司出版著作《中国人：中华帝国及其居民 概 述》(*The Chinese: A General of Description of the Empire of China, and Its Inhabitants*)。此书共两卷23章。第一卷共有13章，包括早期中欧交往史、中英关系史、中国地理历史概况、中国的政府与法律、中国人的性格与社会体制、中国的礼仪与风俗习惯。第二卷共10章，包括儒道家学说、中国的语言文学、艺术与发明、科学、自然科学史、物产、农业与统计、商业。除此之外还有对中国诗歌、小说、戏剧以及欧洲关于中国文学的翻译情况的论述。此书是一部有影响力的汉学著作，被多次重印。1840年，查尔斯·奈特公司出版此书增订版，增入1840年以前英中交往史的内容。1844年、1845年该公司再次增订，加入《中国见闻录》的内容，共分四卷。1844年，美国纽约哈珀兄弟公司重印1836年版。1857年伦敦约翰·默里出版社出版新版，书名改为《中国：中华帝国及其居民概述》。

1839年 44岁

德庇时同前英国东印度公司同事（ W. Howitt, Mr. Bruce, Calcutta Courier, Sir Stamford Raffles ）等人联名在《中国丛报》第八卷上发表文章《滥用鸦片：在中国常驻之人对于此事的观点》(Abuse of Opium: Opinions on the Subject Given by One Long Resident in China)。东印度公司此文代表了英国国内反对鸦片走私贸易一方的立场。

1840年 45岁

6月，懿律（George Elliot）带领远征军封锁广州，第一次鸦片战争爆发。此时德庇时在英国。

1841年 46岁

德庇时在伦敦查尔斯·奈特公司出版两卷本著作《中国见闻录：从北京到南京和广州的中国内地之行，以及有关当前战争的观察和思考》(*Sketches of*

380

China, Partly During an Inland Journey of Four Months, Between Peking, Nanking and Canton; with Notices and Observations Relative to The Present War），此书主要记述了德庇时本人随阿美士德使团游历中国的历程，部分内容涉及到了对当时仍在进行的中英战争的评论。

1842 年 45 岁

8 月 29 日，璞鼎查（Sir Henry Pottinger）与清政府代表耆英等人在英舰皋华丽号（*Cornwallis*）上签订《南京条约》，第一次鸦片战争正式结束，香港岛被割让。

1843 年 48 岁

4 月 5 日，璞鼎查成为香港首任总督。璞鼎查在总督任上，没能处理好同驻港英军及英国鸦片商人的关系，倍受孤立。

在璞鼎查将被解职之时，乔治·托马斯·斯当东向阿伯丁勋爵举荐德庇时接替璞鼎查的职务，本年 12 月 25 日，德庇时被任命为驻华全权代表。

1844 年 49 岁

2 月 23 日，德庇时获任香港总督。3 月 1 日，德庇时踏上前往中国的轮船。5 月 7 日，德庇时抵港，接替在同年 5 月 8 日卸任的璞鼎查爵士就职第二任香港总督，并兼任英国驻华公使。

上任后不久，德庇时就见证了香港警队的正式成立，最初的警队编制定为 35 人，而裁判司及警队首长的职位亦正式分家，不再由一人独揽。此外，德庇时亦十分关注教育发展，对宗教团体来港办学表示欢迎，

为方便管治岛上华人，以及让华人有简便的民事诉讼途径，德庇时在 1844 年推行保甲制，指示"十户为甲，十甲为保"，好让旧有地方乡绅继续有权主理地方事务。香港的"保甲制"推行了十多年，至 1861 年才完全废止。

7 月，港英当局陆续公布了《土地登记条例》、《公众沽饮肆及售酒领照营业条例》，以及《售盐鸦片当押业拍卖商业牌照税条例》，征收土地税、牌照税等。

8 月，通过订立《人口登记法例》，对全岛进行殖民地成立以来第一次的人口普查和户口登记，征收人头税。此举导致大批华人搬离香港岛，而随后各界

停工罢市，人头税方才暂缓执行。

德庇时在 8 月 28 日乘坐英国皇家海军舰艇阿金库尔号（Agincourt）出发北上"视察"通商口岸澳门、福州、宁波、上海，10 月 18 日返回香港。

11 月，经过德庇时同英国殖民大臣斯坦利的讨论，香港立法局制定条例，决定向鸦片商贩开征牌照税。

（按：大幅的征税、广州入城的问题，再加上潮湿的天气，使英国的管治陷入很大的困难。有见及此，当时的库政司罗拔更曾一度私自向英国政府建议将香港归还清廷，不过后来他因故辞职，事件才搁置下来。总而言之，德庇时的重税政策招致英商的强烈不满，而不少人更联署去信伦敦作出投诉，结果成为他下台的一大导火线。）

赴港之前，德庇时在伦敦出版《维齐尔·阿里·汗，或贝拿勒斯大屠杀，不列颠的一章印度史》（*Vizier Ali Khan, or The Massacre of Benares, A Chapter in British Indian History*, 1844）一书。

在《语言学会会刊》（*Proceedings of the Philological Society*）第一卷第 5 期上发表《论汉字部首的分类》（On the Classification of the Chinese Roots）一文。

1845 年　50 岁

同年，华民政务司向德庇时建议政府每月津贴 10 元予 8 间中文学塾。德庇时将建议转呈英国政府。

5 月 29 日，德庇时写信给乔治·托马斯·斯当东，感谢其在《香港法例》（Hong Kong Ordinances）问题上给予支持。

7 月 18 日，德庇时受封为从男爵（Baronet, Bt.）。

9 月 13 日，德庇时写信给乔治·托马斯·斯当东，感谢其写信督促罗伯特·皮尔爵士尽快授予他从男爵头衔。9 月 26 日，再次写信表达感谢。

（按：当德庇时在香港颁行的某些法令遭到他人激烈的攻击之时，乔治·托马斯·斯当东在下议院为他辩护，并督促女王陛下的内阁履行诺言，尽快授予其从男爵爵位。）

1846 年　51 岁

4 月，德庇时与耆英签订进入广州城的协议。

（按：自从《南京条约》签订后，英方一直要求清政府履行进入广州城的

382

条款，但却遭时任两广总督耆英以"民情未协"为理由多番推迟。对此，英方曾以不归舟山群岛为威胁。耆英无可奈何与德庇时立下协议，协议中表示，情况许可的话，清廷就会让英人入城；而英方亦应承，只要清廷不将舟山群岛许与外国，英国就会归还群岛，并搁置提出依约进入广州城的要求。）

12月9日，阿伯丁伯爵（Earl of Aberdeen）写信给乔治·托马斯·斯当东，信中夸赞德庇时做事令人满意，他的魄力、判断力和脾气使其印象深刻。得知很多人在诋毁德庇时时，希望官方给予德庇时支持。

1847 年 52 岁

1月19日，英国皇家亚洲学会中国支会（China Branch of the Royal Asiatic Society）正式在香港成立，学会会刊为《皇家亚洲学会中国支会会刊》（*Transactions of the China Branch of the Royal Asiatic Society*, 1847—1859）。由于德庇时在汉学事务上享负盛名，又在筹备成立分会一事上给予热心支持，因此获推举为创会会长。当时的创会会员还包括了孖沙、殖民地副总督德忌笠（George Charles D'Aguilar）少将和汉学家威妥玛（Thomas Francis Wade）等人。

2月15日，德庇时致"皇家亚洲学会中国支会开幕式的开幕词"。

4月，德庇时以有英国公民在佛山被殴为理由，派遣3艘军舰，士兵900人，先后攻占虎门炮台和广州十三行。

8月，委任巡理司、华民政务司和殖民地随军牧师组成教育委员会，负责管理资助事宜和监管受补助的学塾，并对办学团体作出资助。

同年，率领两艘船至越南图伦湾（Turon Bay）同法国殖民当局和安南官员交涉，试图缔结一项商业条约。

1848 年 53 岁

3月18日，德庇时辞任香港总督。

3月21日，德庇时离港返英。

1850 年 55 岁

以奥蒂斯（Outis）之名在伦敦布拉德伯里和埃文斯出版社（Bradbury and Evans）出版刊行《诗与批评》（*Poetry and Criticism*）一书。

1852 年　57 岁

德庇时在伦敦朗曼斯公司（Longman, Brown, Green and Longmans）出版两卷本著作《中国：交战时期及和平以来》（*China: During the War and Since the Peace*），书中从英国人的角度描述了第一次鸦片战争的整个过程，以及战后双方的交涉。

1853 年　58 岁

德庇时在《伦敦皇家地理学会学报》（*The Journal of the Royal Geographic Society of London*）上发表《舟山》（Chusan, with a Survey Map of the Island）一文。

1854 年　59 岁

德庇时获二等巴斯勋章骑士册封（The Knight Commander of the Bath, K. C. B.）。

1855 年　60 岁

德庇时在《皇家园艺学会杂志》（*Journal of the Royal Horticultural Society*）上发表《中国畜牧业和植物学著作分析》（Analysis of a Chinese Work on Husbandry and Botany）一文。

1856 年　61 岁

为英国外交和联邦事务部（Foreign and Commonwealth Office）提交报告《舟山研究》（On Chusan）。

1865 年　70 岁

德庇时在伦敦约翰·默里出版社出版《中国杂记：随笔和评论集》（*Chinese Miscellanies: A Collection of Essays and Notes*）一书。本书收入德庇时的九篇论文，其中第三篇"中国文学在英国的兴起和发展"、第四篇"论汉字部首及其三重用途"和第五篇"中国的戏剧、小说和罗曼司"涉及中国语言文学的研究。

1867 年　72 岁

德庇时再次结婚，妻子是露西·埃伦·洛克（Lucy Ellen Rocke），其父在

384

埃克斯茅（Exmouth）担任牧师。两人育有一名儿子—弗朗西斯·贝利厄·戴维斯（Francis Baileau Davis），在德庇时死后世袭为从男爵。

1870 年　75 岁

德庇时再版《汉文诗解》一书，在伦敦大学国王学院汉学教授苏谋斯（James Summers）的得力监督下，做了一定的修订。

1871 年　76 岁

德庇时在伦敦斯波蒂斯伍德公司（Spottiswoode & Co.）再版《维齐尔·阿里·汗，或贝拿勒斯大屠杀，不列颠的一章印度史》（*Vizier Ali Khan, or The Massacre of Benares, A Chapter in British Indian History*, 1871）一书。

儿子弗朗西斯·贝利厄·戴维斯出生。

1876 年　81 岁

德庇时在牛津大学设立汉语奖学金，鼓励牛津大学的汉学研究。

获牛津大学颁授的民法学博士荣誉学位（Doctorate of Civil Law, D. C. L.）。

1890 年　95 岁

11 月 13 日，德庇时在晚年居住的英格兰格洛斯特郡（Gloucester）布里斯托尔城（Bristol）的宅第好莱坞塔（Hollywood Tower）去世，享年 95 岁。

附录二　德庇时著述目录

一、译著及论著（注：下面列出的译著或论著按出版时间排序，仅标示一版一印的相关信息，再版信息在年谱中体现。）

［1］Davis, Sir John Francis. *San-Yu-Low: Or The Three Dedicated Rooms. A Tale, Translated from the Chinese.* Canton: Printed by Order of the Select Committed; At The Honorable East India Company's Press, 1815.

［2］Davis, Sir John Francis. *Laou-Seng-Urh, or, "An Heir in His Old Age." A Chinese Drama.* London: John Murray, Albemarle Street, 1817.

［3］Davis, Sir John Francis. *Chinese Novels, Translated from the Originals*; *To Which Are Added Proverbs and Moral Maxims, Collected from Their Classical Books and Other Sources. The Whole Prefaced by Observations on the Language and Literature of China.* London: John Murray, Albemarle Street, 1822.

［4］Davis, Sir John Francis. *Hien Wun Shoo. Chinese Moral Maxims, with a Free and Verbal Translation*; *Affording Examples of the Grammatical Structure of the Language.* London: John Murray, Albemarle Street, 1823.

［5］Davis, Sir John Francis. *A Vocabulary, Containing Chinese Words and Phrases Peculiar to Canton and Macao, and to the Trade of Those Places*; *Together with the Titles and Address of All the Officers of Government, Hong Merchants, & c.* Macao: Printed at the Honorable Company's Press, By P. P. Thoms, 1824.

［6］Davis, Sir John Francis. *The Fortunate Union, A Romance. Translated from the Chinese Original, with Notes and Illustrations. To Which Is Added, A Chinese Tragedy.* 2 Vols.

386

London: Printed for the Oriental Translation Fund, 1829.

［7］Davis, Sir John Francis. *Hān Koong Tsew, or The Sorrows of Hān: A Chinese Tragedy. Translated from the Original, with Notes.* London: Printed for The Oriental Translation Fund, By A. J. Valpy, Red Lion Court, Pleet Street, 1829.

［8］Davis, Sir John Francis. *Poeseos Sinensis Commentarii. On the Poetry of the Chinese, (from the Royal Asiatic Transactions) to Which Are Added, Translations & Detached Pieces.* Macao: The Honorable East India Company's Press, 1834.

［9］Davis, Sir John Francis. *The Chinese: A General Description of the Empire of China, and Its Inhabitants.* 2 Vols. New York: Harper & Brothers, Cliff Street, 1836.

［10］Davis, Sir John Francis. *Sketches of China; Partly During an Inland Journey of Four Months, Between Peking, Nanking, and Canton; With Notices and Observations Relative to the Present War.* 2 Vols. London: Charles Knight & Co., Ludgate Street, 1841.

［11］Davis, Sir John Francis. *Vizier Ali Khan, or The Massacre of Benares.* London: Printed by Spottiswoode & Co.,1844.

［12］Outis. *Poetry and Criticism.* London: Privately Printed for the Author, By Bradbury and Evans, Whitefriars, 1850.

［13］Davis, Sir John Francis. *China, During the War and Since the Peace.* 2 Vols. London: Longman, Brown, Green, and Longmans, 1852.

［14］Davis, Sir John Francis. *Chinese Miscellanies: A Collection of Essays and Notes.* London: John Murray, Albemarle Street, 1865.

（二）论文书评及报告

［1］Davis, Sir John Francis. "Memoir Concerning the Chinese", *Transactions of the Royal Asiatic Society of Great Britain and Ireland,* Vol. 1, No. 1, 1827.

［2］Davis, Sir John Francis. "Two Edicts from the Hoppo of Canton to the Hong Merchants", *Transactions of the Royal Asiatic Society of Great Britain and Ireland,* Vol. 1, No. 2, 1827.

［3］Davis, Sir John Francis. "Extracts from Peking Gazettes", *Transactions of the Royal Asiatic Society of Great Britain and Ireland,* Vol. 1, No. 2, 1827.

［4］Davis, Sir John Francis. "Eugraphia Sinensis; Or, the Art of Writing the Chinese Character with Correctness: Contained in Ninety-Two Rules and Examples. To Which Are Prefixed, Some Observationson the Chinese Writing", *Transactions of the*

Royal Asiatic Society of Great Britain and Ireland, Vol. 1, No. 2, 1827.

[5] Davis, Sir John Francis. "Extracts from the Peking Gazette for 1824, Being the Fourth Year of Taou-kwang", *Transactions of the Royal Asiatic Society of Great Britain and Ireland*, Vol. 1, No. 2, 1827.

[6] Davis, Sir John Francis. "On the Poetry of the Chinese", *Transactions of the Royal Asiatic Society of Great Britain and Ireland*, Vol. 2, No. 1, 1829.

[7] Davis, Sir John Francis. "Extracts from the Peking Gazettes", *Transactions of the Royal Asiatic Society of Great Britain and Ireland*, Vol. 2, No. 1, 1829.

[8] Davis, Sir John Francis. "Geographical Notice of the Frontiers of the Burmese and Chinese Empires, with the Copy of a Chinese Map", *Transactions of the Royal Asiatic Society of Great Britain and Ireland*, Vol. 2, No. 1, 1829.

[9] Davis, Sir John Francis. "Notices of Western Tartary", *Transactions of the Royal Asiatic Society of Great Britain and Ireland*, Vol. 2, No. 1, 1829.

[10] Davis, Sir John Francis. "Remarks on the Religious and Social Institutions of the Bouteas, or Inhabitants of Boutan, from the Unpublished Journal of the Late Samuel Davis, Esq. F. R. S. & c.", *Transactions of the Royal Asiatic Society of Great Britain and Ireland*, Vol. 2, No. 1, 1829.

[11] Davis, Sir John Francis. "Review of *Hān Koong Tsew, or The Sorrows of Hān: A Chinese Tragedy. Translated from the Original, with Notes*, By John Francis Davis, F. R. S., Member of the Royal Asiatic Society, and of the Oriental Translation Committee, & c. 4 to London, 1829", *The Quarterly Review*, Vol. 41, No. 81, 1829.

[12] Davis, Sir John Francis. "Letters of Sir William Jones to the Late Samuel Davis, Esq., F. R. S., & c. from 1785 to 1794, Chiefly Relating to the Literature and Science of India, and Elucidatory of the Early History of the Asiatic Society of Calcutta", *Transactions of the Royal Asiatic Society of Great Britain and Ireland*, Vol. 3, No. 1, 1831.

[13] Davis, Sir John Francis. "Notices of China, by Padre Serra", *Transactions of the Royal Asiatic Society of Great Britain and Ireland*, Vol. 3, 1831.

[14] Davis, Sir John Francis. "On the Classification of the Chinese Roots", *Proceedings of the Philological Society*, Vol. 1, No. 5, 1843.

[15] Davis, Sir John Francis. "Preliminary Address", *Transactions of the China Branch of the Royal Asiatic Society*, Vol. 1847, 1848.

388

[16] Davis, Sir John Francis. "Review of Souvenirs d'un Voyage dans la Tartarie, le Thibet, et la Chine, pendant ies Années 1844, 1845, et 1846. Par M. Huc, Prêtre Missionaire de la Congregation de 8t. Lazare. 2 Vols. Paris: 1850", *The Edinburgh Review, Or Critical Journal*, Vol. 93, No. 190, 1851.

[17] Davis, Sir John Francis. "Chusan, with a Survey Map of the Island", *The Journal of the Royal Geographic Society of London*, Vol. 23, 1853.

[18] Davis, Sir John Francis. "Analysis of a Chinese Work on Husbandry and Botany", *The Journal of the Royal Horticultural Society*, Vol. 9, 1855.

[19] Davis, Sir John Francis. "On Chusan", *Foreign and Commonwealth Office Collection*, 1856.

参考文献

一、中文文献

（本文献为书稿中征引的文献，以主要责任者姓氏音序排列）

1. 中文论著

［1］范存忠.中国文化在启蒙时期的英国.南京：译林出版社，2010.

［2］范小静.十三行故事.广州：花城出版社，2012.

［3］高春燕.社区人口与发展.北京：中国环境科学出版社，1999.

［4］高鸿志.英国与中国边疆危机：1637—1912.哈尔滨：黑龙江教育出版社，1998.

［5］葛桂录.20世纪中国古代文学在英国的传播与影响.郑州：大象出版社，2017.

［6］葛桂录.中外文学交流史·中国-英国卷.济南：山东教育出版社，2015.

［7］辜鸿铭.中国人的精神.北京：北京出版社，2018.

［8］胡优静.英国19世纪的汉学史研究.北京：学苑出版社，2009.

［9］蒋承勇等著.英国小说发展史.杭州：浙江大学出版社，2006.

［10］刘芳辑.葡萄牙东坡塔档案馆藏清代澳门中文档案汇编.澳门：澳门基金会出版社，1999.

［11］刘鉴唐，张力.中英关系系年要录（公元13世纪—1760年）（第一卷）.成都：四川社会科学院出版社，1987.

390

［12］区鉷.味闲堂丛稿.广州：中山大学出版社，2016.

［13］石昌渝主编.中国古代小说总目·白话卷.太原：山西教育出版社，2004.

［14］谭树林.英国东印度公司与澳门.广州：广东人民出版社，2010.

［15］王季思等著.元杂剧选注.北京：北京出版社，1980.

［16］王力.诗词格律·诗词格律概要.北京：中华书局，2014.

［17］王学奇主编.元曲选校注（第一册·下卷）.石家庄：河北教育出版社，1994.

［18］熊文华.英国汉学史.北京：学苑出版社，2007.

［19］许明龙.黄嘉略与早期法国汉学（修订本）.北京：商务印书馆，2014.

［20］岳峰.架设东西方的桥梁：英国汉学家理雅各研究.福州：福建人民出版社，2004.

［21］张成权，詹向红.1500—1840 儒学在欧洲.合肥：安徽大学出版社，2010.

［22］张连兴.香港二十八总督.北京：朝华出版社，2007.

2. 中文古籍

［1］（东晋）葛洪.神仙传.谢青云，译注.北京：中华书局，2017.

［2］（清）郭庆藩辑.庄子集释（第二册）.北京：中华书局，1961.

［3］（明）罗贯中.三国演义：毛评本（上），（清）毛宗岗，评改.上海：上海古籍
　　出版社，1989.

［4］（明）罗贯中.三国志通俗演义.上海：上海古籍出版社，1980.

［5］（清）李渔.十二楼.杜濬，评.杜维沫，校点.北京：人民文学出版社，1999.

［6］（清）名教中人编次.好逑传.魏武挥鞭，点校.北京：经济出版社，2011.

［7］（汉）司马迁.史记（第七册）.北京：中华书局，1964.

［8］（清）石玉昆.三侠五义.北京：华夏出版社，2007.

［9］（清）王尧衢注.唐诗合解笺注，单小青、詹福瑞，点校.保定：河北大学出版
　　社，2000.

［10］（清）薛福成.强临环伺谨陈余计疏.庸庵海外文编（卷二）.清光绪二十一
　　年萧山陈氏刻本.

［11］（清）荑秋散人编次.玉娇梨.北京：人民文学出版社，1999.

［12］（宋）朱熹集注.诗集传.北京：中华书局，2011.

［13］故宫博物院文献馆.掌故丛编.北京：中华书局，1990.

［14］中国第一历史档案馆编 . 鸦片战争档案史料（七）. 天津：天津古籍出版社，1992.

3. 中文译著

［1］［英］爱尼斯·安德逊 . 在大清帝国的航行：英国人眼中的乾隆盛世 . 费振东，译 . 北京：电子工业出版社，2015.

［2］［古罗马］奥维德 . 变形记 . 杨周翰，译 . 北京：人民文学出版社，2008.

［3］［比］柏应理等著 . 中国哲学家孔夫子（第一卷，前言），汪聂才等，译 . 郑州：大象出版社，2021.

［4］睢萌萌编译 . 中英鸦片贸易英文资料选译 . 北京：新华出版社，2013.

［5］［美］费正清，刘广京编 . 剑桥中国晚清史（上卷）. 郭沂纹，译 . 北京：中国社会科学出版社，2007.

［6］［法］格鲁贤编著 . 中国通典（下部），张放、张丹彤，译 . 郑州：大象出版社，2109.

［7］［古希腊］荷马 . 荷马史诗·伊利亚特 . 罗念生，王焕生，译 . 北京：人民文学出版社，2003.

［8］［古罗马］贺拉斯 . 贺拉斯诗全集：拉中对照详注本（上册）. 李永毅，译 . 北京：中国青年出版社，2007.

［9］［英］亨利·埃利斯 . 阿美士德使团出使中国日志 . 刘天路、刘甜甜，译 . 北京：商务印书馆，2013.

［10］［法］蓝莉著 . 请中国作证：杜赫德的《中华帝国全志》. 许明龙，译 . 北京：商务印书馆，2015.

［11］［印］罗梅什·杜特 . 英属印度经济史（下）. 陈洪进，译 . 北京：三联书店，1965.

［12］［英］克拉克·阿裨尔 . 中国旅行记（1816—1817 年）. 刘海岩，译 . 上海：上海古籍出版社，2012.

［13］［美］M. G. 马森 . 西方的中华帝国观 . 杨德山等，译 . 北京：时事出版社，1991.

［14］［美］M. G. 马森 . 西方的中国及中国人的观念：1840—1876. 杨德山，译 . 北京：

中华书局，2006.

［15］［法］孟德斯鸠.论法的精神.严复，译.上海：上海三联书店，2009.

［16］［美］马士.东印度公司对华贸易编年史（第一、二卷）.中国海关史研究中心组，译.广州：中山大学出版社，1991.

［17］［美］马士.东印度公司对华贸易编年史（第三卷）.中国海关史研究中心组，译.广州：中山大学出版社，1991.

［18］［美］马士.东印度公司对华贸易编年史（第四、五卷）.中国海关史研究中心组，译.广州：中山大学出版社，1991.

［19］［美］马士.中华帝国对外关系史（第一卷）.张汇文等，译.上海：上海书店出版社，2000.

［20］［英］乔治·斯当东.英使谒见乾隆纪实.叶笃义，译.北京：商务印书馆，1963.

［21］［英］乔治·斯当东.小斯当东回忆录.屈文生，译.上海：上海人民出版社，2015.

［22］［英］韦尔什.香港史.王皖强、黄亚红，译.北京：中央编译出版社，2007.

［23］［德］马克思，恩格斯.马克思恩格斯论殖民主义.易廷镇，译.北京：人民出版社，1962.

［24］［古罗马］维吉尔.牧歌.杨宪益，译.上海：上海人民出版社，2009.

［25］［美］约·罗伯茨.十九世纪西方人眼中的中国.蒋重跃、刘林海，译.北京：中华书局，2006.

［26］［葡］曾德昭.大中国志.何高济，译.上海：上海古籍出版社，1998.

［27］［日］佐佐木正哉编.鸦片战争后的中英抗争（资料篇稿）.东京：近代中国研究委员会，1964.

4. 中文论文

［1］［法］包世潭著.涵化与本土化：18—19世纪法国文学界对中国诗歌艺术的诠释.郭丽娜，译注.中山大学学报：社会科学版，2021（6）.

［2］［英］彼特·汤姆斯.英国早期汉学家彼特·汤姆斯谈中国诗歌.蔡乾，译注.国际汉学，2016（4）.

［3］蔡乾.思想史语境中的17、18世纪英国汉学研究.福建师范大学比较文学与世界文学博士论文,2017.

［4］操萍,钱灵杰.德庇时《三与楼》重译的伦理阐释.南昌航空大学学报:社会科学版,2013（3）.

［5］陈大士,潘家德.从要求通商到武力征服——试析鸦片战争前英国对华政策的调整.宜宾学院学报,2006（2）.

［6］陈科龙.《汉宫秋》中英剧比较.戏剧文学,2012（9）.

［7］段玉芳.1757年"一口通商令"形成原因的研究综述.前沿,2013（20）.

［8］范存忠.珀西的《好逑传》及其它,外国语,1989（5）.

［9］［英］弗雷德里克·伊登·帕格特.皇家亚洲学会百年简史（1823—1923）.李伟华,译.国际汉学,2020（1）.

［10］黄晋.《三国演义》版本流传考证.学术论坛,2012（3）.

［11］贾洪伟.亚当·斯密有关语言缘起的学说.天津外国语大学学报,2014（2）.

［12］李少军.再论耆英外交.史学月刊,2010（12）.

［13］李伟华.英国东方学:从"侵略力量"到"文化共享"——皇家亚洲学会分会考论.东方丛刊,2019（2）.

［14］李学智.马戛尔尼使团是以"祝寿"名义来中国吗？团结报,2018年7月5日.

［15］［丹麦］龙伯格.欧洲汉学的建立:1801—1815.王莹,译.国际汉学,2015（1）.

［16］阙维民.剑桥汉学的形成和发展.汉学研究通讯（台北）,2002（1）.

［17］［英］苏珊·里德·斯蒂夫勒.英国东印度公司广州商馆的汉语学生。刘美华、杨慧玲,译.国际汉学,2016（1）.

［18］孙光圻.论洪仁辉案.海交史研究,1988（1）.

［19］谭树林.马礼逊广州商馆汉语教学活动述论.暨南学报:哲学社会科学版,2013（3）.

［20］汪诗佩.文本诠释与文化翻译:元杂剧《老生儿》及其域外传播.民俗曲艺（台北）,2015（9）.

［21］王宏斌.乾隆皇帝从未下令关闭江、浙、闽三海关.史学研究,2011（6）.

［22］王燕.《花笺记》:第一部中国"史诗"的西行之旅,文学评论,2014（5）.

［23］王燕.19世纪英译《三国演义》资料辑佚与研究——以德庇时《三国志节译文》为中心.复旦学报:社会科学版,2017（4）.

［24］王燕.德庇时英译《红楼梦》研究——从约翰·巴罗书评谈起.红楼梦学刊,

394

2018（5）.

［25］吴义雄．"国体"与"夷夏"：鸦片战争前中英观念冲突的历史考察．学术研究，2018（6）.

［26］游博清，黄一农．天朝与远人——小斯当东与中英关系（1793—1840）．"中央研究院"近代史研究所集刊（台湾），2010（69）.

［27］赵轶峰．明朝国家祭祀体系的寓意．东北师大学报，2006（2）.

［28］朱雍．洪仁辉事件与乾隆的限关政策．故宫博物院院刊，1988（4）.

二、外文文献

（本文献以主要责任者姓氏首字母排列）

1. 外文论著

［1］Aris, Michael. *Views of Medieval Bhutan: The Diary and Drawings of Samuel Davis, 1783*. London: Serindia ; Washington, D. C.: Smithsonian Institution Press, 1982.

［2］Arnold, David. *Colonizing the Body: State Medicine and Epidemic Disease in Nineteenth-century India*, Berkeley: University of California Press, 1993.

［3］Badenach, Walter. *Inquiry into the State of the Indian Army*, London: J. Murray, 1826.

［4］Bartholomew, J. G. *Imperial Gazetteer of India. New edition, published under the authority of His Majesty's Secretary of State for India in Council*, Vol. 2, Oxford: Clarendon Press, 1908.

［5］Bayly, C. A. *Imperial Meridian: The British Empire and the World 1780—1830*, London: Longman,1989.

［6］Birdwood, George Christopher Molesworth, et al., eds. *The Register of Letters, & c: Of the Governor and Company of Merchants of London Trading into the East Indies, 1600—1619*, London: B. Quaritch, 1893.

［ 7 ］Bowen, H. V. *The Business of Empire: The East India Company and Imperial Britain, 1756—1833*, Cambridge: Cambridge University Press, 2006.

［ 8 ］Bowring, Sir John. *Specimens of the Russian Poets: With Preliminary Remarks and Biographical Notices*, Vol. 2, London: Printed for G. And W. B. Wittaker, 1822.

［ 9 ］Brown, John. *A Dissertation on the Rise, Union, and Power, the Progressions, Separations, and Corruptions, of Poetry and Music*, London: Printed for L. Davis and C. Reymers, 1763.

［ 10 ］Cain, P. J. & Hopkins, Antony G. *British Imperialism: Innovation and Expansion, 1688—1914*, London: Longman, 1993.

［ 11 ］Collins, John Churton. *Essays and Studies*, London: Macmillan and Co., 1895.

［ 12 ］Chang, Dongshin. *Representing China on the Historical London Stage: From Orientalism to Intercultural Performance*, New York and London: Routledge, 2015.

［ 13 ］Eitel, E. J. *Europe in China: The History of Hong Kong from the Beginning to the Year 1882*, Hong Kong: Kelly and Walsh Ltd., 1895.

［ 14 ］Endacott, G. B. A *Biographical Sketch-book of Early Hong Kong*, Hong Kong: Hong Kong University Press, 2005.

［ 15 ］Fairbank, John K., ed., *The Cambridge History of China, Vol. 10: Late Ch'ing, 1800—1911*, Part 1, Cambridge: Cambridge University Press, 1995.

［ 16 ］Faure, David, ed. *A Documentary History of Hong Kong: Society*, Hong Kong: University of Hong Kong Press, 1997.

［ 17 ］Halde, Jean-Baptiste Du. *Description Géographique, Historique, Chronologique, Politique et Physique de l'Empire de la Chine et de la Tartarie Chinoise*, Tome 3, Paris: P. G. Le Mercier, 1735.

［ 18 ］Halde, Jean-Baptistce Du. *A Description of the Empire of China and Chinese-Tartary, Together with the Kingdoms of Korea, and Tibet: Containing the Geography and History*, Emanuel Bowen and etc., trans., 2 Vols, London: Printed by T. Gardner in Bartholomew Close for Edward Cave, 1738.

［ 19 ］Highet, Gilbert. *The Classical Tradition: Greek and Roman Influences on Western Literature*, New York and Oxford: Oxford University Press, 1985.

［ 20 ］Hsu, Immanuel C. Y. *The Rise of Modern China*, New York, Oxford: Oxford University Press, 2000.

396

［21］Hurd, Richard. *Q. Horatii Flacci Epistola Ad Augustum: With an English Comentary and Notes*, London: Printed for W. Thurlbourne in Cambridge, 1751.

［22］Jenkins, Owain. *Merchant Prince: Memoirs of India, 1929—1958*, London: British Association for Cemeteries in South Asia, 1987.

［23］Jones, Sir William. *The Works of Sir William Jones*, A. M. Jones, ed., Vol. 1, London: G. G. and J. Robinson, 1799.

［24］Keeton, George W. *The Development of Extraterritoriality in China*, New York: H. Fertig, 1969.

［25］Kincaid, Dennis. *British Social Life in India: 1608—1937*, London: George Routledge & Sons, Ltd., 1938.

［26］Kitson, Peter J. and Markley, Robert, ed. *Writing China: Essays on the Amherst Embassy (1816) and Sino-British Cultural Relations*, Cambridge: D. S. Brewer, 2016.

［27］Lang, Andrew. *Essays in Little*, London: Henry and Co., Bouverie Street, E. C., 1891.

［28］Lawrence, Sir Henry Montgomery. *Essays, Military and Political, Written in India*, London: W. H. Allen, 1859.

［29］Markham, Clements R., ed. *Narratives of the Mission of George Bogle to Tibet: And of the Journey of Thomas Manning to Lhasa*, London: Trübner and Co., 1876.

［30］Marshall, P. J. *East Indian Fortunes: The British in Bengal in the Eighteenth Century*, Oxford: Clarendon Press, 1986.

［31］Martini, Martin. *Sinicae Historiae Decas Primas*，Monachii: Typis Lucae Straubii, Impensis Joannis Wagneri Civis, 1658.

［32］McCord, N., Purdue, B. *British History: 1815—1914*, Oxford: Oxford University Press, 2007.

［33］Milne, William. *A Retrospect of the First Ten Years of the Protestant Mission to China*, Malacca: Printed at the Anglo-Chinese Press, 1820.

［34］Mitchell, B. R., ed. *British Historical Statistics*, Cambridge: Cambridge University Press, 1988.

［35］Morrison, Robert. *A Dictionary of the Chinese Language*, Part I, Vol. 1, Macao: Printed at the Honorable East India Company's Press, by P. P. Thoms, 1815.

［36］Morrison, Robert. *A Dictionary of the Chinese Language*, Part III, Macao: Printed at the Honorable East India Company's Press, by P. P. Thoms, 1822.

[37] Morrison, Robert. *A Grammar of the Chinese Language*, Serampore: Printed at the Mission Press, 1815.

[38] Morrison, Robert. *A View of China*, Macao: Printed at the Honorable East India Company's Press, by P. P. Thoms, 1817.

[39] Napier, Charles. *Defects, Civil and Military, of the Indian Government*, London: C. Westerton, 1853

[40] Norton-Kyshe, James William. *The History of the Laws and Courts of Hong Kong.* Vol. 1, London: T. Fisher Unwin, 1898.

[41] Philips, C. H., ed. *The Correspondence of Lord William Cavendish Bentinck*, Vol. 1, Oxford: Oxford University Press, 1977.

[42] Pope, Alexander. *The Poetical Works of Alexander Pope*, London: William Smith, 113, Fleet Street, 1839.

[43] Rémusat, Jean Pierre Abel. *Essai sur la Langue et la Littérature Chinoises*, Strasbourg: Treuttel et Wurtz, 1811.

[44] Rémusat, Jean Pierre Abel. *Mélanges Asiatiques，ou Choix de morceaux critiques et de mémoires relatifs aux religions,aux sciences，aux coutumes, a l'histoire et à la geographie des nations orientales*, Tome Second, Paris: Librairie Orientale de Dondey-Dupré Pére et fils, 1826.

[45] Shen, Tkin. *The Rambles of the Emperor Ching Tǐh in Këang Nan*, London: Printed for Longman, Brown, Green & Longmans, Paternoster-Row, 1843.

[46] Simpson, J. & Weiner, E. S. C., eds. *Oxford English Dictionary*. Second Edition. Oxford: Oxford University Press, 2009.

[47] Singh, Bawa Satinder, ed. *The Letters of the First Viscount Hardinge of Lahore to Lady Hardinge and Sir Walter and Lady James, 1844—1847*, London: Royal Historical Society, 1986.

[48] Sorsum, A., Bruguiere De. *Lao-Seng-Eul, Comedie Chinoise；Suivie De San-Iu-Leou, Ou Les Trois Etages Consacres, Conte Moral；Traduits du chinois en anglais, par J. F. Davis, de la factorerie de Canton；et de l'anglais en francais, par A. Bruguiere De Sorsum；avec additions du Traducteur*, A Paris, Chez Rey et Gravier, 1819.

[49] Stanhope, Philip Dormer. *Letters Written by the Late Right Honorable Philip Dormer*

Stanhope, Earl of Chesterfield, to His Son Philip Stanhope, Esq., Vol. 3, London: Printed for J. Dodsley, in Pall-mall, 1777.

[50] Staunton, Sir George Thomas. *An Authentic Account of an Embassy from the King of Great Britain to the Emperor of China*, Philadelphia: Printed for Robert Campbell, by John Bioren, 1799.

[51] Staunton, Sir George Thomas. *Memoirs of the Chief Incidents of the Public Life of Sir George Thomas Staunton.* London: L. Booth, 1856.

[52] Staunton, Sir George Thomas. *Miscellaneous Notices Relating to China: And Our Commercial Intercourse with That Country, Including a Few Translations from the Chinese Language.* London: John Murray, Albemarle Street, 1822.

[53] Staunton, Sir George Thomas. *Notes of Proceedings and Occurrences During the British Embassy to Pekin in 1816*, London: Havant Press, 1824.

[54] Thoms, Peter Perring. *Chinese Courtship, in Verse*, London: Published by Parbury, Allen, and Kingsbury, Leadenhall-street；Macao, China: Printed at The Honorable East Indian Company's Press, 1824.

[55] Trevelyan, George. *The Competition Wallah*, London: Macmillan and Company, 1866.

[56] Tuck, Patrick. *Britain and the China Trade, 1635—1842*, Vol. II, London & New York: Routledge, 2000.

[57] Turner, Samuel. *An Account of an Embassy to the Court of the Teshoo Lama, in Tibet*；*Containing a Narrative of a Journey Through Bootan, and Part of Tibet*, London: Printed by W. Bulmer and Co., 1800.

[58] Ukers, William Harrison. *All about Tea*, Vol. 1, New York: Tea and Coffee Trade Journal Company, 1935.

[59] Wilkinson, James, trans., Percy, Thomas, ed., *Hao Kiou Choaan, or The Pleasing History*, Vol. 4, London: Printed for R. and J. Dodsley in Pall-mall. 1761.

[60] Wolpert, Stanley. *A New History of India*, 8th ed., New York: Oxford University Press, 2009.

[61] Wong, Lawrence Wang-chi & Fuehrer, Bernhard. *Sinologists as Translators in the Seventeenth to Nineteenth Centuries*, Hong Kong: The Chinese University Press, 2015.

[62] Yalland, Zoe. *Traders and Nabobs: The British in Cawnpore, 1765—1857*, New Delhi:

Russell, 1987.

2. 外文论文

[1] "Diverses Pièces en Vers et en Prose Sur La Piété Filiale", Joseph Amiot, et al., *Mémoires Concernant L'histoire, Les Sciences, Les Arts, Les Moeurs, Les Usages, & c. Des Chinois: Par Les Missionnaires De Pékin*, Paris: Nyon, 1776, Tome 4.

[2] Fréret, Nicolas. "De la Poésie des Chinois", *Mémoires de littéra-ture de l'Académie royale des Inscriptions et belles-lettres, avec Les Mémoires de Littérature tires des Registres de cette Académie depuis l'année M. DCC. XI jusques et compris l'année M. DCC. XVII*, Paris: Imprimerie Royale, Tome 3, 1723.

[3] Hawes, C. J. "Eurasians of British India, 1773—1833", Ph.D. Thesis, London University, 1993.

[4] Hodgson, Brian Houghton. "Sketch of Buddhism, Derived from the Bauddha Scriptures of Nipál", *Transactions of the Royal Asiatic Society of Great Britain and Ireland*, Vol. 2, Issue 1, 1830.

[5] Marshall, P. J. "British Society in India under the East India Company", *Modern Asian Studies*, Vol. 31, No. 1, 1997.

[6] Marshall, P. J. "The Whites of British India, 1780—1830: A Failed Colonial Society？", *The International History Review*, Vol. 12, No. 1, 1990.

[7] Michel, P. Benoist. "Lettre Sur Les Caractères Chinois", Joseph Amiot, et al., *Mémoires Concernant L'histoire, Les Sciences, Les Arts, Les Moeurs, Les Usages, & c. Des Chinois: Par Les Missionnaires De Pékin*, Paris: Nyon, 1776, Tome 1.

[8] Montucci, Antonio. "To the Translator of *Chinese Novels", The Asiatic Journal and Monthly Register for British and Foreign India*, Vol. 15, No. 86, 1823.

[9] Morrison, Robert. "The State Religion of China", *The Chinese Repository*, Vol. 3, No. 2, 1834.

[10] Peers, D. M. " 'Those Noble Examples of the True Military Tradition' : Constructions of the Indian Army in the Mid-Victorian Press", *Modern Asian*

400

Studies, Vol. 31, No. 1, 1997.

[11] Peers, D. M. "Between Mars and Mammon；The East India Company and Efforts to Reform its Army, 1796—1826", *Historical Journal*, Vol. 33, No. 2, 1990.

[12] Peyton, Will. "John Francis Davis as Governor and Diplomat on the China Coast (1844—1848)", *The International History Review*, Vol. 39, No. 5, 2017.

[13] Rémusat, Jean Pierre Abel. "Observations sur l'état des sciences naturelles chez les peuples de l'Asie orientale", Mémoires de l'Institut de France, Vol. 10, No. 1, 1833.

[14] Sykes, W. H. "Vital Statistics of the East India Company's Armies in India, European and Native", *Journal of the Statistical Society of London*, Vol. 10, No. 2, 1847.

[15] Thoms, Peter Perring. "The Death of the Celebrated Minister Tung-Cho", *The Asiatic Journal and Monthly Register for British and Foreign India*, Vol. 10, No. 60, London: Printed for Black, Kingsbury, Parbury & Allen.,1820.

3. 外文书评

[1] "A Brief View of the Chinese Drama, and of Their Theatrical Exhibitions. Prefixed to a Translation of a Chinese Drama, Entitled 'An Heir in His Old Age.' ", *The Annual Register, or, A View of the History, Politics, and Literature*, London: Printed for J. Dodsley, 1818.

[2] *"China: During the War and Since the Peace*. By Sir John Francis Davis, Bart. 2 vols. 8 vo. 1862", *The Edinburgh Review*, Vol. 98, No. 199, London: Longman, Brown, Green, and Longmans, 1853.

[3] "Chinese Literature", *The Journal of Australasia*, Vol. 1, July to December, East Melbourne: George Slater, 94 Bourke Street, 1856.

[4] *"Chinese Miscellanies: A Collection of Essays and Notes*. By Sir John Francis Davis, Bart", *The Athenaeum*, No. 1994, January, London: Printed by James Holmes, Took's Court, Chancery Lane, 1866.

[5] "Chinese Novels. *The Haou-Kew-Chuen*", *The Asiatic Journal and Monthly Register*

for British and Foreign India, Vol. 28, No. 167, 1819.

[6] "Contemporary Literature of England", *The Westminster Review*, Vol. 58, July, New York: Published by Leonard Scott & Co., 1852.

[7] "*Laou-Seng-Urh, or 'An Heir in His Old Age.' A Chinese Drama*", *The New Annual Register, or, General Repository of History, Politics, and Literature*, London: Printed for G. Robinson,1818.

[8] "Narrative of a Journey in the Interior of China, and of a Voyage to and from That Country, in the Years 1816 and 1817; Containing an Account of the Most Interesting Transactions of Lord Amherst's Embassy to the Court of Pekin, and Observations on the Countries Which It Visited. By Clarke Abel, F. L. S.", *The Quarterly Review*, Vol. 21, No. 41, London: John Murray, Albemarle-Street, 1819.

[9] "Narrative of the Chinese Embassy to the Khan of the Tourgouth Tartars, in the Years 1712, 13, 14, and 15. Translated from the Chinese by Sir George Thomas Staunton, Bart. L. L. D. and F. R. S. Lond. 1821", *The Saturday Magazine*, Vol. 1, No. 10, 1824.

[10] "Notes, Correspondence, and Literature of the Month", *The Gentleman's Magazine*, New Series, Vol. 34, Oct., London: John Bowyer Nichols and Son, 1850.

[11] "On the Improbable in Fiction", *The Asiatic Journal and Monthly Register for British and Foreign India*, New Series, Vol. 24, No. 93, London: Wm. H. Allen, And Co., 1837.

[12] "On Translation of Chinese Poetry", *The Asiatic Journal and Monthly Register for British and Foreign India*, New Series, Vol. 2, No. 5, London: Parbury, Allen, and Co., 1830.

[13] Barrow, Sir John. "Review of *Laou-Sing-Urh, or, 'An Heir in His Old Age.' A Chinese Drama*. Translated from the Original Chinese. By J. F. Davis, Esq. of Canton. To which is prefixed a Brief View of the Chinese Drama, and of Their Theatrical Exhibitions", Small 8 vo. pp. 164. London. 1817", *The Quarterly Review*, Vol. 16, No. 32, 1817.

[14] H. R. M. R., "Davis Translation of the *Han Koong Tsew* to the Editor of the *Asiatic Journal*", *The Asiatic Journal and Monthly Register*, Vol. 29, July to December, London: Printed for Parbury, Allen, & Co., 1829.

[15] Miles. "*San-Yu-Low*: *Or, The Three Dedicated Rooms. A Tale, Translated from the*

Chinese. By J. F. Davies, Esq. of the Honorable Company's China Establishment", *The Asiatic Journal and Monthly Register for British and Foreign India*, Vol. 1, No. 1, 1816.

[16] Rémusat, Jean Pierre Abel. "Hoa-tsian: Chinese courtship in verse, to which is added an appendix treating of the revenue in China, & c.; by P. Perring Thoms. London and Macao, 1824, in−8°", *Journal des Sçavans*, Paris: Imprimerie Royale, février, 1826.

[17] Rémusat, Jean Pierre Abel. "*LAOU-SENG-URH, or, 'An Heir in His Old Age.' A Chinese Drama*. London, 1817, in−16 de xlix et 115 pages", *Journal Des Savans*, Paris: Imprimerie Royale, Jan., 1818.

[18] Rémusat, Jean Pierre Abel. "Chinese Novels, translated from the originals, to which are added proverbs and moral maxims, collected from their classical books and other sources; the whole prefaced by observations on the language and literature of China, by J. F. Davis, F. R. S. London, 1822, in−8", *Journal des Savants*, AOUT, 1822.

[19] "Review of *China: During the War and Since the Peace*", *The Spectator*, Vol. 25, July, London: Published by Joseph Clayton, 1852.

[20] "Review of *China: During the War and Since the Peace. By Sir John Francis Davis. Bart., F. R. S.*", *The Literary Gazette and Journal of the Belles Letters, Arts, Sciences, & c*, No. 1843, May, London: Reeve and Co., 1852.

[21] "Review of *Chinese Courtship. In Verse. By P. P. Thoms. Macao*", *The Foreign Quarterly Review*, Vol. 22, No. 44, London: Black and Armstrong, 1839.

[22] "Review of *Laou-Seng-Urh, or, 'An Heir in His Old Age.' A Chinese Drama*. Translated by J. F. Davis, Esq. 12 mo. Pp. 164. Price 5s. 6d. Murray, London, 1817", *The Asiatic Journal and Monthly Register for British and Foreign India*, Vol. 5, No. 25, 1818.

[23] "Review of *Laou-Seng-Urh, or, 'An Heir in His Old Age.' A Chinese Drama*. 12 mo. 155 pp. 5s. 6d. Murray, 1817", *The British Critic*, Vol. 7, May, 1817.

[24] "Review of *Sketches of China. By J. F. Davis, Esq., F. R. S.* 2 Vols. London: Knight. 1841", *The Monthly Review*, Vol. 2, No. 2, 1841.

[25] "Review of *The Chinese: A General Description of the Empire of China and Its Inhabitants. By J. F. Davis, Esq. F. R. S.*, Late His Majesty's Chief Superintendent

in China. London. 2 vols. post 8 vo. 1836", *The Quarterly Review*, Vol. 56, April & July, 1836.

[26] "Review of *The Fortunate Union, A Romance. Translated from the Chinese Original, with Notes and Illustrations.* By J. F. Davis, F. R. S. & c. 2 vols. 8 vo. London: Murray; and Parbury and Co., 1829", *The Literary Gazette and Journal of the Belles Lettres, Arts, Sciences, & c.*, No. 671, November, London: Printed by James Moyes, Took's Court, Chancery Lane, 1829.

[27] "Review of Books", *The Asiatic Journal and Monthly Register*, Vol. 5, January to June, London: Printed for Black, Kingsbury, Parbury & Allen, 1818.

4. 外文档案

[1] Letter to Directors, 15 Aug. 1787, *Oriental and India Office Collections*, E/4/46, p. 216.

[2] *Parliamentary Papers*, 1852–3, XXXII, p. 218.

其他杂志文章

[1] "Asiatic Society of China", Chinese Repository, Vol. 16, 1848.

[2] "Asiatic Society of London", *The Asiatic Journal and Monthly Register for British and Foreign India*, Vol. 15, No. 87, 1823.

[3] "Births, Marriages, and Deaths", *The Asiatic Journal and Monthly Register for British and Foreign India*, Vol. 8, No. 43, 1819.

[4] "Births, Marriages, and Deaths", *The London Magazine*, Vol. 5, No. 29, 1822.

[5] "Home Intelligence. Marrige", *The Asiatic Journal and Monthly Register for British and Foreign India*, Vol. 13, No. 77, 1822.

[6] "East-India College, at Hertford, May 30", *The Literary Panorama*, Vol. X, London: Printed by Cox, Son, and Baylis for C. Taylor[etc.] , 1811.

[7] "English Women in Hindustan", *Calcutta Review*, Vol. 4,1845.

[8] "Home Intelligence. Honorary Distinctions", *The Asiatic Journal and Monthly*

404

Register for British and Foreign India, Vol. 8, No. 77, 1822.

[9]"India Shipping Intelligence. Arrivals", *The Asiatic Journal and Monthly Register for British and Foreign India*, Vol. 10, No. 60, 1820.

[10]"Obituary: Sir John Francis Davis, Bart", *The Academy, A Weekly Review of Literature, Science, and Art*, Vol. 38, No. 968, London: Publishing Office；27, Chancery Lane, 1890.

[11]"Obituary", *The Annual Register: A Review of Public Events at Home and Abroad for the Year 1890*, London: Longmans, Green & Co., 1891.

[12]"Obituary", *The Saturday Review of Politics, Literature, Science and Art*, Vol. 70. No. 1829, London: Published at the Office, Southampton Street, Strand., 1890.

[13]"Obituary", *Trübner's Record: A Journal Devoted to the Literature of the East*, Vol. 2, No. 251, London: Clarendon Press, 1891.

网络文献

[1]"Fellow Details", Royal Society. [Retrieved 2020.6.1] https://collections. royalsociety.org/ DServe.exe? dsqIni=Dserve.ini&dsqApp=Archive&dsqCmd=Show. tcl&dsqDb=Persons&dsqPos=0&dsqSearch=%28%28text%29%3D%27Davis, %20 Samuel%27%29（Date of access 2020.8.20）

[2]Horace, *Odes and Epodes*. Paul Shorey and Gordon J. Laing. Chicago: Benj. H. Sanborn & Co. 1919. http://data.perseus.org/citations/urn:cts:latinLit:phi0893. phi001.perseus-lat1:4.9（Date of access 2022.5.7）

[3]Ovid, *Metamorphoses*. Hugo Magnus. Gotha（Germany）: Friedr. Andr. Perthes. 1892. http://data.perseus.org/citations/urn:cts:latinLit:phi0959.phi006.perseus-eng1:4.55-4.166（Date of access 2022.5.7）

[4]Reynolds, K. D. "Davis, Sir John Francis, first baronet（1795—1890）, colonial governor and Chinese scholar", Oxford Dictionary of National Biography. September 23, 2004. Oxford University Press. https://www.oxforddnb.com/ view/10.1093/ref:odnb /9780198614128.001. 0001/odnb-9780198614128-e-7287/ version/0（Date of access 2020.8.28）

后 记

"领悟真意的途径是用不同的形式重新认识经验。"

——托·斯·艾略特

"那些期待你胆怯的人们留下的文字，肯定不会使你得救；
你不是别人，此刻你只是，你自己的足迹布下的迷阵的中心。"

——豪·路·博尔赫斯

《德庇时评传》一书，从选题到酝酿、写作至完稿已有四年矣！在
2023 年的春节末尾这一时间节点上回首往事令人不甚唏嘘，写作的延宕有
资料难得、诸事繁多、疫情纷扰的原因可以拿来自我安慰，但自身的惰性
亦不可回避。在诸多外文资料中摸索和体味一位百年前的异国学者的人生
和著述时常令我怀有疏离和好奇的双重感觉。随着写作的深入，我发现传
主德庇时在彼时可能也时常体会此种感受，因为它来源于跨越文化交流的
困难和对他者文明的希冀。这种看似自洽的幻想也成了我探寻和写作的一
大动力，陪伴着我写出了这一本远未称得上完满的作品。

本书的完成首先要感谢我的博士生导师葛桂录教授。记得第一次接触到

406

德庇时是在 2014 年，那时的我刚投入葛教授门下，正处于规划学术方向的迷茫之中。因此前对英国汉学有过浅薄的涉猎，故在同葛教授商议博士论文的选题时也曾经动过研究德庇时的念头。但在进一步的阅读和资料收集中我遇到了困难，在向葛师的汇报中也无法下定决心，只得同德庇时遗憾地"擦肩而过"，后来选择了一个更为宏观的题目来做。在毕业之后，幸逢葛教授主持"海外著名汉学家评传丛书"的编撰，恩师不介鲁钝，再次给予我研究德庇时的宝贵机会，并一再鼓励，又时常谆谆教诲，使我重拾攻克难关之勇气，还在生活工作上多加关心，这才有了这本小书的面世。其次，还要感谢我的博士后合作导师古风教授，他的平易近人和深厚学养令人如沐春风。在我面临科研焦虑时，古教授时常鼓励我不要放弃、坚定地一步步地做学问，给了我莫大的支持。此外，张西平、阎国栋、季进、徐宝峰等教授在以"中外文明交流互鉴的历史经验与价值实践"为题的学术论坛的发言也给本书的写作提供了宝贵的指导，这使他们一定要加入我的感谢名单。

再次，我要感谢父母和妻子在忙碌的生活之中对我科研工作的支持。为了不使我的写作分心，父母和妻子总是牺牲自己的精力为我照顾稚子，操心家务。我的母亲经常在望子成龙的期许和怕我搞坏身体的担心中陷入矛盾，在我久坐时劝我多出门运动，在我倦怠时又时常督促。是家人的期许和包容才有了我安静思考的空间，为此我衷心希望他们健康快乐、万事顺心。最后，我还要感谢费心编辑本书的祝丽编审、钱锋编审以及山东教育出版社的其他编辑老师，没有他们在本书成书期间付出的辛勤劳动，也没有此书的最终面世。

最后，由于能力所限，本书定然存在很多不足与疏漏之处，期待在日后再加修订，故在此恳请方家多多批评指正。

蔡 乾

2023 年 2 月于扬子津雅筑